国家社科基金青年项目

"社会力量参与公共数字文化服务的机制研究"（16CTQ005）

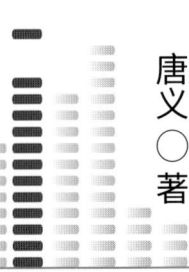

社会力量参与公共数字文化服务的机制研究

唐义 ○ 著

中国社会科学出版社

图书在版编目(CIP)数据

社会力量参与公共数字文化服务的机制研究／唐义著. -- 北京：中国社会科学出版社，2024.12.
ISBN 978-7-5227-3902-1

Ⅰ．G123

中国国家版本馆 CIP 数据核字第 2024V81R19 号

出 版 人	赵剑英	
责任编辑	刘　艳	
责任校对	陈　晨	
责任印制	郝美娜	

出　　版	中国社会科学出版社	
社　　址	北京鼓楼西大街甲 158 号	
邮　　编	100720	
网　　址	http://www.csspw.cn	
发 行 部	010-84083685	
门 市 部	010-84029450	
经　　销	新华书店及其他书店	

印　　刷	北京君升印刷有限公司	
装　　订	廊坊市广阳区广增装订厂	
版　　次	2024 年 12 月第 1 版	
印　　次	2024 年 12 月第 1 次印刷	

开　　本	710×1000　1/16	
印　　张	21.25	
字　　数	338 千字	
定　　价	128.00 元	

凡购买中国社会科学出版社图书，如有质量问题请与本社营销中心联系调换
电话：010-84083683
版权所有　侵权必究

前 言

公共数字文化服务是公共图书馆、博物馆、档案馆、美术馆、文化馆等公共文化机构,以满足公众的精神文化需求为目的,以公共财政为支撑,以数字化资源为依托,通过网络向全体社会公众提供的公共文化产品和服务。随着数字时代的发展,互联网向社会生产生活各领域的融入越来越深入,公共数字文化服务已经成为广大社会公众十分乐于和易于接受的文化服务形式,成为现代公共文化服务体系不可或缺的重要组成部分。作为一种公共物品,公共数字文化服务供给主体无疑主要是政府。然而,仅仅依靠政府的力量很难满足社会对公共数字文化产品及服务越来越广泛的需求。而随着经济的发展和社会的进步,社会力量蕴藏着极大的参与公共文化服务积极性和能力。因此,引导、调动社会力量参与公共数字文化服务是推进公共文化服务发展繁荣的必然选择。引入社会力量参与公共文化服务,既是深入推进依法行政、转变政府职能、建设服务型政府的重要环节,也是规范和引导社会组织健康发展、推动公共文化服务社会化发展的重要途径,对于进一步深化文化体制改革、丰富公共文化服务供给、提高公共文化服务效能、满足人民群众精神文化和体育健身需求具有重要意义。为此,党和政府已经颁布了一系列的文件来鼓励和引导社会力量参与公共文化服务,如《关于加快构建现代公共文化服务体系的意见》(2015年1月颁布)将培育和促进文化消费,鼓励和引导社会力量参与,发展文化非营利组织作为构建现代公共文化服务体系的重要内容;《关于做好政府向社会力量购买公共文化服务工作的意见》(2015年5月)提出要改革创新公共文化服务供给机制,加快推进政府向社会力量购买公共文化服务工作;《中华人民共和国国民经济和社会发展第十四个五年规划和2035年远景目标纲要》

(2021年3月颁布)明确提出要"创新公共文化服务运行机制,鼓励社会力量参与公共文化服务供给和设施建设运营";《"十四五"公共文化服务体系建设规划》(2021年6月颁布)提出要"推动公共文化服务社会化发展",要"深入推进政府购买公共文化服务、创新社会力量参与公共文化服务方式、提升文化志愿服务水平"。但社会力量参与公共数字文化服务不应该只是自发的、偶尔的、间歇的,而是需要建立起长效的、可持续的参与机制,即建立一种促使这种参与长久化、规范化的制度,从而真正实现公共文化服务领域政府主导、社会参与的良性发展格局。本书要研究的就是这种参与机制的完善问题,以为国家相关机制的建立健全提供参考。本书以进一步推动社会力量参与公共数字文化服务为目标,通过问卷调查法、深度访谈法和案例分析法详细调查分析我国社会力量参与公共数字文化服务情况,发现需要进一步解决的问题,然后通过网络调查法了解国外社会力量参与公共文化服务的情况,找到可供我国借鉴的地方,最后在立足我国国情的基础上,完善了推动我国社会力量参与公共数字文化服务的参与机制。

本书试图在以下几个方面体现它的特色:

一是把包括档案馆在内的所有类型的公共文化机构纳入研究范畴。在我国,档案馆和其他公共文化机构的主管部门不一,导致社会上对档案馆的属性认知不同,不少研究人员在开展相关研究时,并没有把档案馆纳入公共文化机构的范畴。本书认为,虽然档案馆和其他公共文化机构的主管部门不一,但这并不说明档案馆不是文化事业单位。从近年来开展的机构改革实践来看,档案馆的公共文化服务职能得到了进一步的体现。所以本书把档案馆也纳入研究范畴,与公共图书馆、博物馆、美术馆、文化馆等机构一起构成本书的研究对象。

二是社会力量参与公共数字文化服务的机制体系构建。简单来说,机制是指各要素之间的结构关系和运行方式。那么社会力量参与公共数字文化服务的机制应该包括哪些要素呢?这些要素又是如何运行的呢?本书在融合社会力量参与公共数字文化服务实践经验和相关理论研究成果的基础上,构建了由7种机制构成的参与机制体系:市场机制、激励机制、多元资金投入机制、社会力量培育机制、舆论宣传机制、需求反馈机制、监督评估机制,并在对我国国情仔细考虑的基础上,提出了每一种机制的创新运行方式。

三是比较全面地调查我国社会力量参与公共数字文化服务的情况。为了比较全面且高效地掌握社会力量参与我国公共数字文化服务的情况，笔者决定主要采用问卷调查的方法获取相关数据。其中一个非常重要的原则就是要确保调查对象要涵盖到各种公共文化机构，而且对于公共图书馆、博物馆和档案馆等主要的公共文化机构还需要涉及不同层次。为了实现这个目标，笔者通过各种途径广泛联系相关人员填写问卷。从问卷回收的结果来看，基本达到了预定的目标。

四是突出国外社会力量参与公共文化服务的参考性。在这部分，本书没有仅仅探讨国外社会力量参与公共数字文化服务的情况，而是扩大到了参与公共文化服务的情况，这是因为这二者之间的参与机制没有本质性的区别，只是参与的内容和形式不同。本书不可能全面调查国外社会力量参与公共文化服务的情况，所以就重点通过网络调查了一些对我国社会力量参与公共数字文化服务具有参考借鉴价值的一些案例。

五是突出我国社会力量参与公共数字文化服务机制创新的可操作性。本书在每种参与机制创新之前都分析了目前这种机制运行过程中存在的或者可能存在的问题，然后再根据我国的实际情况提出了具有操作性的创新运行方式。

目　　录

第一章　绪论 ……………………………………………………（1）
　　第一节　研究背景和意义 ………………………………………（3）
　　第二节　国内外研究综述 ………………………………………（11）
　　第三节　研究内容和研究思路 …………………………………（23）
　　第四节　研究方法 ………………………………………………（25）

第二章　相关概念和理论基础 …………………………………（27）
　　第一节　相关概念 ………………………………………………（27）
　　第二节　理论基础 ………………………………………………（37）
　　第三节　引入社会力量参与的意义 ……………………………（40）

第三章　参与主体及参与机制体系分析 ………………………（45）
　　第一节　参与主体及动机 ………………………………………（45）
　　第二节　参与阶段和参与方式 …………………………………（59）
　　第三节　参与有效性评估相关理论 ……………………………（70）
　　第四节　参与机制体系 …………………………………………（74）

第四章　我国社会力量参与公共数字文化服务的调查与分析 ……（80）
　　第一节　问卷调查结果与分析 …………………………………（80）
　　第二节　访谈结果与分析 ………………………………………（105）
　　第三节　案例研究：PPP模式在"韵动株洲"云平台的
　　　　　　运行机制 ………………………………………………（107）

第四节 推动社会力量参与公共数字文化服务需要进一步
　　　　解决的问题 …………………………………………（128）

第五章　社会力量参与公共文化服务的域外借鉴 …………（133）
　　第一节　国外个人参与公共文化服务的调查与分析 ………（133）
　　第二节　国外社会组织参与公共文化服务的情况 …………（160）
　　第三节　国外企业参与公共文化服务的调查情况 …………（168）
　　第四节　国外社会力量参与公共文化服务的特点 …………（179）

第六章　社会力量参与公共数字文化服务的宏观环境分析 ……（183）
　　第一节　政治因素（Political Factors）分析 ………………（184）
　　第二节　经济因素（Economic Factors）分析 ……………（205）
　　第三节　社会因素（Sociocultural Factors）分析 …………（223）
　　第四节　技术因素（Technological Factors）分析…………（245）

第七章　推动社会力量参与公共数字文化服务的机制创新 ……（262）
　　第一节　采取多种购买机制，完善市场竞争机制 …………（262）
　　第二节　多措并举，健全激励机制 …………………………（266）
　　第三节　多管齐下，建立健全资金多元投入机制 …………（273）
　　第四节　更加重视社会力量的培育，完善社会力量培育
　　　　　　机制 ……………………………………………………（279）
　　第五节　大力宣扬奉献社会的意义，完善舆论宣传
　　　　　　机制 ……………………………………………………（285）
　　第六节　提供"新菜"需求反馈途径，完善需求反馈
　　　　　　机制 ……………………………………………………（288）
　　第七节　开展第三方评估，健全监督评估机制 ……………（290）

第八章　结语 …………………………………………………（295）
　　第一节　主要研究结论 ………………………………………（295）
　　第二节　研究不足与展望 ……………………………………（299）

附录一　社会力量参与公共数字文化服务情况调查问卷 ……… (301)

附录二　公共文化机构半结构化访谈问卷 …………………… (312)

附录三　信息技术企业访谈问卷 ……………………………… (313)

参考文献 …………………………………………………………… (314)

后　记 ……………………………………………………………… (329)

第一章 绪论

随着互联网向社会生产生活各领域的深度融入，公共数字文化服务已经成为广大社会公众十分乐于和易于接受的文化服务形式，成为现代公共文化服务体系不可或缺的重要组成部分。2022年中共中央办公厅、国务院办公厅印发的《关于推进实施国家文化数字化战略的意见》提出要推动公共图书馆、博物馆、美术馆等公共文化机构加强公共数字文化资源建设，统筹推进国家文化大数据体系、全国智慧图书馆体系和公共文化云建设，增强公共文化数字内容的供给能力[①]。作为一种公共物品，公共数字文化服务供给主体无疑主要是政府。然而，仅仅依靠政府的力量很难满足社会对公共数字文化产品及服务越来越广泛的需求。而随着经济的发展和社会的进步，社会力量蕴藏着极大的参与公共文化服务积极性和能力。因此，引导、调动社会力量参与公共数字文化服务是推进公共文化服务发展繁荣的必然选择。为此，党和政府已经颁布了一系列文件来鼓励和引导社会力量参与公共文化服务，如《关于加快构建现代公共文化服务体系的意见》将培育和促进文化消费，鼓励和引导社会力量参与。中共中央办公厅、国务院办公厅2015年发布的《关于加快构建现代公共文化服务体系的意见》强调要大力推进文化志愿服务，对文化志愿服务的服务内容、工作方式和活动载体等方面提出了具体建议，高度重视现代公共文化服务体系建设中文化志愿服务的作用与价值，旨在构建参与广泛、内容丰富、形式多样、机制

---

① 中共中央办公厅、国务院办公厅：《关于推进实施国家文化数字化战略的意见》，2022年5月22日，http://www.gov.cn/xinwen/2022-05/22/content_5691759.htm，2023年7月6日。

健全的文化志愿服务体系[①]。《中华人民共和国公共文化服务保障法》（自 2017 年 3 月 1 日起施行）[②]、《中华人民共和国公共图书馆法》（自 2018 年 1 月 1 日起施行）[③]、《公共数字文化工程融合创新发展实施方案》（2019 年 4 月 16 日发布）[④] 等均提到国家鼓励和支持社会力量参与公共文化服务。在 2021 年 3 月 12 日发布的《中华人民共和国国民经济和社会发展第十四个五年规划和 2035 年远景目标纲要》明确提出要"创新公共文化服务运行机制，鼓励社会力量参与公共文化服务供给和设施建设运营"[⑤]。

2021 年 6 月中共中央办公厅、国务院办公厅印发的《"十四五"全国档案事业发展规划》提出要"鼓励社会力量参与和支持档案事业发展，引导社会资金投入档案科研创新领域"[⑥]。几乎在同一时间，文化和旅游部发布了《"十四五"公共文化服务体系建设规划》，该规划提出要"推动公共文化服务社会化发展"，要"深入推进政府购买公共文化服务、创新社会力量参与公共文化服务方式、提升文化志愿服务水平"[⑦]。如何创新体制机制，通过各种举措鼓励、引导社会力量参与公

[①] 中共中央办公厅、国务院办公厅：《关于加快构建现代公共文化服务体系的意见》，2015 年 1 月 14 日，http://www.gov.cn/xinwen/2015-01/14/content_2804250.htm，2021 年 1 月 3 日。

[②] 中华人民共和国第十二届全国人民代表大会常务委员会第二十五次会议：《中华人民共和国公共文化服务保障法》，2016 年 12 月 25 日，http://www.npc.gov.cn/npc/c2/c12435/201905/t20190521_274710.html，2021 年 1 月 3 日。

[③] 中华人民共和国第十三届全国人民代表大会常务委员会第六次会议：《中华人民共和国公共图书馆法》，2018 年 11 月 5 日，http://www.npc.gov.cn/npc/c2/c12435/201905/t20190521_276640.html，2021 年 1 月 3 日。

[④] 中华人民共和国文化和旅游部办公厅：《公共数字文化工程融合创新发展实施方案》，2019 年 4 月 16 日，https://zwgk.mct.gov.cn/zfxxgkml/ggfw/202012/t20201205_916616.html，2021 年 1 月 3 日。

[⑤] 中华人民共和国第十三届全国人民代表大会第四次会议：《中华人民共和国国民经济和社会发展第十四个五年规划和 2035 年远景目标纲要》，2021 年 3 月 13 日，http://www.gov.cn/xinwen/2021-03/13/content_5592681.htm，2014 年 5 月 14 日。

[⑥] 中共中央办公厅、国务院办公厅：《"十四五"全国档案事业发展规划》，2021 年 6 月 8 日，https://www.saac.gov.cn/daj/yaow/202106/899650c1b1ec4c0e9ad3c2ca7310eca4.shtml，2021 年 6 月 9 日。

[⑦] 中华人民共和国文化和旅游部办公厅：《"十四五"公共文化服务体系建设规划》的通知，2021 年 6 月 10 日，http://zwgk.mct.gov.cn/zfxxgkml/ggfw/202106/t20210623_925879.html，2021 年 6 月 23 日。

共文化服务已成为现代公共文化服务治理的重要课题。公共数字文化服务是公共文化服务的重要组成部分，社会力量参与公共文化服务必然包括参与公共数字文化服务。在数字阅读已经成为社会主流阅读方式的时代背景下，研究社会力量参与公共数字文化服务问题具有极其重要的现实意义。

第一节 研究背景和意义

一 研究背景

第一，我国社会主要矛盾发生变化，文化需要是人民美好生活需要的重要组成部分。

近几十年来，我国经济快速发展，人民群众的物质生活水平不断提高，对精神文化生活的需求持续增加。随着中国特色社会主义进入新时代，我国社会的主要矛盾已经从人民日益增长的物质文化需要同落后的社会生产之间的矛盾转变为人民日益增长的美好生活需要和不平衡不充分的发展之间的矛盾，"满足人民过上美好生活的新期待，必须提供丰富的精神食粮"[①]。文化需要是人民美好生活需要的重要组成部分，没有精神文化生活需求的满足就无法实现真正的美好生活。人民群众精神文化生活的发展，不仅是国民个体自我发展的主观追求，也是增强民族文化自信的客观要求，更是改善民生的重要组成部分。《国家"十三五"时期文化发展改革规划纲要》在总体要求中指出，要面向基层，贴近群众、依靠群众、服务群众，保障人民基本文化权益，满足人民群众日益增长的精神文化需求，提高群众文化参与度和获得感。2020年的政府工作报告提出，丰富群众精神文化生活；培育和践行社会主义核心价值观，发展哲学社会科学、新闻出版、广播影视、文物等事业；加强公共文化服务等内容。报告把加强公共文化服务提到重要位置，文化

---

① 中国共产党第十九次全国代表大会：《习近平：决胜全面建成小康社会 夺取新时代中国特色社会主义伟大胜利——在中国共产党第十九次全国代表大会上的报告》，2017年10月27日，https://www.gov.cn/zhuanti/2017-10/27/content_5234876.htm，2021年1月3日。

行业要在高质量发展的基础上，不断优化公共文化供给，完善文化基础设施和公共文化服务，为人民群众提供内容丰富、种类多样、质量卓越的精神文化产品，更好地满足人民群众日益增长的美好精神文化生活需要①。

第二，数字阅读已成为公众满足自身文化需求的主要方式。

随着网络技术、通信技术和数字化技术的迅猛发展，台式电脑、笔记本电脑、平板电脑、手机、电子书阅读器等通信与阅读设备的出现及普及，社会公众接收、处理、记录和传播信息的渠道和方式得到了极大的改变。与此同时，公共文化服务的供给方式也随着信息技术发展的脚步，由传统的在公共文化服务物理实体场所接受面对面提供服务向通过数字通信设备获取文化服务、文化资讯转变，人们已经越来越习惯于使用互联网、移动通信设备获取信息和服务，越来越多的人享受到了网络化、数字化给我们生活带来的便利②。

2021 年是我国全功能接入国际互联网 27 周年，这 27 年来，我国互联网从无到有、由弱到强、从点到面，不断向各个阶层的公众渗透，加速改变着人们的生产生活方式。2021 年 2 月 3 日发布的第 45 次《中国互联网络发展状况统计报告》显示，截至 2020 年 12 月，我国网民规模为 9.89 亿，较 2020 年 3 月新增网民 8540 万，互联网普及率达 70.4%；网民的人均每周上网时长为 26.2 个小时。

100Mps 及以上接入速率的固定互联网宽带接入用户数占固定宽带用户总数的 89.9%，该报告显示这个比率近几年一直保持较快上升势头；光纤（FTTH/O^{26}）接入用户规模达 4.54 亿户，占固定互联网宽带接入用户总数的 93.9%；三家基础电信企业发展蜂窝物联网终端用户 11.36 亿户，较 2019 年增加 1.08 亿户③。截至 2021 年 5 月，我国行政

---

① 吴丽云：《优化供给　满足群众精神文化需求》，《中国旅游报》2020 年 5 月 29 日第 3 版。

② 肖希明、完颜邓邓：《以数字化促进基本公共文化服务均等化的实践研究》，《图书馆工作与研究》2016 年第 8 期。

③ 中国互联网络信息中心：第 47 次《中国互联网络发展状况统计报告》，2021 年 2 月 3 日，https://www.cnnic.net.cn/hlwfzyj/hlwxzbg/hlwtjbg/202102/P020210203334633480104.pdf，2021 年 4 月 28 日。

村通光纤和4G比例均超过99%，相关政府部门力争在2021年底实现未通宽带行政村动态清零，农村和城市基本"同网同速"，城乡"数字鸿沟"明显缩小；国际测速机构2021年3月份数据显示，我国移动网络速率在全球排名第四位，固定宽带速率在全球排名第十六位[①]。受到技术赋能的强力支撑，数字化博物馆出现"云游览"现象，VR/AR、AI、5G等数字化技术为网民提供虚拟游览服务，提供实体博物馆难以提供的语音、图像服务，提升游览体验。百度百科做了一项大型的公益科普项目——百度百科博物馆计划，该计划原名"百度百科数字博物馆"（上线于2012年4月），通过音频讲解、实境模拟、立体展现等多种形式，让社会公众通过互联网即可身临其境地观赏珍贵展品，更便捷地获取信息、了解知识，并且实现了电脑端和手机端的同步展现，让用户随时随地都能感受到历史文化的沉淀，足不出户逛博物馆，截止到2021年6月，已有包括中国国家博物馆、三星堆博物馆、中国园林博物馆等在内的几百家博物馆上线[②]。

2021年4月23日，中国新闻出版研究院发布了第十八次全国国民阅读调查成果（该调查从1999年开始），2020年我国成年国民包括书、报刊和数字出版物在内的各种媒介的综合阅读率为81.3%，数字化阅读方式（网络在线阅读、手机阅读、电子阅读器阅读、iPad阅读等）的接触率为79.4%，较2019年上升了0.1个百分点；我国成年国民人均每天手机接触时长为100.75分钟，人均每天互联网接触时长为67.82分钟，人均每天电子阅读器阅读时长为11.44分钟，人均每天接触iPad（平板电脑）的时长为9.73分钟，这些数据都较2019年有所增长。在传统纸质媒介中，我国成年国民人均每天读书时间最长，为20.04分钟，人均每天读报时长为5.71分钟，人均每天阅读期刊时长

[①] 人民日报：《我国行政村通光纤和4G比例均超99% 今年底未通宽带行政村将动态清零》，2021年5月18日，http://www.gov.cn/xinwen/2021-05/18/content_5607586.htm，2021年6月25日。

[②] 百度百科：《百度百科博物馆计划》，https://baike.baidu.com/item/%E7%99%BE%E5%BA%A6%E7%99%BE%E7%A7%91%E5%8D%9A%E7%89%A9%E9%A6%86%E8%AE%A1%E5%88%92?fromtitle=%E6%95%B0%E5%AD%97%E5%8D%9A%E7%89%A9%E9%A6%86&fromid=1699070，2021年6月25日。

为3.25分钟,读报和阅读期刊的时间均少于2019年;2020年,我国有三成以上(31.6%)的成年国民有听书习惯。本次调查仍严格遵循"同口径、可比性"原则,沿用四套问卷进行全年龄段人口的调查,执行样本城市为167个,覆盖了我国30个省、自治区、直辖市,有效样本量为46083个,其中成年人样本占比74.8%,城乡样本比例为3.3:1。本次调查可推及我国人口12.36亿①。这一次和最近几年中国新闻出版研究院发布的全国国民阅读调查成果显示,我国成年国民人均每天接触的手机、互联网、电子阅读器、iPad等数字化阅读设备的时间大大超过了传统纸质媒体,成年国民的数字阅读时长远远超过了纸质图书的阅读时长,超七成未成年人接触过数字化阅读,数字阅读已成为我国国民获取知识信息的主要方式。

第三,社会治理模式变革:一元治理到多元治理。

20世纪90年代初,人类社会开始走向全球化以及后工业化。全球化是一场世界性革命,它促进了私人空间的延伸和个人间社会联系的扩展,是传统意义上的"国家"逐渐缩小,"社会"不断上升,人类社会生活开始逐步在计算机互联网的推动下突破国家界限②。在后工业社会时期,由于面临着社会的高度复杂性和不确定性,各国政府开始普遍倡导发挥社会力量在社会治理中的重要作用,摒弃"政府主义"而提倡"合作治理理论"。治理理论兴起于20世纪90年代,其出现是世界各国政府为适应目前全球化、市场化和民主化的发展趋势及国家经济、政治和意识形态上的新变化的要求,对国家管理模式进行的改革和创新。世界各国在推进社会治理转型上注重充分发挥社会力量的重要作用,强调形成政府、市场与社会之间的良性互动和伙伴关系。和欧美等国家相比,中国民主化进程起步较晚、基础较为薄弱,社会治理转型在理论和实践层面均有所落后。中国自秦朝开始就建立起贯彻了整个封建社会的中央集权制度,中国国家主义的集权文化和思想根深蒂固,国人的"臣民"意识较为浓厚,现代"公民"意识相对缺乏。改革开放以来,

---

① 国家新闻出版署:《第十八次全国国民阅读调查成果发布》,2021年4月26日,https://www.nppa.gov.cn/xxfb/ywdt/202104/t20210426_664940.html,2021年6月25日。
② 党秀云:《公民社会与公共治理》,国家行政学院出版社2014年版,第8—17页。

中国社会治理呈现出由国家、政府主导向社会、社会组织转移的不可逆转的趋势。2004年,十六届四中全会提出建立党委领导、政府负责、社会协同、公众参与的社会管理格局;2012年,党的十八大提出了建立党委领导、政府负责、社会协同、公众参与、法治保障的社会管理体制;2013年,十八届三中全会提出"围绕推动国家治理体制与能力现代化为目标构建创新机制的社会治理体系"的更高目标;2017年,党的十九大提出建立共建共治共享的社会治理格局的战略目标。2019年10月,党的十九届四中全会审议通过的《中共中央关于坚持和完善中国特色社会主义制度、推进国家治理体系和治理能力现代化若干重大问题的决定》提出坚持和完善共建共治共享的社会治理制度,保持社会稳定、维护国家安全。社会治理是国家治理的重要方面。必须加强和创新社会治理,完善党委领导、政府负责、民主协商、社会协同、公众参与、法治保障、科技支撑的社会治理体系,建设人人有责、人人尽责、人人享有的社会治理共同体,确保人民安居乐业、社会安定有序,建设更高水平的平安中国[1]。社会力量参与公共数字文化服务是社会公众参与社会治理的重要方面,是实现我国社会治理从一元治理到多元治理的重要体现。

第四,国家相关制度安排推动社会力量参与公共文化服务。

制度是集体行动控制个人的一系列行为准则或规则,是每个人都必须遵守的,制度的作用体现在对行为加以规范[2]。现代制度理论认为,制度内容是法律、政策、标准规范等子集构成的集合,其中法律处于集合中的最顶层,政策多是对法律文本与法律精神的细化阐释,标准是最微观和最基本的操作指导[3]。为了推动社会力量在公共文化服务领域的参与深度、力度和广度,国家颁布了一系列政策法规。笔者通过国务院政策文件库[4]、文化和旅游部政府公开栏目[5]、公共文化服务政策基础

---

[1] 中国共产党第十九届中央委员会第四次全体会议:《中共中央关于坚持和完善中国特色社会主义制度 推进国家治理体系和治理能力现代化若干重大问题的决定》,2019年11月6日,http://cpc.people.com.cn/n1/2019/1106/c64094-31439558.html,2021年1月9日。

[2] [美]康芒斯:《制度经济学》上,于树生译,商务印书馆2009年版,第83—96页。

[3] [美]戴维·L.韦默主编:《制度设计》,费方域、朱宝钦译,上海财经大学出版社2004年版,第10—13页。

[4] 国务院政策文件库,http://sousuo.gov.cn/a.htm?t=zhengcelibrary,2020年12月10日。

[5] 中华人民共和国文化和旅游部政府信息公开,http://zwgk.mct.gov.cn/,2020年12月8日。

数据库①、北大法宝数据库②等平台获取了涉及社会力量参与公共文化服务的相关政策法规，按时间排序归纳如表1-1所示。

表1-1　　社会力量参与公共文化服务的相关政策法规

发布时间	制定/发布单位	文件名称
2021年	文化和旅游部	"十四五"公共文化服务体系建设规划
2021年	中共中央办公厅、国务院办公厅	"十四五"全国档案事业发展规划
2019年	文化和旅游部办公厅国家文物局办公室	公共文化服务领域基层政务公开标准指引
2019年	文化和旅游部办公厅	公共数字文化工程融合创新发展实施方案
2018年	文化和旅游部、财政部	关于在文化领域推广政府和社会资本合作模式的指导意见
2017年	国务院	志愿服务条例
2017年	中共中央办公厅、国务院办公厅	国家"十三五"时期文化发展改革规划纲要
2017年	文化部	文化部"十三五"时期公共数字文化建设规划
2017年	文化部	"十三五"时期繁荣群众文艺发展规划
2017年	文化部	关于深入推进公共文化机构法人治理 结构改革的实施方案
2017年	全国人大常委会	中华人民共和国公共图书馆法
2016年	文化部	文化志愿服务管理办法
2016年	全国人大常委会	中华人民共和国公共文化服务保障法
2016年	全国人大常委会	中华人民共和国慈善法
2015年	中共中央办公厅、国务院办公厅	关于加快构建现代公共文化服务体系的意见
2015年	国务院办公厅	国务院办公厅转发文化部等部门关于做好政府向社会力量购买公共文化服务工作意见的通知
2014年	文化部	2014年文化系统体制改革工作要点

---

① 公共文化服务政策基础数据库，http://pcsp.library.sh.cn/，2020年12月10日。
② 北大法宝，http://www.pkulaw.cn/，2020年12月10日。

续表

发布时间	制定/发布单位	文件名称
2014 年	国家档案局	档案数字化外包安全管理规范
2013 年	文化部	文化部"十二五"时期公共文化服务体系建设实施纲要
2013 年	文化部	全国公共图书馆事业发展"十二五"规划
2013 年	文化部	全国文化信息资源共享工程"十二五"规划纲要
2013 年	文化部	文化部信息化发展纲要（2013—2020 年）
2012 年	文化部、财政部	"公共电子阅览室建设计划"实施方案
2012 年	文化部	文化部"十二五"文化科技发展规划
2012 年	文化部	文化部"十二五"时期文化改革发展规划
2012 年	文化部	文化部关于鼓励和引导民间资本进入文化领域的实施意见
2012 年	国务院办公厅	国家基本公共服务体系"十二五"规划
2012 年	国务院办公厅	国家"十二五"时期文化改革发展规划纲要
2011 年	文化部、财政部	关于进一步加强公共数字文化建设的指导意见
2011 年	文化部、财务司	近几年我国文化投入情况及对策建议
2007 年	中共中央办公厅、国务院办公厅	关于加强公共文化服务体系建设的若干意见
1999 年	第九届全国人大常务委员会	中华人民共和国公益事业捐赠法

  2015 年之前，只有少量的相关政策文件提及了让社会力量参与公共文化服务。但在 2015 年之后，相关的政策文件不断地涌现出来，这主要得益于《关于做好政府向社会力量购买公共文化服务工作意见的通知》和《关于加快构建现代公共文化服务体系的意见》的颁布。在国家颁布相关政策法规之后，省级和市级政府也制定了相关政策规章以贯彻执行国家层面的相关政策法规精神，如《云南省文化厅关于学习宣传贯彻〈中华人民共和国公共文化服务保障法〉的通知》《河北省关于加快构建现代公共文化服务体系的实施意见》《吉林市人民政府办公厅关于做好政府向社会力量购买公共文化服务工作的实施意见》《济南市人民政府办公厅关于做好政府向社会力量购买公共文化服务工作的实

施意见》①。这些政策法规从宏观指导、参与方式、管理协调机制、保障措施、激励措施、人才队伍建设等方面对鼓励社会力量参与公共文化服务进行了全方位的规定。

二 研究意义

随着网络化、信息化、数字化社会朝着纵深发展，公共数字文化服务已经成为广大社会公众十分乐于和易于接受的文化服务形式，成为现代公共文化服务体系不可或缺的重要组成部分。作为一种公共物品，公共数字文化服务供给主体无疑主要是政府。然而，仅仅依靠政府的力量很难满足社会对公共数字文化产品及服务越来越广泛的需求。而随着经济的发展和社会的进步，社会力量蕴藏着极大的参与公共文化服务的积极性和能力。因此，引导、调动企业、基金会等社会组织、个人等社会力量参与公共数字文化服务是推进公共文化服务发展繁荣的必然选择。

本研究的学术价值在于，它综合运用图书馆学、情报学、档案学、社会学、公共管理学、法学等相关学科知识，将社会力量和数字图书馆、数字博物馆、数字档案馆、数字文化馆、数字美术馆等的建设与服务有机地结合起来，全面、系统地探讨社会力量参与公共数字文化服务的现状和提升策略问题，这就突破了以往研究将社会力量参与公共文化服务的研究焦点放在实体服务空间的局限，其研究成果无疑将丰富和完善公共文化服务理论体系。

本研究的应用价值在于，它通过对社会力量参与我国公共数字文化服务的现状进行调查，并在借鉴国外社会力量参与公共文化服务经验的基础上，探讨社会力量参与公共数字文化服务的参与机制创新问题。该研究成果将有助于转变政府职能，进一步深化文化体制改革，推动社会力量参与公共数字文化服务实践，形成政府、企业、社会组织、公民等主体之间相互依赖、相互制约补充、良性互动的格局，能够有效地提高公共数字文化服务的效率和效能，提升公共数字文化服务供给能力和总体水平，推进公共数字文化服务的均等化。

---

① 唐义、徐静：《推动社会力量参与公共文化服务的政策法规体系研究》，《图书馆理论与实践》2020年第2期。

第二节 国内外研究综述

本研究主要以 Web of Science 核心合集（含 SCIE、SSCI、A&HCI、CPCI 数据库）与 CNKI 数据库和引文检索获取相关文献。通过对已有文献的分析，笔者发现，目前相关研究主要讨论的是社会力量参与公共文化服务的问题，专门介绍社会力量参与公共数字文化服务的文献较少。有一些研究国内外公共数字文化资源整合项目如世界数字图书馆（World Digital Library）、欧洲数字图书馆（Europeana）、澳大利亚 Trove 检索等的文献，虽然主题不是专门论述社会力量参与的，但笔者在文献调研中发现，论述国内外公共数字文化资源整合项目，这样的文献也包含了部分社会力量参与的研究内容。

笔者对相关研究进行详细阅读分析后发现，国外较早开始了对社会力量参与公共文化服务的相关研究。1982 年，美国图书馆与信息科学委员会（NCLIS）就针对公共与私营部门在信息服务中的角色定位展开了调研[①]。从研究主题看，国外文献较多从数字文化遗产项目建设实际出发论述社会力量与政府机构合作共建公共数字文化资源的方法与途径。21 世纪初，国内学者开始关注数字图书馆建设中的市场准入与社会化协作机制。随着社会力量参与公共文化建设的实践不断加深，公共数字文化服务的社会化问题值得进行更加深入的研究。2015 年之后，对该主题的研究文献迅速增多，研究的问题逐步细化，如肖希明和完颜邓邓分析了国外公共数字文化服务中的多种社会参与模式[②]。此外，社会力量参与公共文化服务中的理论支撑、参与方式、存在的问题与改进策略也得到了广泛关注。国内外该领域的研究主要涉及公共文化服务社会化的理论基础、价值、供给模式、参与形式、问题及策略等方面，也有不少学者开展了案例研究。

---

① Peter Hernon ed., *Public Section/Private Sector Interaction in Providing Information Services*, Washington, D.C.: ERIC Clearinghouse, 1982.
② 肖希明、完颜邓邓：《国外公共数字文化服务中的社会参与模式及其启示》，《图书馆》2016 年第 7 期。

一 关于社会力量参与公共文化服务理论基础的研究

（1）新公共管理理论与治理理论

新公共管理理论起源于20世纪80年代，主张引入竞争机制，对公共部门进行市场化改革，提高公共文化服务供给效率。新公共管理理论为公共文化服务社会化提供了理论根基。在新公共管理理论的指导下，政府作为行政手段的掌控者仍然居于公共文化事业管理的主导地位。20世纪90年代，随着公民意识的崛起和新公共管理理论弊端的暴露，治理理论逐渐兴起。莱斯特·M.萨拉蒙认为，现代公共问题需要高度的协作，政府应该运用多种政策工具实现"新政府治理"①。吴理财等认为，公共文化服务以"政府治理"代替"政府管理"体现了"文化治理"理念，文化发展应依靠公共部门和私营机构、自愿与非营利团体组成的复杂网络②。肖希明、完颜邓邓认为，治理理论主张社会治理主体由单一走向多元，为公共数字文化服务社会参与主体的多元化提供了理论支撑③。

（2）多中心理论与福利多元主义

公共文化服务的多中心主义是传统公共文化服务体系与现代公共文化服务体系的重要分野。张金岭调查分析了法国以行政管理去中心化和具有地方分权特色的多层次、多中心的公共文化制度体系④。Rose Richard提出了"社会总福利应是家庭、市场和国家提供的福利混合"这一理念，并以公共文化福利的概念诠释了公共文化需求的社会供给，认为公共文化福利作为社会福利之一，不应该由政府唯一提供并支配，应由民间社会共同参与⑤。多中心理论与福利多元主义理论表明，传统

---

① 莱斯特·M.萨拉蒙、李婧、孙迎春：《新政府治理与公共行为的工具：对中国的启示》，《中国行政管理》2009年第11期。

② 吴理财、贾晓芬、刘磊：《以文化治理理念引导社会力量参与公共文化服务》，《江西师范大学学报》（哲学社会科学版）2015年第6期。

③ 肖希明、完颜邓邓：《国外公共数字文化服务中的社会参与模式及其启示》，《图书馆》2016年第7期。

④ 张金岭：《社会治理视域下的法国公共文化服务》，《学术论坛》2016年第11期。

⑤ Rose Richard, "Common Goals but Different Roles: The State's Contribution to the Welfare Mix", *The Welfare State East and West*, December 1986, pp. 13-39.

的政府"单中心"管理模式无法满足日益增长的公共文化需求。

(3) 资源依赖理论与社会资本理论

公共数字文化服务的发展离不开资金、技术、人力、物力等多种资源的依托。完颜邓邓从资源依赖理论出发，分析了政府与传统的公共文化服务机构在文化资源建设、技术资金、服务覆盖、活动宣传等方面的不足，指出公共数字文化服务建设要求传统的公共文化服务体系突破自身条件的局限，通过与社会组织、公民个人等外部环境进行互补性资源与能力的交换，实现互利与双赢①。陶国根探讨了社会资本理论与构建现代公共文化服务体系的契合性。社会资本理论包含的社会普遍信任、互惠规范和公民参与网络这三大核心要素，能够促使社会资本优化整合，推动现代公共文化体系的建设②。

二 关于社会力量参与公共数字文化服务必要性的研究

社会力量参与公共数字文化服务受社会环境因素与自身发展需求双重影响，目前研究文献主要从以下三个方面分析了公共数字文化服务社会化的必要性。

(1) 有效弥补"政府失灵"与"市场失灵"

公共数字文化产品在政府或者市场支配条件下往往因它们各自活动方式的特点或任务的复杂性致使公共文化需求得不到满足和公共文化资源的浪费。政府在提供公共物品时由于处于垄断地位和其庞大的科层体系，使得服务成本损耗大而服务效率不高。市场又因其追求绝对利润无法弥补政府在公共物品与公共服务中的功能缺失。政府与市场的双失灵导致公共文化产品在城乡之间、不同地区之间、不同社会群体之间的配置不均③，造成了公共数字文化服务的供需矛盾。社会力量以其灵活、高效和公益性的特点，作为政府与市场间的新参与主体，能够有效弥补它们在提供公共数字文化服务中的不足。

---

① 完颜邓邓：《公共数字文化服务中的社会合作研究》，《图书与情报》2016年第3期。
② 陶国根：《社会资本理论视域下的现代公共文化服务体系建设》，《江西行政学院学报》2015年第4期。
③ 完颜邓邓：《公共数字文化服务中的社会合作研究》，《图书与情报》2016年第3期。

（2）社会力量自身发展的必然选择

孟令国、高飞分析了社会力量参与文化建设的动因，认为内驱动力是社会力量参与公共文化事业的主要动力。随着社会文明程度的不断提高，企业、社会组织、公民的责任意识和参与精神不断增强，会根据自身能力自发地提供文化产品[1]。莱斯特·M.萨拉蒙将非营利性组织、基金会、社区公共文化组织中的工作人员定义为"职业公民"，他们接受专业培训，有意愿和义务为提供更好的公共服务而工作[2]。社会力量参与公共数字文化服务是维系自身发展、维护社会公共利益的必然选择。

（3）实现公共数字文化服务效益最大化

柯平指出，传统的公共文化机构与社会组织在公共文化服务中扮演着不同的角色，社会组织在公共文化服务中拥有资金优势、人才优势、技术优势、营销优势，更了解用户需求，与传统的公共文化机构可以形成优势互补[3]。"政府出钱办、群众围着看"的政府垄断型公共文化服务体系与用户需求相去甚远。公共数字文化服务体系引入竞争机制，将具备实践能力与操作资质的社会主体纳入公共文化服务的社会"大循环"，能够加强良性竞争，提高公共文化服务效益。

三 关于社会力量参与公共数字文化服务供给模式的研究

国内外研究学者将目前公共数字文化服务社会化供给模式主要分为三种：政府主导型、社会力量主导型与合作共建型供给模式。

（1）政府主导型供给模式

张金岭调查研究了法国的公共文化社会治理模式：法国在公共文化治理中不断进行制度改革、倡导多元协作，但是政府始终坚持其主导地位，这与法国政府的国家责任意识较强和法国政府作为国家集体利益的

---

[1] 孟令国、高飞：《公共文化发展的社会推动力研究——以浙东南地区为例》，《山西农业大学学报》（社会科学版）2012年第9期。

[2] 莱斯特·M.萨拉蒙、李婧、孙迎春：《新政府治理与公共行为的工具：对中国的启示》，《中国行政管理》2009年第11期。

[3] 柯平：《建立社会组织参与公共文化服务的有效机制》，《图书馆杂志》2015年第11期。

监护者这一社会普遍价值取向有关①。徐昌义、李洁对成都市公共文化创新服务实践进行了研究：成都市建成了政府主导下社会力量广泛参与的公共文化服务格局，形成了"政府+企业""政府+社会组织""政府采购+市场化运作""政府+志愿者个体"等社会化参与模式②。肖希明、张芳源探讨了国外公共数字文化资源的合作存储模式，以传统文化服务机构主导，企业、信息研究所等其他社会力量参与的"主导—参与"模式是公共数字文化资源合作存储的主流模式之一③。

(2) 社会力量主导型供给模式

美国、德国由于没有强势的文化行政主管部门进行公共数字文化建设，因此形成了社会力量主导型的供给模式。在这种模式下，政府主要以政策法规鼓励非政府组织、非营利性组织、企业、个人开展公共数字文化服务，营造良好的公共文化生态。企业等营利性组织提供有偿服务，社团、协会等非营利性组织参与无偿服务。不同参与主体也会根据自身特点选择不同的服务范畴，如专业化公司提供技术支持、社团举办公共数字文化活动、公民个人根据不同的能力与职业背景进行文化事务管理与建设④。

(3) 合作共建型供给模式

合作共建型供给模式通常是在政府与社会力量之间通过半官方的组织进行沟通协调。英国、澳大利亚采取的是政府与民间共建的"分权化"模式。在这种模式下，文化艺术基金管理组织，如英国的博物馆委员会、美术馆委员会、大不列颠艺术理事会等承担了文化资源分配与管理等职能。合作共建的政府与民间"分权"管理模式可以划分为垂直和水平两种"分权"维度。"分权"模式促进了文化资源的合理分配和公共文化服务管理权限向地方和民间组织的扩展⑤。

---

① 张金岭：《社会治理视域下的法国公共文化服务》，《学术论坛》2016年第11期。
② 徐昌义、李洁：《公共文化服务的社会力量参与研究——以成都市创新实践为例》，《成都行政学院学报》2015年第6期。
③ 肖希明、张芳源：《国外公共数字文化资源合作保存模式研究》，《信息资源管理学报》2014年第2期。
④ 肖希明、完颜邓邓：《治理理论与公共数字文化服务的社会参与》，《图书馆论坛》2016年第7期。
⑤ 吴理财、贾晓芬、刘磊：《以文化治理理念引导社会力量参与公共文化服务》，《江西师范大学学报》（哲学社会科学版）2015年第6期。

四 关于社会力量参与公共数字文化服务方式的研究

国内外关于公共数字文化服务社会化的理论研究与实践案例研究的文献中均论述了社会力量参与公共文化服务的多样化形式,笔者认为可以划分成以下四种。

(1) 提供资金支持

肖希明、杨蕾分析了公共数字文化资源整合项目的资金保障制度并指出,政府拨款在项目建设中并不占据绝对的主导地位,基金会、企业、组织机构、个人等的赞助与捐款是资金来源的重要方面①。曾琴、蒋文昕以美国乔治梅森大学历史和新媒体中心(CHNM)为例,总结了社会记忆数字化项目构建的经验。CHNM 以丰富历史学领域的数字资源和激发一般民众对于历史研究的兴趣为目标开展了三个子计划。美国博物馆与图书馆服务协会、Alfred P. Sloan Foundation、Samuel H. Kress Foundation 等机构对该项目提供了经费赞助②。英国区域性文化遗产数字化项目 SoPSE 聘请了专业的融资专家对项目发展进行长远规划,努力通过建立新型伙伴关系从而获得充足的资金保障③。可见,社会力量提供资金支持是公共数字文化服务持续发展的重要因素。

(2) 组织文化活动

2015 年 5 月,国务院办公厅转发四部委起草的《关于做好政府向社会力量购买公共文化服务工作的意见》中,将组织与承办文化活动列入其中一个重要的方面。相较于政府机构而言,社会组织更了解社会公众的需求,在开展公共数字文化活动中能够用多样化的形式促进数字文化资源的建设与传播。李晓秋介绍了全国文化信息资源共享工程内蒙古分中心联合内蒙古大学艺术学院举办"感受数字文化,共享社会发

---

① 肖希明、杨蕾:《国外公共数字文化资源整合宏观管理及其启示》,《图书与情报》2015 年第 1 期。
② 曾琴、蒋文昕:《社会记忆视角下的数字档案馆建设:以乔治梅森大学历史和新媒体中心为例》,《浙江档案》2016 年第 8 期。
③ Robin Yeates and Damon Guy, "Collaborative Working for Large Digitization Projects", *Program: Electronic Library and Information Systems*, Vol. 40, No. 2, April 2006, pp. 137–156.

展成果"的数字文化资源推广活动的情况①。在"美国记忆"项目建设之初,美国国会图书馆也与美国科技公司合作开展了"全国数字图书馆竞赛",鼓励社会公众贡献更加丰富的数字文化资源②。

(3)开展商业合作

公共数字文化服务引入市场机制的途径包括业务外包、特许经营等。政府可以灵活应用多种政策工具,如贷款、担保、合同、经济性规制、社会性规制、税收优惠、代金券等,与社会机构形成合作关系③。杨松认为,在我国当前政策背景下,应大力推广政府和社会资本合作(Public – Private Partnership,PPP)模式,公共文化服务领域应尽快在项目设立、政府与社会组织的责权利分解、项目合作方式、特许合约文本等方面规范化④。Weseni Temesgen A. 等运用软系统方法,分析了公司伙伴关系 PPP 模型的软性因素,为埃塞俄比亚地区构建更高效的公共信息服务传播机制提供了参考⑤。案例研究同样表明国内外公共数字文化资源整合项目已经开始了市场化运作模式。杜洁芳介绍了国家数字文化网项目与中国文化传媒网在互联网硬件设备托管、软件系统开发设计、网站建设中开展了全方位合作⑥。王艳翠调查了澳大利亚 Trove 检索项目的社会合作情况,Trove 与 Gale 和 RMIT 两大数据库商开展了数据资源访问合作,大大扩展了社会大众能够访问的公共数字文化

---

① 李晓秋:《全国文化信息资源共享工程谱写社会和谐曲》,《图书馆建设》2008 年第 2 期。

② Library of Congress, "American Memory. Mission and History", http://memory.loc.gov/ammem/about/index.html, 2021 年 2 月 20 日。

③ 莱斯特·M.萨拉蒙、李婧、孙迎春:《新政府治理与公共行为的工具:对中国的启示》,《中国行政管理》2009 年第 11 期。

④ 杨松:《积极探索和不断完善公共文化服务领域政府与社会资本合作模式(PPP 模式)——关于社会力量参与公共文化(图书馆)服务专题访谈》,《图书馆杂志》2015 年第 11 期。

⑤ T. A. Weseni, R. T. Watson and S. Anteneh, "A Review of Soft Factors for Adapting Public – private Partnerships to Deliver Public Information Services in Ethiopia: A Conceptual Framework", *Paper Delivered to AFRICON 2015*, sponsored by IEEE, Addis Ababa, Ethiopia, September 14 – 17, 2015.

⑥ 杜洁芳:《增强互动效应 促进合作共建——国家数字文化网建设服务工作迈上新台阶》,http://www.ccdy.cn/xinwen/gongong/xinwen/201512/t20151202_1167963.htm, 2021 年 2 月 20 日。

资源规模①。

(4) 共建数字资源

政府与传统的公共文化机构只有与社会力量合作共建数字资源才能真正提高资源建设的广度与深度。公共数字文化资源建设可以广泛调动用户的力量，利用社交媒体工具为用户建立互动交流和贡献内容的平台，促进资源发现与共享②。世界数字图书馆（WDL）、欧洲数字图书馆（Europeana）、美国数字公共图书馆（DPLA）等项目都直接从社会组织和机构获取资源③。欧洲数字图书馆（Europeana）与谷歌公司合作，将60万卷历史书籍数字化并提供获取④，大大提高了资源建设的效率。参与数字资源建设同样有利于社会力量自身的发展。Elizabeth M. Celi 和 Richard E. Moore Jr. 指出，鼓励公司伙伴关系和社会青年力量参与制作欧洲非物质文化遗产的数字纪录片和数字操作手册，不仅有利于人类文化的长远开发与保存，而且能够提高社会青年就业率和促进公司伙伴关系的发展⑤。

五 关于社会力量参与公共数字文化服务对策的研究

社会力量与传统的文化机构合作进行公共数字文化服务时必然会遇到一些新问题，国内外学者主要从政府的角度出发提出了一些发展策略。

(1) 健全政策保障机制

社会力量参与公共数字文化服务首先需要法律政策的推动。欧美等国完善国家税法、公共文化机构的专门法律、行业协会的战略规划、公

---

① 王艳翠：《资源共享在澳大利亚之 Trove 范围扩展——澳大利亚图书馆界的电子资源共享》，《图书馆杂志》2013 年第 7 期。

② 肖希明、完颜邓邓：《国外公共数字文化服务中的社会参与模式及其启示》，《图书馆》2016 年第 7 期。

③ 完颜邓邓：《公共数字文化服务中的社会合作研究》，《图书与情报》2016 年第 3 期。

④ 国家图书馆研究院：《欧罗巴那数字图书馆、奥地利国家图书馆与谷歌公司合作推进欧洲文化遗产向公众开放》，《国家图书馆学刊》2014 年第 6 期。

⑤ E. M. Celi and R. E. Moore, "Safeguarding Intangible Cultural Heritage Through Youth Employment and Public/Private Partnerships", paper delivered to Digital Heritage, sponsored by Institute of Electrical and Electronics Engineers, Granada, Spain, September 28 – October 2, 2015.

共文化机构的政策,为公共数字文化服务社会化提供了多层次的保障。我国近年来颁布了一些宏观政策,未来需要对行业和文化机构层面的微观政策进行细化①。

除了法律政策体系保障以外,还应健全社会力量参与的财政税收管理体系。实行政府购买服务、项目补贴、以奖代补等多种投入方式②。周宜开认为,应给予民营中小文化机构与转企改制的国有经营性事业单位同样的税收优惠政策③。梁立新认为,应设立政府财政资金为主导,社会广泛参与的公共文化发展基金;同时采取信贷优惠政策,鼓励银行等金融机构向公共文化服务机构实行差别化等利率政策,提高信贷业务工作效率和服务层次④。

(2) 支持社会力量自身发展

培育文化类社会组织自身的发展是提高社会力量自身"造血"能力的保障。柯平认为,应该加强对文化类社会组织的培训工作,组织骨干业务培训,提高社会组织自身竞争力⑤。同时,应加强人事制度的管理,积极招募优秀的专业化人才,提高社会力量的专业化水平⑥。徐昌义、李洁提出应重视文化志愿者队伍的发展,加强高校和军队的文化志愿者队伍素质,借鉴国外经验,形成稳定和可持续的文化志愿服务队伍⑦。在鼓励社会力量自身发展的同时,政府可以设立专项资金,将其提供的文化产品和服务纳入政府采购范畴,并且通过获奖评选、土地优惠等激励措施满足其发展需求。

---

① 肖希明、完颜邓邓:《国外公共数字文化服务中的社会参与模式及其启示》,《图书馆》2016 年第 7 期。

② 肖希明、杨蕾:《国外公共数字文化资源整合宏观管理及其启示》,《图书与情报》2015 年第 1 期。

③ 周宜开:《动员社会力量参与公共文化服务体系建设》,《前进论坛》2011 年第10 期。

④ 梁立新:《公共文化服务社会力量参与:价值体现与机制创新》,《浙江工贸职业技术学院学报》2014 年第 3 期。

⑤ 柯平:《建立社会组织参与公共文化服务的有效机制》,《图书馆杂志》2015 年第 11 期。

⑥ 冯雨晴:《关于社会组织提供公共文化服务职能的研究》,《法制与经济》2014 年第 4 期。

⑦ 徐昌义、李洁:《公共文化服务的社会力量参与研究——以成都市创新实践为例》,《成都行政学院学报》2015 年第 6 期。

(3) 做好绩效评价与监督管理

绩效评估与监督管理是促进公共数字文化服务社会化可持续发展的重要保障。蔡秀云、张晓丽指出，建立科学的供给效应识别机制能够更好地把握政府对文化类社会组织扶持的方向、重点，是实施有效的财政激励的重要依据①。在进行社会文化机构的管理时，应当建立有效的进入与退出机制，对信誉好、绩效高、优秀的社会组织给予表扬与优惠支持，对存在问题的社会组织也要提出整改要求，实现规范化管理②。

六 关于公民文化志愿服务的研究

近年来，公民文化志愿服务逐渐成为国内外学者的研究热点，已有了一定的理论成果，主要集中在文化志愿者管理、文化志愿者的参与动机、国际比较研究以及特定群体的文化志愿服务四个方面。不少学者从地方案例出发，从制度建设、机制完善、宣传报道等方面探讨如何建设和完善文化志愿者队伍③④。国外学者则十分关注公民参与文化志愿服务的动机，通过分析志愿者动机的内在因素与外在因素，为建设志愿参与机制提供参考，保障文化志愿者的持续参与⑤⑥。国际比较研究也是目前公民文化志愿服务研究的重要内容，部分学者通过介绍外国文化志愿服务在制度建设、服务模式、组织管理等方面的先进经验，为我国的文化志愿服务建设提供参考性建议⑦⑧。现有的理论成果中也不乏对特

---

① 蔡秀云、张晓丽：《社会组织供给公共文化服务财政激励研究——基于因子方法的实证分析》，《财政研究》2015 年第 3 期。

② 柯平：《建立社会组织参与公共文化服务的有效机制》，《图书馆杂志》2015 年第 11 期。

③ 蔡兴建：《文化志愿者队伍的建设与完善》，《大众文艺》2013 年第 17 期。

④ 尚亿琴：《文化志愿者建设之我见——以安吉县文化志愿者队伍建设为例》，《大众文艺》2016 年第 17 期。

⑤ Sultana L. A. and John C. , "Temporal Motivations of Volunteers to Participate in Cultural Crowdsourcing Work", *Information Systems Research*, Vol. 28, No. 4, December 2017, pp. 744 – 759.

⑥ Chen X. , Liu C. and Legget J. , "Motivations of museum volunteers in New Zealand's Cultural Tourism Industry", *Anatolia*, Vol. 30, No. 1, November 2018, pp. 127 – 139.

⑦ 郭英：《中美公共图书馆志愿者服务现状之比较研究》，《图书馆理论与实践》2012 年第 8 期。

⑧ 王方园：《国内外图书馆文化志愿服务研究述评》，《图书馆学刊》2016 年第 12 期。

定的文化志愿者群体的研究，主要集中在大学生这一青年群体，大学生逐渐成为文化志愿服务的主要力量，因此越来越多的学者从大学生文化志愿者的服务现状出发，研究大学生文化志愿服务面临的困境与挑战，并提出改进思路①②。此外，还有学者较为系统地研究了文化志愿服务的体系：第一个方面是志愿者招募，志愿者的招募方式包括报纸、电话、网络等方式，Wilkinson A. 认为对于志愿者的管理而言非常重要③；第二个方面是志愿者培训，美国公共图书馆会组织各种培训，提升志愿者服务质量，Turner R. 指出图书馆在制订培训计划时要根据不同水平的志愿者定制适宜的培训计划④；第三个方面是志愿服务内容，除了图书馆常规服务，还要制定特色服务；第四个方面是志愿者管理，国外公共文化机构尤其注重对志愿者的管理，Simons 和 Alexandra 认为图书馆可以通过使用志愿者管理信息系统来对志愿者进行管理⑤；第五个方面是激励志愿者，Solberg J. 认为需要重视对志愿者的奖励，可通过发放补助金的方式进行奖励⑥；第六个方面是对志愿者进行评估，国外公共图书馆大都建立了志愿者服务评价管理查询系统，Broadypreston 认为图书馆在对志愿者服务进行评估时可以参考第三部门组织的评估方法⑦。

七 政府购买服务的风险识别与控制研究

政府购买服务是引入社会力量参与公共文化服务的一种重要方式，

---

① 向娟：《大学生文化志愿者服务现状研究——基于东华大学"时尚东华"文化志愿服务的实践与分析》，《科技创业月刊》2013 年第 4 期。

② 张金秋：《高校大学生文化志愿者服务模式研究》，《法制与社会》2017 年第 19 期。

③ Wilkinson A., "Employment Relations in SMEs", *Employee Relations*, Vol. 21, No. 3, June 1999, pp. 206 – 217.

④ Turner R., "Training Library Staff and Volunteers to Provide Extraordinary Customer Service", *Library Review*, Vol. 56, No. 5, Apri 2006, pp. 346 – 347.

⑤ Alexandra Simons, "Success with Library Volunteers", *Journal of Academic Librarianship*, Vol. 40, No. 3/4, June 2014, p. 421.

⑥ Solberg J., "Short – Term Staff and Long – Term Benefits: Making the Most of Interns, Volunteers, Student Workers, and Temporary Staff in Libraries", *Library Journal*, Vol. 143, No. 21, 2018, p. 86.

⑦ Broady – Preston J., "Measuring and Assessing the Impact of Using Volunteers in UK Libraries: Issues and Methods", *Performance Measurement & Metrics*, Vol. 15, No. 3, November 2014, pp. 112 – 121.

并且在全国已经有层出不穷的实践，在建立和完善现代公共文化服务体系进程中具有举足轻重的作用。但政府购买服务在带来提升公共文化服务效率和效益的同时，也存在潜在的风险，不少学者也在这个方面进行了相关研究。2020年，福建师范大学傅文奇教授成功申请到了国家社会科学基金一般项目"公共文化视角下政府购买图书馆服务的风险控制研究"（项目编号：20BTQ001），取得了一系列相关研究成果[1][2][3]。此外，陆和建、喻兴佳、胡安琪、汪瑞、杨晓等人也从不同角度对政府购买服务的风险识别与控制进行了研究。

陆和建等指出，政府对社会力量参与公共文化服务建设进行风险控制，能够增强政府与社会双方的风险防范意识，提高政府决策的科学性，保障建设项目安全可控，指出当前我国社会力量参与公共文化服务建设的政府风险识别的四个策略：一是精准定位充分调研、确保降低决策风险，二是规范质量加强监督、有效规避合同风险，三是奠定良好市场环境、合理降低财政风险，四是吸纳民意全盘联动、降低联动协调风险[4]。胡安琪从整体视角探析了政府（购买主体）、社会力量（承接主体）和公众（接受主体）三方在公共图书馆服务购买中的法权角色定位，深度解构了三者的三维互动关系以及存在的风险，构建了政府购买公共图书馆服务的法权互动关系模型，指出了由政府单方面供给向公私协作供给的法治化路径[5]。徐家良、赵挺以政府购买公共服务的评估环节作为研究对象，从学理上对评估机制的分析框架进行研究，构建起多元评估机制，包括评估协调机制、评估信息沟通机制、评估运行机制、评估激励机制、评估动力机制、评估约束机制、评估反馈机制等因素，

---

[1] 张思梦、傅文奇：《英国社会组织承接政府购买图书馆服务的实践与启示》，《国家图书馆学刊》2023年第3期。

[2] 傅文奇、林赛敏：《我国政府购买图书馆服务政策：演进、问题和建议》，《图书馆理论与实践》2023年第2期。

[3] 张思梦、傅文奇：《美国公共图书馆运营管理外包的实践与反思》，《图书馆建设》2023年第2期。

[4] 陆和建、崔冉：《我国社会力量参与公共文化服务建设的风险控制研究》，《图书馆建设》2022年第3期。

[5] 胡安琪：《公共图书馆服务政社合作供给三维法权互动风险及配置路径》，《图书馆建设》2021年第6期。

并详细对评估运行机制、评估动力机制、评估约束机制四个关键因素展开论述①。黄春蕾对政府购买公共服务与公开招标机制的理论辨析，认为竞争性选择程序是缔造公共服务准市场的基础，是实施政府购买服务的基石，并考察比较了上海和广东两地进行公共服务项目招投标初步应用的探索，最后立足国内，借鉴国际经验，对如何缔造公共服务准市场、如何界定公开招标的运用范围、如何搭建公开招标平台、如何防范公开招标风险四个基本问题进行反思②。马晓军从购买图书馆服务所涉及的行动者政府、服务提供商和公共图书馆入手，构建了一个分析框架对政府购买图书馆服务的风险进行分析，包括需求方、供给方和利益相关者；提出政府购买图书馆服务过程中存在的政府购买图书馆服务的"需求方缺陷"、政府购买图书馆服务的"供给方缺陷"和公共图书馆作为利益相关者面临的挑战，最后针对上述问题提出相应的政策建议，一是要加强制度建设，确保政府成为"精明的买家"；二是要培育和规范图书馆服务市场；三是要推动公共图书馆可持续发展③。张博阐述了政府购买公共服务过程中公共服务失灵、政府权力寻租、扰乱市场秩序、降低民众信心四个表现，将风险产生的原因归于公心不充足、信息不对称、流程不规范、监管不到位四个方面，最后提出完善市场竞争机制、搭建公共合作平台、加强外部力量监督、发挥行业自律作用四条对策来防治政府购买公共服务的风险④。

第三节　研究内容和研究思路

本书的研究内容共包括七章，分为五个部分：

第一部分是第一章，从总体上介绍了本书的研究背景和意义、国内

---

① 徐家良、赵挺：《政府购买公共服务评估机制研究》，《政治学研究》2013年第5期。
② 黄春蕾：《我国政府购买公共服务中公开招标机制应用研究》，《地方财政研究》2015年第1期。
③ 马晓军：《政府购买图书馆服务的风险及其防范》，《图书馆学研究》2016年第5期。
④ 张博：《政府购买公共服务的风险及其防治》，《理论探讨》2016年第3期。

外研究综述、研究内容和研究思路、研究方法等内容。

第二部分是第二章和第三章,这部分分析了社会力量参与公共数字文化服务相关概念、参与的意义、参与主体以及参与的机制体系。第二章首先辨析了社会力量、公共文化服务、公共数字文化服务的含义,然后论述了社会力量参与公共数字文化服务的意义和价值。第三章指出了参与主体,分析了各个主体的参与动机和参与方式,最后提出了由7种机制构成的参与机制体系:市场机制、激励机制、多元资金投入机制、社会力量培育机制、舆论宣传机制、需求反馈机制、监督评估机制。

第三部分包括第四章和第五章,这部分主要调查了我国社会力量参与公共数字文化服务的情况以及国外社会力量参与公共数字文化服务的情况。第四章通过问卷调查、深度访谈、案例分析调查分析了我国企业、社会组织和公民个人参与公共数字文化服务的情况,提出了进一步推动社会力量参与公共数字文化服务需要进一步解决的问题。第五章通过网络调查,获取了国外企业、社会组织和个人参与公共图书馆、博物馆和档案馆服务的情况,分析了其参与特点,并提出了可供我国借鉴之处。

第四部分包括第六章和第七章,这部分首先分析了我国社会力量参与公共数字文化服务面临的宏观环境,然后在立足我国国情,借鉴国外社会力量参与公共数字文化服务的经验的基础上,进一步完善了推动我国社会力量参与公共数字文化服务的参与机制。

第五部分是第八章,该部分内容对全书的研究内容进行了总结,并对研究不足以及后续研究内容进行了说明。

本书的研究思路是:以进一步推动社会力量参与公共数字文化服务为目标,通过问卷调查法、深度访谈法和案例分析法详细调查分析我国社会力量参与公共数字文化服务情况,发现需要进一步解决的问题,然后通过网络调查法了解国外社会力量参与公共文化服务的情况,找到可供我国借鉴的地方,最后进一步完善了推动我国社会力量参与公共数字文化服务的参与机制,本书的研究思路如图1-1所示。

框架	目录	内容	目的
提出问题	第一章	研究背景与意义 ↓ 国内外研究文献述评 ↓ 研究内容、思路、方法	提出研究问题
分析问题	第二章	↓ 相关概念和理论基础 ↓	相关概念及价值支撑
	第三章	参与主体及参与机制体系分析 ↓	理论阐释
	第四章	我国社会力量参与公共数字文化服务 ↓	现状调查 发现问题
解决问题	第五章	社会力量参与公共文化服务的域外借鉴 ↓	域外经验借鉴
	第六章	社会力量参与公共数字文化服务的宏观环境分析 ↓	分析国情
	第七章	推动社会力量参与公共数字文化服务的机制创新 ↓	针对问题 提出建议
	第八章	结语	总结全文

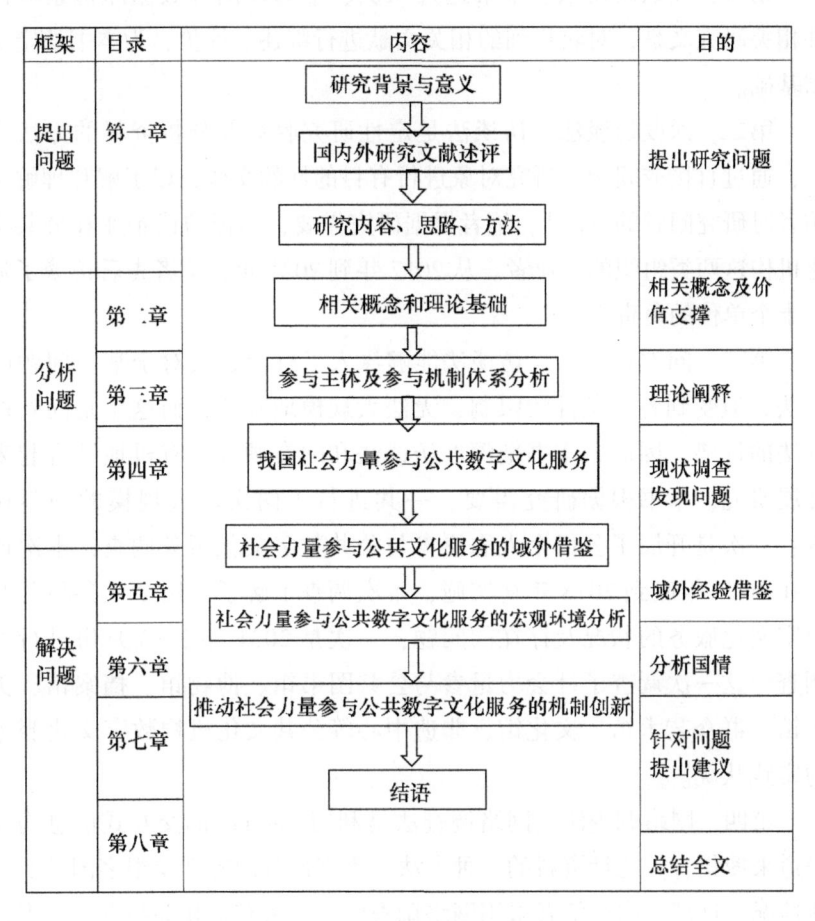

图1-1 本书的研究思路图

第四节 研究方法

本书的研究目的是了解我国社会力量参与公共数字文化服务的现状，并针对存在的问题提出优化策略。为了达到该研究目的，笔者综合采取了文献调研法、深度访谈法、问卷调查法、网络调查法、案例分析法等研究方法。

第一，文献调研法。本书通过 WoS、中国知网等数据库检索国内外相关研究文献，对收集到的相关文献进行综述、评价，为本书奠定文献基础。

第二，深度访谈法。访谈法是定性研究收集并分析资料的方法之一，通过直接或间接与研究对象进行有目的性的交谈，以了解和理解受访者对研究问题的看法[①]。笔者根据研究需要，选择访谈企业和公共文化机构这两类组织的从业者。从 2017 年到 2021 年，笔者先后访谈了近三十个单位的负责人。

第三，问卷调查法。访谈法能够深入了解少数人对于某一问题的看法，但受到各种条件的限制，无法大规模地实施，而这正是问卷调查法的优势。因此，本书把深度访谈法和问卷调查法有机地结合起来开展研究。本书根据研究需要，一共进行了两次较大规模的问卷调查：一次是开展了公民个人志愿参与公共数字文化服务调查，本次调查在 2017 年底到 2018 年初实施，本次调查了解了公民个人参与公共数字文化服务的状况及存在的问题；一次是 2021 年 2—3 月份进行的调查，这一次调查了社会力量参与公共图书馆、博物馆、档案馆、美术馆、群众艺术馆、文化馆、非遗中心等公共文化机构数字文化服务的实践状况。

第四，网络调查法。网络调查法是利用 Internet 的交互式信息沟通渠道来搜集有关统计资料的一种方法。本书部分内容涉及很多国外的实践情况，这部分内容笔者采用网络调查的方法去获取相关数据。本书通过网络获取了国外企业、社会组织和个人参与公共图书馆、博物馆和档案馆的情况，重点调查了美国公共图书馆志愿服务情况，以为我国引入相关社会力量提供借鉴。

第五，案例分析法。本书以"韵动株洲"云平台为例，深入分析 PPP（Public - Private Partnership）模式在公共数字文化服务领域的应用情况。

---

① 倪菁、郑建明、孙红蕾：《公共数字文化治理能力的现代化》，《图书馆论坛》2020 年第 1 期。

第二章 相关概念和理论基础

第一节 相关概念

概念是思维的逻辑起点，是思维的基本单位。所谓概念，是借助语词表达的反映事物本质属性的思维形式①。人类对客观世界一切事物的认识都必须概括为概念，并用语词来表达，才能使人们方便地进行交流，并取得一致的理解，"事物—概念—语词"三者是统一的②。研究社会力量参与公共数字文化服务的参与机制前提是必须对相关概念的内涵和外延进行科学准确的界定。本书的核心概念包括社会力量、公共文化服务、公共数字文化服务等，明确这些概念的内涵和外延，对进一步明确本书的研究对象以及建立健全社会力量参与公共数字文化服务的机制具有重要意义。

一 社会力量

"社会力量"这个概念最早是由美国古典社会学家沃德提出的，是指"鼓动社会中众多成员采取社会行动，使社会发生变化的力量"③④，

---

① 司莉、曾粤亮、陈辰编：《信息组织原理与方法》第二版，武汉大学出版社2020年版。
② 张琪钰编著：《情报语言学词典》，北京图书馆出版社2000年版，第95页。
③ 马国泉、张品兴、高聚成主编：《新时期新名词大辞典》，中国广播电视出版社1992年版，第529页。
④ 邓银花：《社会力量参与图书馆建设的缘由、模式和激励》，《图书馆杂志》2014年第2期。

他认为"饥饿、性爱、理想、癖好、善行、改革等人类的'渴望'都是一种社会力量,它们鼓动着个人去采取行动;它也是人们结成团体关系的基本动力和动机"①。在沃德那里,"社会力量"是一种心理和生理状态,它支撑着人类向善或者从恶的行为。很显然,沃德心目中的"社会力量",不是如今公共文化服务领域讨论的社会力量。

目前,对社会力量的研究主要集中于公共管理学、图书馆学、档案学等几个学科,每个学科都对社会力量进行了定义,这就导致对社会力量定义不一致,不同的学科有不同的定义,同一学科的学者也有不同的看法。笔者较为全面系统地统计了目前关于社会力量的内涵和外延,按照时间先后顺序进行了统计,如表2-1所示。

表2-1 社会力量的含义

作者	年份	定义
辛俊岱	1989	是指档案馆这支专业力量以外的一切可以利用的力量②
杨玉麟	2008	指来自政府以外的社会组织、志愿者以及各企事业单位等③
彭汪洋	2008	社会力量是非营利性组织、群众团体、企事业单位、志愿者(包括个人)、海外华人华侨④
王子舟	2011	社会力量包含自然人、法人、非政府组织等⑤
李毅	2011	社会力量指能够参与、作用于社会发展的基本单元,包括自然人、法人(社会组织、党政机关事业单位、非政府组织、党群社团、非营利机构、企业等)⑥
胡莹、侯国柱	2014	指能够参与、作用于社会发展的基本单位,除了政府机关和下属文化事业单位以外的组织和个人,包括自然人、法人⑦

---

① 马国泉、张品兴、高聚成主编:《新时期新名词大辞典》,中国广播电视出版社1992年版,第529页。
② 辛俊岱:《借助社会力量强化档案馆的基础工作》,《北京档案》1989年第6期。
③ 杨玉麟:《关于"社会力量参与图书馆建设"若干问题的思考》,《图书与情报》2008年第1期。
④ 彭汪洋:《社会力量参与图书馆建设研究》,《当代图书馆》2008年第3期。
⑤ 王子舟:《民间力量建设图书馆的政策与模式》,国家图书馆出版社2011年版,第28页。
⑥ 李毅:《社会学概论》,暨南大学出版社2011年版。
⑦ 胡莹、侯国柱:《社会力量参与公共图书馆建设现状分析——以吉林省为例》,《图书馆学刊》2014年第5期。

续表

作者	年份	定义
邓银花	2014	除政府机关及其下属文化事业单位外的组织和个人，包括企事业单位、非营利组织和公民个人等①
马艳霞	2015	社会力量包括公民个人、社会团体、非政府组织和企业②
张若冰等	2015	是非政府性，通过社会和个人捐赠获得资金，其组成主要包括企业、个人及非政府组织③
朱佳莉	2015	能够参与、作用于社会发展的基本单元，包括自然人和法人的社会组织、党政机关事业单位、非政府组织、党群社团、非营利机构、企业等④
任竞、王祝康	2016	指政府机关和公益性文化事业单位以外的组织和个人，是公共文化服务建设的重要力量⑤
王兆辉、王宁远、王祝康	2016	指政府组织以外的能够参与到社会公共事务的社会个体与社会组织，包括公民个体、群众团体、事业单位、公司企业、非营利机构等自然人与法人单位⑥
马祥涛、王威	2016	除图书馆机构之外的能够对图书馆事业发展发挥作用和产生影响的各种参与主体，具体包括政府职能部门、企事业单位、非营利性组织或团体、个人等力量，虽然类型不同，但其对图书馆事业发展所发挥的作用和产生的影响却无大小之分⑦
完颜邓邓	2016	包括非营利性组织（又称非政府组织，包括基金会、协会、学会、公益性团体等），营利性组织（主要是企业，包括数据库商、出版商、信息技术公司、媒体商等），公民个人⑧

---

① 邓银花：《社会力量参与图书馆建设的缘由、模式和激励》，《图书馆杂志》2014 年第 2 期。

② 马艳霞：《公共文化服务体系构建中民间参与的主体、方式和内容》，《图书情报工作》2015 年第 12 期。

③ 张若冰、申晓娟、李丹：《社会力量参与公共图书馆服务体系建设现状简析》，《国家图书馆学刊》2015 年第 4 期。

④ 朱佳莉：《社会力量参与公共图书馆建设问题探讨——以上海近代文献馆·杨浦馆为例》，《图书馆研究》2015 年第 4 期。

⑤ 任竞、王祝康：《公共图书馆新常态与可持续发展——吸引社会力量参与公共图书馆建设的思考》，《图书馆理论与实践》2016 年第 4 期。

⑥ 王兆辉、王宁远、王祝康：《社会力量参与公共文化服务建设的模式研究》，《图书馆研究与工作》2016 年第 1 期。

⑦ 马祥涛、王威：《关于"社会力量参与公共图书馆建设"的思考》，《新世纪图书馆》2016 年第 3 期。

⑧ 完颜邓邓：《公共数字文化服务中的社会合作研究》，《图书与情报》2016 年第 3 期。

续表

作者	年份	定义
乔杨	2016	不但包括非官方背景的个人或机构（如各种社会组织、非营利机构、企业等），还包括政府文化职能管理部门及其下属的公共图书馆（室），以及其他原先不承担公共文化服务职责的机关事业单位、社会团体①
张庆伟	2017	指积极介入社会发展活动的基本单元，如社会组织、非营利组织机构、企业等法人和自然人②
王建萍	2017	指能够参与、作用于社会发展的基本单元，包括自然人和法人，其中法人包括社会组织、党政机关事业单位、非政府组织、党群社团、非营利机构、企业等③
葛梦凡	2017	指除政府及其下属公益性文化事业单位以外的组织和个人④
罗洁	2017	包括公民个人、社会组织、党政机关事业单位、非政府组织、党群社团、非营利机构、企业等⑤
俞蒙	2018	除国家权力机关以外的社会组织、民间团体、企业、公民个人等⑥
赵晋芝	2018	包括非官方背景的企业、社团、非政府组织（NGO）和个人等，也包括不属于政府文化职能部门，但根据自身需要和能力参与公共图书馆服务的学校、科研院所、医院、国有企业等⑦

---

① 乔杨：《公共图书馆事业社会力量参与动力机制研究》，《图书馆》2016年第1期。

② 张庆伟：《政府向社会力量购买公共图书馆服务现状调查分析》，《图书馆理论与实践》2017年第9期。

③ 王建萍：《社会力量参与国学讲堂之探析——以山东省"图书馆+书院"为例》，《图书馆》2017年第8期。

④ 葛梦凡：《社会力量参与现代公共文化服务研究——以秦皇岛市公益图书馆建设为例》，《中国集体经济》2017年第32期。

⑤ 罗洁：《公共图书馆利用社会力量提升供给的实践探索与思考》，《图书馆界》2017年第4期。

⑥ 俞蒙：《社会力量参与青少年阅读推广的实践探索——以上海市嘉定区图书馆为例》，《图书馆学刊》2018年第1期。

⑦ 赵晋芝：《社会力量参与广州地区街镇一级公共图书馆建设研究》，《晋图学刊》2018年第6期。

续表

作者	年份	定义
杨玉麟、闫毅	2018	除了文化主管部门以外的其他政府——教育部门、科技部门等,各级党委下面的工作委员会——少工委、老龄工委、教工委等,各种社会团体——工会、妇联、共青团等,各种基金会和慈善机构,各类企事业单位,公民个人[①]
李梅、吴俊林、张超等	2019	有基金会、社会团体、民办非企业单位、企业、群团组织、高校、学者、大学生、文化志愿者等[②]
郑妮娜	2019	包括公民个人、社会组织、非营利机构、企业等[③]
朱芳辉	2019	指超出图书馆自身范畴的能够对图书馆事业发挥作用的组织与个人[④]
王玥	2020	非营利性组织、企业和个体公民等[⑤]
达彩霞	2020	包括公民个人、社会组织、党政机关事业单位、非政府组织、党群社团、非营利性机构、企业等[⑥]
邓卿	2021	指具有官方性质的党政机关和事业单位之外的民间力量,主要包括企业、公益机构、非政府组织和个人等[⑦]
范睿琦、张婷	2022	除政府以外的企业、社会组织和社会团体、个人等,如果从功能角度看待图书馆服务,可以是"以人为中心"的服务,这里所指的"人",既包括作为个体而存在的社会公众,也包括图书馆所服务的区域及社会群体[⑧]

---

① 杨玉麟、闫毅:《多元化的公共图书馆办馆主体更符合中国国情——学习〈中华人民共和国公共图书馆法〉的体会》,《图书馆建设》2018年第1期。

② 李梅、吴俊林、张超、刘淑兰:《社会力量参与文化扶贫的成效、困境及路径》,《云南农业大学学报》(社会科学版)2019年第1期。

③ 郑妮娜:《公共图书馆引入社会力量建设地方文献的实践研究——以台州市路桥区图书馆为例》,《图书馆研究与工作》2019年第7期。

④ 朱芳辉:《〈公共图书馆法〉框架下社会力量参与公共图书馆建设研究》,《河北科技图苑》2019年第4期。

⑤ 王玥:《社会力量参与全民阅读的实践与启示——以西宁市图书馆为例》,《中国报业》2020年第8期。

⑥ 达彩霞:《浅谈社会力量参与公共图书馆建设》,《发展》2020年第Z1期。

⑦ 邓卿:《社会力量参与基层图书馆建设的影响因素探析——基于调查问卷的实证分析》,《河南图书馆学刊》2021年第6期。

⑧ 范睿琦、张婷:《后疫情时期图书馆社会力量参与模式探析》,《黑龙江档案》2022年第3期。

续表

作者	年份	定义
李婷婷	2022	不仅包括社会公众，还包括不同形式的社会团体，如企业单位、事业单位等①

从表2-1可以看出，对已有研究进行系统分析可以发现，目前学术界主要存在以下几种观点：

第一种观点认为，社会力量是除某类具体的公共服务机构本身之外所有的组织和个人，比如辛俊岱认为社会力量是指档案馆这支专业力量以外的一切可以利用的力量②，马祥涛、王威认为社会力量是除图书馆机构之外的能够对图书馆事业发展发挥作用和产生影响的各种参与主体，具体包括政府职能部门、企事业单位、非营利性组织或团体、个人等力量，虽然类型不同，但其对图书馆事业发展所发挥的作用和产生的影响却无大小之分③。

第二种观点认为，社会力量是除国家行政权力机关之外的组织和个人，指行政机关以外的组织或者个人，其中组织主要包括三大类：一是依法在相关管理部门登记，或者经过国务院批准可以免予登记的，具备提供公共文化服务职能的事业单位，二是在市场上出售商品或者提供服务，以利润最大化为组织目标的各类企业，三是从事非营利性活动的组织，如民办非企业、社会团体、慈善机构、宗教组织等。

第三种观点认为，社会力量是指除国家财政供养之外的所有组织或个人，指政府部门和由财政供养的事业单位之外的各类自负盈亏的企业、社会团体、非营利性组织、个人等，也指不包括国家机关以及各个事业单位在内的一切个人和组织，包括三类：一是各种所有性质的企业，二是不包括政府在内的，不以营利为目的的社会组织，如慈善机构、青年团体、社会团体、工会、宗教组织等，三是其他公益单位或

---

① 李婷婷：《公共图书馆建设中引导社会力量参与的创新路径》，《文化产业》2022年第27期。
② 辛俊岱：《借助社会力量强化档案馆的基础工作》，《北京档案》1989年第6期。
③ 马祥涛、王威：《关于"社会力量参与公共图书馆建设"的思考》，《新世纪图书馆》2016年第3期。

个人。

也有研究人员把社会力量分为了广义的和狭义的两种：广义的社会力量是指除立法、行政、司法等国家权力机关以外的所有社会构成都可以被认为是社会力量；狭义的社会力量是指除政府以外的个人、社会团体、社会组织等各个方面的力量。

从以上观点可以看出，不同的学者对社会力量的理解最大的区别就在于是否应该包括由国家财政供养的政府及组织，第一种观点和第二种观点认为社会力量包括政府部门及其由国家财政供养的事业单位，虽然第一种观点包括的政府范围更加广泛，但二者并无本质差别；第三种观点认为社会力量不包括政府部门及由国家财政供养的事业单位。

在我国最近几年颁布的公共文化服务相关法律中，也有关于"社会力量"的表述，虽然未给出明确的定义，但从其措辞中可以明显看出其所指的外延。《中华人民共和国公共文化服务保障法》第十三条规定"国家鼓励和支持公民、法人和其他组织参与公共文化服务。对在公共文化服务中作出突出贡献的公民、法人和其他组织，依法给予表彰和奖励"，第二十五条规定"国家鼓励和支持公民、法人和其他组织兴建、捐建或者与政府部门合作建设公共文化设施，鼓励公民、法人和其他组织依法参与公共文化设施的运营和管理"①。《中华人民共和国公共图书馆法》第四条规定"国家鼓励公民、法人和其他组织自筹资金设立公共图书馆。县级以上人民政府应当积极调动社会力量参与公共图书馆建设，并按照国家有关规定给予政策扶持"②。从这里可以看出，在国家的相关法律文件里，社会力量指的是公民、法人和其他组织。显然，这里的法人和其他组织不会是政府机构和国家财政供养的事业单位。

马克思主义认为，"国家力量"是指统治阶级为了维护其统治，建

---

① 中华人民共和国第十二届全国人民代表大会常务委员会第二十五次会议：《中华人民共和国公共文化服务保障法》，民主与法制网，2018年7月9日，http://www.mzyfz.com/html/2015/2018-07-09/content-1347366.html，2021年2月6日。

② 中华人民共和国第十三届全国人民代表大会常务委员会第六次会议：《中华人民共和国公共图书馆法》，2017年11月7日，http://www.ce.cn/culture/gd/201711/07/t20171107_26788596.shtml，2021年2月6日。

立起的执行国家统治职能的机关的总和,也称为国家机器①。"社会力量"是相对于"国家力量"而言的,主要指国家力量以外的各种力量,"国家力量"主要依赖国家财政存在和发展,相对来说,"社会力量"则是依靠自身的力量去谋求生存和发展。结合已有研究成果以及国家相关法律精神,本书认为,社会力量是指除了政府机关及由国家财政供养的事业单位之外的所有组织和个人,包括营利性组织(主要是各类企业)、非营利性组织(包括民办非企业、社会团体、慈善机构、基金会、文化类社会组织)及个人。

需要指出的是,有些学者或媒体人员在谈到社会力量参与公共文化服务的时候,强调"构建现代公共文化服务体系,政府、市场、社会三者缺一不可,要把政府主导和社会参与有机结合起来,引入市场机制,推动文化事业与文化产业协调发展,形成政府、市场、社会共同参与公共文化服务体系建设的生动格局,全面增强公共文化服务活力和发展动力"②,在这里"市场"和"社会"并列起来了,看似与本书社会力量里面包括企业等市场主体的看法不一致,但其实是一致的,因为将政府、市场、社会三者并列的时候,这里的"社会"不等同于"社会力量",而是指代不以营利为目的的那一部分社会力量,这里的"市场"当然是建立在市场竞争机制基础之上以营利为目的的那一部分社会力量。

二 公共文化服务

作为公共服务的一个子集,公共文化服务的概念自19世纪末20世纪初被提出后,其概念界定便存在诸多争议。不同的学者从不同的角度讨论了公共文化服务的定义:主要包括提供主体角度和服务范围角度。在公共文化服务的供给主体的界定上,陈威认为,公共文化服务应以公共部门或准公共部门为供给主体,以满足公民基本文化需求、提高全体

---

① 贺向东、蔡宝田主编:《中国社会力量办学概论》,首都师范大学出版社2000年版,第3页。
② 中国文化报评论员:《推动公共文化服务社会化发展——四论贯彻落实〈关于加快构建现代公共文化服务体系的意见〉精神》,《中国文化报》2015年1月20日第1版。

公众文化素质和文化生活水平为主要目的①。徐华认为，公共文化服务一般指政府提供的无竞争性和排他性的文化类服务项目、产品和活动等。需要指出的是，若将公共文化服务供给主体限定为政府，在公共文化服务实践中会不可避免遇到问题。政府包办具有的垄断性质的公共文化服务会出现效率比较低下、差异化需求满足能力比较弱等问题，公共文化服务无法实现全覆盖，以致政府失灵。因此，社会力量有必要参与公共文化服务建设，公共文化服务供给主体，除政府之外，还应包括营利性组织、非营利性组织和个人等。应该将政府、市场、社会组织、个人等社会力量纳入公共文化服务体系建设主体中，政府居于主导地位，社会力量作为参与主体，二者形成政府任务主导机制和公众需求反馈机制的良性对接。

　　在公共文化服务范围界定上，周晓丽、毛寿龙认为公共文化服务是基于社会效益，提供公共文化产品资源配置的活动，其产品具有非竞争性和非排他性②。区别于市场方式提供的文化商品，公共文化服务对应经营性的非公共物品，所提供的产品和服务具备相对的非竞争性和非排他性。夏国峰从管理学角度延伸了公共文化服务的范围，认为公共文化服务还包括文化政策和文化市场监管服务。陈威认为，公共文化服务包括"公共产品和服务、文化管理、文化政策法规、公共文化服务提供主体、公共资源配置及效绩考核制度"。闫平认为，公共文化服务包括相关基础设施、文化政策，人才队伍和技术创新③。2017 年，国家颁布的《公共文化服务保障法》中，对公共文化服务做了如下定义，即"指由政府主导、社会力量参与，以满足公民基本文化需求为主要目的而提供的公共文化设施、文化产品、文化活动以及其他相关服务"④。笔者也非常赞同该看法，认为公共文化服务是由政府主导、社会力量参

---

① 陈威主编：《公共文化服务体系研究》，深圳报业集团出版社 2006 年版。

② 周晓丽、毛寿龙：《论我国公共文化服务及其模式选择》，《江苏社会科学》2008 年第 1 期。

③ 闫平：《服务型政府的公共性特征与公共文化服务体系建设》，《理论学刊》2008 年第 12 期。

④ 中华人民共和国第十二届全国人民代表大会常务委员会第二十五次会议：《中华人民共和国公共文化服务保障法》，2017 年 3 月 1 日，http://www.gov.cn/xinwen/2017-03/01/content_5172158.htm，2021 年 2 月 6 日。

与，满足社会公众基本文化需求而提供的相关文化服务。公共文化服务不仅仅是某一方面的服务，它是一个体系，该体系主要包括"实施重大公共文化服务工程、公共文化基础设施建设工程、公共文化产品的创作生产、公益性群众文化活动的开展、公共文化服务运行机制的改革"①。

三 公共数字文化服务

公共数字文化服务可以说是公共文化服务中涉及"数字"方面的服务。肖希明等认为，公共文化服务和数字文化服务结合产生公共数字文化服务②。公共数字文化服务是一种依靠政府支持，具有非营利性质、非专有性质的服务形式，属于公共文化服务体系中的重要组成之一，公共数字文化服务以信息技术作为支持，通过网络传播公共数字文化资源，包括广播电视、电影、手机、数字图书馆、数字博物馆、数字图书馆推广工程、全国文化信息资源共享工程等形式。可以说，公共数字文化服务是以满足公众基本数字文化需求为目的，以公共文化机构和新媒体为媒介，为公民提供多样多层次的数字文化产品的服务。

公共数字文化服务是公共数字文化的外在表现，公共数字文化是数字环境下产生的文化之一，并归在公共文化中，是公共文化和数字文化相结合的产物。公共数字文化是一种新文化范式，具有虚拟、开放、互动、真实的特点，具体包括数字资源、智能技术、物化管理等。王锰、陈雅、郑建明从广义和狭义两个方面界定数字文化，广义的数字文化，是指数字技术和工具表现出的关联性社会文化现象；狭义的数字文化则属于数字时代文化的扩展，更专注技术③。胡唐明、郑建明认为，数字

---

① 中共中央办公厅、国务院办公厅：《关于加快构建现代公共文化服务体系的意见》，2015年1月15日，http://theory.workercn.cn/243/201501/15/150115090547390.shtml，2021年2月8日。
② 肖希明、曾粤亮：《新公共服务理论与公共数字文化服务资源整合》，《图书馆建设》2015年第8期。
③ 王锰、陈雅、郑建明：《公共数字文化服务治理的信息资源管理基础》，《图书馆》2018年第5期。

文化在特性上表现为"数字的文化",而形态上表现为"文化的数字"①。

本书认为,公共数字文化服务是政府主导、社会力量参与,公共图书馆、博物馆、档案馆、美术馆、文化馆等公共文化机构,以满足社会公众的精神文化需求为目的,以公共财政为支撑,以数字化资源为依托,通过网络向全体社会公众提供的公共文化产品和服务。

四 公共文化服务与公共数字文化服务的联系与区别

公共文化服务和公共文化数字服务都是政府主导、社会力量参与,通过提供公共文化产品与服务满足公民的基本文化需求。公共文化数字服务是公共文化服务的一个子集。公共文化服务包括实体公共文化服务和数字公共文化服务两个方面,提供服务的方式广泛,如电视、广播、图书报纸、讲座、数字音频、数字视频等,实体的公共文化服务受到时空的限制,数字形式的公共文化服务则是利用网络为社会公众提供数字化的服务,突破了时空的限制。公共数字文化服务仅仅包括数字形式的公共文化服务,限定在信息技术支撑下通过网络进行的公共文化服务和活动,满足的是公民的数字文化需求。

第二节 理论基础

一 新公共服务理论

该理论起源于"新公共管理"理论,经学者发展,最后由罗伯特·登哈特在其著作中明确提出,他认为新公共服务的基本理念是服务公民、追求公共利益、重视公民权利和个人价值,并觉得公共服务具备公共性和多元化特点。新公共服务理论的基本内容包括:政府的职能是服务而不是掌舵,公共利益是目标而不是副产品,在思想上具有战略性,在行动上具有民主性,为公民服务而不是为顾客服务,责任并不简

---

① 胡唐明、郑建明:《公益性数字文化建设内涵、现状与体系研究》,《图书情报知识》2012年第6期。

单，重视人而不只是重视生产率，公民权利和公共服务比企业家精神更重要。

新公共服务理论要求政府以服务者的身份，以公民利益为终点，倾听公民诉求，根据不同时期公民的不同需求去制定相应的公共政策，并安排相应人员切实执行，为公民提供服务，确保其公共利益。这就是说政府应在基于公民与政府平等互助地位的基础上，帮助公民实现自身利益最大化，在这个过程中，公民并非单纯消费公共服务的"顾客"，而更多是人。"十三五"便以新公共服务理论为理论基础，推动政府职能发生转变，将公民作为服务对象而非掌控对象，从过去的"管理型"政府转化为"服务型"政府。"十三五"和"十四五"规划倡导政府进一步和社会力量合作，保障公民文化权利，政府成为公共利益的保护者、公共服务的提供者。另外，这并不是由上至下的单向行为，政府和公民会增强交流和沟通，联合寻找更好的服务方式和内容。在新公共服务理论的指导下，政府在公共数字文化服务当中就应该以满足社会公众的文化权益为出发点和落脚点，持续不断地获取社会公众的数字文化需求、创新服务方式。

二 公私伙伴关系理论

公私伙伴关系（Public – Private Partnership，PPP）理论指的是政府公共部门和私营部门之间，引入市场竞争和激励约束机制，以授予特许经营权为特征，以"风险共担、利益共享、合理利润"为基准优化利润调节机制。这是一种强调利益共享、风险互担的，提供公共产品或服务的全程性合作关系，目前主要有 BOT（Build – Operate – Transfer）、BOO（Build – Own – Operate）、DBFO（Design – Build – Financial – Operate）等模式。在公共文化服务领域引入公私合营模式，有利于减轻政府财政压力，并发挥政府和市场各自的优势，提供更贴近公民的公共文化产品或服务。在公私伙伴关系理论的指导下，公共数字文化服务项目在开展过程中会通过加大政府采购力度的方式引入企业这种社会力量，从而提高公共数字文化服务的效率和效能。

三 政府失灵和市场失灵

"政府失灵"和"市场失灵"理论，分别揭示了政府和市场因其活动形式、组织构架、任务特性等方面导致在承担公共服务上，缺失部分功能或"失灵"以致不能完全承担该职能。

"政府失灵"理论认为，导致政府失灵的原因主要是政府提供产品与服务缺乏竞争和针对性，科层体系运转缺少灵活性，人员缺乏主观能动性。具体来说就是，政府垄断地提供公共品，这种提供方式缺乏市场竞争，自然造成灵活性与效率缺乏，导致出现高成本低效率的情况；此外，政府只能照顾到大多数的需要，从宏观角度、粗线条地提供公共服务，难以仅依靠自身的力量去满足特定个体或特定群体的实际需要；再者，政府作为一个庞大的科层体系，纵横存在相互竞争、相互制约、相互推诿的不良现象，权责利存在重叠领域，也存在空白点，以致政府运转不灵，缺少应变能力和创新精神；最后，在这样的科层体系中，容易滋生守成文化，工作人员在这种氛围下易缺少积极主动性、缺少主动发现解决问题的主观能动性。

"市场失灵"理论认为，以利润最大化为目标的市场竞争机制，即使因具备政府部门所缺少的主动性、创造性、灵活性而多少能弥补政府在公共文化服务供给方面的不足，但仍不是完全有效的，甚至会出现新的问题，即"市场失灵"。市场失灵的主要表现为，市场竞争机制下的生产者在追求利润和提供优质公共文化产品和服务二者中，往往优先考虑前者而舍弃后者，生产者能够保障公民公共文化权益的前提条件是两者可以兼顾，当无法兼顾两者甚至两者矛盾时，生产者便存在舍弃公共文化服务职责的可能。如在信息不对称的情况下，生产者会倾向于利用此种情况获得利润，而无视公共文化服务的公共属性。市场提供公共文化服务时，生产者还会为追求利润降低公共文化服务供给的普遍均等，出现排他性行为。市场因其自觉性和业绩稳定性难以保障，生产者长期提供公共文化服务和产品也是不够稳定的。

在"政府失灵"和"市场失灵"理论的指导下，在提供公共数字文化服务过程中，要充分利用政府和市场各自的优点，最大限度克服政府和市场的"失灵"这一缺点，不能偏废。

四 博弈论

在现实生活中，不同的个体或群体之间总是存在利益冲突，博弈论应运而生。博弈论主要研究不同利益个体或群体之间的策略对抗。1928年，著名数学家 Von Neumann 证明了博弈论的基本原理，1944年，他与著名经济学家 Morgenstern 合著的《博弈论与经济行为》出版标志着博弈论初步形成。1950年，John Nash 提出了纳什均衡，这是博弈论最核心的内容之一，丰富了博弈论。有学者认为博弈论是研究各种博弈问题，寻求在各参与人具有充分或有限理性能力条件下，合理的策略选择和合理选择策略时博弈的结果，并分析其经济意义、效率意义的理论和方法，也有学者认为，博弈论可以理解为研究理性决策者之间策略、行为相互作用，以及其均衡结果的理论，分为合作博弈和非合作博弈[①]。通过对社会系统、自然系统的分析，研究者们提炼出了诸多经典的博弈模型，比如囚徒困境、雪堆博弈、最后通牒博弈等。随着博弈论理论发展和实践应用的深入，公共物品问题研究中应用博弈论寻找解决之道的数量逐渐上涨，公共品博弈成为应用广泛的博弈模型之一。学者们先后提出解决公共物品问题的方法，如惩罚机制、奖励机制和自愿机制等[①]。在博弈论的指导下，公共数字文化服务引入社会力量就要充分考虑到不同主体的利益冲突，采用奖励和惩罚机制促使博弈主体都朝着有利于项目合作的方向迈进，进行合作博弈，最终实现博弈方的共赢局面。

第三节 引入社会力量参与的意义

一 有利于转变政府职能，完善现代公共文化服务治理格局

受过去计划经济的影响，公共文化服务供给由政府单独包揽。随着

[①] 武咸云、王为群、夏礼斌：《浅述博弈论——囚徒困境模型破解政府公共危机管理》，《发展》2006年第6期。

中国特色社会主义市场经济的发展，提供优质的公共文化服务业已成为政府的重要职能之一。公众对于公共文化服务的品质需求逐渐上升，公共文化服务呈现多样性和复杂性，这会在一定程度上导致政府承担的工作愈加繁重，迫使政府增加相关机构和人员，而这种措施又可能导致提供公共文化服务体系的体态臃肿。在新的时代背景下，政府这一单一主体已经无法承担满足多样化和个性化的公共文化需要的职能，统包统揽已不适应特色社会主义市场经济的要求。

为了实现国家治理的现代化，推进政府从管理型政府转变为服务型政府成为逻辑前提和实践起点。这也意味着，在公共文化服务领域，政府将不会是单独的建设主体。社会力量作为参与者加入公共文化服务建设，接过本由政府负责的部分具有专业性、事务性特征的具体实施职能，有助于政府在简政放权中被剥离的社会职能得到承接，致使政府规模和职能减少的同时又保证了政府质量提升，有利于政府转变为有限、有效、有能、有责、有为的政府。同时，社会力量的参与使公共文化服务建设主体多元化，丰富服务供给主体，且社会力量长期在市场竞争机制中不断成长，必将引入更为有效的管理方法，获得更有针对性的服务信息，使公共文化服务的质量和效果得到提升。

二　有利于缓解政府财政压力，是提高公共文化服务效益和效率的有效手段

公共文化服务作为一项惠及全民、投入极大的事业，仅仅依靠政府的公共财政实际难以满足全体公民的需要。通过引入企业、社会组织和个人等社会力量不但可以获得一定的社会资金，弥补财政资金的不足，而且在经费使用效率上，社会力量或比政府更有经验。社会力量在市场竞争和优胜劣汰机制中进行自我调节，具备用人机制更加灵活、办事流程更加规范、专业性更强的优势。同时，公共文化服务供给多是细致的事务性工作，涉及层面广，若按传统的政府统包统揽的模式，政府需要增设相应机构，配备专门人员，难免造成人员和机构臃肿的局面，需要一大笔财政资金供养这些机构和人员，这在一定程度上会降低公共财政的使用效率。通过引入社会力量参与公共文化服务，可以精简机构，减少公共财政供养的人员，节约公共财政资金，提高公共财政资金的使用效率，提高资源的配置效率。此外，社会力量在参与公共文化服务过程中的效率也有保证，能够在较短时间内完成相关工作，提升公共文化服务的效率和效益。

三　有利于实现公共文化服务均等化，保障人民群众基本文化权益

公共文化服务均等化的渊源，可以追溯到1948年联合国颁布的《世界人权宣言》。该《宣言》第二十七条规定："人人有权自由参加社会的文化生活，享受艺术，并分享科学进步及其产生的福利。"文化权利成为人权的一部分。1966年12月，第二十一届联合国大会通过的《经济、社会、文化权利国际公约》，第一次在世界范围内以具有法律约束力的条约形式确立了经济、社会、文化权利，并援引《世界人权宣言》，强调了经济、社会、文化权利与公民政治权利的同等重要性和不可分割性。公民文化权利作为现代社会公民的基本权利，其核心是公平性，公平性的核心内容首先就是平等享有公共文化服务的权利，即每个公民都有平等享有图书馆、文化馆、博物馆等公共文化基础设施，平等享受公益性文化资源和服务的权利。

改革开放以来，随着我国经济的持续高速发展，文化事业的发展也越来越受到重视，与此同时，"文化权利"问题也引起了社会的关注。1997年10月27日我国政府签署了《经济、社会和文化权利国际公约》，并于2001年2月28日获得第九届全国人大常委会正式批准，表明国家对保障公民基本文化权利的积极态度。此后，党和政府对公共文化服务的发展给予越来越多的关注。2010年7月，在中央政治局第二十二次集体学习时，时任中共中央总书记胡锦涛强调"要加快构建公共文化服务体系，促进基本公共文化服务均等化"，首次提出"基本公共文化服务均等化"问题。2011年10月，党的十七届六中全会通过的《中共中央关于深化文化体制改革推动社会主义文化大发展大繁荣若干重大问题的决定》提出到2020年我国文化改革发展的目标是"覆盖全社会的公共文化服务体系基本建立，努力实现基本公共文化服务均等化"。2013年11月，党的十八届三中全会通过的《关于全面深化改革若干重大问题的决定》明确将"促进基本公共文化服务标准化、均等化"作为我国在文化领域全面深化改革的战略目标。

2014年3月，在十二届全国人大二次会议的《政府工作报告》中，时任总理李克强将"促进基本公共文化服务标准化均等化"作为政府施政的重要内容。

在我国促进基本公共文化服务均等化政策的推动下，我国逐步构建了覆盖全社会的公共文化服务体系。公共文化服务体系面向社会大众和基层，在保障广大人民群众看电视、听广播、读书看报、进行公共文化鉴赏、参加大众文化活动等权益方面发挥了积极作用。公共文化服务基础设施的不断完善标志着我国基本公共文化服务均等化已经从基本理念上升为国家实践，也意味着我国基本公共文化服务体系建设进入了一个新的历史阶段。与此同时，这也为实现我国公众的基本文化权益奠定了坚实的资源基础。

但是，我国国土辽阔，贫富差距比较大，各个地方公共文化事业发展不平衡，实体图书馆、博物馆、档案馆、美术馆、文化馆等公共文化机构的数量存在很大差别，各地区公众享受到的实体公共文化服务不均衡，但我国公共文化机构本身的数字化、网络化水平还不足以提供完善的公共数字文化服务。借助信息技术企业等社会力量提供更加完善的公共数字文化服务能够突破时空的界限为各地的公众提供数字文化服务，能增强不同地区公共文化的可及性和均等化。此外，政府鼓励社会力量参与公共文化服务供给，可以调动社会力量的积极性，使潜藏的民间文化资源和资本投入公共文化服务，促进公共文化资源在全国领域合理配置和交流互动，优化社会资源配置，以促进公共文化服务均等化实现①。

四 有利于激励社会力量参与社会事务，增强群众民主意识

社会力量参与公共文化服务事业可以说是实现权利与义务相统一的表现方式之一。社会力量是公共事业的支持者亦是享受者，公众有享受公共文化服务的权利、参与和知情的权利，也有促进公共文化发展的义务，参与公共文化事业即是履行公民义务的途径之一。政府通过税收减免、建筑命名、公开表扬等激励政策引导社会力量参与其中，即是保障

---

① 阮可：《公共文化服务的社会力量参与研究》，《文化艺术研究》2013年第3期。

公民社会公共事务的参与权。社会力量通过理事会、监事会等法人治理结构参与公共文化服务,能更好传达自己的声音,在贡献自身智力资源的同时也能够维护自身权益①。

五 帮助弱势群体,促进社会和谐

在这个世界上,由于时代的原因,存在一部分不太会使用电子设备的弱势群体,比如老龄人,他们不太会使用电脑、手机等电子设备,即使知道如何使用这些电子设备,也不知道如何去获取自己想要的数字化信息。他们在获取知识信息的过程中需要更多的帮助。为了弥补人与人之间的数字鸿沟,需要为他们提供更多的知识援助。但仅仅依靠公共文化机构的力量,很难做到为这类人群提供足够的知识援助,这就需要发挥志愿者的力量,让志愿者教导这类人如何使用手机、电脑等电子设备,如何利用这些电子设备查找相关信息。笔者在美国做访问学者的时候,就看到在香槟公共图书馆有一个专门的志愿者岗位,就是教导不会使用电脑或者不会通过电脑查找信息的人学会使用电脑,学会用电脑查找信息。接受多次帮助之后,这类人群就可以逐渐自己完成数字信息的检索工作。志愿者和接受志愿服务的人群都能够在志愿服务行为中得到满足感,志愿者因为帮助到了别人而获得成就感,被帮助的人因为得到了帮助而提高了自己的信息素养,能够更好地适应现代生活,不至于被这个社会抛弃,有利于社会和谐。

---

① 李锋:《社会力量参与公共文化服务研究》,《湖南行政学院学报》2018年第5期。

第三章 参与主体及参与机制体系分析

参与公共数字文化服务的社会力量主体主要包括企业等营利性机构、文化类社会组织、公民个人,每一类参与主体的参与方式不同,参与动机也有所区别,故参与机制也不一样。本章主要讨论各类参与主体的参与方式以及形成的参与机制体系。

第一节 参与主体及动机

人类个体和组织总是在一定的内在动机和外在环境的刺激下产生行为动机进而发生行为的,企业、社会组织和个人等社会力量参与公共数字文化服务的内在动机体现在两个方面:一是谋取利润,二是奉献精神使然,即出于道德情操的自觉性。由于生存压力的存在,谋利的现象是经常的、普遍的,奉献是暂时的、偶然的。从理性经济人的角度来说,虽然不同参与主体的行为都是基于利己(利己的目的不一定就是谋取利润,也有可能是满足奉献社会、实现自身价值的心理需求)的目的做出的选择,但不同参与主体基于不同的利己需求作用于公共数字文化服务的方式不同,产生的影响也不一样,这些社会力量共同推动了公共数字文化服务的发展。

一 企业

企业一般是指利用各种生产要素(土地、劳动力、资本、技术和创业人才)来获取利润,向市场提供商品或服务,实施独立经营的法人或其他社会经济组织,自负盈亏,并独立核算。从法定分类来看,企业的基本形态主要包括独资企业、合伙企业和公司。由于国家不同,其制度也不同,按照经济类型来分,不同的国家的企业也会分为不同的类型。在我国,按照经济类型来分,可以将企业分为国有企业、集体所有制企业、私营企业、股份制企业(包括有限责任公司和股份有限公司)、有限合伙企业、联营企业、外商投资企业、个人独资企业等。按照规模分,企业可以分为大型企业、中型企业、小型企业、微型企业。企业的性质决定了它是一个以利润为导向的市场主体,盈利是企业的使命,利润是企业的生命。作为人类社会的第二部门,追求最大化经济效益是企业生存和发展的根本动力。但是,在追求经济效益的同时,企业也应承担相应的社会责任,以满足现代社会公众的多样化需求。企业的可持续发展必须建立在同时符合政府利益和社会利益的基础上,实现企业经济效益和社会效益有机统一。

国家统计局的数据显示,截止到 2019 年,国有控股工业企业单位数 20683 个,私营工业企业单位数 243640 个,大中型工业企业[①]单位数 48184 个,截止到 2020 年,我国有规模以上工业企业[②] 383077 个[③]。其中包括一定数量的信息技术企业,这些企业为公共数字文化服务提供了一定程度的保障,因为现代公共数字文化服务需要以先进的信息技术、网络技术和数字化技术为支撑,公共文化机构本身一般很难研发这些先进的信息技术,需要从拥有这些先进技术服务的企业购买。因此,企业尤其是信息技术企业是非常重要的参与公共数字文化服务的社会力量。企业作为社会力量参与公共数字文化服务的方式主要有四种:提供资金支持、兴建数字服务项目;组织文化活动并通过线上

---

① 从 2011 年开始,工业企业年报规模划分按《统计上大中小微型企业划分办法》(国统字〔2011〕75 号)执行。大中型工业企业为从业人员 300 人及以上并且主营业务收入在 2000 万元及以上的工业企业。

② 1998 年至 2006 年,规模以上工业是指全部国有及年主营业务收入达到 500 万元及以上的非国有工业法人企业;从 2007 年开始,按照国家统计局的规定,规模以上工业的统计范围为年主营业务收入达到 500 万元及以上的工业法人企业;2011 年经国务院批准,纳入规模以上工业统计范围的工业企业起点标准从年主营业务收入 500 万元提高到 2000 万元。

③ 中华人民共和国国家统计局:《国家数据》,https://data.stats.gov.cn/easyquery.htm?cn=C01&zb=A0E0101&sj=2020,2021 年 6 月 23 日。

传播；为公共文化服务机构搭建数字化服务平台；资源数字化，建设数字资源、构建数字化服务平台。目前已有一定数量的企业通过各种方式等形式参与到了公共数字文化服务当中。比如北京世纪超星信息技术发展有限责任公司参与了全国诸多公共图书馆的资源数字化项目，2015 年，北京世纪超星信息技术发展有限责任公司参与了临安市图书馆实施地方文献数字化工作，对该馆 3000 余册地方文献进行扫描数字化[1]；中国志愿服务网由深圳市永兴元科技股份有限公司进行了技术支持[2]；上海创图科技有限公司参与到了"文化上海云"项目当中，该项目于 2016 年 3 月上线，是全国第一个实现省级区域全覆盖的"互联网+公共文化"平台[3]。在数字中国建设背景下，越来越多的公共数字文化服务项目会陆续开展，信息技术企业也必将在这个过程中发挥重要作用。

二 文化类社会组织

社会组织是人类社会的第三部门，它是介于政府部门与营利性部门之间，依靠会员缴纳的会费、民间捐款或政府拨款等非营利性收入，从事前两者无力、无法或无意作为的社会公益事业，从而实现服务社会公众、促进社会稳定与发展为宗旨的社会公共部门。我国的社会组织主要包括四大类：社会团体（如中国图书馆学会、北京市图书馆协会、中国博物馆协会、中国文化馆协会、上海市美术馆协会、上海市美国学会）、基金会（如张伯驹潘素文化发展基金会、中国国际中文教育基金会）、民办非企业单位（如杭州市民办非企业单位联合会、上海美国外籍人员子女学校）、涉外社会组织[4]。根据民政部的统计，截至 2019 年底，全国共有社会组织 86.6 万个，比上年增长 6.0%；吸纳社会各类

---

[1] 钟飞亚：《社会力量参与公共图书馆建设的实践与探索——以临安市图书馆为例》，《图书馆研究与工作》2018 年第 5 期。

[2] 中国志愿服务网：https://chinavolunteer.mca.gov.cn/NVSI/LEAP/site/index.html#/group，2021 年 6 月 23 日。

[3] 巫志南：《公共文化产品和服务精准供给研究》，《图书与情报》2019 年第 1 期。

[4] 中华人民共和国中央人民政府：《社会组织》，http://www.gov.cn/fuwu/shehuizuzhi/index.htm，2021 年 5 月 8 日。

人员就业1037.1万人，比上年增长5.8%①，2019年社会组织登记情况如表3-1所示。从图3-1和图3-2可以看出我国基金会、社会团体、民办非企业的数量都呈现出增长态势。

表3-1　　　　　2019年社会组织按登记机关分类　　　　　单位：个

指标	社会团体	基金会	民办非企业单位
合计	371638	7585	487112
民政部门登记	1983	213	99
省级民政部门登记	31789	5242	15287
市级民政部门登记	89359	1534	66012
县级民政部门登记	248507	596	405714

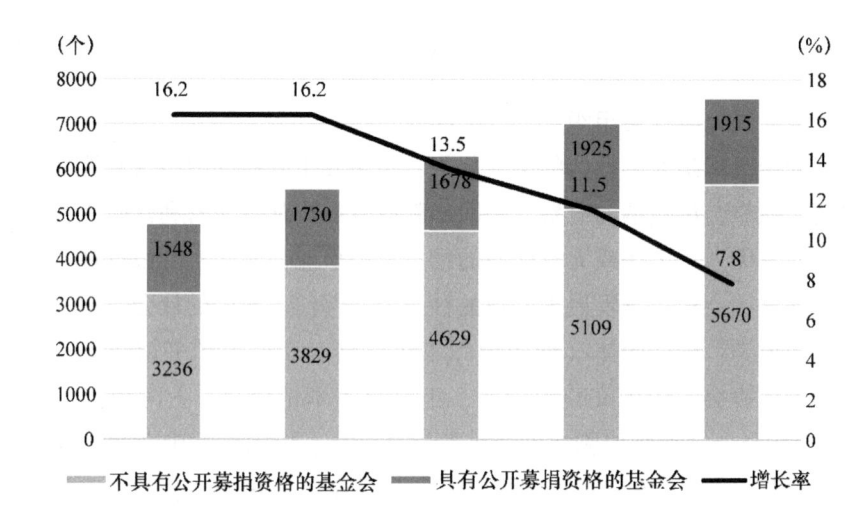

图3-1　2015—2019年基金会的数量

能真正参与公共数字文化服务的主要是文化类社会组织，文化类社会团体、基金会、民办非企业单位、涉外社会组织等都属于文化类社会组织。我国在近十年越来越重视文化类社会组织在完善现代公共文化服

---

① 中华人民共和国民政部：《2019年民政事业发展统计公报》，中华人民共和国民政部官方网站，2020年9月8日，https://www.mca.gov.cn/images3/www2017/file/202009/1601261242921.pdf，2021年5月8日。

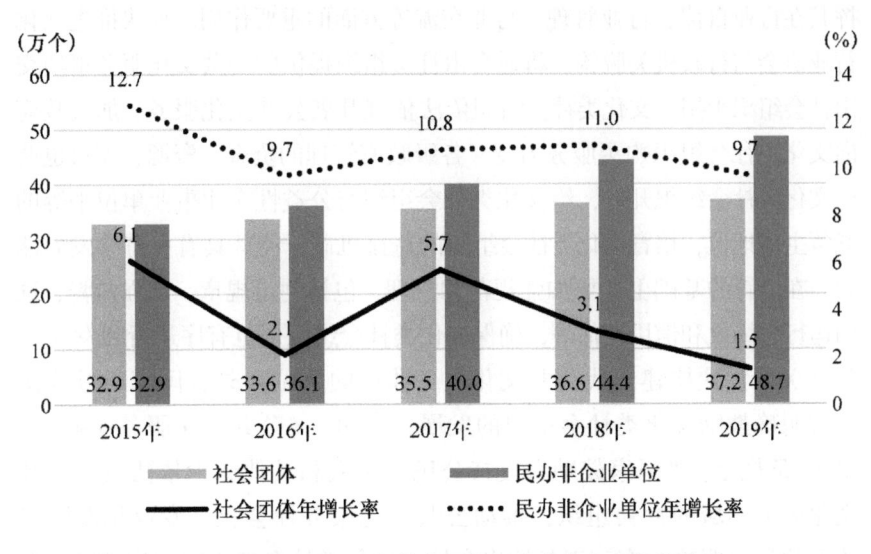

图 3-2　2015—2019 年社会团体、民办非企业单位数量

务体系中的作用。2013 年 11 月 15 日,党的十八届三中全会审议通过的《中共中央关于全面深化改革若干重大问题的决定》要求加快构建现代公共文化服务体系,提出要培育文化非营利组织的任务。为深入贯彻落实党的十八届三中全会精神,2015 年 1 月 14 日,中国政府网公布中共中央办公厅、国务院办公厅印发《关于加快构建现代公共文化服务体系的意见》,将发展文化非营利组织作为构建现代公共文化服务体系的重要内容。在参与公共文化服务的社会组织中,具备文化属性且专门从事文化服务的社会组织有着先天的基础和独特优势。这类组织在党的十八届三中全会通过的《中共中央关于全面深化改革若干重大问题的决定》中称为"文化非营利组织",到 2015 年 1 月中办国办《关于加快构建现代公共文化服务体系的意见》明确为"文化类社会组织"①。根据《关于加快构建现代公共文化服务体系的意见》,文化类行业协会、基金会、民办非企业单位等社会组织都属于文化类社会组织。在构建现代公共文化服务体系的过程中,各类公共文化服务机构通过成立行业协会,发

---

① 柯平:《建立社会组织参与公共文化服务的有效机制》,《图书馆杂志》2015 年第 11 期。

挥其在行业自律、行业管理、行业交流等方面的重要作用。加快推进文化行业协会与行政机关脱钩，将适合由社会组织提供的公共文化服务事项交由社会组织承担。文化类社会组织依法依规开展公共文化服务。加大政府向文化类社会组织购买服务力度，各级政府管理的资金、资源、项目也要向文化类社会组织开放，给文化类社会组织与公益性文化事业单位平等的竞争主体地位，培育文化类社会组织的造血机制，使其具有可持续发展能力。在培育的基础上还要加强规范和管理，包括制定规章、加强监督、透明运行、绩效和信用评估等，确保文化类社会组织规范有序运行和发展[1]。除《关于加快构建现代公共文化服务体系的意见》外，国家通过法律法规明确鼓励文化类社会组织的发展，例如，《公共文化服务保障法》第53条规定："国家鼓励和支持公民、法人和其他组织依法成立公共文化服务领域的社会组织，推动公共文化服务社会化、专业化发展。"该条款指向明确，有利于各地出台培育文化类社会组织的实施细则，促进文化类社会组织发展[2]。国家高度重视并积极鼓励文化类社会组织发展，促进了文化类社会组织快速发展。中宣部、国家统计局每年发布的《中国文化及相关产业统计年鉴》显示，2007—2018年全国文化类社会组织数量迅速增长，年平均增长率可以达到10%左右[3]，如表3-2和图3-3所示。从总的情况来看，虽然文化类社会组织增长较快，但文化类社会组织占总的社会组织比例不到10%，如图3-4所示。

表3-2　　　　　2007—2018年文化类社会组织情况表

年份	数量（个）	增长率（%）
2007	22383	—
2008	25154	12.38
2009	26988	7.29
2010	29180	8.12

---

[1] 范周：《〈关于加快构建现代公共文化服务体系的意见〉的解读》，《人文天下》2015年第1期。

[2] 周余姣：《保障与方向——对〈公共文化服务保障法〉社会力量参与公共文化服务条款的解读》，《图书馆论坛》2017年第6期。

[3] 国家统计局、中宣部编：《中国文化及相关产业统计年鉴》，中国统计出版社2020年版，第155页。

续表

年份	数量（个）	增长率（%）
2011	31483	7.89
2012	35808	13.74
2013	39022	8.98
2014	44492	14.02
2015	49877	12.10
2016	53291	6.84
2017	59857	12.32
2018	68744	14.85

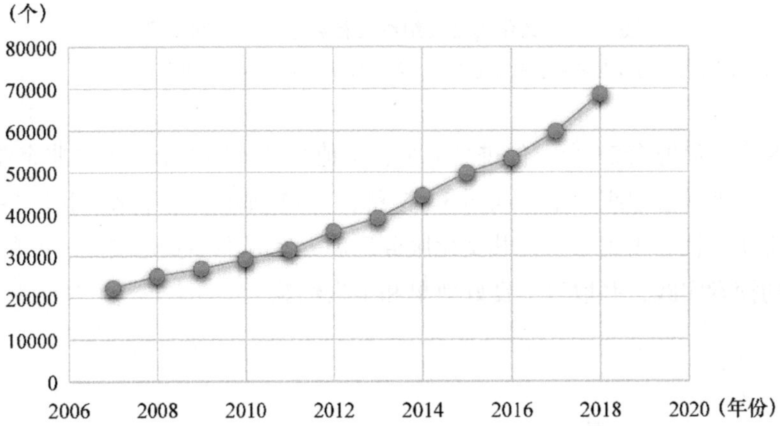

图3-3 2007—2018年全国文化类社会组织增长图

我国文旅部（原文化部）自2015年6月4日起公布并陆续更新了社会组织名录，收录了在我国近些年发展规模较大的文化类社会组织，分为基金会、社会团体（包括学会、协会、研究会、促进会、其他社会团体）、民办非企业、涉外社会组织，其中以研究会数量最多，学会、协会次之，而促进会、涉外社会组织、民办非企业、其他社会团体数量较少。截止到2021年5月8日，文旅部官网收录的我国发展规模较大的文化类社会组织有101个[1]，其中基金会14个，学会34个，协

---

[1] 中华人民共和国文化和旅游部：《社会组织名录》，2015年6月4日，https://www.mct.gov.cn/whzx/zxgz/whbshzzglgz/shzzml/jjh/，2021年5月8日。

```
(万个)
100%
 80%
 60%  38.7  41.4  43.1  44.6  46.2  49.9  54.7  60.6  66.2  70.2  76.2  81.7
 40%
 20%
  0%   2.2   2.5   2.7   2.9   3.1   3.6   3.9   4.4   5.0   5.3   6.0   6.9
     2007  2008  2009  2010  2011  2012  2013  2014  2015  2016  2017  2018 (年份)
        ■ 文化类社会组织    ■ 社会组织
```

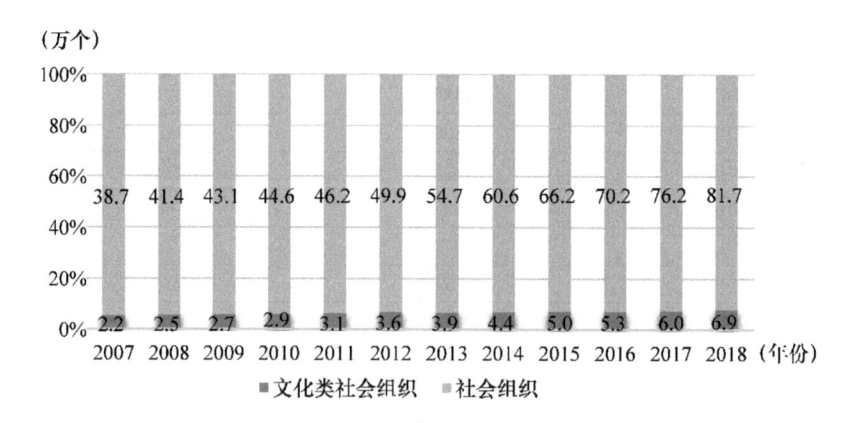

图3-4 文化类社会组织占社会组织的比例情况

注：社会组织的数据来源于民政部网站，数据保留了一位小数，四舍五入。

会8个，研究会28个，促进会1个，其他社会团体4个，民办非企业5个，涉外社会组织7个，如图3-5和表3-3所示。近年来，我国各地在文化类社会组织参与公共文化服务发展方面有许多立足实际、改革创新的探索实践，并取得了良好效果和宝贵经验。

```
(个)
40
35        34
30
25              28
20
15  14
10        8
 5                    1   4   5   7
 0 基金会 学会 协会 研究会 促进会 其他社会团体 民办非企业 涉外社会组织
```

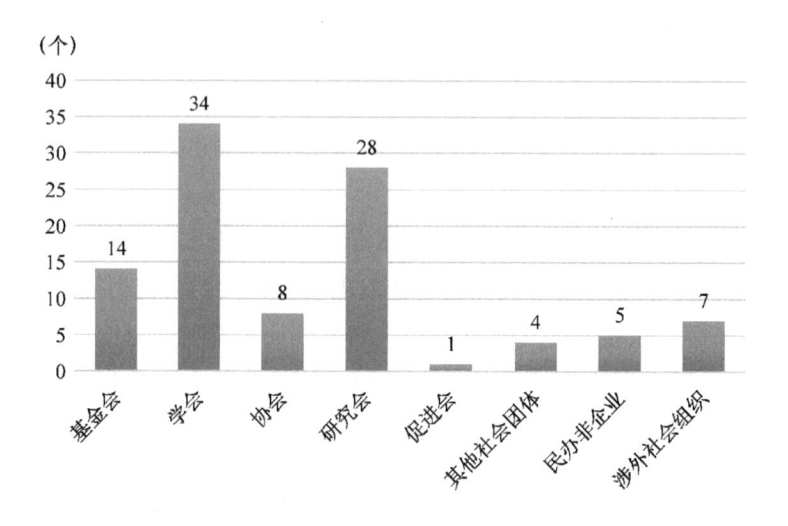

图3-5 中华人民共和国文化和旅游部收录的社会组织名录分类数量图

表3-3　中华人民共和国文化和旅游部收录的社会组织名录表

名称	类型	设立登记日期
中国孔子基金会	基金会	1984年9月20日
中国艺术节基金会	基金会	1987年9月5日
中国京剧艺术基金会	基金会	1992年3月21日
中国交响乐发展基金会	基金会	2001年11月1日
中国少年儿童文化艺术基金会	基金会	1991年12月24日
中国民族文化艺术基金会	基金会	1988年9月7日
中华社会文化发展基金会	基金会	1993年2月9日
中国华夏文化遗产基金会	基金会	2007年8月28日
中国国际文化交流基金会	基金会	1991年12月4日
中华艺文基金会	基金会	2013年6月21日
田汉基金会	基金会	1995年7月4日
李可染艺术基金会	基金会	1998年3月24日
韩美林艺术基金会	基金会	2013年3月7日
张伯驹潘素文化发展基金会	基金会	2015年12月24日
中国儿童音乐学会	社会团体/学会	1994年8月15日
中国少数民族舞蹈学会	社会团体/学会	1992年6月5日
中国少数民族戏剧学会	社会团体/学会	1991年6月27日
中国少数民族音乐学会	社会团体/学会	1992年4月21日
中国少数民族声乐学会	社会团体/学会	1991年12月4日
中国戏曲学会	社会团体/学会	1991年8月19日
中国戏曲表演学会	社会团体/学会	1993年10月25日
中国戏曲导演学会	社会团体/学会	2000年1月31日
中国戏曲音乐学会	社会团体/学会	2000年3月24日
中国戏剧文学学会	社会团体/学会	1994年1月19日
中国音乐文学学会	社会团体/学会	1992年2月10日
中国艺术摄影学会	社会团体/学会	1993年3月29日
中国艺术档案学会	社会团体/学会	1992年11月7日
中国群众文化学会	社会团体/学会	1991年5月8日
中国舞台美术学会	社会团体/学会	1991年8月19日

续表

名称	类型	设立登记日期
中国民族管弦乐学会	社会团体/学会	1991年4月20日
中国木偶皮影艺术学会	社会团体/学会	1996年12月9日
中国少年儿童造型艺术学会	社会团体/学会	1992年12月26日
中国艺术职业教育学会	社会团体/学会	1994年6月1日
中国延安文艺学会	社会团体/学会	1991年5月8日
中国社会主义文艺学会	社会团体/学会	1993年2月22日
中华曲艺学会	社会团体/学会	1992年5月6日
中国艺术人类学学会	社会团体/学会	2007年3月26日
中国圆明园学会	社会团体/学会	2004年6月25日
中国维吾尔古典文学和木卡姆学会	社会团体/学会	2009年4月2日
中国画学会	社会团体/学会	2011年11月4日
中国大众文化学会	社会团体/学会	1991年9月4日
中国岩画学会	社会团体/学会	2013年7月31日
中国油画学会	社会团体/学会	1995年7月4日
中国汉画学会	社会团体/学会	1992年2月13日
中国壁画学会	社会团体/学会	2004年8月30日
中国雕塑学会	社会团体/学会	1992年5月25日
中国红楼梦学会	社会团体/学会	1991年3月1日
中国儿童歌舞学会	社会团体/学会	1993年2月11日
海峡两岸旅游交流协会	社会团体/协会	2006年7月27日
中国演出行业协会	社会团体/协会	1993年7月3日
中国老摄影家协会	社会团体/协会	1992年1月10日
中国古迹遗址保护协会	社会团体/协会	2005年4月29日
中国非物质文化遗产保护协会	社会团体/协会	2013年11年6日
中国文化馆协会	社会团体/协会	2014年11月5日
中国文化娱乐行业协会	社会团体/协会	2014年12月17日
中国古籍保护协会	社会团体/协会	2015年6月8日
晋察冀文艺研究会	社会团体/研究会	2001年7月4日
周信芳艺术研究会	社会团体/研究会	2000年3月24日

续表

名称	类型	设立登记日期
中国京剧程派艺术研究会	社会团体/研究会	1993年6月4日
中国文化研究会	社会团体/研究会	1991年11月27日
中国东方文化研究会	社会团体/研究会	1989年10月16日
中国李白研究会	社会团体/研究会	1991年6月7日
中国歌剧研究会	社会团体/研究会	2000年1月20日
中国昆剧古琴研究会	社会团体/研究会	1994年5月18日
中国傩戏学研究会	社会团体/研究会	1991年7月22日
中国食文化研究会	社会团体/研究会	1993年10月25日
中国儿童戏剧研究会	社会团体/研究会	1992年12月24日
中国儿童文学研究会	社会团体/研究会	1993年6月4日
中国农民书画研究会	社会团体/研究会	1991年12月1日
中国老年书画研究会	社会团体/研究会	2002年5月8日
中国话剧理论与历史研究会	社会团体/研究会	1993年6月4日
中国戏曲现代戏研究会	社会团体/研究会	1991年8月19日
中国国际书画艺术研究会	社会团体/研究会	1993年5月17日
中华服饰文化研究会	社会团体/研究会	1989年5月12日
中华炎黄文化研究会	社会团体/研究会	1991年7月22日
中国梅兰芳文化艺术研究会	社会团体/研究会	2004年7月9日
中国河洛文化研究会	社会团体/研究会	2006年7月24日
西游记文化研究会	社会团体/研究会	2007年8月30日
中国范仲淹研究会	社会团体/研究会	2008年1月26日
中国建筑文化研究会	社会团体/研究会	2007年8月30日
中国民族声乐艺术研究会	社会团体/研究会	2006年3月30日
中国诗书画研究会	社会团体/研究会	2013年3月22日
中国玉文化研究会	社会团体/研究会	2015年1月29日
张君秋京剧艺术研究会	社会团体/研究会	2016年3月29日
中华文化发展促进会	社会团体/促进会	2001年6月29日
中国文化书院	社会团体/其他	1993年10月25日
中国徐福会	社会团体/其他	2001年3月19日

续表

名称	类型	设立登记日期
中华文化联谊会	社会团体/其他	1992 年 8 月 3 日
中国国际文化交流中心	社会团体/其他	1984 年 7 月 5 日
商联国际非营利组织服务中心	民办非企业	2007 年 8 月 1 日
当代书法艺术院	民办非企业	2007 年 4 月 6 日
东方文化艺术院	民办非企业	2007 年 8 月 1 日
现代工笔画院	民办非企业	2008 年 4 月 23 日
东方华夏文化遗产保护中心	民办非企业	2009 年 3 月 20 日
世界旅游城市联合会	涉外社会组织	2012 年 3 月 16 日
世界旅游联盟	涉外社会组织	2017 年 9 月 11 日
国际山地旅游联盟	涉外社会组织	2017 年 6 月 26 日
国际二战博物馆协会	涉外社会组织	2016 年 1 月 22 日
星云文化教育公益基金会	涉外社会组织	2014 年 3 月 20 日
世界运河历史文化城市合作组织	涉外社会组织	2009 年 9 月 27 日
国际儒学联合会	涉外社会组织	1995 年 7 月 4 日

三 公民个人

马克思主义认为，人的本质是一切社会关系的总和。公民个人也会积极参与各种社会活动，建立各种社会关系。国家统计局的统计数据显示，截至 2020 年，我国共有 141178 万人，其中 15—64 岁人口 96707 万人①。庞大的人口基数为我国志愿服务奠定了雄厚的人力基础。公民个人主要是通过志愿服务和捐赠参与到公共数字文化服务活动当中。

为了推动全国的志愿服务事业，搭建志愿服务交流平台，保障志愿者的权益，我国搭建了中国志愿服务网。根据该网的统计，截止到 2021 年 6 月 26 日，全国共有实名志愿者人数 2.06 亿人，志愿者队伍 99 万个，志愿项目总数 572 万个，服务时间总数 243158 万小时②。这

---

① 中华人民共和国国家统计局：https://data.stats.gov.cn/easyquery.htm? cn = C01&zb = A0301&sj = 2020, 2021 年 6 月 16 日。
② 中国志愿服务网：https://chinavolunteer.mca.gov.cn/NVSI/LEAP/site/index.html#/home, 2021 年 6 月 26 日。

些志愿者队伍来自党政机关、教育事业单位、科技事业单位、卫生事业单位、文化事业单位、社会福利事业单位等，来自文化事业单位的有西康博物馆、盐城市图书馆志愿服务队、点军区档案馆志愿服务队、防城港市图书馆文化志愿者服务队等4769个志愿服务队伍[①]。根据民政部的统计，截至2019年底，全国共有经常性社会捐赠工作站、点和慈善超市1.3万个（其中，慈善超市3528个）。全年共有1664.2万人次在民政领域提供了4326.9万小时志愿服务。全国志愿服务信息系统中汇集的注册志愿者近1.4亿人。全国社会组织捐赠收入873.2亿元，比上一年下降5.1%，如图3-6所示。全国备案慈善信托239个，慈善信托财产规模27.6亿元[②]。

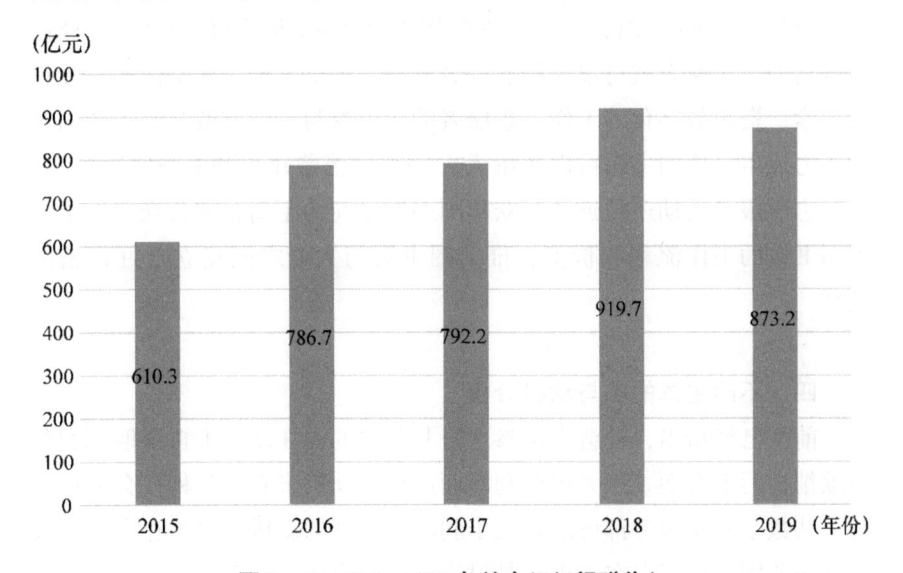

(亿元)

年份	金额
2015	610.3
2016	786.7
2017	792.2
2018	919.7
2019	873.2

图3-6 2015—2019年社会组织捐赠收入

当然即使是公共文化服务领域的志愿者也不仅仅是参加与数字文化服务相关的志愿服务，很多时候的志愿服务与数字文化服务没有关系，但在实践过程中很难做出明显的区分。不论是国内还是国外，志愿服务

---

① 中华人民共和国民政部：《志愿队伍》，https://chinavolunteer.mca.gov.cn/NVSI/LEAP/site/index.html#/group，2021年6月26日。

② 中华人民共和国民政部：《2019年民政事业发展统计公报》，2020年9月8日，https://www.mca.gov.cn/images3/www2017/file/202009/1601261242921.pdf，2021年6月26日。

对公共文化机构的发展都有非常重要的作用。故宫博物院的志愿者在故宫的发展过程中扮演着极其重要的角色。故宫博物院在 2004 年 12 月 5 日面向社会公开招募第一批志愿者,先后有 600 余人投身到故宫的志愿服务工作中来。目前,故宫志愿者在册人数稳定在 200 人左右,其中十余年来不间断服务的有 40 余人,占现有志愿者总数的 20%;有 30 余名志愿者累计服务时长超过 1000 小时,占总人数的 15%。故宫志愿者中,在职人员与高校学生分别占 50% 和 15%,男女比例为 1∶1.5,是一支人员结构合理、专业素质过硬、可持续发展的团队[1]。美国的厄巴纳公共图书馆鼓励所有居民参与到图书馆的日常运营中来,根据厄巴纳公共图书馆 2019—2020 年统计报告,2020 年厄巴纳公共图书馆志愿服务时长达到 2163 小时,受疫情影响较 2019 年减少了 512 小时[2]。经过业务培训,志愿者就可以承担起读者服务、图书整理、图书流通、计算机检索、资源数字化等工作。志愿者的积极参与不但有效节约了图书馆的人力成本,使图书馆可以集中人力物力到馆藏建设和服务完善中去,而且志愿服务活动还拉近了公众与图书馆之间的距离,使公众实地了解到图书馆的工作流程和价值,推动图书馆与大众之间建立友好亲密的关系。

四 不同主体的参与动机分析

前文已经指出,社会力量参与公共服务的内在动机来自谋取利润和奉献精神两个方面。从为谋取利润而产生的动机来看,各种社会力量参与公共数字文化服务都可能是出于利己、谋利的动机,只是存在直接或间接的差别,但笔者在这里只是讨论不同的主体在一般情况下最可能的参与动机。

(1)企业等营利性组织的参与动机

营利是企业等营利性组织的使命,利润是企业的生命。企业尤其是高科技企业是社会进步的中坚力量,企业的生存和发展状况在某种程度

---

[1] 故宫博物院数字与信息部:《故宫志愿者》,https://www.dpm.org.cn/Events.html#hdl-7,2021 年 6 月 13 日。

[2] The Urbana Free Library, "Board Stats FY20", https://urbanafreelibrary.org/sites/default/files/page/attachments/2020/12/Board%20Stats%20FY20.pdf,2021 年 4 月 26 日。

上关系着整个人类的生存和发展状况。企业参与公共数字文化服务的主要目的是要扩大企业利润来源，实现企业的存续经营及追求利润最大化。这也警示政府在选择中标企业的时候不能仅仅考虑价格的因素。

(2) 文化类社会组织的参与动机

社会组织存在的目的不是获取利润，而是以实现公共利益为目标，其基本职能是提供公共服务、管理公共事务、供给公共产品，所以文化类社会组织参与公共数字文化服务的目的不是营利，而是在提供公共文化服务、供给公共文化产品的过程中获取精神收益。虽然该类组织不以营利为目的，但这并不是说这类组织提供的所有服务都是免费的，为了组织的存续以及服务成本的存在，这种组织在提供公共文化服务的时候会收取一定的费用（当然文化类基金会除外）。

(3) 公民个人的参与动机

个人参与公共数字文化服务的目的主要是出于奉献精神，但也并不排除由于特殊的身份而有诸如扩大个人影响力进而扩大组织影响力的目的。从法律上看，人人平等，但从经济和社会地位来看，人类社会还是有阶层之分的，不同阶层的人参与公共数字文化服务产生的影响有所区别，而参与的人也清楚地知道这一点。个人志愿者参与公共数字文化服务的主要目的是来自内心的自觉，他们希望能够在参与公共数字文化服务过程中帮助他人，获取精神收益。有一定社会地位的人诸如企业家、社会知名人士通过捐款、捐物等形式参与公共数字文化服务，一方面是出于奉献精神，另一方面也可能出于扩大自身影响力进而获取更多的精神收益或物质收益的目的。但无论是哪种目的，他们的行为客观上都推动了公共文化服务的发展，国家都应该依照社会交换理论的要求，给这部分人以特殊的回报（精神激励），让社会记住他们的善举。

第二节 参与阶段和参与方式

一 参与阶段

二十年之前，也就是 2002 年，国家确立了文化事业与文化产业不同的发展路径，这之后文化事业的发展逐步转向公共文化服务体系建设。从总体上来看，传统的文化事业体系具有内向封闭性，而公共文化服务体系具有外向开放性，这也是传统文化事业体系和公共文化服务体系的一个重要区别，这种差别集中体现在是否鼓励社会力量的参与[①]，显然具有外向开放性的公共文化服务体系鼓励社会力量参与。在此背景下，国家先后颁布了一系列法律法规和政策文件来引导和鼓励社会力量参与公共文化服务体系建设。从 2003 年我国文化体制试点改革提出"吸收社会资金参与"算起，我国社会力量参与公共文化服务体系建设大致经历了三个阶段[②]。

一是鼓励社会力量参与公共文化服务体系建设的初步探索阶段（2003—2006 年）。2003 年在我国的文化体制改革政策中首次提出社会资金可以参与到公益性文化事业当中，随后部分文化事业领域（如民营文艺表演团体、农村文化建设）陆续出台相关的政策鼓励社会力量参与。但由于公共文化服务体系建设引入社会力量在当时也还是一个比较新的事务，公共文化服务尚未完全明确引入社会力量参与公共文化服务的政策内涵和意义指向，所以这一阶段的相关政策还不完善，主要以调动社会力量的参与积极性为主要内容，激励形式也仅限于税收优惠。

二是鼓励社会力量参与公共文化服务体系建设的体系化阶段（2007—2015 年）。以 2007 年为一个新的开端，是因为这一年中办、国办颁布了《关于加强公共文化服务体系建设的若干意见》，这是公共文化服务体系建设的纲领性文件，该文件在完善公共文化服务体系内涵和外延的同时，首次将坚持社会力量参与公共文化服务体系建设列为基本原则，确立了其政策地位[①]。此后，国家陆续出台专门针对政府购买制度（如《文化部关于鼓励和引导民间资本进入文化领域的实施意见》《关于做好政府向社会力量购买公共文化服务工作意见的通知》)、志愿服务制度（《文化志愿服务管理办法》)、捐赠制度、绩效评价机制等方面的政策文件，进一步明确社会力量参与公共文化服务的内容、方式、制度保障等，相关的政策制度逐渐体系化。

---

① 傅才武：《当代公共文化服务体系建设与传统文化事业体系的转型》，《江汉论坛》2012 年第 1 期。

② 陈庚、崔宛：《社会力量参与公共文化服务的实践、困境及因应策略》，《学习与实践》2017 年第 11 期。

三是鼓励社会力量参与公共文化服务体系建设的法治化阶段（2016年至今）。以2016年颁布的《公共文化服务保障法》为标志，这是全国人大教科文卫委员会牵头起草的第一部文化方面的法律，它将社会力量参与公共文化服务体系建设上升至法律层面，从法律上确立了"政府主导、社会力量参与"的公共文化服务体系建设方针，给社会力量参与公共文化服务体系建设提供了法律保障，提出了鼓励多元参与机制、推进政府购买、培育社会组织、规范文化志愿服务等举措，推动社会力量参与公共文化服务体系建设法治化。随后出台的《公共图书馆法》更是进一步强化了社会力量参与公共文化服务的合法性。

二 参与方式

不同的参与主体参与公共数字文化服务的方式存在很大的区别。从国家颁布的相关政策法规文件来看，社会力量参与公共文化服务体系建设的主要方式包括政府向社会力量购买服务、社会力量参与资源建设、社会力量参与服务供给、社会力量参与运营管理、社会力量参与投资捐助、社会力量参与社会监督等多种方式[①]。笔者根据国家相关政策的规定、参与程度的深浅、参与的主观意愿以及其他相关理论研究成果，概括总结出了社会力量参与公共数字文化服务的六种方式：

（1）政府向社会力量购买公共数字文化服务

能够承接公共数字文化服务的社会力量是企业和社会组织。从我国来看，不论是相关政策还是社会实践都明确提到或者存在政府向社会力量购买公共数字文化服务的情况。从相关政策来看，《关于做好政府向社会力量购买公共文化服务工作的意见》对公共文化服务的承接主体进行了明确规定，该《意见》指出："承接政府向社会力量购买公共文化服务的主体主要为具备提供公共文化服务能力，且依法在登记管理部门登记或经国务院批准免予登记的社会组织和符合条件的事业单位，以及依法在工商管理或行业主管部门登记成立的企业、机构等社会力量。"并且提出了"采用公开招标、邀请招标、竞争性谈判、竞争性磋

---

① 郑燃、石庆功、唐义：《社会力量参与公共数字文化资源整合制度研究》，《图书馆论坛》2021年第8期。

商、单一来源、询价等方式确定承接主体"购买机制，制定了政府向社会力量购买公共文化服务指导性目录：公益性文化体育产品的创作与传播，公益性文化体育活动的组织与承办，中华优秀传统文化与民族民间传统体育的保护、传承与展示，公共文化体育设施的运营和管理，民办文化体育机构提供的免费或低收费服务，其中与公共数字文化服务密切相关的有：公益性数字文化产品的制作与传播、公共电子阅览室、数字农家书屋等公共数字文化设施的运营和管理、面向特殊群体提供的有线电视免费或低收费服务、互联网上网服务场所面向社会提供的免费或低收费上网服务[①]。《公共数字文化建设规划》提出社会力量依托公共数字文化服务平台，开展文化活动，开发和推广数字文化资源和产品，免费或以优惠条件提供公共数字文化服务。

在实践方面，有诸多公司通过各种参与机制参与了公共数字文化服务。"韵动株洲"平台即公私合作而成功运营的一个公共数字文化服务平台。该平台由株洲市文体广电新闻出版局授权委托湖南韵动株洲文体产业发展有限公司（以下简称"湖南韵动"）开发运营，是集公共文体产品与服务供给、文体市场产品与活动推介以及文化产品预订、消费、评价、奖励等于一体的文体综合服务云平台。该平台首创性地采取"1+X"模式，"1"即株洲公共数字文体服务平台，"X"即四馆一中心（市图书馆、市文化馆、市美术馆、市博物馆和戏剧传承中心）、全民健身服务中心和电影院线、文体社团，并将各市县区的文体行政网站形成网站集群，整合文体信息资源并提供统一发布、统一检索、统一入口服务，采取"互联网+文体事业+文体产业"的形式[②]，实现了终端的数字资源信息共享，为群众提供了便捷的"一站式"公共文体服务。"韵动株洲"平台采用了PPP模式中的BOO（建设—拥有—经营）运作模式，即政府部门给予中标私营部门建设某项产业项目并负责后续运营的特许经营权，最终所有权归属于中标私营部门，而不再将产业项目

---

① 中华人民共和国国务院：《国务院办公厅转发文化部等部门关于做好政府向社会力量购买公共文化服务工作意见的通知》，2015年5月11日，http://www.gov.cn/zhengce/content/2015-05/11/content_9723.htm，2021年1月6日。

② 张金桥、王健：《论体育产业与文化产业的融合发展》，《上海体育学院学报》2012年第5期。

交还给公共部门。"韵动株洲"平台是由株洲市文体广电新闻出版局授权,委托湖南韵动公司开发运营的平台,株洲市文体广新局招标私营企业进行项目建设运营,湖南韵动公司中标获取特许权之后全权负责平台的建设运营,并定期向政府部门提交月度、季度、半年度、年度绩效报告,政府部门在平台建设完成后逐步买入平台的服务,为平台提供一定的资源以覆盖平台部分建设运营成本,并监督平台的运营,但平台的知识产权归属湖南韵动公司。株洲市政府部门采取这种 BOO 模式建设平台,一方面解决了中部地区平台建设资金补贴不及东部地区的短板,推动了社会资本参与公共数字文化服务平台的建设;另一方面招标私营企业负责平台的建设运营实际上是凭借私营企业优越的技术、管理经验将公共服务进行产业化运营,附带市场机制,极大程度上保证了平台的技术标准和高效运营。这样的合作模式可以使株洲市政府通过大数据等信息技术以最低的成本提升公共服务效能,同时也可以激发社会资本参与公共数字文化建设的热情,保证平台运营的可持续性,满足群众多样的数字文化需求。此外,株洲市通过此平台的文体、旅游产业板块拉动了文体、旅游消费,也进一步促进了株洲市经济的发展。①

(2) 社会力量参与公共数字文化资源建设

参与公共数字文化资源建设的社会力量包括企业、社会组织和个人,其参与公共数字文化资源建设主要有三种形式:一是对公共文化机构进行资源数字化;二是捐赠数字文化资源;三是在公共文化机构的相关服务网站上对数字资源进行标注。企业、社会组织和个人都有可能给公共文化机构提供资源数字化的服务,但企业参与公共数字文化资源建设的主要目的是提供按照合同规定资源数字化工作从中赚取一定的利润。社会组织和个人有可能自愿参与公共文化机构进行资源数字化工作,但主要还是个人参与。公共文化机构的相关服务网站上对数字资源进行标注几乎就只有个人自愿参与。无论是企业、社会组织抑或是个人直接捐赠数字文化资源的频率可能比较低,主要是捐赠实体资源然后公共文化机构再进行数字化,但也并不是说完全没有,比如为了最大限度

---

① 唐义、徐薇:《公共数字文化服务平台 PPP 模式应用研究——以"韵动株洲"云平台为例》,《国家图书馆学刊》2020 年第 2 期。

利用社会力量，美国国家档案馆在 Twitter、Facebook 和 Google + 上与公众互动，这不但让公众以小组形式参与馆内事务讨论、使得人人成为档案志愿者成为可能，同时公众还可以通过这些社交媒体捐赠相关的数字档案，这就促进了美国国家档案馆的数字档案资源建设工作①。

为了推动社会力量参与公共数字文化资源建设，公共文化服务的各个领域都颁布了相关的政策法规。比如《高质量发展意见》提出支持公共文化机构通过与融媒体平台、数字文化企业开展合作，运用 5G、VR/AR、人工智能、多媒体等数字技术开发馆藏资源。《工程融合方案》建议系统内公共文化机构和系统外市场主体共同参与资源建设，通过采购成品资源、委托市场定制、合作共建等方式，加大资源建设的社会化合作力度。在档案领域，《档案法》《档案法实施办法》《关于加强和改进新形势下档案工作的意见》，在建立健全"三个体系"方面强调要鼓励集体和个人向档案馆捐赠或寄存档案。在实践领域，为了推动我国社会力量参与档案网络资源建设，也有档案馆开展了创新性活动，比如辽宁省档案馆在官网上设置了"社会档案人"栏目，下面提供了"敕令兵部侍郎兼都察院右副都御史梁国治巡抚湖北谕""军机处给廷杰办理奉天垦务的廷寄""清实录——崇谟阁本"等 10 个词条让社会公众编辑②。2018 年，上海泰宇信息技术股份有限公司中标了苏州市姑苏区档案馆的档案数字化建设项目，负责馆藏档案整理、目录采集、档案扫描、图像处理、数据挂接等工作，为确保项目圆满完成，姑苏区档案馆与上海泰宇信息技术股份有限公司成立了档案数字化建设工作领导小组，制定档案数字化工作方案；按照《档案数字化外包安全管理规范》要求，与外包服务公司及其进驻工作人员分别签订保密协议和保密承诺书，数字化加工场所安装监控设施进行实时监控，对加工的电脑设备的 USB 端口加贴封条，确保档案实体和信息安全；对入驻工作人员开展系列培训；完善档案出入库手续，确保档案不散失；委托监理检查，安排专职跟踪验收，严格执行质量控制，发现问题及时督促整改，

---

① 闫静：《档案事业公众参与特点及新趋势探析——基于英国"档案志愿者"和美国"公民档案工作者"的思考》，《档案学研究》2014 年第 3 期。

② 辽宁省档案馆：《社会档案人》，http://www.lndangan.gov.cn/lnsdaj/shdar.html，2021 年 4 月 28 日。

确保档案数字化成品的质量和纸质档案的实体安全①。2015 年，北京世纪超星信息技术发展有限责任公司中标了临安市图书馆的地方文献数字化项目，二者签订数字化加工协议，对该馆 3000 余册地方文献进行扫描数字化②。天津市档案馆的档案资源数字化和历史档案编目均是与公司合作完成，合作公司如表 3-4 所示。在档案资源数字化方面，该项目需要数字化的档案大约是 2000 万页，这些档案分为两类：一是 1949 年以前的历史档案，这大约有 1500 万页；二是 1949—1966 年之间的现行档案，大约有 500 万页。该项目预计每年完成数字化档案 400 万页，预计五年内完成。此外，历史档案编目也是天津市档案馆较大的外包项目之一，天津市档案馆已基本实现档案的案卷级目录，本次编目外包项目主要是完成文件级目录的编目，要求是一年编目 100 万条，计划做 10 年，那就是 1000 万条，当然与中标商签订了质量保证协议，中标供应商需要在天津市档案馆完成这些工作，约 60 名公司的工作人员运用自身公司编程软件系统对数字化后的档案进行阅读，目的是寻找关键词从而拟定标题，所拟标题由外聘临时工手工校验之后，再交由具备资质的中标供应商进行批量校验③。

表 3-4　　　　　天津市档案馆项目外包项目表（部分）

项目名称	项目编号	中标供应商
天津市档案馆"近代天津与'一带一路'国家交流档案"数字化加工项目	2017SZC-G-10	北京汉龙思琪数码科技有限公司
天津市档案馆档案数字化加工项目	2017SZC-C-87	北京汉龙思琪数码科技有限公司
天津市档案馆国家重点档案抢救与开发（国民档案文件级编目）项目	2017SZC-G-11	北京星震同源数字系统股份有限公司

---

① 江苏档案：《苏州市姑苏区档案馆 2018 年馆藏档案数字化加工项目顺利开工》，http://www.dajs.gov.cn/art/2018/3/16/art_ 13_ 40030.html，2021 年 3 月 16 日。

② 钟飞亚：《社会力量参与公共图书馆建设的实践与探索——以临安市图书馆为例》，《图书馆研究与工作》2018 年第 5 期。

③ 赵睿：《国家综合档案馆工作社会力量参与度研究》，硕士学位论文，天津师范大学，2018 年，第 21—22 页。

续表

项目名称	项目编号	中标供应商
天津市档案馆国家重点档案抢救与开发（国民档案文件级编目质量检查）项目	2017SZC-C-64	北京八九数码科技有限公司
天津市档案馆国家重点档案外文翻译项目	2017SZC-G-12	朗博智（北京）信息技术有限公司
天津市档案馆国家重点档案外文翻译成果校验项目	2017SZC-G-63	呼和浩特市呼和蒙格勒文化传播有限责任公司

（3）社会力量参与公共数字文化志愿服务供给

提供公共数字文化服务的社会力量主要是公众个人，其身份可能是企业家、社会名人，但大部分都是普通人。他们参与公共数字文化志愿服务的主要方式包括在官方微博、微信等社交媒体上发文、在官方客户端上或者官方网站上发布信息、在短视频平台上面发布视频、给弱势群体提供信息检索服务、给弱势群体提供计算机等电子设备使用帮助等。

美国和英国等部分国家已形成较为完备的志愿服务体系。有研究表明早在120多年前，美国华盛顿特区的国家档案馆旧馆就已开展志愿服务活动，但真正意义上的档案志愿服务则始于1976年"美国建国200周年纪念活动"[1]。近年来，美国国家档案馆制订的一项社会力量通过网络参与档案工作的计划——"公民档案工作者倡议"，该计划让公民档案工作者在各实体档案馆和网站参与档案资源建设活动，通过网络，志愿者还可以加标签、翻译、条目编辑、上传和共享、参加竞赛、见解表达[2]。2012年，该项目获得年度沃尔特·盖尔霍恩创新奖，以表彰"公民档案工作者倡议"通过众包项目在转变机构与公众之间的关系中取得的成绩[3]。这一奖项的获得极大地鼓舞了社会力量志愿参与档案工作的热情，也让该项目能够良性循环发展下去，美国国家档案馆公民档

---

[1] 张学斌：《美国的档案志愿服务》，《中国档案》2015年第8期。
[2] 闫静：《档案事业公众参与特点及新趋势探析——基于英国"档案志愿者"和美国"公民档案工作者"的思考》，《档案学研究》2014年第3期。
[3] 佚名：《美国国家档案馆的"公民档案工作者倡议"荣获2012年度政府最佳创新实践奖》，《四川档案》2013年第1期。

案工作倡议继续拓展的决心，也极大地鼓舞社会力量积极参与档案工作的热情。当然该计划在美国的顺利实施离不开美国完善的法律法规体系，比如美国建立了志愿者参与制度、档案众包制度以及意见征集制度，还通过开放政府创意论坛和博客大量征集公众对档案事务的意见及建议[①]。

英国是最早引入社会力量参与档案实践的国家之一，在英国只有无偿付出时间、金钱、精力、才能等的这部分人群才会被认定为"档案志愿者"，英国档案部门招募志愿者的比例在90%左右，远高于57%的平均数，英国档案志愿者数量和服务时间一直保持稳定增长[②]。英国档案志愿服务具有较为完善、系统的法规政策，如《档案志愿服务政策》（2012年）和《档案志愿者手册》（2015年）。英国志愿者参与档案服务可以分为馆内和馆外参与、实体参与和网上参与，志愿服务形式灵活机动。档案志愿者们可以通过档案馆的论坛、留言板等途径发表意见和建议，及时反馈档案志愿服务中存在的不足与改进措施。

（4）社会力量参与运营管理

很难明确把社会力量参与的运营管理区分为数字化的和实体的，在这里区分也没有太大的意义，所以在这里就不做区分了。根据目前我国的实际情况来看，社会力量参与公共文化服务的运营管理主要是个人依托理事会，通过资金筹措、行使集体决策权。理事会制度源于西方的这种模式源于西方非营利机构，利用理事会来吸引社会知名人士参与机构决策和管理。《公共图书馆法》《公共文化服务保障法》《关于深入推进公共文化机构法人治理结构改革的实施方案》等政策法规都提出要指导公共图书馆、博物馆、文化馆、科技馆、美术馆等公共文化机构，建立以理事会为主要形式的法人治理结构，吸纳社会力量参与对公共文化机构的管理，赋予社会力量法人自主权。我国图书馆、文化馆等公共文化服务领域的理事会制度正在逐步展开。在图书馆领域，仅2018年，江西省图书馆、佛山市图书馆、上海黄浦区图书馆等公共图书馆相继成

---

① 张江珊：《社交媒体背景下档案领域公众参与模式研究》，《浙江档案》2018年第6期。

② 张学斌：《英国档案志愿服务发展初探》，《档案》2014年第10期。

立了第一届图书馆理事会,担任理事各职务的身份包含但不限于政府代表、学科专家代表、企业法人、异地务工人员代表以及读者代表等,形成公众参与的图书馆多元治理结构。在文化馆领域,深圳市福田文化馆建立了由多位专家和企业代表组成的理事会,负责场馆发展规划与战略实施以及监督评估等,集体行使对重大事项的议事权和决策权①;在图书馆领域,深圳福田区公共图书馆率先建立理事会,由政府官员、街道代表、社会名人和热心读者等构成,共同来管理、监督和建设图书馆②。

(5) 社会力量参与投资捐助

企业、社会组织和个人都有可能参与公共文化服务的投资捐助。我国逐渐颁布了一系列推动社会力量投资捐助公共文化服务的政策,如《国家"十三五"时期文化发展改革规划纲要》(以下简称《国家文化改革规划》)等制度文件都提出社会力量可以通过投资、捐赠设施设备、提供产品和服务、赞助活动、资助项目等方式,参与公共文化服务体系建设;《全国文化信息资源共享工程"十二五"规划纲要》(以下简称《共享工程规划》)明确提出通过组织开展资源捐赠活动,鼓励各类型社会力量向文化共享工程捐赠资源;《公共图书馆法》中明确指出国家鼓励公民、法人和其他组织依法向公共图书馆捐赠,并依法给予税收优惠③。以上制度的制定正在逐步推动建立健全公开透明的社会捐赠管理制度,为社会力量通过投资,捐赠资源、设施、设备等多种方式参与公共数字文化服务提供了制度保障。在实践领域,有不少组织和个人给公共文化服务领域捐款捐物,比如福州市图书馆新馆由福耀集团董事长曹德旺捐资4亿元兴建(该馆于2017年12月5日开馆),这是社会力量捐赠资金参与公共图书馆建设的实践成果④。香港知名的电影制作

---

① 陈庚、崔宛:《社会力量参与公共文化服务的实践、困境及因应策略》,《学习与实践》2017年第11期。
② 许志云:《公共图书馆地方文献建设的现状与变革》,《图书馆》2016年第4期。
③ 中华人民共和国第十三届全国人民代表大会常务委员会第六次会议:《中华人民共和国公共图书馆法》,2018年11月5日,http://www.npc.gov.cn/npc/c12435/201811/3885276ceafc4ed788695e8c45c55dcc.shtml,2021年1月3日。
④ 蒋巧玲:《福州市图书馆今天正式开馆,由曹德旺捐资4亿元建设》,2017年12月5日,http://www.fj.xinhuanet.com/yuanchuang/2017-12/05/c_1122063051.htm,2021年1月9日。

人、娱乐业大亨、慈善家邵逸夫在各地多次捐助兴建图书馆。

(6) 社会力量参与监督评价

公共文化服务事业的发展离不开社会力量的监督评价，我国相关政策法规也对此进行了规定，比如《公共图书馆法》第四十二条规定：公共图书馆应当听取读者意见，建立投诉渠道，完善反馈机制，接受社会监督，第四十七条明确指出国务院文化主管部门和省、自治区、直辖市人民政府文化主管部门应当制定公共图书馆服务规范，对公共图书馆的服务质量和水平进行考核。考核应当吸收社会公众参与[1]。文化部（现文旅部）2017 年下发的《文化部办公厅关于开展第六次全国县级以上公共图书馆第六次评估定级工作的通知》包含"图书馆行业协作协调与社会合作"评价维度，其中就设有"社会化和管理创新"指标，从法人治理、社会购买服务、图书馆获得社会捐赠、第三方评价机制、志愿者管理、文创产品开发、组织管理和运营创新等方面对评估工作予以酌情加分设置。可以看出，我国第六次公共图书馆评级评估工作的开展积极响应了"十二五""十三五"规划战略，将社会力量加入到图书馆评估工作中去。《共享工程规划》在创新资源征集机制中提出探索建立资源使用效果的调查与反馈机制。在实践领域，深圳图书馆将 24 小时自助图书馆的效益评估委托给专门的评估公司；宁波市鄞州区引入第三方机构、社会志愿者和读者等社会力量对公共图书馆的建设、管理、运行、效能进行独立评价，均取得了良好效果[2]。

通过以上分析可以看出，企业等营利性组织主要是通过承接公共数字文化服务项目、赞助活动、捐赠资源、捐赠资金等方式参与公共数字文化服务，文化类社会组织主要是通过承接公共数字文化服务项目、捐赠资源、捐赠资金等方式参与公共数字文化服务，公民个人捐赠资源、捐赠电脑等数字设备、捐赠资金、志愿服务参加志愿服务活动，不同的参与主体有着各自的优缺点，如表 3-5 所示。

---

[1] 中华人民共和国第十三届全国人民代表大会常务委员会第六次会议：《中华人民共和国公共图书馆法》，2018 年 11 月 5 日，http://www.npc.gov.cn/npc/c12435/201811/3885276ceafc4ed788695e8c45c55dcc.shtml，2021 年 1 月 3 日。

[2] 刘晓东：《社会力量参与公共图书馆建设的法律依据》，《图书馆》2018 年第 2 期。

表3-5　　各种社会力量参与公共数字文化服务的方式及优缺点

社会力量	主要参与方式	优点	缺点
企业等营利性组织	公共数字文化承接主体、赞助活动、捐赠资源、捐赠资金	效率优先、市场化运作程度高	因追求利润或许会影响参与的质量
文化类社会组织	公共数字文化承接主体、捐赠资源、捐赠资金	提供的服务种类较多，具有一定的机动性，执行能力强	资金来源比较单一
公民个人	捐赠资源、捐赠电脑等数字设备、捐赠资金、志愿服务	灵活、机动性强	持续性、稳定性差

第三节　参与有效性评估相关理论

上文指出了社会力量通过各种途径参与公共数字文化服务，那么这些社会力量参与的有效性如何评估呢？有学者提出了相关理论。在这一小节，笔者主要分析阿恩斯坦（Arnstein）提出的公众参与阶梯理论和托马斯（Thomas）提出的公众参与有效决策理论。

一　阿恩斯坦的公众参与阶梯理论

1969年，阿恩斯坦在美国规划师杂志上发表了著名的论文《市民参与的阶梯》，其最大的贡献在于提出了一种具有8个参与层次的公众参与模式，按公众由弱到强的参与程度分为：操纵（政府操纵）、治疗、通告、咨询、安抚、合作关系、代理关系和市民控制，如图3-7所示，该理论一直被奉为研究早期公众有效参与的典范。

这8个参与方式可以分为3类大的参与层次：假（非）参与（层次）、象征性参与（层次）、实质性参与（层次），如图3-8所示。那么如何通过该理论来判断公众的参与是否有效呢？有学者指出，某类公众参与被定义为"无效"或"低效"的主要原因有两种：一是假参与，

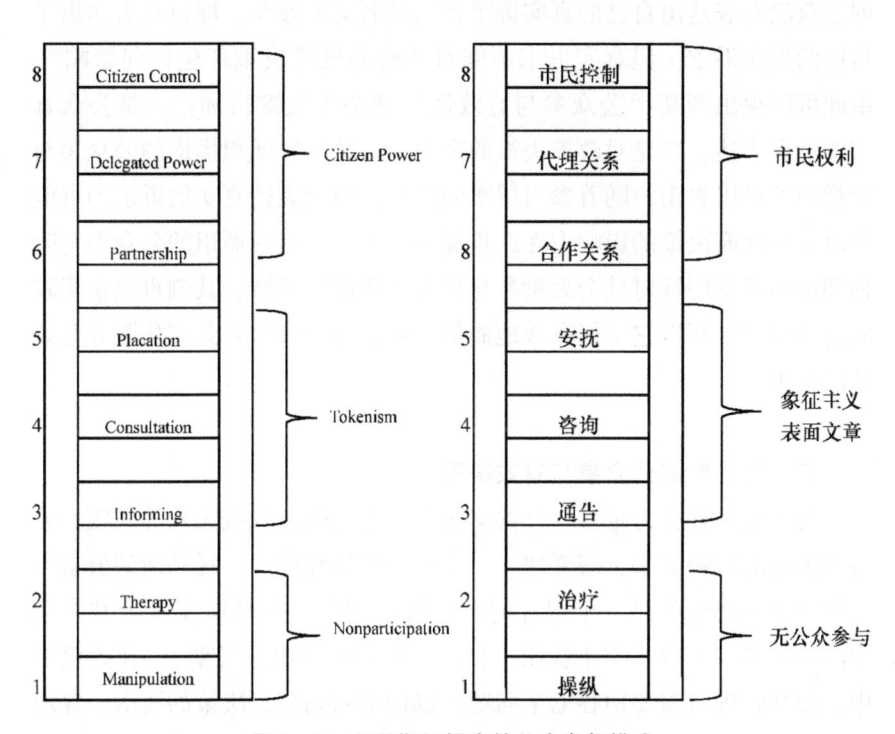

第三章 参与主体及参与机制体系分析

8	Citizen Control	⎫		8	市民控制	⎫	
7	Delegated Power	⎬ Citizen Power		7	代理关系	⎬ 市民权利	
6	Partnership	⎭		8	合作关系	⎭	
5	Placation	⎫		5	安抚	⎫	
4	Consultation	⎬ Tokenism		4	咨询	⎬ 象征主义 表面文章	
3	Informing	⎭		3	通告	⎭	
2	Therapy	⎫ Nonparticipation		2	治疗	⎫ 无公众参与	
1	Manipulation	⎭		1	操纵	⎭	

图 3-7　阿恩斯坦提出的公众参与模式

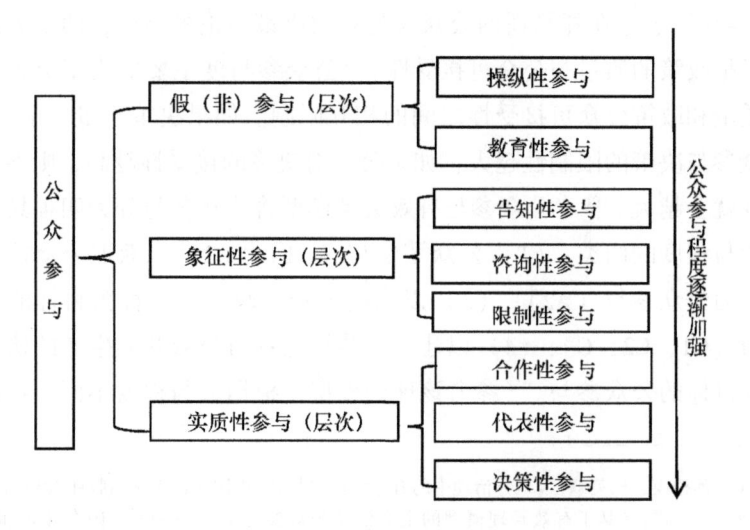

```
                            ┌─ 操纵性参与
            ┌─ 假（非）参与（层次）─┤
            │                └─ 教育性参与
            │                ┌─ 告知性参与
公众参与 ─────┼─ 象征性参与（层次）─┼─ 咨询性参与      公众参与程度逐渐加强
            │                └─ 限制性参与
            │                ┌─ 合作性参与
            └─ 实质性参与（层次）─┼─ 代表性参与
                             └─ 决策性参与
```

图 3-8　阿恩斯坦提出的公众参与层次图

即公众没有表达出自己的真实诉求;二是名义上参与,即公众表达出了自己的真实诉求,但真实诉求不能对政府的最终决策产生任何影响①。由此可以得出判断"公众参与有效性"的两个关键指标:一是公众真实的诉求表达,二是对政策决策的影响力。从阿恩斯坦提出的公众参与阶梯理论可以看出,随着参与层次的提升,公众表达真实的诉求的可能性以及对政府决策的影响力在逐步提升。然而,阿恩斯坦的公众参与阶梯理论不是专门针对社会力量参与公共文化服务领域,其侧重点在于政府公共管理,所以它未能有效地概括出社会力量参与公共文化服务有效性的全貌。

二 托马斯的公众参与有效决策理论

为了发现社会力量参与公共文化服务存在的低效或无效等问题,分析其可能的影响因素,需要建立一个有效的管理模式。托马斯的公众参与有效决策理论就是一个很好的有效决策理论。托马斯在《公共决策中的公民参与》这本书中提出了公民参与的有效决策模型。"在该模型中,公共管理者需要回答七个问题,以切实明确公共决策的要求,并理性地思考政策制定和执行过程中各利益相关者的边界"②,如表3-6和图3-9所示。在托马斯的公众参与有效决策理论模型中,两个关键的因素是政策的质量与公众可接受性。"公众参与度主要取决于决策中政策质量和政策公众可接受性之间的相互限制。如果决策质量要求越高,公众参与决策的限制性越大;如果公众对决策的接受性越高,则参与的力度就会越大。"③ "公众参与有效决策模型将公众参与分为四种具有不同参与程度的门类:(1)公众零参与(A1);(2)以获取公众信息为目标的公众参与(A2);(3)以增进公众对政策接受性为目标的公众参与(C1,C2,G);(4)以建立公共管理者与公众共同生产的伙伴关系为目标的公众参与。"②参考该理论模型,根据参与程度不同,在我国

---

① 孙柏瑛、杜英歌:《地方治理中的有序公民参与》,中国人民大学出版社2013年版。
② 王春雷:《基于有效管理模型的重大活动公众参与研究——以2010年上海世博为例》,同济大学出版社2010年版,第10页。
③ 陈建:《基于公众参与有效决策模型的综合档案馆公众参与度研究》,《档案学通讯》2016年第6期。

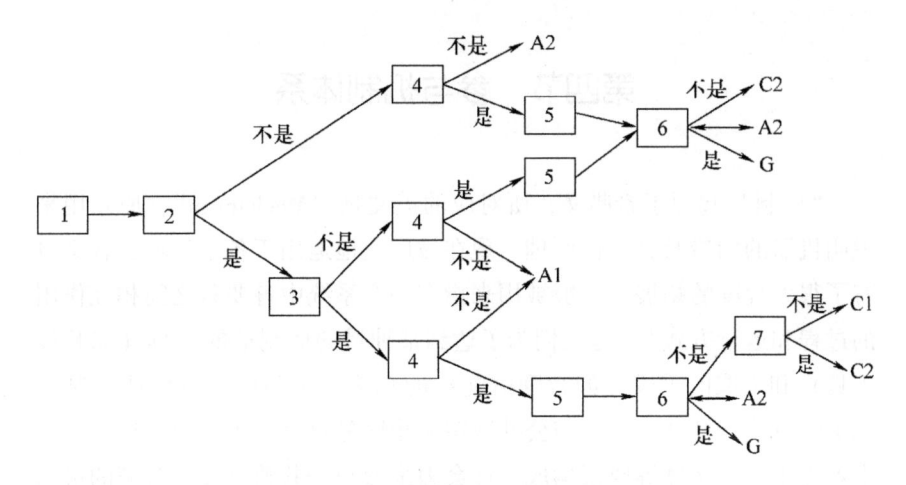

图 3-9　托马斯公众参与有效决策模型

注：A1 表示自主式管理决策；A2 表示改良的自主式管理决策；C1 表示分散式的公众协商；C2 表示整体的公众协商；G 表示公共决策。

公共文化服务领域，社会力量有效参与公共文化服务应该包括以获取相关信息为目标的参与（低级参与）、以增进社会力量对政策接收性为目标的参与（中级参与）、以建立政府与社会力量共同生产的伙伴关系为目标的参与（高级参与）。总之，公共文化服务中的社会力量有效参与包括"信息获取式"参与、"协商式"参与和"共同生产式"参与三个层次，参与程度依次递增，参与效果不断加强。

表 3-6　　　　托马斯有效决策理论的七个问题

1	2	3	4	5	6	7
决策的质量的要求是什么？	政府有充足的信息吗？	问题是否被结构化了？	公众接受性是决策执行时必需的吗？	谁是相关公众？	相关公众与管理者的目标是否一致？	在选择解决问题的一方时，相关公众存在冲突吗？

第四节　参与机制体系

"机制"起源于希腊文,所对应的英文是"Mechanism",原意用来说明机器的构造及其工作原理,现在被广泛地运用于各个领域,含义也有了很大程度的拓展,一般被用来指在一个系统中各要素之间相互作用的过程和运行方式[①],是人们为了达到某种目的而制造的工具(如政策工具)和采取的手段(如激励措施)的总称,是制度加方法或者制度化了的方法。社会力量参与公共数字文化服务就是一个系统,这个系统由各类主体、客体等要素构成。社会力量参与公共数字文化服务的机制是指社会力量在参与公共数字文化服务过程中的运行方式,以及在这个过程中相关的制度和方法的总称。根据目前社会力量参与公共数字文化服务的实践状况以及相关理论研究成果,笔者提炼总结出了社会力量参与公共数字文化服务的机制体系,这一体系包括市场机制、激励机制、多元资金投入机制、社会力量培育机制、舆论宣传机制、需求反馈机制、监督评估机制,如图3-10所示。这些机制的实施都依赖于国家制定的相关政策法规。

一　市场机制

市场机制是指构成市场的价格、供求、竞争等基本要素间相互联系、相互制约的有机系统[②]。简单来说,市场机制就是市场运行的实现机制,主要包括供求机制、价格机制、竞争机制和风险机制。市场机制可以优化资源配置、提高效率和效益。企业等营利性组织这一社会力量参与公共数字文化服务主要是通过市场机制完成的。从目前我国社会力量参与公共数字文化服务实践状况来看,有很大一部分比例的企业都是通过作为政府向社会力量购买公共文化服务的承接主体而参与了公共数

[①] 肖希明、唐义:《公共数字文化资源整合动力机制研究》,《图书馆建设》2014年第7期。

[②] 鲜阳红、张尊帅:《略论〈资本论〉中商品货币理论的价值——基于中国特色社会主义市场经济的审视》,《经济问题》2015年第1期。

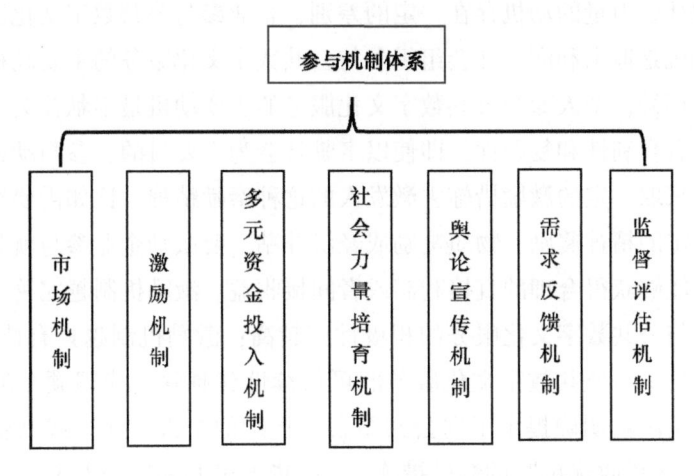

图 3-10 社会力量参与公共数字文化服务的机制体系

字文化服务,在这一过程中就涉及竞争机制和购买机制问题。《关于做好政府向社会力量购买公共文化服务工作的意见》提出采用公开招标、邀请招标、竞争性谈判、竞争性磋商等方式确定承接主体①。公开招标是一种实现良性竞争的手段,是一种由招标人按照法定程序,在政府相关网站和(或)本机构网站,或公开出版物发布招标公告,所有符合条件的社会力量都可以平等参加投标竞争,从中择优选择中标者的招标方式。通过公开招标,招标人可在众多的投标人中选定报价合理、服务质量好、商业信誉高的企业。当然公开招标也存在一定的缺陷,比如招标周期长,工作程序复杂,花费的成本也比较大②,所以对于一些较小的项目,不宜采用公开招标的方式,可以采用《关于做好政府向社会力量购买公共文化服务工作的意见》提出的其他购买方式。

二 激励机制

无论是个人还是组织参与公共数字文化服务都有一定的动机,只是

---

① 中华人民共和国国务院:《国务院办公厅转发文化部等部门关于做好政府向社会力量购买公共文化服务工作意见的通知》,2015 年 5 月 11 日,http://www.gov.cn/zhengce/content/2015-05/11/content_9723.htm,2021 年 3 月 3 日。

② 大众法律图书中心编:《新编常用法律词典(案例应用版)》(精装增订版),中国法制出版社 2016 年版。

不同的社会力量的动机存在一定的差别，企业参与公共数字文化服务的主要动机是追求利润，社会组织参与公共数字文化服务的主要动机是增加社会福祉，个人参与公共数字文化服务的主要动机是奉献社会。但由于人具有自利性和复杂性，即使以奉献社会为主要目的，参与动机也需要国家采取一定的激励措施去激发人的这种奉献精神，比如需要给个人给予一定的精神奖励、物质奖励或经济补贴。要激励企业参与就是要保证企业能够获得合理的直接利润或者间接收益。激励机制越完善，社会力量参与公共数字文化服务的积极性就越高；激励机制越具有持久性，社会力量参与公共数字文化服务的可持续性就越强。我国颁布的《公共图书馆法》明确提出了向公共图书馆捐赠的个人、法人或其他组织"依法给予税收优惠"的激励措施，《中华人民共和国公共文化服务保障法》规定"国家鼓励和支持公民、法人和其他组织参与公共文化服务，对在公共文化服务中作出突出贡献的公民、法人和其他组织，依法给予表彰和奖励"，"公民、法人和其他组织通过公益性社会团体或者县级以上人民政府及其部门，捐赠财产用于公共文化服务的，依法享受税收优惠"。这些法律条文的出现表明我国引入社会力量参与公共数字文化服务的激励机制已有了法律保障。

三 多元资金投入机制

社会力量参与公共数字文化服务的重要意义在于可以充分利用社会资金，缓解国家财政投入不足的问题。《中华人民共和国公共文化服务保障法》明确提出"国家鼓励社会资本依法投入公共文化服务，拓宽公共文化服务资金来源渠道"，"国家鼓励通过捐赠等方式设立公共文化服务基金，专门用于公共文化服务"。除了国家投入资金之外，可以利用的社会资金包括：第一，通过政策引导企业投入公共数字文化服务，进行网络平台搭建或数字资源建设；第二，号召企业和个人捐赠，成立公共文化服务基金；第三，发行公共文化服务彩票，筹集资金。这些资金来源投入方式中，有些已在做了，有些还没有做。在本书的第六章会详细论述该问题。

四 社会力量培育机制

引导社会力量进一步参与公共数字文化服务的前提是社会力量自身的足够强大,没有数量众多、实力雄厚的社会力量做基础,推动社会力量参与公共数字文化服务就不具有可持续性。因此,建立健全社会力量培育机制是推动社会力量持续有效参与公共数字文化服务的重要抓手。社会力量主要分为企业、社会组织和个人这几类,每一类的培育方式有所不同。对于企业,国家主要是给予更多的政策扶持,让信息技术企业尤其是与公共文化服务密切相关的企业持续不断地产生,进而发展壮大。对于社会组织,国家应该鼓励法人、其他组织和公民依法成立文化类社会组织,当然《中华人民共和国公共文化服务保障法》已经明确提出"国家鼓励和支持公民、法人和其他组织依法成立公共文化服务领域的社会组织,推动公共文化服务社会化、专业化发展",这就要看如何对制度实施细则进行落实。对于个人,国家就需要在提高全民素质和文化水平的基础上,培养公民的奉献精神,让奉献基因深深融入每一个公民的体内。

五 舆论宣传机制

要进一步推动社会力量参与公共数字文化服务,完善现代公共文化治理体系就必须要在全社会做好舆论宣传,让更多的社会力量了解公共数字文化服务在整个社会发展和人类文明进步中的价值,了解自身参与公共数字文化服务的意义和价值。当全社会都认识到公共数字文化服务在人类社会发展中的重要性之后,社会力量参与公共数字文化服务的积极性就会增加。从我国目前的实践来看,公共数字文化服务的舆论宣传方式还不健全,宣传力度还有待于进一步加强。如何在全社会形成全方位的舆论宣传机制是政府和公共文化机构必须考虑的重要议题。

六 需求反馈机制

在现代公共文化服务治理体系下,政府不能仅仅自上而下地提供公共数字文化服务,还应该通过一定渠道听取广大人民群众的心声,了解广大人民群众对公共数字文化服务的需求,进而根据人民群众的需求提供服务。因此,国家在引入社会力量参与公共数字文化服务的过程中,需要根据人民群众的需求选择合适的社会力量,尤其是在政府购买公共文化服务过程中,购买什么、购买多少都应该听取广大人民群众的意见,这就需要建立有效的需求反馈机制,让人民群众有足够多的途径反馈自己的真实需求。只有人民群众的有效需求得到了满足,政府购买公共数字文化服务才能说是成功的,纳税人的钱也才得到了有效利用,政府购买公共数字文化服务的模式也才会一直存在下去。

七 监督评估机制

引入社会力量参与公共数字文化服务涉及招投标以及公共资金的使用问题,这就需要建立起有效的监督机制。此外,社会力量提供的公共数字文化服务质量如何需要进行评估,而且需要对这个评估过程也进行监督。一是要建立招投标监督机制,对招投标环节进行监督,让招投标的所有环节都能得到有效的监督,防止权力寻租现象产生;二是要对社会捐赠的善款的使用情况进行监督,并适时进行公开;三是要建立第三方评估机制,对社会力量参与的公共数字文化服务质量进行评估。从我国的实践来看,我国已经采取了一定的措施对社会力量参与公共数字文化服务的过程和质量进行了监督评估,只是还存在需要改进的空间。

以上七种机制是社会力量参与公共数字文化服务的主要机制,这几种机制是社会力量参与公共数字文化服务这一系统工程的一部分,是为了保证社会力量参与公共数字文化服务这一系统高质量运行的工具和方式。其中市场机制能确保社会力量优胜劣汰、有序竞争,激励机制能激发各种社会力量的积极性,多元资金投入机制能缓解政府财政压力,舆论宣传机制能让全社会了解公共数字文化服务的价值,使得更多社会力量参与进来成为可能,社会力量培育机制是提升社会力量自身实力的有力法宝,需求反馈机制有助于了解公众需求,提升社会力量参与公共数字文化服务效益,监督评估机制是保证社会力量参与公共数字文化服务可持续健康发展的手段。如果这些机制都很健全,那么这些机制就会从各个角度形成合力,共同推动社会力量参与公共数字文化服务这一系统工程的高质量发展;如果其中的某一个或者某些机制还不那么健全,就会影响到社会力量参与公共数字文化服务的效果。因此,建立健全这些机制尤其重要,而如何根据国情建立健全这些机制则是本书第七章要讨论的内容。

第四章　我国社会力量参与公共数字文化服务的调查与分析

本章内容主要呈现笔者通过问卷调查法和深入访谈法获得的我国社会力量参与公共数字文化服务概况，了解已经取得的成绩，分析存在的问题以及需要完善的体制机制。问卷调查法的优势在于可以在较短时间获得较大规模的数据，其缺点在于获得的数据不一定可靠；深入访谈法的优势在于可以深入了解想了解的情况，数据真实性有保证，但缺点在于受限于人力物力精力，访谈对象的数量不会很多。在本章综合采用问卷调查法和深入访谈法，这可以充分利用它们的优点，克服这两种研究方法的弊端，从而相互印证所获取的数据，分辨出不实或者不够准确的数据。此外，本章还以"韵动株洲"云平台为例，对我国企业参与公共数字文化服务的情况进行了案例分析。最后根据调查、访谈和案例分析情况，指出我国推进社会力量参与公共数字文化服务需要进一步解决的问题。

第一节　问卷调查结果与分析

一　调查对象及方法

本书需要获取企业、社会组织和个人等社会力量参与公共图书馆、博物馆、档案馆、美术馆、群众艺术馆、文化馆、非遗中心等公共文化机构数字文化服务的实践状况，故本书的调查对象就是这些公共文化机构的从业者。在参考相关文献、深入访谈实践领域专家的基础上，笔者设计了调查问卷，然后进行了小范围内的预调研，并根据反馈情况修改完善之后形成了最终问卷。问卷包括五个方面的内容：基本信息、社会捐赠情况、志愿服务情况、企业参与情况以及社会力量参与总体情况。

2021年2—3月份通过问卷星平台发放和回收问卷。笔者根据需要在该平台设置好问卷填答规则之后，按照研究需要邀请该领域的从业者、委托同事和朋友邀请该领域的从业者以及在相关工作群发放问卷链接的形式获取数据。共计回收问卷342份，对问卷内容进行复核后剔除了无效问卷78份（剔除了高校图书馆工作人员填答的问卷、填答数据有矛盾以及存在其他问题的问卷），筛选出有效问卷264份。

本次调查的基本情况包括公共文化机构的单位性质、行政级别以及其所在地域，具体构成情况如表4-1所示。本次调查结果显示：公共文化服务机构中公共图书馆数目过半，占总数的68.94%，其他类型的单位数量分布较为均匀；而从调查对象的行政级别上看，市、区（县）级公共文化机构占比比较大，分别为39.77%与29.17%，且其他行政级别机构的数量分布也较为合理，本次调查的相关机构的行政级别数量分布基本符合我国情况；在单位所在地域分布方面，本次共有来自24个不同省、直辖市或自治区的相关从业者填写了本问卷，其中来源为辽宁省的最多，有64位相关从业者填写了本问卷，占比为24.24%，这说明本次调查对象在地域分布方面较为广泛，具有一定的代表性。从整体上来看，本次调查的对象无论是在单位性质、行政级别还是地域分布情况方面都具有代表性，能够在一定程度上反映出我国社会力量参与公共数字文化服务的基本状况。

表4-1　　　　　　　　　　调查对象总体状况

单位性质	公共图书馆（68.94%）、档案馆（9.85%）、博物馆（7.58%）、文化馆（站）（7.20%）、美术馆（2.65%）、群众艺术馆（1.52%）、非物质文化遗产保护中心（1.14%）、其他（1.14%）
行政级别	国家级（2.27%）、省级（17.05%）、市级（39.77%）、区（县）级（29.17%）、乡镇（街道）级（6.44%）、村（社区）级（5.30%）

续表

地域分布	辽宁（24.24%）、湖北（12.50%）、江苏（8.33%）、广东（6.44%）、山东（6.06%）、福建（5.68%）、河北（5.68%）、浙江（4.17%）、上海（3.41%）、北京（3.03%）、重庆（3.03%）、安徽（2.65%）、湖南（2.65%）、河南（2.27%）、天津（1.52%）、江西（1.14%）、吉林（1.14%）、四川（1.14%）、其他（4.94%）

二 社会力量的捐赠状况

（一）社会力量的捐款状况

（1）个人捐款情况

经过对比分析发现，个人对公共文化服务的捐款情况与调查对象所在的单位性质较为相关，具体情况如表4-2所示。从各主要类型的公共文化机构收到个人捐款的占比分布情况可以看出，本次调查中的机构虽然都能在一定程度上收到个人捐款，获得的个人捐款情况却不太乐观。从捐款的金额来看，个人对公共文化机构的捐款金额集中在五万元以下。总的来说，公共文化机构还需要努力采取措施去获得更多的公民个人捐款。

表4-2　　　　　个人对公共文化机构捐款情况

个人捐款金额 单位性质	0	1—10000元	10001—100000元	100001—500000元	500001—1000000元	1000001元及以上	不清楚	小计
公共图书馆	52 (28.57%)	47 (25.82%)	14 (7.69%)	6 (3.30%)	2 (1.10%)	1 (0.55%)	60 (32.97%)	182
博物馆	3 (15%)	4 (20%)	5 (25%)	1 (5%)	0 (0.00%)	0 (0.00%)	7 (35%)	20
档案馆	5 (19.23%)	6 (23.08%)	4 (15.38%)	2 (7.69%)	1 (3.85%)	0 (0.00%)	8 (30.77%)	26
美术馆	0 (0.00%)	1 (14.29%)	3 (42.86%)	3 (42.86%)	0 (0.00%)	0 (0.00%)	0 (0.00%)	7
群众艺术馆	0 (0.00%)	1 (25%)	2 (50%)	1 (25%)	0 (0.00%)	0 (0.00%)	0 (0.00%)	4

续表

个人捐款金额＼单位性质	0	1—10000元	10001—100000元	100001—500000元	500001—1000000元	1000001元及以上	不清楚	小计
文化馆（站）	5 (26.32%)	10 (52.63%)	0 (0.00%)	1 (5.26%)	0 (0.00%)	0 (0.00%)	3 (15.79%)	19
非遗中心	0 (0.00%)	1 (33.33%)	1 (33.33%)	1 (33.33%)	0 (0.00%)	0 (0.00%)	0 (0.00%)	3
其他	2 (66.67%)	0 (0.00%)	0 (0.00%)	0 (0.00%)	0 (0.00%)	0 (0.00%)	1 (33.33%)	3

（2）基金会捐款情况

经过对比分析发现，基金会对公共文化服务的捐款情况与单位的行政等级较为相关，具体情况如表4-3所示。从占比分布情况中可以看出，相较于个人捐款，公共文化机构获得基金会的捐款的整体情况也不容乐观。

表4-3　　　　　基金会对公共文化机构捐款情况

基金会捐款金额＼单位等级	0	1—10000元	10001—100000元	100001—500000元	500001—1000000元	1000001元及以上	不清楚	小计
国家级	0 (0.00%)	1 (16.67%)	3 (50%)	2 (33.33%)	0 (0.00%)	0 (0.00%)	0 (0.00%)	6
省级	7 (15.56%)	5 (11.11%)	2 (4.44%)	3 (6.67%)	1 (2.22%)	0 (0.00%)	27 (60%)	45
市级	33 (31.43%)	14 (13.33%)	9 (8.57%)	10 (9.52%)	4 (3.81%)	0 (0.00%)	35 (33.33%)	105
区（县）级	29 (37.66%)	10 (12.99%)	7 (9.09%)	6 (7.79%)	2 (2.60%)	1 (1.30%)	22 (28.57%)	77
乡镇（街道）级	2 (11.76%)	3 (17.65%)	3 (17.65%)	1 (5.88%)	1 (5.88%)	0 (0.00%)	7 (41.18%)	17
村（社区）级	3 (21.43%)	1 (7.14%)	0 (0.00%)	0 (0.00%)	0 (0.00%)	0 (0.00%)	10 (71.43%)	14

(3) 企业捐款情况

通过对比分析，企业的捐款情况与个人对公共文化机构的捐款情况整体比较类似，皆存在捐款意愿不足的情况，具体情况如表4-4所示。

表4-4　　　　　　　　企业对公共文化机构捐款情况

单位性质＼企业捐款金额	0	1—10000元	10001—100000元	100001—500000元	500001—1000000元	1000001元及以上	不清楚	小计
公共图书馆	49 (26.92%)	19 (10.44%)	18 (9.89%)	6 (3.30%)	3 (1.65%)	2 (1.10%)	85 (46.70%)	182
博物馆	3 (15%)	2 (10%)	5 (25%)	1 (5%)	2 (10%)	0 (0.00%)	7 (35%)	20
档案馆	7 (26.92%)	2 (7.69%)	2 (7.69%)	2 (7.69%)	2 (7.69%)	0 (0.00%)	11 (42.31%)	26
美术馆	1 (14.29%)	1 (14.29%)	3 (42.86%)	2 (28.57%)	0 (0.00%)	0 (0.00%)	0 (0.00%)	7
群众艺术馆	0 (0.00%)	1 (25%)	1 (25%)	2 (50%)	0 (0.00%)	0 (0.00%)	0 (0.00%)	4
文化馆（站）	3 (15.79%)	7 (36.84%)	4 (21.05%)	1 (5.26%)	1 (5.26%)	0 (0.00%)	3 (15.79%)	19
非遗中心	0 (0.00%)	1 (33.33%)	0 (0.00%)	1 (33.33%)	0 (0.00%)	0 (0.00%)	1 (33.33%)	3
其他	1 (33.33%)	0 (0.00%)	1 (33.33%)	0 (0.00%)	0 (0.00%)	0 (0.00%)	1 (33.33%)	3

(4) 其他组织捐款情况

最后笔者对上述以外其他类型的组织捐款情况进行调查，分析发现调查对象填写的内容多集中在"0"与"不清楚"，因此可以看出，除了上述三种情况外，我国公共文化机构较少获得其他组织的捐款。

(二) 对捐款行为表示感谢的方式

通过对公共数字文化服务相关机构获得捐款后表达感谢的方式进行调查后发现，相关机构较多采用传统的一对一方式表达感谢，包括颁发捐赠证书和给予口头感谢等，如表4-5所示。除此以外，也不乏有相关机构对捐赠行为进行宣传推广，例如通过官方网站或新闻媒体等发布捐赠信息。还有近1/5的相关单位会在捐款者达到一定数额时，将单位整体建筑物或楼宇局部进行冠名。从以上分析可以看出，公共文化机构较为重视对捐赠方的反馈，表达感谢的方式也较为多样。

表4-5　　　　公共文化机构对捐款者表达感谢的方式

感谢方式	小计	比例
给予口头感谢	100	37.88%
会颁发捐赠证书	177	67.05%
会在官方网站进行宣传	126	47.73%
会在新闻媒体上进行宣传	82	31.06%
达到一定数额会在整体建筑物或楼宇局部进行冠名	48	18.18%
其他	36	13.64%
总计	264	

（三）依附基金会情况

是否有依附基金会在一定程度上影响着相关机构获得捐赠的机会。从表4-6的相关调查结果中可以看出，仅有32.2%的相关单位设置有依附基金会，此结果与前文提到的基金会不理想的捐赠情况存在一定的联系，这说明我国公共文化机构需要在这方面进行改进。

表4-6　　　　公共文化机构依附基金会情况

是否有依附基金会	小计	比例
是	85	32.2%
否	179	67.8%
总计	264	

（四）数字资源捐赠情况

对公共文化机构获得数字资源的捐赠情况调查后发现，曾收到数字资源捐赠的单位尚未过半，如表4-7所示。与获得各类捐款的情况类似，当今相关机构获得数字资源捐赠的情况同样不太理想。从侧面说明捐赠数字资源存在一定的门槛或当今公众对捐赠数字资源的意识仍较为薄弱。

表4-7　　　　　公共文化机构获得数字资源捐赠情况

是否有个人或组织给贵单位捐赠数字资源	小计	比例
有	121	45.83%
无	143	54.17%
总计	264	

对上述获得数字资源捐赠的相关机构进一步调查发现，其获赠的数字资源类型较为多样，具体情况如表4-8所示。从表格中可以看出，获赠数字资源类型最多的是数字图书，占比达65.29%。其次分别是数字报刊、数字音频、数字视频等，占比均超过40%。此外，不少机构还获赠数字图片、数字化的零散文字资料、数字化的手稿等资源。而数字家谱、数字文物、数字档案、数字美术作品等资源较少被捐赠。综合以上情况可以看出，相关机构获赠的数字资源的内容分布情况与本次调查对象的所在单位性质占比情况较为一致，获赠数字资源的数量也可能与其获取的难易程度、版权归属、存储方式等因素有一定关联。

表4-8　　　　　公共文化机构获得数字资源类型分布情况

获赠数字资源类型	小计	比例
数字图书	79	65.29%
数字报刊	56	46.28%
数字化的零散文字资料	45	37.19%
数字化的手稿	41	33.88%
数字图片	46	38.02%
数字音频	51	42.15%
数字视频	50	41.32%
数字家谱	18	14.88%
数字档案	32	26.45%
数字文物	16	13.22%
数字美术作品	12	9.92%
其他	3	2.48%
总计	121	

（五）捐赠相关政策

捐赠的相关政策能在一定程度上保障并推动捐赠行为，因此为了探究其与上文捐赠情况的联系，笔者对公共文化机构的捐赠相关政策制定情况进行了调查，调查结果如表4-9所示。从表中数据可以看出，有六成的公共文化机构制定了捐赠的相关政策，从此可以反映出不少机构较为重视社会捐赠，但仍有近四成的相关机构尚未制定捐赠政策。从数据可以看出，其与本次调查显示的不太理想的社会捐赠情况有一定的联系，因此相关机构在这方面还有较大的改善空间。

表4-9　　　　　　公共文化机构捐赠相关政策制定情况

是否制定捐赠相关政策	小计	比例
是	161	60.98%
否	103	39.02%
总计	264	

三　志愿者参与公共数字文化服务情况分析

在对志愿者参与公共数字文化服务的具体情况进行分析前，笔者对志愿者参与公共数字文化服务的整体情况与机构内从业者对此的需求进行调查，调查结果如表4-10所示。从表中数据可以看出，半数的公共文化机构已经有志愿者参与相关工作，而在没有志愿者参与工作的机构中，有八成的工作人员认为需要志愿者的参与。由此可以看出，绝大部分公共文化机构在开展公共数字文化服务的过程中需要志愿者的参与，且此情况还存在较大的改进空间。

表4-10　　　　　　公共文化服务中志愿者参与情况

是否有志愿者参与	小计	比例
有	134	50.76%
无（但是感觉需要志愿者参与）	103	39.01%
无（感觉不需要志愿者参与）	27	10.23%
总计	264	

(一) 志愿者招募工作情况分析

公共文化机构的志愿者招募工作影响着志愿者的实际参与情况，因此笔者对上文中有志愿者参与公共数字文化服务的134个相关机构的招募工作情况进行调查，调查内容包括招募工作的信息发布途径、志愿者的申请渠道、志愿者工作的认证方式与激励志愿者的方法等。

(1) 信息发布途径

有效地向外界发布志愿者招募信息是志愿者招募工作的首要目标，因此笔者对各相关机构发布志愿者招募信息的途径进行了分析。从表4-11的相关数据可以看出，大多数机构利用现今较为主流的微博、微信等社交客户端进行志愿者招募信息的发布，除此之外还不乏有机构使用其机构官网、行政主管部门官网、电子报纸、期刊、杂志等其他新媒体进行宣传。但利用传统的纸质材料、电视等途径相对较少。这说明顺应信息时代的潮流，公共文化机构能较好地利用各种类型的新媒体进行志愿者招募信息的发布。但考虑到现今国内数字鸿沟现象还未完全消弭，相关机构在发布信息时对传统媒体的较少利用可能会阻碍部分群体无法有效获取相关信息。

表4-11　　　　　　　　招募志愿者信息发布途径

招募志愿者途径	小计	比例
微博、微信等社交客户端	96	71.64%
本单位官方网站	90	67.16%
行政主管部门官方网站	42	31.34%
纸质报纸、期刊、杂志	36	26.87%
电子报纸、期刊、杂志	33	24.63%
印发相关纸质材料置于本机构固定位置	30	22.39%
电视	21	15.67%
其他	7	5.22%
总计	134	

(2) 申请方式

公众在接受志愿者招募信息后需要对此提出申请，而相关机构认定的申请方式决定有意向公众的申请门槛。在对开展志愿服务的机构进行调查后发现,有四成的机构同时提供纸质与电子版的申请登记表,这使得志愿者有更多选择。而只提供纸质版与只提供电子版的单位分别占20.90%和12.69%,形式上单一对申请人有一定限制性。还有约17.16%的机构开发了相关的系统供志愿者申请,这虽然方便相关机构进行管理,但一定程度上加大了申请者的门槛。此外还有一小部分机构不直接招募志愿者,需要申请者通过去相关政府部门申请才能到机构参与志愿工作,这可能会导致申请者无法与直接负责人进行有效沟通。总的来说,公共文化机构在接受申请时,需要更多站在申请者的立场思考问题,为申请者提供更多的便利。

表4-13 **志愿者申请方式**

志愿者申请方式	小计	比例
本单位只提供纸质版的志愿者申请登记表	28	20.90%
本单位只提供电子版的志愿者申请登记表	17	12.69%
本单位同时提供纸质和电子版的志愿者申请登记表	53	39.55%
本单位开发了志愿者服务管理系统,志愿者通过该系统申请	23	17.16%
本单位无权招募志愿者,志愿者去相关政府部门申请之后可安排到本单位	10	7.46%
其他	3	2.24%
总计	134	

(3) 记录方式

公共文化机构的志愿工作的记录既是对志愿者工作的肯定,也是有效管理志愿者的方式,便捷与有效的记录方式对志愿者的招募有极强的吸引力,因此笔者调查了各机构志愿工作的记录方式,具体情况如表4-13所示。从表中数据笔者可以看出,绝大部分机构都对志愿工作时间与内容进行记录,其中较多机构派专门人员通过电子或纸质表格记录相关信息,而也有四成的机构让志愿者自行登记志愿工作时长与内容,此外有部分机构开发专业系统对相关信息进行登记。从以上情况能够看出,相关机构都较为重视志愿服务的记录工作,并且记录方式多样,供志愿者选择的方式较多,但各机构采取不同的记录方式在一定程度上会提高志愿者的记录成本。

表4-13　　　　　　　　　志愿工作的记录方式

志愿工作记录方式	小计	比例
没有记录志愿者服务时间及内容	17	12.69%
志愿者本人自行在志愿服务记录簿上登记本人的志愿服务时间及内容	56	41.79%
本单位专人负责在志愿服务记录簿上登记志愿者的服务时间及内容	68	50.75%
本单位专人通过电子表格的形式记录志愿者的服务时间及内容，并保存在电脑里面	58	43.28%
本单位开发了志愿者服务管理系统，通过该系统记录志愿者服务时间及内容等信息	40	29.85%
其他	5	3.73%
总计	134	

（4）激励方式

经过调查后发现，各公共文化机构激励志愿者参与的方式多种多样，具体情况如表4-14所示。从表中数据可以看出，有超过半数机构通过相关的服务证明、提供交通等补贴和对志愿者进行公开表扬等方式激励志愿者参与。而购买志愿服务期间的人身保险、邀请新闻媒体进行宣传、优先录用志愿者等激励形式的数据较为均衡，都在20%左右。通过以上分析可以看出，与其他志愿活动的情况较为类似，占比较大的激励形式皆比较传统，因此可以考虑结合公共文化机构的特点进行一些特别的激励形式，例如结合自身单位性质，为志愿者开展结合馆内文化的专项回馈活动，在激励志愿者的同时也对服务进行推广。

表4-14　　　　　　　　　对志愿者的激励方式

对志愿者的激励方式	小计	比例
提供交通补助或餐补等补贴	82	61.19%
提供相关的志愿服务证明	90	67.16%
进行公开表扬	68	50.75%

第四章 我国社会力量参与公共数字文化服务的调查与分析

续表

对志愿者的激励方式	小计	比例
进行私下表扬	29	21.64%
购买志愿服务期间的人身保险	29	21.64%
邀请新闻媒体宣传	34	25.37%
提供适量奖金或物品奖励	27	20.15%
在同等条件下优先录用在本机构做过志愿者的人员	30	22.39%
其他	5	3.73%
总计	134	

（二）志愿者参与公共数字文化资源建设或服务的工作情况

笔者对相关机构的志愿者参与公共数字文化资源建设或服务的人数分布情况、参与的工作/服务的内容以及培训内容等志愿者基本工作情况进行调查，希望能大致掌握当前志愿者参与公共数字文化资源建设或服务的情况。

（1）志愿者人数

经过交叉分析发现，志愿者人数与机构的单位性质较为相关。从表4-15的数据中能看出，公共图书馆、博物馆和档案馆的志愿者人数分布情况较为均衡。整体来说，大多数相关机构中志愿者参与人数少于30人，部分类型的机构参与人数基本少于10人。

表4-15 志愿者人数

人数 单位类型	1—5人	6—10人	11—20人	21—30人	31—50人	51人及以上	不清楚	小计
公共图书馆	13 (13.68%)	13 (13.68%)	8 (8.42%)	11 (11.58%)	8 (8.42%)	20 (21.05%)	22 (23.16%)	95
博物馆	0 (0.00%)	1 (12.5%)	1 (12.5%)	2 (25%)	2 (25%)	1 (12.5%)	1 (12.5%)	8
档案馆	2 (16.67%)	1 (8.33%)	4 (33.33%)	1 (8.33%)	0 (0.00%)	2 (16.67%)	2 (16.67%)	12
美术馆	0 (0.00%)	0 (0.00%)	3 (100%)	0 (0.00%)	0 (0.00%)	0 (0.00%)	0 (0.00%)	3

续表

人数 单位类型	1— 5人	6— 10人	11— 20人	21— 30人	31— 50人	51人及 以上	不清楚	小计
群众艺术馆	0 (0.00%)	1 (50%)	1 (50%)	0 (0.00%)	0 (0.00%)	0 (0.00%)	0 (0.00%)	2
文化馆 （站）	1 (9.09%)	2 (18.18%)	4 (36.36%)	1 (9.09%)	0 (0.00%)	1 (9.09%)	2 (18.18%)	11
非物质文化 遗产保护中心	0 (0.00%)	1 (50%)	1 (50%)	0 (0.00%)	0 (0.00%)	0 (0.00%)	0 (0.00%)	2
其他	0 (0.00%)	0 (0.00%)	0 (0.00%)	0 (0.00%)	0 (0.00%)	1 (100%)	0 (0.00%)	1

（2）培训内容

志愿者需要得到培训才能更好地完成相关工作，故需要了解相关机构对志愿者的培训情况。从表4-16的调查结果能够看出，大多数机构会对志愿者进行基本的岗位培训，包括岗位细则、工作任务、业务流程等内容，也有许多机构会进行与志愿服务相关的业务知识和专项技术等专业技能培训，这在一定程度上保障了志愿者工作顺利进行。还有少部分机构会进行志愿服务理念、沟通交流艺术、管理艺术以及相关法律法规的培训，虽然占比不高，但从侧面反映出部分相关机构除了希望志愿服务顺利进行，同时也比较注重高质量志愿服务。

表4-16　　　　　　　　　志愿者培训内容情况

培训内容	小计	比例
包括岗位细则、工作任务、业务流程等在内的岗位培训	101	75.37%
与志愿服务相关的业务知识和专项技术等专业技能培训	90	67.16%
志愿服务理念	65	48.51%
沟通交流艺术	45	33.58%
管理艺术	36	26.87%
相关法律法规	39	29.10%
其他（请补充）	5	3.73%
总计	134	

(3) 工作/服务内容

在了解公共文化机构对志愿者的培训情况后,笔者同时了解志愿者参与公共数字文化资源建设或服务内容的情况,具体情况如表4-17所示。从表中数据可以看出,志愿者参与公共数字文化资源建设或服务的工作较为丰富,但大多数集中于在相关机构的不同社交平台的官方账号上发文或视频。也有一些志愿者会针对相关工作情况提出建议、进行数字帮扶相关服务以及与技术相关的工作。整体来说,由于数字资源建设在保密需要、技术门槛等方面的限制性,志愿者参与的工作还是比较流于表面,对志愿工作的制度或相关人才的招募还有待加强。

表4-17 **志愿者参与数字文化资源建设或服务内容情况**

工作内容	小计	比例
在官方微博上发文	48	35.82%
在官方微信上发文	70	52.24%
在官方客户端上发文	43	32.09%
在官方网站上发文	51	38.06%
在短视频平台上面发布视频	30	22.39%
对本机构网络服务平台进行技术上的改进建议	41	30.60%
对本机构网络服务平台发文内容的建议	29	21.64%
资源数字化	38	28.36%
给弱势群体提供信息检索服务	31	23.13%
给弱势群体提供计算机等电子设备使用帮助	32	23.88%
其他	11	8.21%
总计	134	

(三) 对志愿者参与公共数字文化服务的态度

志愿者的工作是否帮助到相关机构在公共数字文化资源建设或服务工作是笔者关注的问题,对此笔者调查了从业者对其单位中志愿者参与公共数字文化资源的态度。调查显示,八成相关单位的从业者"非常同意"或"同意"其单位志愿者的参与有助于工作的顺利完成,如表4-18所示,该题平均分为4.21分,这说明相关单位对志愿者参与公共数字文化资源建设或服务持较为满意的态度。

表4-18　　　　　对志愿者参与公共数字文化服务的态度

志愿者的参与有助于工作的顺利完成	小计	比例
非常同意	67	50.00%
同意	40	29.85%
不确定	19	14.18%
非常不同意	4	2.99%
不同意	4	2.99%
总计	134	

（四）志愿服务相关政策制定情况

志愿服务相关政策保障志愿者权益并推动相关工作进行，因此笔者调查了相关单位的志愿服务政策制定情况，具体数据如表4-19所示。从表中数据可以看出，超过90%制定了相关政策，而只有10个单位尚未制定相关政策。可以看出，绝大多数相关单位比较重视志愿服务相关政策，但还有部分机构需要在此方面进行跟进。

表4-19　　　　　　志愿者相关政策制定情况

是否制定志愿者相关政策	小计	比例
是	124	92.54%
否	10	7.46%
总计	134	

四　企业参与公共数字文化服务情况分析

在对企业参与公共数字文化服务的具体情况进行分析前，笔者对相关单位引入企业参与公共数字文化服务的整体情况与从业者对此的态度进行调查，调查结果如表4-20所示。调查结果与志愿者参与情况类似。从表中数据可以看出，有一半公共文化机构已经有企业参与其工作，而后文的调查正是基于这147个相关机构。而在没有企业参与工作的机构中，大多数的工作人员认为需要引入企业力量。由此可以看出，大部分公共文化机构需要企业的参与。

表4-20　　　　　　　公共数字文化服务中企业参与情况

是否引入企业力量参与	小计	比例
是	147	55.68%
否（感觉有必要，只是由于各种原因没有引入）	92	34.85%
否（感觉没有必要，本单位可以自己解决工作中遇到的问题）	25	9.47%
总计	264	

（一）选择合作企业的方式

首先笔者对上文提到的有引入企业力量参与公共数字文化资源建设的相关机构进行调查，了解其选择合作企业的方法，结果如表4-21所示。从表中数据可以看出，大多数单位是通过自己的需求或公开信息自行选择企业，例如根据自己的需要去市场上寻找合适的企业，或通过公开招标的方式选择企业。也有相当一部分是通过先前的合作经验选择企业，而通过熟人或朋友介绍的方式较少。从以上情况可以看出大部分相关机构在选择企业方面持较为公开公正的态度，选择也较为慎重。

表4-21　　　　　　　　选择合作企业的方式

选择合作企业的方式	小计	比例
本单位根据需要在市场上寻找合适的企业	88	59.86%
之前合作过的企业	66	44.90%
按照合同一直在进行合作的企业	55	37.41%
公开招标	69	46.94%
熟人或者朋友介绍	23	15.65%
其他	2	1.36%
总计	147	

（二）参与公共数字文化资源建设内容

通过对企业参与公共数字文化资源建设的内容进行调查发现，有74.15%的相关机构借助企业力量完成馆藏资源数字化工作，如表4-22所示。而其他工作内容如视频资源、音频资源以及动画资源的制作大多也需要企业的帮助。因此从中可以看出，可能是由于技术、设备或资金限制，大部分相关机构在数字化馆藏资源方面还不能较为独立或高效地工作，还需要借助企业的力量。而在各类媒体资源制作方面，也同样需要更加专业的企业给予帮助。

表 4-22　　　　　　企业参与数字文化资源建设内容

企业参与数字文化建设内容	小计	比例
馆藏资源数字化	109	74.15%
根据本单位需要制作视频资源	92	62.59%
根据本单位需要制作音频资源	79	53.74%
根据本单位需要制作动画资源	63	42.86%
其他	5	3.40%
总计	147	

（三）保护自身馆藏资源知识产权措施

在企业力量参与公共数字文化资源建设过程中，可能会导致馆内资源的知识产权遭受侵犯。因此，笔者对相关机构保护自身馆藏资源知识产权的措施进行调查，结果如表 4-23 所示。从表中数据可以看出，有 2/3 的机构与企业签订了知识产权保护相关协议，通过法律途径保障其权益。也有近半数的机构禁止企业带走数字化资源，从源头保障了资源不外泄。其他措施则是通过对企业进行监管，防止企业不正当操作发生。从以上情况可以看出，大多数机构重视自身馆藏资源的知识产权，有些机构甚至采取多种措施保护自身馆藏资源的知识产权。

表 4-23　　　　　　保护自身馆藏资源知识产权的措施

选项	小计	比例
和合作企业签订知识产权保护相关协议	99	67.35%
利用了企业提供的数字化设备，但严禁企业通过任何途径带走数字化的资源	69	46.94%
本单位提供设备，只利用合作企业的人员	51	34.69%
本单位安排工作人员和企业工作人员一同开展资源数字化工作	48	32.65%
禁止任何企业人员从数字化场所拷贝任何数字化的资源	41	27.89%
禁止任何企业人员在数字化场所拍照	40	27.21%
其他	5	3.40%
总计	147	

(四) 对馆藏资源被盗用的担忧程度

即使采取了各类措施,相关机构的从业者还是存在对其数字化资源被盗用或实体馆藏被盗走的担忧,因此笔者对此进行调查,了解他们对此的态度。

(1) 对数字化资源被盗用的担忧程度

调查结果显示,各选项填写的情况较为均衡,如表4-24所示,该题平均分是2.82。表示从业者认为其单位采取各种措施后,对此类问题发生态度不会过于悲观,不会过分担忧其单位的数字化资源被盗用。

表4-24　　对本单位数字化资源被盗用的担忧程度

担心本单位的数字化资源被盗走	小计	比例
非常同意	31	21.09%
同意	26	17.69%
不确定	45	30.61%
不同意	28	19.05%
非常不同意	17	11.56%
总计	147	

(2) 对实体馆藏可能被盗的担忧程度

对实体馆藏被盗走的担忧程度进行调查后发现,各选项填写的情况同样较为均衡,如表4-25所示,该题平均分是2.62,表示从业者认为其单位采取各种措施后,对此类问题发生态度同样不会太悲观。而本题平均分略低于上一题,究其原因,可能是盗走实体馆藏的难度确实大于数字化资源的盗用,因而对此不会过分担忧。

表4-25　　对本单位的珍贵的实体馆藏在数字化过程中被盗走的担忧程度

担心本单位的珍贵的实体馆藏在数字化过程中被盗走	小计	比例
非常同意	32	21.77%
同意	34	23.13%
不确定	45	30.61%

续表

担心本单位的珍贵的实体馆藏在数字化过程中被盗走	小计	比例
不同意	20	13.61%
非常不同意	16	10.88%
总计	147	

（五）搭建的数字平台类型

经调查发现，企业参与搭建的数字平台类型种类多样，具体情况如表4-26所示。从表中数据可以看出，企业力量参与搭建的微信公众平台和门户网站、特色资源数据库、机构相关应用（APP）等平台皆超过半数。值得注意的是，微信公众平台搭建没有过高的技术门槛，而有超过六成的相关机构需要企业力量的参与，且企业一般是给予内容建设与运营建设方面的帮助，因此能看出相关机构在这方面有一定的局限性。

表4-26　　　　　企业参与搭建的数字平台情况

选项	小计	比例
微信公众平台	93	63.27%
门户网站	89	60.54%
特色资源数据库	80	54.42%
APP	75	51.02%
其他（请补充）	3	2.04%
总计	147	

（六）维护的数字平台类型

通过对比分析发现，企业参与维护的数字平台的情况与搭建情况基本一致，如表4-27所示，这说明企业力量在搭建完平台后大多还与平台保持紧密联系，保证平台的有效运行。从表中数据可以看出，企业参与维护的微信公众平台和门户网站超过半数，而本馆特色资源数据库、机构相关应用（APP）、微博、短视频等平台也有不少企业参与。企业不仅仅参与维护如门户网站、特色资源库、APP等有较高技术门槛的平台，还参与如微信、微博等社交平台的维护，从侧面反映了相关机构在平台维护方面对企业力量的依赖性。

表4-27　　　　企业力量参与维护的数字平台情况

企业参与维护的数字平台类型	小计	比例
微信公众平台	89	60.54%
门户网站	84	57.14%
本馆特色资源数据库	68	46.26%
APP	66	44.90%
微博	48	32.65%
短视频平台（如抖音、快手）	31	21.09%
其他	5	3.40%
总计	147	

（七）直播或录播服务类型

直播或录播服务是公共数字文化服务中的重要一环，在现今较为便捷的数字环境下可以保障公众更有效获取机构资源，因此笔者对企业力量参与直播或录播服务情况进行调查。从表4-28相关数据可以看出，对传统的讲座以及培训的直播或录播服务占多数，这可能也与公共文化机构的基本定位有关。此外也有四成机构有开展对演出的直播或录播服务，说明现今其他服务类型也在不断丰富。

表4-28　　　　企业力量参与的直播或录播服务类型

企业参与的直播或录播服务类型	小计	比例
讲座	112	76.19%
培训	97	65.99%
演出	60	40.82%
其他	11	7.48%
总计	147	

（八）企业参与的作用分析

为了了解相关机构引入企业力量的原因，笔者调查了企业力量参与公共数字文化资源建设或服务的作用，结果如表4-29所示。从表中可以看出 76.87% 的相关机构需要借助企业的技术优势,完成了本单位无法完成的技术工作,而利用了企业的人员优势来完成时间较为紧迫工作的机构占了 71.43%,还有超过半数的相关机构需要企业提供服务的建议。总的来说,企业有许多独特的资源可以运用到数字文化资源建设或服务中,但这也意味着相关机构自身在这些方面的能力有待提升。

表 4-29　　企业参与公共数字文化资源建设或服务的作用

企业参与数字文化资源建设或服务的作用	小计	比例
利用了企业的技术优势,完成了本单位无法完成的技术工作	113	76.87%
利用了企业的人员优势,完成了本单位需要短时间内完成的工作	105	71.43%
利用了企业的智力资源,给本单位提供了一些提升服务质量的建议	85	57.82%
企业完成的资源建设与服务工作更有效果	54	36.73%
其他	3	2.04%
总计	147	

(九) 企业参与存在的问题

当然,企业力量在公共数字文化资源建设或服务过程中也存在一定的局限性,笔者据此也做了一定的调查,结果如表 4-30 所示。从表中可以看出,问题集中于与企业的沟通、最终效果、影响馆藏资源等方面。在沟通方面,说明相关机构还需要改善与企业的沟通与对接。而在服务成效与影响馆藏资源方面,说明相关机构还需要加强对企业的了解与监督。最后,从表中可以看出,相关机构可能由于经费紧张的问题,导致能力更强或更合适的企业未被选上。

表 4-30　　企业参与公共数字文化资源建设或服务的不足之处

企业参与数字文化资源建设或服务的不足之处	小计	比例
新中标的企业需要长时间的磨合,交流不顺畅	86	58.50%
中标企业人员流动性比较大,工作交接没有做好,之前合作很好的项目出现沟通不畅的现象	76	51.70%
中标企业对业务不熟,达不到预期效果	58	39.46%
低价中标企业服务能力不足,服务质量受到较大影响	44	29.93%
更合适的投标企业没有中标	33	22.45%

续表

企业参与数字文化资源建设或服务的不足之处	小计	比例
企业缺乏馆藏保护意识和情怀，没有特别小心地保护被数字化的实体馆藏，损坏了一些原本可以不损坏的馆藏资源	30	20.41%
之前一直合作愉快的企业没有中标	27	18.37%
低价中标企业后期加价	21	14.29%
企业为了赶进度，损坏了一些原本可以不损坏的实体馆藏资源	18	12.24%
其他	7	4.76%
总计	147	

（十）评估方式

企业力量参与公共数字文化资源建设或服务工作的最终成果需要一个有效的评估方式。在调查后发现评估方式较为多样，如表4-31所示。从表中数据可以看出，有些机构采用了多种评估方法。其中，过半数的相关机构采用依据合同或邀请第三方的方式进行评估，而其他评估方式不限于本单位自我评估、社会公众监督等。从目前情况来看，评估方式确实还有一定改进空间。因为公共数字文化服务最终的受众为公众，除了专业人员进行评估外，在社会公众监督这方面还有待加强。

表4-31　企业参与公共数字文化资源建设或服务工作的成效评估方式

企业参与公共数字文化资源建设或服务工作的成效评估方式	小计	比例
本单位按照既定的合同进行评估	97	65.99%
本单位邀请第三方进行评估	79	53.74%
本单位根据上级管理部门的要求进行评估	70	47.62%
提供社会公众监督渠道	42	28.57%
其他	6	4.08%
总计	147	

（十一）对招标制度的态度

笔者最后调查了相关从业者对目前招标制度的态度。调查显示，六成的调查对象"非常同意"或"同意"目前的招标制度为本单位找到了满意的合作企业,如表 4-32 所示,该题平均分为 3.67,这表明从整体上来说,相关从业者对目前招标制度是比较满意的,但也有一部分单位持保留意见,说明目前的招投标制度还存在改进的空间。

表 4-32　对目前的招标制度为单位找到满意合作企业的态度

目前的招标制度为本单位找到了满意的合作企业	小计	比例
非常不同意	6	4.08%
不同意	8	5.44%
不确定	43	29.25%
同意	61	41.50%
非常同意	29	19.73%
总计	147	

五　社会力量参与公共数字文化服务情况整体分析

在分别对社会捐赠情况、志愿者参与情况以及企业参与情况进行调查后,笔者还从整体上调查了公共文化机构引入社会力量参与公共数字文化服务情况。

(一) 对社会力量参与公共数字文化服务的总体评价

通过调查发现,相关从业者对其单位目前引入社会力量参与本单位数字文化资源建设与服务的总体评价是比较满意的,该题平均分为 3.82,有超过 60% 的人比较满意当前的整体情况,如表 4-33 所示。因此,可以看出当前社会力量参与公共数字文化服务虽然还不够完善,但相关机构对社会力量参与公共数字文化服务的满意度以及需求是比较乐观的。

表 4-33　社会力量参与公共数字文化服务的总体评价

对本单位目前引入社会力量参与本单位 数字文化资源建设与服务的总体评价	小计	比例
非常不满意	3	2.04%
不满意	6	4.08%
不确定	39	26.53%

续表

对本单位目前引入社会力量参与本单位数字文化资源建设与服务的总体评价	小计	比例
满意	66	44.90%
非常满意	33	22.45%
总计	147	

(二) 社会力量参与公共数字文化服务的阻碍因素分析

上文提到社会力量参与公共数字文化服务还有一定的改进空间,因此相关从业者对此的看法同样是笔者需要重视的内容。经调查后发现,调查对象认为阻碍社会力量参与公共数字文化服务的因素主要为社会意识(氛围)不足、单位自身不够重视以及没有足够的政策或资金支持等,如表4-34所示。由此可以看出,若要改变现状,需要单位、政府以及整个社会的共同努力。

表4-34　　阻碍社会力量参与公共数字文化服务的因素

阻碍社会力量参与公共数字文化服务的因素	小计	比例
整个社会对公共文化服务的价值认识不到位	183	69.32%
公共文化机构提供的激励措施不够	158	59.85%
公共文化机构没有主动寻求社会力量的帮助	139	52.65%
捐赠文化不够浓厚	138	52.27%
志愿服务文化不够浓厚	117	44.32%
国家对公共文化机构财政投入不足	104	39.39%
引入企业参与的招投标程序烦琐	94	35.61%
本单位领导不重视引入社会力量	61	23.11%
其他	9	3.41%
总计	264	

(三) 加强社会力量参与公共数字文化服务的措施

经过调查发现,除了加强对公共文化服务价值的宣传,为更好引入社会力量参与公共数字文化服务,相关从业者认同的相关措施更多集中于社会捐赠方面,如表4-35所示,包括对企业、个人或组织捐赠的支持与激励等。此外,他们还认为需要通过全社会以及政府的支持加强对志愿者的激励和制定促进企业参与的政策,以此促进社会力量参与公共数字文化服务。

表4-35　　加强社会力量参与公共数字文化服务的措施

措施	小计	比例
多途径全方位宣传公共文化服务的价值	179	67.80%
给捐赠的企业给予更加明确的税收减免额度	156	59.09%
给捐赠的企业给予更大的税收减免额度	137	51.89%
给予捐赠的个人和组织更多的精神激励	133	50.38%
主动联系基金会和企业进行捐赠	126	47.73%
在全社会宣扬志愿服务精神	108	40.91%
给予志愿者更多物质激励	99	37.50%
给予志愿者更多精神激励	91	34.47%
给予公共文化机构选择合作企业的更多自主权	84	31.82%
国家制定更多推动社会力量参与的政策	81	30.68%
其他	11	4.17%
总计	264	

(四)调查对象的意见与建议

最后,笔者设置了一道开放填空题,收集调查对象对推动社会力量参与公共数字文化服务的其他意见与建议,目的是从内部员工的角度探究如何更好地促进社会力量参与公共数字文化服务。调查对象的意见集中于加强对社会力量参与公共数字文化服务的宣传、政策支持以及馆员相关意识和能力的提升等方面。这说明在社会层面,加强面向社会公众宣传是比较迫切的;而在政府层面,需要政府相关政策的进一步支持;对于机构自身,除了加强这方面的意识,还需要相关工作人员提升其意识与素质,以更好地促进其机构获取社会力量的参与。

第二节 访谈结果与分析

一 访谈概况

笔者根据研究需要,选择了访谈企业和公共文化机构这两类组织的从业者。访谈分为线下和线上两个部分。从 2017 年到 2020 年,笔者线下先后对十几个单位的负责人进行了半结构化访谈,这些单位包括中山纪念图书馆、廊坊市图书馆、张家口市图书馆、武安市图书馆、江苏省连云港市档案局、湖北省图书馆、国家图书馆、故宫博物院、上海图书馆、利川市图书馆、广州国家档案馆、广东出版发行集团、广东省立中山图书馆、广东省人民出版社、超星集团,利用 2018 年 11 月到 2019 年 11 月在伊利诺伊大学香槟分校(美国)访学的机会对该校图书馆主馆编目部、资源数字化部进行了访谈,此外还访谈了该地区的厄巴纳公共图书馆(Urbana Free Library)以及香槟公共图书馆(Champaign Public Library)的员工。2021 年 5 月和 6 月,笔者又访谈了福建省图书馆、福建省档案馆、晋江少儿图书馆、厦门少儿图书馆、厦门图书馆和福州市图书馆的相关负责人,更多地了解社会力量参与的方式和内容、存在的问题等,访谈提纲见本书附录二。

2020 年下半年,为了进一步了解业界专家对我国目前关于社会力量参与公共数字文化服务相关政策的看法,笔者通过线上访谈了十位业界专家。他们是文旅部公共文化服务专家组成员、文旅部公共文化发展中心专家、西部某省文化馆馆长、东部某省文化馆馆长(该受访对象先后在文化旅游厅和图书馆任职)、西部某省图书馆馆长、中部某省图书馆副馆长、东部某省图书馆馆长、东部某市图书馆馆长、中部某省博物馆馆长、中部某省博物馆馆长。鼓励社会力量参与公共文化服务体系建设,是国家一贯的方针政策。对该十位业界专家的半结构化访谈围绕"目前在鼓励社会力量参与公共数字文化建设方面是否有明显成效?社会力量参与公共数字文化治理存在哪些现实困难?应出台哪些方面的鼓励政策?"展开。同这些实践领域专家进行的深度访谈,让笔者了解到社会力量参与公共数字文化服务的大致状况以及存在的问题。

二 访谈结果分析

（一）已有一定规模的社会力量参与公共数字文化服务

通过访谈公共图书馆、博物馆、档案馆以及相关企业得知，在国家相关政策的推动下，已经具有一定规模的企业、社会组织以及公民个人通过参与数字资源建设、数字服务、资金捐赠、志愿服务等形式参与到了公共数字文化服务当中。企业主要是通过公开招投标的形式参与公共文化机构的资源数字化或者网络平台搭建，这一方面解决了仅仅依靠公共文化机构自身无法解决的问题，提高了公共文化机构的服务效率，但另一方面也存在诸如上文问卷调查发现的沟通不畅、中标企业不是最合适的企业等问题，也有访谈对象提到也时不时地存在流标情况。社会组织主要通过资金捐赠和数字文化服务提供等方式参与到公共数字文化服务当中，但参与的力度有限，这与相关社会组织不发达有关。公民个人主要是通过志愿服务的形式参与到公共数字文化服务当中，志愿服务的内容主要包括在公共文化机构的微信、微博或（和）官方网站发文，也偶尔参与到提供信息检索的咨询工作当中，但由于担心志愿者无法准确把握内容的适宜性，相当部分的公共文化机构表示不会把在相关平台的发文工作交给志愿者，所以也需要提高志愿者的素质才能使其更好地参与到公共数字文化服务当中。

（二）社会捐赠力度还比较小

几乎所有访谈对象都提到社会力量捐赠给公共文化机构的主要是实体资源，比如图书、家谱、文物等（有公共图书馆专门设立了名家捐赠阅览室），捐赠资金以及捐赠数字资源的情况比较少，这与前文调查得到的数据相互印证（虽然很可能前文调查得到的数据偏高），二者共同说明我国公共文化机构获得的捐赠，尤其是资金的捐赠是非常少的。从根本上看，这固然与我国还远未形成捐赠文化有关，直接原因可能是以下几点：第一，公共文化机构自身没有做好舆论宣传，整个社会对公共文化服务的价值认识不足；第二，获得捐款的途径不够完善，比如我国公共文化机构的网站上几乎都没有"捐赠"专栏（国外几乎都有），公共文化机构自身也很少设置基金会;第三,激励措施比较欠缺;等等。

(三) 现行的相关制度还无法满足实践需要

不少访谈对象提到,虽然我国已经颁布了推动社会力量参与公共数字文化服务的相关制度,但社会力量参与公共数字文化服务还存在如下几个方面的问题:(1) 税收优惠政策以及捐赠激励政策需要进一步细化;(2) 缺少专业从事公共数字文化技术研发和运营服务的科技企业,这些企业有技术优势,但对公共数字文化服务和行业了解不深入;(3) 市场准入机制不健全,市场主体不充分,合作伙伴少,选择面少,有些企业虽然有实力但由于资质不够无法进入,能够进入的企业专业性又不够;(4) 普通民众信息素养较低,难以充分参与到公共数字文化服务当中;(5) 绩效评估和监督制度不健全;等等。因此,我国需要构建相关的制度体系去解决这些问题,这些制度包括激励制度、社会力量培育制度、市场准入制度以及绩效评估和监督制度。

第三节 案例研究:PPP 模式在"韵动株洲"云平台的运行机制

PPP(Public – Private Partnership)可以理解为公私伙伴关系,一般来说是指公共部门和私营部门共同参与一个项目的建设,双方利用各自拥有的优势提高公共服务效能,共同承担融资风险和相关责任,最后可以通过这种方式共享收益。公共合作方一般是国家和地方政府,私营合作方可以是国营企业、私营企业,也可以是特定领域的企业财团[①]。广义上的 PPP 泛指政府和社会资本进行合作,政府、公共服务部门与私人部门之间为了提供某种公共物品或服务,通过签订长期合同,明确双方的权利和职责,彼此之间形成一种伙伴式的合作关系;而狭义的 PPP 则强调多源融资、风险共担,包含了 BOT(Build – Operate – Transfer)、BOO(Build – Own – Operate)、DBFO(Design – Build – Financial – Oper-

---

① 韩军、吕雁琴、徐勇:《政府和社会资本合作模式研究》,《上海经济研究》2017 年第 2 期。

ate）等一系列具体的项目融资模式①。PPP 是一种治理或管理的工具，它创新了政府部门向公民提供商品或服务的方式②。

2014 年以来，PPP 模式在我国的应用热度持续上升，运用范围也不断扩大，落地项目不断增加。财政部统计数据显示，截至 2017 年 9 月末 PPP 全国入库项目 14220 个，累计投资额 17.8 万亿元，地区上覆盖了我国 31 个省（自治区、直辖市）及新疆生产建设兵团，在领域上覆盖了 19 个行业领域③。2015 年，《关于做好政府向社会力量购买公共文化服务工作意见的通知》提出将 PPP 模式推广应用到公共文化服务领域④。2015 年 5 月 19 日，国务院办公厅转发财政部、发展改革委、中国人民银行《关于在公共服务领域推广政府和社会资本合作模式指导意见的通知》⑤，强调在公共文化服务领域中广泛采用政府和社会资本合作模式。2017 年 5 月 7 日，由中共中央办公厅、国务院办公厅印发的《国家"十三五"时期文化发展改革规划纲要》鼓励推广政府和社会资本合作（PPP）模式，并允许社会资本参与图书馆、文化馆、博物馆、剧院等公共文化设施的建设和运营⑥。这一系列政策文件为公共文化服务领域引入 PPP 模式创造了良好的机遇和条件。但由于公共文化领域存在公益性强的特点，PPP 模式不能直接从其他领域简单复制。截至 2017 年 9 月末，我国 PPP 落地示范项目仍然集中在市政工程、交通运输、生态建设和环境保护等行业，文化行业的落地项目只有 191 个

---

① 叶晓甦、徐春梅：《我国公共项目公私合作（PPP）模式研究述评》，《软科学》2013 年第 6 期。

② Khanom N. A., "Conceptual Issues in Defining Public Private Partnerships (PPPs)", *International Review of Business Research Papers*, Vol. 6, No. 2, July 2010, pp. 150 – 163.

③ 中华人民共和国财政部：《全国 PPP 综合信息平台项目库第 8 期季报》，2017 年 10 月 27 日，http://jrs.mof.gov.cn/zhuanti2019/ppp/dcyjppp/201710/t20171027_2736578.htm，2021 年 3 月 26 日。

④ 国务院办公厅：《国务院办公厅转发文化部等部门关于做好政府向社会力量购买公共文化服务工作意见的通知》，2015 年 5 月 11 日，http://www.gov.cn/zhengce/content/2015-05/11/content_9723.htm，2021 年 3 月 26 日。

⑤ 中华人民共和国国务院：《关于在公共服务领域推广政府和社会资本合作模式指导意见的通知》，2015 年 5 月 22 日，http://www.gov.cn/zhengce/content/2015-05/22/content_9797.htm，2021 年 3 月 26 日。

⑥ 中共中央办公厅、国务院办公厅：《国家"十三五"时期文化发展改革规划纲要》，《中华人民共和国国务院公报》2017 年第 14 期。

（仅占据 14220 个总落地项目的 1.34%），总投资额仅为 1548 亿元（仅占 17.8 万亿累计投资额的 0.87%）①。这说明我国 PPP 模式应用于公共文化服务领域的力度还有待加强，而相关成功案例的推广无疑会推动 PPP 模式在该领域的应用。而"韵动株洲"文体云平台正是这样一个成功的案例（下文会详细论述选择该案例的原因）。

一 选择本案例的原因

本书选择湖南株洲市"韵动株洲"文体云平台作为研究案例，其主要原因为以下三点：

第一，株洲市（属于中部地区的城市）作为 2015 年湖南省唯一入选的第三批国家公共文化服务体系示范区创建城市，经过三年深耕，利用"互联网+公共文化服务"的方式打通了株洲市公共文化服务"最后一公里"，在文化和旅游部公布的第三批创建国家公共文化服务体系示范区验收结果中取得了中部地区第一、全国第二的好成绩，其中创建规划完成率达到 100%，在中部地区创建示范区的 32 项标准 63 个指标中全部达优②③；第二，"韵动株洲"是运用 PPP 模式建设公共数字文化服务平台的早期尝试，并实现了平台的有效运营，产生了"1+1>2"的效果；第三，我国东部地区公共数字文化云平台已经领先于我国中西部城市，而我国中西部城市的云平台建设还有很大的发展空间和发展前景，需要引起重视和给予相关支持。东部地区在平台建设资金以及受众群体的信息文化素养上都具有优势，而我国中西部在缺乏足够资金和经验进行云平台建设的情况下，与私营部门联手建设云平台无疑是最佳选择，"韵动株洲"是一个将公共文化与文体、旅游产业结合的平台，为私营部门参与公共数字文化建设提供了很好的示范。因此，笔者

---

① 中华人民共和国财政部：《全国 PPP 综合信息平台项目库第 8 期季报》，2017 年 10 月 27 日，http://jrs.mof.gov.cn/zhuanti2019/ppp/dcjppp/201710/t20171027_2736578.htm，2021 年 3 月 26 日。

② 中共株洲市直属机关工作委员会：《创建国家公共文化服务体系示范区，我市以中部地区第一名通过验收》，2018 年 1 月 24 日，http://app.zznews.gov.cn/print.php?contentid=306460，2021 年 2 月 22 日。

③ 马晶：《湖南文旅厅公布 2018 年十大亮点工作，有哪些关于株洲的？》，2019 年 1 月 17 日，https://www.sohu.com/a/289694877_120056497，2021 年 2 月 22 日。

从"韵动株洲"云平台的特色及优势、运行机制、信息交流机制、盈利机制、监督机制等方面，对该案例进行详细分析，以为全国省市级公共数字文化服务平台借鉴参考，尤其是我国中西部地区。

本书通过对湖南韵动公司五个代表性部门资深员工的深入访谈收集"韵动株洲"平台运营机制的研究资料和数据，同时为了提高访谈的效率采用半结构化访谈形式，即根据事先拟定的粗线条式访谈提纲对受访人员进行非正式访谈。访谈提纲由11个问题组成，问题具有足够的拓展空间，以保证受访者可以根据平台的实际情况进行拓展和延伸，提纲问题主要涉及以下几个方面：受访者的称呼方式、工作岗位、工作年限，平台的特色及优势，平台上线至今的运营成果（可以检验PPP模式的运用效果），平台建设运营的动力，市县乡村信息交流渠道，平台用户交流方式，平台的盈利模式，平台的产业服务定价模式，平台的监督管理机制等。考虑到湖南韵动公司资深员工出于平台交流学习之需出差频繁，实地采访对受访者来说极其不便，因此笔者采用了电话访谈的方式。

为了保证访谈对象涉及领域的广泛性，笔者邀约采访了湖南韵动公司具有代表性的5个部门（宣传部、市场部、运营部、新媒体部和企划部）的员工，分别称为受访者A、B、C、D、E。这5名受访者在湖南韵动公司的工作时间均在三年以上，基本上属于湖南韵动公司初期建设团队组成人员，对"韵动株洲"平台的建设和发展有着较为深入的了解。2019年3—4月，通过语音连线对这5名资深员工进行了20—30分钟的访谈，从而了解到不同部门对"韵动株洲"平台运营机制的不同维度的理解，保证了本书对平台运营机制分析的科学性和全面性。

二 "韵动株洲"云平台概况

"韵动株洲"由株洲市文体广电新闻出版局授权委托湖南韵动株洲文体产业发展有限公司（以下简称"湖南韵动"）开发运营，是集公共文体产品与服务供给、文体市场产品与活动推介以及文化产品预订、消费、评价、奖励等于一体的文体综合服务云平台。该平台首创性地采取"1+X"模式，"1"即株洲公共数字文体服务平台，"X"即四馆一中心（市图书馆、市文化馆、市美术馆、市博物馆和戏剧传承中心）、全民健身服务中心和电影院线、文体社团，并将各市县区的文体行政网站形成网站集群，整合文体信息资源并提供统一发布、统一检索、统一入口服务，采取"互联网+文体事业+文体产业"的形式①，实现了终端的数字资源信息共享，为群众提供了便捷的"一站式"公共文体服务。

　　自2015年成立以来，"韵动株洲"平台建立了PC端、微网站、APP和微信公众号四大展示平台，面向全市公众提供信息资讯、场馆预订、活动报名、培训辅导、特色资源库、非遗商城、配送菜单、文化志愿者、文体地图和体质监测等板块的服务，发布株洲市各种各样的公益性活动、演艺演出信息，展现市县区文化机构场所、古迹非遗文物以及文化设施，发掘民间文体创意作品。公众可以免费获得"韵动株洲"平台提供的所有数字资源，如免费使用株洲文物馆藏库、炎陵特色馆藏库、茶陵特色馆藏库、醴陵烟花特色库、醴陵陶瓷特色库、株洲名人特色库等特色资源库，这些特色资源库以文字、图像、视频等形式向市民提供相关的知识信息；免费观看"培训辅导"子栏目"中央课堂""艺术欣赏""艺术技能辅导""艺术知识""艺术活动"等中的视频，既有相关的培训或者讲座视频（视频内容涉及诗词写作、诗歌朗诵品鉴、灯谜知识、少儿财商启蒙、瑜伽、舞蹈、乒乓球、武术、羽毛球），也有相关的艺术活动视频（如相关演出、比赛视频）；免费在"预约预订"栏目里预约特定时间段的游泳馆、羽毛球馆、网球馆、篮球场、跆拳道馆、武术馆等，还可以参加特定时间段免费的线下培训，比如可以参加全民健身服务中心武术培训基地不定期为市民免费提供的太极拳、太极剑、太极扇、健身气功、武术基本功等各种教学课程；市民可以在网上免费预约体质监测，株洲市体育产业中心国民体质监测站免费为市民进行体质监测项目；等等。此外，"韵动株洲"一直在做"韵动书屋"项目，该项目是一个纯公益的书屋，立足于社区，采取互助共建的形式，充分发挥集体的力量，营造良好的社区读书氛围。具体而言，酒店、物业公司、房地产开发商等社会机构提供场地、配套装修

---

① 张金桥、王健：《论体育产业与文化产业的融合发展》，《上海体育学院学报》2012年第5期。

等，图书馆、志愿者以及"韵动株洲"提供图书，"韵动株洲"、志愿者共同管理，社会机构、"韵动株洲"、志愿者以及其他社会各界共同打造韵动书屋。在韵动书屋，社会公众可以免费看书，免费借书（不需要押金，只需提供身份证号和手机号，无身份证的儿童和青少年由监护人协助办理），免费参加活动（如各种公益培训、亲子阅读、读书分享）。同时，为了推动书屋的可持续发展，"韵动株洲"也引入了商业资源，一些有资质有资源的各类培训机构为书屋开展免费的公益培训，借以吸引学员。这既为社区公众提供了免费的培训机会，也为商业机构提供了获利的途径，形成共赢的局面。根据微信公众号"韵动 PAI"的统计，韵动书屋已建成 13 家，藏书 30000 余册，接待读者数万人次，举办各类文体活动 70 多场。

此外，"韵动株洲"还开拓了自己的增值服务，即通过株洲市文化消费平台进行产业布局，将在"韵动株洲"平台获得免费服务的人群引导入自己的产业，从而覆盖前期的建设成本以及后期的平台运营维护成本并获取合理的利润。

"韵动株洲"平台采用了 PPP 模式中的 BOO（建设—拥有—经营）运作模式，即政府部门给予中标私营部门建设某项产业项目并负责后续运营的特许经营权，最终所有权归属于中标私营部门，而不再将产业项目交还给公共部门。"韵动株洲"平台是由株洲市文体广电新闻出版局授权，委托湖南韵动公司开发运营的平台，株洲市文体广新局招标私营企业进行项目建设运营，湖南韵动公司中标获取特许权之后全权负责平台的建设运营，并定期向政府部门提交月度、季度、半年度、年度绩效报告，政府部门在平台建设完成后逐步买入平台的服务，为平台提供一定的资源以覆盖平台部分建设运营成本，并监督平台的运营，但平台的知识产权归属湖南韵动公司。株洲市政府部门采取这种 BOO 模式建设平台，一方面解决了中部地区平台建设资金补贴不及东部地区的短板，推动了社会资本参与公共数字文化服务平台的建设；另一方面招标私营企业负责平台的建设运营实际上是凭借私营企业优越的技术、管理经验将公共服务进行产业化运营，附带市场机制，极大程度上保证了平台的技术标准和高效运营。这样的合作模式可以使株洲市政府通过大数据等信息技术以最低的成本提升公共服务效能，同时也可以激发社会资本参与公共数字文化建设的热情,保证平台运营的可持续性,满足群众多样的数字文化需求。此外,株洲市通过此平台的文体、旅游产业板块拉动了文体、旅游消费,也进一步促进了株洲市经济的发展。

三 "韵动株洲"云平台 PPP 模式运营机制分析

"机制"起源于希腊文,所对应的英文是"Mechanism",原意用来说明机器的构造及其工作原理,现在被广泛运用于各个领域,含义也有了很大程度的拓展,一般被用来指在一个系统中各要素之间相互作用的过程和运行方式①。因此,在研究机制时往往是对一个事物的认识已经从现象描述进入到了对其本质的研究。平台的运营机制是指平台构建过程中以及后期维持平台良好运营的一种原理和方式。在此,对"韵动株洲"云平台运营机制的分析就是对驱使该平台运营的各个要素之间的相互联系、相互作用的研究。根据笔者对"韵动株洲"相关资料的调研和相关人员的访谈,最终确定从动力机制、信息交流机制、投资回报机制和监督管理机制四个方面阐述"韵动株洲"平台运营机制。

(一) 动力机制

(1) 政府的支持和引导

公共数字文化产品及服务具有很强的公益属性,需要得到各级政府强有力的资金支持和政策引导才能持续发展。湖南韵动公司的受访者 A 表示:

> 2015 年株洲市积极响应国家"十二五"时期我国大力推进公共数字文化建设的号召,作为湖南省唯一一个入选第三批创建国家公共文化服务体系示范区的城市,根据相关规划株洲市旨在构建一个整合式的公共数字文化服务平台,实现全城一张网络、一份地图、一键通,因此率先发起了"韵动株洲"项目建设。

---

① 肖希明、唐义:《公共数字文化资源整合动力机制研究》,《图书馆建设》2014 年第 7 期。

"韵动株洲"文体云平台项目建设期为67个月，分为四期：第一期自2015年投入到2015年8月，完成云平台PC端+微端+Android+iOS+Web开发，实现产品1.0版本；二期于2016年12月完成为期16个月的建设，实现产品2.0版本的升级；三期于2017年12月完成版本3.0的升级；项目四期建设时间为36个月，预计2020年12月完成产品4.0版本的升级。

湖南韵动公司的受访者B表示：

> 《中华人民共和国公共文化服务保障法》的出台，对各级政府的公共文化服务供给有了法规上的明确要求，这无疑是给公共文化服务领域注入了一剂催化剂。

我国"十三五"时期是基本建成现代公共文化服务体系的冲刺阶段，是落实国家"互联网"行动计划、大数据战略和推进公共数字文化发展的重要战略机遇期。文化部"十三五"时期的数字文化建设规划的重点任务之一是建设互联的公共数字文化服务网络，鼓励区域内建设一个综合、一体化、一站式、多终端的公共数字文化服务平台。此外，为了突出改革创新，鼓励社会力量作为公共数字文化供给主体参与公共数字文化建设，打破政府供给的单一模式，株洲市采用公私合作模式，即由株洲市文体广电新闻出版局发起项目并进行招标，湖南韵动公司中标后承接项目的建设运营。这一方面缓解了株洲市政府部门的财政压力，另一方面充分发挥了企业的技术优势并为其带来合理的回报，有效拓展了私营部门的相关产业，同时也为群众提供了便捷高效的数字文化服务。平台的建设运营取得了很好的成效，因此得到了株洲市政府部门的购买服务和支持。据2018年10月8日湖南省文化和旅游厅发布的通知，"韵动株洲"云平台开发方湖南韵动文化体育产业公司入选2018—2019年度全省特色文化、数字文化企业名录[1]，将在招商引资、

---

[1] 湖南省文化和旅游厅：《湖南省文化厅关于公布2018—2019年度全省文化系统重点文化产业项目、特色文化产业项目和特色文化企业名录、数字文化企业名录的通知》，2018年10月8日，http://whhlyt.hunan.gov.cn//whhlyt/xxgk2019/xxgkml/tzgg/201810/t20181008_5379029.html，2021年2月22日。

资金补助、政策扶持、跟踪服务等方面获得优先考虑和支持。

(2) 社会公众需求拉动

"韵动株洲"平台是新时代社会公众需求拉动的直接产物。数字时代的发展使广大民众的文化需求不断升级，过去由公共部门提供公共文化服务的模式已经不能够满足群众多样化的文化需求，泛在信息环境下人们对公共文化服务的要求逐渐提高，广大民众希望可以在一个功能强大的信息服务系统上获取自己所需的数字文化资源和更为便捷的文化服务，以此来减少自己的时间成本，提高获取资源的效率①。我国实体机构的公共文化服务存在着东中西部地区以及城乡的不均衡状况②，而通过网络提供公共数字文化服务则能够在一定程度上推动公共文化服务均等化。2015年8月，株洲作为湖南省唯一入选第三批创建国家公共文化服务体系示范区的城市，在随后三年市县两级财政投入公共文化设施建设的资金约为10亿元，并将数字图书馆、数字博物馆、数字文化馆以及数字美术馆纳入"智慧株洲"建设中。因此，强大的社会公众需求为"韵动株洲"平台的建设提供了动力和契机。湖南韵动公司的受访者B谈道：

> 湖南韵动是一家民营企业，其创业初衷是看好了公共文化服务的广阔前景和其中蕴藏的巨大商机。目前来说，从事公共文化领域的企业（尤其是民营企业）相对较少，也没有形成寡头，我们从事这个领域，并以公共文化数字化平台为主打产品，更容易率先满足群众数字文化需求，抢占市场，打出品牌效应，相对来说，这是一片很蓝海的市场。

受访者D也认为：

> 刚开始我们也只是单纯地做诸如接受一些体育场馆网上预订等

---

① 唐义：《我国公共数字文化资源整合需求的调查分析》，《图书情报工作》2015年第11期。

② 李国新：《现代公共文化服务体系建设与公共图书馆发展——〈关于加快构建现代公共文化服务体系的意见〉解析》，《中国图书馆学报》2015年第3期。

比较传统的工作，后来株洲市为创建公共文化服务示范区要求建设一个为群众提供公共数字文化服务的这样一个平台，市政府部门由于资金等问题招标私营企业合作建设平台。我们建设该平台的前两年也正好赶上了互联网文旅行业的红利时期，对于我们这样刚创业不久的公司来说，我们也渴望能够快速地抓住这个市场机遇。

株洲市政府部门采用PPP模式联合湖南韵动公司重点建设了"韵动株洲"文体云平台，将线下服务设施和互联网服务结合起来，通过"互联网+公共文化"大数据服务平台，为群众提供了更加精准的"点单式"公共文体服务，一方面满足了群众便捷高效多样化的文化信息需求，另一方面也实现了公共部门和私营部门的双赢，以一种全新的姿态打造了新时代的新型公共文化服务模式。

（二）信息交流机制

（1）机构与机构之间的信息交流

机构与机构之间信息交流的方式很多，以往的交流方式主要为文件传递或者实地考察，但是随着网络的普及和科技的发展，机构之间的信息交流可以通过多种渠道，比如平台、系统和通信工具等[①]。这不仅缩短了信息发送者与信息接收者的信息时差，也在很大程度上提高了信息的传播效率。"韵动株洲"平台中机构与机构之间的交流，主要是指株洲市文体广新局和湖南韵动公司、市县乡村各文体机构与湖南韵动公司之间的信息交流。

湖南韵动公司与株洲市文体广新局之间的信息分享和交流主要是通过定期的汇报、会议以及政府部门实地考察等方式进行，另外也建有线上交流渠道。

湖南韵动公司与市县乡村各文体机构之间的信息交流主要依靠以下几种形式：第一，通过建设市、县、乡、村全方位的四级网络平台（见图4-1），接入了湖南省所辖的14个市州（包括株洲市）的相关数据，要求株洲市的公共文体服务部门定期定量地提供数字资源以及资

---

① 肖希明、曾粤亮：《公共数字文化资源整合与服务中的信息交流机制创新》，《图书馆论坛》2015年第6期。

第四章　我国社会力量参与公共数字文化服务的调查与分析

讯、活动、场馆信息到"韵动株洲"云平台上，并对新建成的公共文体机构增加数据接口，源源不断地纳入新的数据资源，形成"一张网、一键通"的公共文化体育服务格局。第二，将市县乡村的各文体机构供给的服务（如活动、资讯、数字资源等）列入"数读株洲"数据墙，给湖南韵动提供实时的信息数据。这些高度集中的数据不仅可以对株洲市提供的公共文化体育服务进度进行实时记录，还可以对活动的参与人群数量、举办频次、参与次数等进行数字化、智慧化的统计分析，推动公共文体服务的效能不断提升。第三，以简单直接的沟通方式（建立资源供给邮箱以及微信、QQ群等方式）对市、县、乡、村的数据资源进行汇总、排名，这在一定程度上避免了市县乡村公共文化体育机构在为群众提供公共数字文化服务过程中产生的"信息孤岛"或"信息失衡"现象。

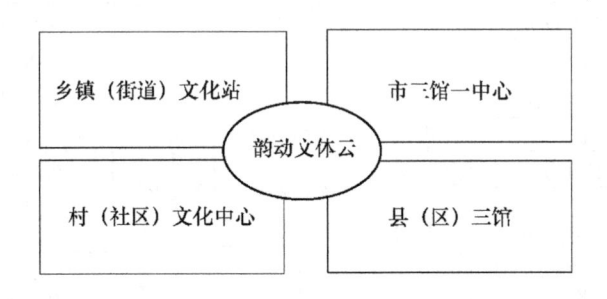

图 4-1　"韵动株洲"全方位的文体服务四级网络平台

（2）平台与用户之间的信息交流

合作方湖南韵动拥有强大的技术团队，利用移动互联网、物联网、云计算机、大数据等现代信息技术将全市的文体资源以及服务全部输送进"云平台"，建立了与本地文体一线部门的无缝对接模式，对分散异构的公私文体云资源进行的整合管理和优化配置可以实现跨区域、跨部门、跨主体的公共数字文体资源的共享；云平台再将公共数字文体相关资源（包括云平台运作过程中需要的软件和应用系统等）进行虚拟化形成公共数字文化资源池，与用户输入的数字文化需求进行匹配对接。"韵动株洲"采用了主体多资源协同的服务模式，使市县乡村各个公共文体机构随时都可以为平台提供资源和进行信息分享。群众可以通过手机、PC 端等方式直接获取最新最全面的资讯信息，通过平台接受各类服务和反馈自身需求。云服务提供商也可以通过平台进行信息分享促进服务效能优化，如图 4-2 所示。

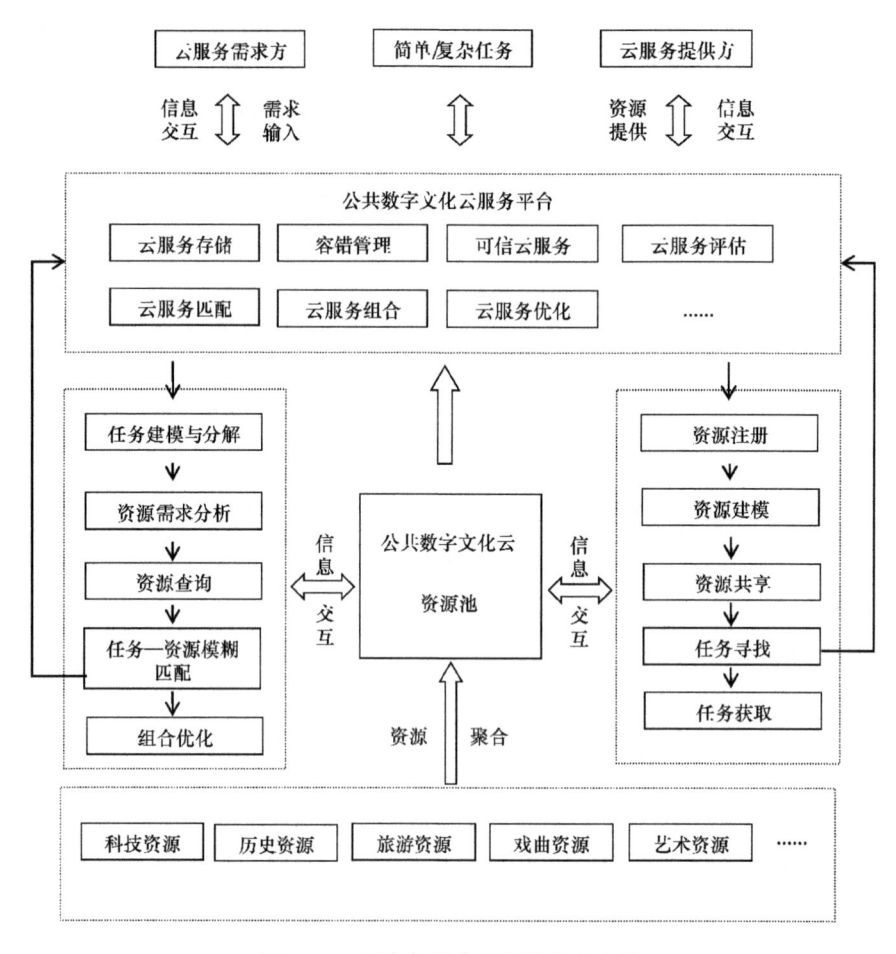

图 4-2 平台与用户之间的信息交流

（三）投资回报机制

投资回报机制设计是采用 PPP 模式的关键点，它不仅关系到私营部门参与项目建设运营的积极性，是它们参与项目建设运营的动力和保障，而且关系到政府部门提供公共文化服务的效能，涉及能否真正保障群众的基本文化权益，其概念模型如图 4-3 所示①。

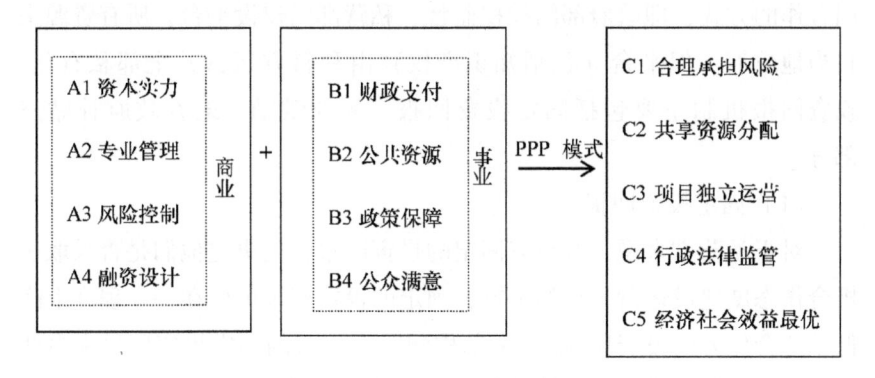

```
┌─────────────┐   ┌─────────────┐           C1 合理承担风险
│ A1 资本实力  │   │ B1 财政支付  │
│ A2 专业管理  │ 商│ B2 公共资源  │事         C2 共享资源分配
│             │ 业│             │业  PPP 模式→
│ A3 风险控制  │ + │ B3 政策保障  │           C3 项目独立运营
│ A4 融资设计  │   │ B4 公众满意  │           C4 行政法律监管
└─────────────┘   └─────────────┘           C5 经济社会效益最优
```

图 4-3　云平台投资回报设计概念模型

湖南韵动公司与株洲市政府部门构建了以公共文体服务、商业文体消费为核心的"商业型+事业型"综合投资回报模式，一方面，"事业型"的模式可以为"商业型"模式提供相对较多的流量和资源；另一方面，"商业型"模式的发展也可以产生相对合理的利益来反补"事业型"模式资金的缺口。湖南韵动公司的受访者 E 女士表示：

> 株洲市政府利用这种授权合作方湖南韵动建设平台的方式，解决了财政资金不足的问题，而湖南韵动拥有强大的技术团队，利用移动互联网、物联网、云计算机、大数据等技术将全城文体资源和文体服务打包上"云"，通过云链接、云平台、云整合和云分发等手段，实现包括公共文体和商业文体在内的运用，提高了公共文体服务效能的同时也发展了文体、旅游产业。

2015 年 8 月，株洲成功入选第三批创建国家公共文化服务体系示范区（项目），要求当地建立一个能够为政府、文体机构以及群众提供数字化服务，且能够满足株洲市民整合式文化需求的全城一键通的公共数字文体服务平台，以最方便快捷的方式打通株洲市公共文化服务的

---

① 陈婉玲、曹书：《政府与社会资本合作（PPP）模式利益协调机制研究》，《上海财经大学学报》2017 年第 2 期。

"最后一公里"。建设初期政府部门由于创建资金有限，采取与私营部门合作的方式，即政府部门授权监督、私营部门建设平台，所有资源来自当地政府，但平台（包括知识产权）由私营方运营并全部私有化。投资回报机制主要包括固定投资回报、额外激励、地方政府补贴三部分。

（1）固定投资回报

对于私营方来说，有没有固定的投资回报，是决定他们是否采取积极合作态度建设运营平台的关键，固定的投资回报可以在一定程度上降低私营合作方的投资风险。"韵动株洲"云平台的固定投资回报来自两个方面：一是提供公共文体服务以及产业化运营产生的较少收入，比如从株洲市天元区图书馆的托管运营中获取一定的运营经费；二是借助"事业+产业"的模式在平台上开拓文体、旅游产业，将公共文体服务培育的消费群体引入平台的文体、旅游产业，开展包括互联网开发、特色数字内容创建与直播、文体场馆运营等服务产生合理的回报，借以反补云平台的运营，从而保证平台长效运营的资金来源，这破解了以往公共文化数字服务平台建设中政府持续投入不足的问题。在产品的定价上，湖南韵动公司首先进行市场调查确定主流的产品市场报价作为其定价的重要依据，并将产品的投入产出比纳入考量范围进行评估和报价。

（2）额外激励

额外激励是在固定投资回报的基础上，对私营合作方的一种极大程度的激励，地方政府可根据实际情况设置可行的激励模式，最大限度地调动私营部门的参与积极性。湖南韵动公司的受访者 B 表示：

> 公共文化服务领域的资源基本上都是免费或者低收费提供出去的，从初级层面来看，它本身不会产生较高的收益来养活平台。因此必须要有额外的收益来支持平台的运营，比如说一些宣传服务、活动赛事的策划与承办、产业经营等多个方面，当然这些额外的激励形式亦离不开公共事业带来的人群流量以及将带来的资源进行产业化运作。

株洲市政府对额外激励的设计包括：一是在平台建成以后，逐步地买入平台诸如宣传、直播、运营之类的服务，根据每年湖南韵动公司提供的报表数据统计进行评估进而决定下一年的政府购买价格；二是除了事业资源之外，株洲市政府部门在文体、旅游产业资源上也会向湖南韵动公司倾斜，例如公共事业或产业项目申报的优先推荐、大型文化活动执行策划（将大型文化活动的拨款及主办权交由湖南韵动公司，在活动策划中招商、冠名所产生的收入即归湖南韵动公司所有），借以盘活公共文化资源，同时提高私营部门的运营收益。

(3) 地方政府补贴

地方政府补贴对于合作项目的建设运营是必不可少的，株洲市政府对于项目的补贴分为四种：一是政府财政直接补贴，即在项目的建设过程中提供给湖南韵动公司的财政资金形式的补贴；二是政府购买株洲市政府部门每年会不定额地购买云平台的服务，比如说根据云平台的各个板块功能购买一些直播、宣传以及平台运营的相关服务，私营合作方以低于市场价的价格卖给政府部门来实现这项购买服务，受访者 C 了解到，每年政府部门购买服务的数额相对来说比较稳定，大约为 40 万元，占项目投入的 1/4 或 1/5 左右；三是税费政策优惠，即株洲市政府会在部分项目产业招商时给予湖南韵动公司税费减免的优惠政策；四是资源补贴，在项目合作中株洲市政府部门为湖南韵动公司免费提供办公场所，并将本地与文化、体育、旅游等事业相关的资源向其倾斜，形成平台方的独家资源，例如株洲市体育场馆在一定的时间通过"韵动株洲"场馆预订功能可以让社会公众免费使用。云平台投资回报流程如图 4-4 所示。

(四) 监督管理机制

"韵动株洲"平台建立了长效监督管理机制，以提升平台运营成效的同时确保公共文化体育事业由政府部门主导，监督主体包括政府、公司自身、社会公众。

(1) 政府部门监督

株洲市文体广新局为了保证平台运营的有效性和公共服务效能的提升，出台了相应的绩效考核管理制度，要求湖南韵动公司定期向政府提

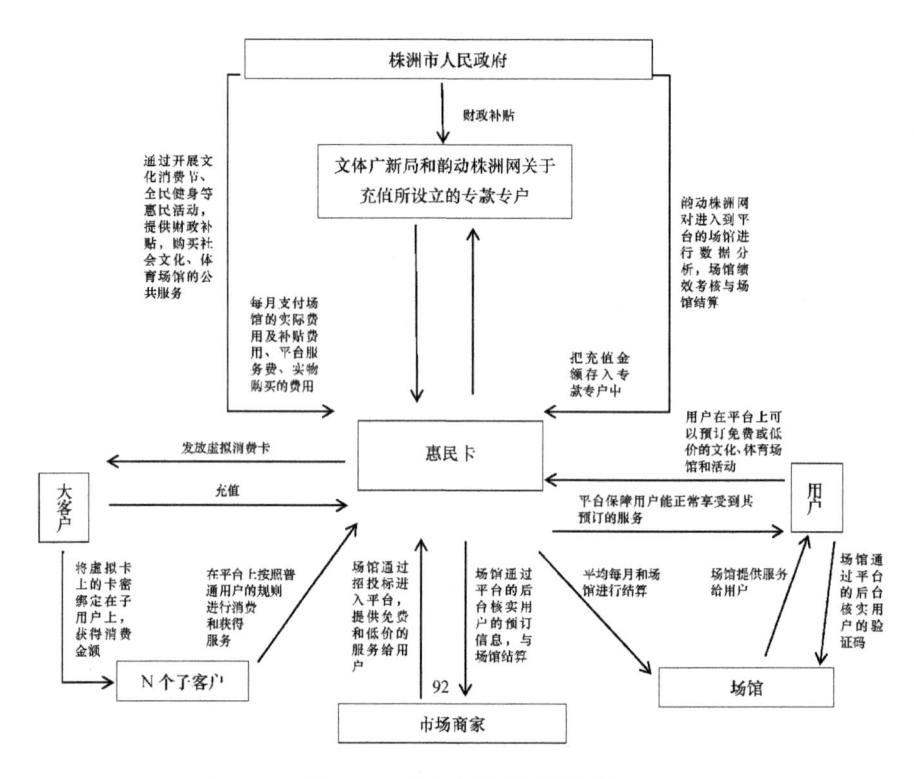

图 4-4 云平台投资回报流程

交数据报表，了解云平台的整体运营情况，比如本月场馆预订量、活动预约、活动更新频次、场馆入驻数量、市民参与数、投诉比例、微信公众号端口粉丝量增长等，政府会根据报表数据统计决定下一年的政府购买价格和力度。受访者 C 表示：

> 政府部门对我们公司是制定了详细的指标考核要求的，株洲市文体广新局也会有专人定期对平台的绩效进行考核评估来决定政府购买服务的力度，并出台了相应的绩效考核管理制度，要求平台提交季度、半年度以及年度绩效报告。

(2) 公司内部监督

公司内部监督的渠道主要有：第一，专业考核团队，湖南韵动公司针对多个板块制定了详细的功能板块考核指标,对照考核指标要求相应的运营人员按质按量按期地完成,每周、每月、每季度进行汇报总结最后再形成汇报材料。公司对每个人设立了绩效考核机制,采取优胜劣汰的方式,并安排专业团队进行考核,确保运营工作落到实处。第二,建立了后台运营管理系统,通过搭建分布式服务管理体系,提供平台安全管理、信息报表更新维护、程序更新维护的一系列应用服务管理功能,还可以提供全市和各县区上级机构对下级机构的考核指标依据。

(3) 社会公众监督

社会公众可以通过微信公众号、热线电话以及 PC 端指定界面等渠道对"韵动株洲"进行评估和反馈,湖南韵动公司据此对平台进行更新、改进。湖南韵动公司会定期组织活动,使群众有机会可以直接面对面地提出反馈和建议。受访者 D 表示:

> 平台活动报名数量及微信阅读数量都是公开透明的,且我们也经常会通过微信平台进行互动,并组织了韵动跑团、韵动水上乐园、韵动粉丝聚会等活动,还成立了韵动志愿者群,使我们可以通过这些项目的举办第一时间倾听群众的意见与反馈。

湖南韵动公司通过政府监管、企业内部自检以及社会群众监督评价并行的方式,保证了企业的运营效果达到文体广新局的要求以及企业在产业发展甚至整个事业推动上的指标要求,以促进平台的壮大发展。受访者 B 和 C 均表明:

> 湖南韵动成立平台至今和株洲市文体广新局在项目运作上合作相对比较愉快,整体上不涉及巨额的资金流向,因此暂时没有考虑第三方的评估机构。

四 "韵动株洲"平台运用 PPP 模式存在的问题

(一) PPP 法律法规尚未充分完善

虽然自 2014 年以来,我国国务院、发改委也在积极地推动 PPP 项目落地、出台相关的政策文件，但是随着PPP具体项目实施开展过程中问题迭出，与其配套的相关法律法规不足之处也在日益凸显，PPP相关合作方缺乏完善可参考的法律法规来有效规避风险、顺利建设项目。综观我国的PPP法律法规可以发现，目前多停留在制度政策的顶层设计层面，保障力度还远远不够，难以树立社会资本的投资信心，尤其是在新应用范围的公共文化领域。"韵动株洲"平台是PPP模式在公共数字文化领域的较早尝试，没有什么先例可供参考，在建设和运营的过程中其实存在很大的法律和政策风险，迫切需要更加细化的、具体的PPP法律法规作为参考和保障。

在访谈过程中，受访者B强烈表示：

> 在将来政府购买服务领域，无论是法律法规还是监管制度都是亟待完善的。尤其是像我们这种为政府项目服务的民营企业相对来说是弱势一点的。如果在法律法规、监管制度上能有更好的保障，一来可以规范这个市场，二来也可以为更多愿意和政府部门合作的社会力量敞开大门。

而目前公共文化领域缺乏针对PPP模式的专门规定和完整的政策体系，比如财政资金的参与、投资项目决策管理、招投标、社会资本进入与退出、价格管理和公共服务等。因此亟待建立完善具体的公共数字文化领域PPP项目法律政策，为合作建设数字文化平台指明方向、保驾护航。

（二）合作机制和风险分担机制有所欠缺

虽然"韵动株洲"平台是以公私合作模式建立的，但是在PPP具体模式上比较粗放和简单，该平台采用了政府购买和委托经营相结合的方式，即株洲市政府部门将平台的建设和运营委托给湖南韵动，建设完成以后株洲市政府部门再逐步地买入平台的服务，在合作机制上还缺乏一定的专业性。受访者均表示对PPP专业性问题了解较少，在合作机制方面，受访者的回答仅限于：

此项目是由株洲市文体广新局授权，我们公司负责前期建设的所有成本和后期的运营维护。

在风险分担机制方面，湖南韵动公司市场部和运营部受访人员均表示：

> 云平台在风险分担方面基本上都是双方共同承担风险，平台对政府提供的资源进行利用，对于政府购买服务部分，双方共同承担风险，而对于政府不购买的部分，则由湖南韵动合作方承担风险。此外，在建造和经营阶段，双方会就实际施工或营运状况进行风险再评估，做到风险和收益的及时调整。

PPP项目的成功运作意味着招标的企业或财团必须拥有雄厚的实力，这样的企业可以为项目提供足够的资金和技术，为群众创造价值，从风险分担的角度来说，政府作为项目的发起者，必须承担更多的责任，在项目识别阶段，政府部门应严格把控招标门槛，选择合适的社会合作方。"韵动株洲"平台在风险分配原则和风险分担比例上还尚不具体明确。尤其是在如何化解地方政府行为给企业带来的可能性的政策、法律、干预、信用风险方面均缺乏明确的解决方案。这样一来，一旦发生类似的风险，湖南韵动公司的预期收益可能被这些未知风险反向"吞噬"，若不进行具体的风险分配，在很大程度上会影响到社会资本的参与信心，对"韵动株洲"模式的推广形成阻碍。

（三）PPP专业机构和储备人才缺乏

PPP项目的运作过程十分复杂，且涉及融资、建造、运营和维护等流程的专业知识，另外还涉及公共数字文化领域的知识，因此需要一大批专业理论基础雄厚且实践经验丰富的复合型人才。我国公共文化领域的PPP落地项目还相对较少，该领域的复合型人才问题若得不到重视和解决，将会严重制约公共文化、公共数字文化服务领域PPP供给模式的发展。"韵动株洲"平台的技术人员虽然可以满足平台开发和营运要求，但是普遍缺乏PPP专业理论知识，且平台的建设和运营过程中也没有聘请专业的 PPP 中介机构，无法对该项目进行合理规划和统筹，也难以识别一些建设运营风险，包括对 PPP 项目中应该注意的问题也极容易忽略。笔者在访谈过程中发现，虽然"韵动株洲"平台在投资回报机制上设计具有合理性和创新性，但是相关人员对 PPP 的一些专业理论知识了解得比较少，在具体的合作模式和风险分担方面缺乏深入的认识和设计，对于本书某些机制的研究缺少详细的数据资料支持。公共数字文化服务领域 PPP 项目的发展必须有强大的专业团队指导，因此 PPP 专业机构和储备人才缺乏成为了亟待解决的问题之一，需要充分引起注意。

（四）公共文化服务"公益性"与私营部门"逐利性"存在矛盾性

公共文化服务的供给主体是公共部门，主要是政府部门向人民群众提供其所需的公共文化产品和服务，其目的是保护公民的基本文化生活权益。这一特征决定了公共文化领域的产品大多是不具有营利性的。不像其他传统公共领域的 PPP 模式可以获得稳定有保障的利润及回报，在投资回报机制的设计上必须充分调动私营部门的积极性，PPP 项目才能够顺利地进行并持续营运。因此公共数字文化平台的服务也必须着眼于社会效益和公共利益。而私营部门均具有"逐利性"的特征，往往会受利益驱使而最终忽略平台建设运营的公益性[1]。韵动株洲运营方在此合作项目前期建设中承担了全部的建设成本，后期政府再逐步购入平台服务、提供资源，受访者 A 认为：

> 公共文化服务本身就是一项惠民工作，"公益性"较强，即使设计了使用者付费机制，也基本上属于低收费，再加上政府购买的金额比较有限，很难维持平台的持续运营。

受访者 B 表示：

---

[1] 杨松：《公共文化服务领域应用 PPP 模式面临的主要问题和应用范围研究》，《全国商情》2016 年第 30 期。

> 社会力量和政府机构在办事风格上本就存在差异，社会力量在项目的建设运营过程中比较讲究灵活性和公平性，而政府部门考虑的层面就比较的多样化和慎重。

这实质上就表明了私营部门在实际建设运营项目的过程中会逐渐与政府部门产生价值上乃至行为上的差异。因此"韵动株洲"运营方在公共文体服务之外开发了文化产业、体育产业以及即将开设的旅游产业，通过把公共文化事业产生的这些人群引导到产业中产生盈利来反哺平台建设运营。在后期的运营中，公共文体服务的"公益性"与湖南韵动运营方"营利性"已经逐渐出现分歧，如果不处理好文体事业和文体产业的关系，那么后期很容易出现产业替代事业的格局，导致平台失去其原有的属性和价值，甚至很难实现公共部门、私营部门以及群众的多方共赢。

（五）民营企业融资困难

从我国传统领域以及我国已有的成功案例来看，PPP项目社会合作方大多数是国有控股公司，虽然这样的合作一定程度上缓解了公共部门的资金压力，但是从真正意义上来说并没有起到盘活社会存量资本的作用，很多民营企业并不能参与到PPP项目中。受访者D表示：

> 我们公司本来就是属于民营企业，不像国有企业具有信用方面的担保以及其他优势，因此对于我们这种民营企业来说，其实在融资方面的确是存在一定阻碍的，所以我们平台的运营成本只能依靠政府的购买支出和产业盈利来覆盖。另外在合作年限上比如说政府购买服务这方面可能也不是长期购买，当项目停止购买的时候，对于项目融资来说问题应该比现在更加突出。

所以，对于湖南韵动作为成功入选的民营合作方，在平台的开发运营上需要巨大的资金，前期由湖南韵动承担全部的平台建设成本，后期"韵动株洲"平台运营维护产生的成本也是由公司承担绝大部分，因此在项目融资上存在一定的障碍，表现为：第一，民营企业与国企相比本身就存在融资贵、融资难的问题,以五大商业银行为主导的金融机构由于政策偏好等原因倾向于把资金贷给有政府信用保障的国企,对于民营企业(尤其是刚起步的民企)所给的贷款额度较少、贷款利息较高,对于民营企业来说期限太短同时融资风险高,一定程度上存在国有企业对民营企业的挤出效应,而且公共文化领域 PPP 项目通常建设周期长、回收资金时间长,不太符合银行贷款融资;第二,私募股权基金和债券发行在我国融资方式中所占比例是较少的,尽管以项目收益或资产抵押方式获取融资的方式虽然在发达国家比较常见,但是在我国可以办理的金融机构并不多;第三,除了金融机构外,可以为私营企业提供咨询的金融中介机构又比较少,反之具有咨询中介服务机构意识的私营企业也不多,导致企业的融资渠道受限,融资道路不畅通①。

第四节 推动社会力量参与公共数字文化服务需要进一步解决的问题

通过问卷调查、深入访谈和案例研究,笔者认为,我国推进社会力量参与公共数字文化服务需要进一步解决的问题包括购买机制需要进一步完善,激励机制需要进一步健全,资金投入机制需要进一步多元化,社会力量培育机制需要进一步健全,舆论宣传需要进一步加强,需求反馈机制需要有效建立,监督评估机制需要进一步完善。

一 引入企业参与公共数字文化服务的购买机制需要进一步完善

通过公开招标的购买机制是目前政府采购采取的主流方式,如果市场上存在满足条件的同类企业数量足够大的情况下,公开招标具有其他购买方式不可比拟的优势,公共数字文化服务领域也采取这种购买方式引入了企业的力量。但在公共数字文化服务领域,仅仅采取公开招标的购买方式存在不少的问题。调查发现,目前公共文化机构采用公开招标

---

① 唐义、徐薇:《公共数字文化服务平台 PPP 模式应用研究——以"韵动株洲"云平台为例》,《国家图书馆学刊》2020 年第 2 期。

第四章 我国社会力量参与公共数字文化服务的调查与分析

的购买方式存在以下问题：第一，中标公司企业只懂技术，不懂具体的业务流程，不能很好地适应公共文化机构的需求，导致项目不能很好地满足需求；第二，满足准入条件的公司较少，没有3家公司投标，导致流标现象产生，影响公共文化机构的项目进展；第三，公开招标都有一定的合同期限，一般不超过三年，有些项目甚至是一年，但有些公共数字文化服务的项目不是一两年能做完的，而经过合同期的磨合，购买方和这家企业已经建立起了比较顺畅的沟通方式和合作机制，双方合作很顺利，但合同到期之后很可能还得重新招标。如果重新招标会存在以下几种情况：第一，由于投标企业不足3家，导致流标现象产生；第二，新中标的企业可能没有前一个中标的企业专业，很难保质保量地完成约定的任务；第三，新中标的企业与购买方需要很长一段时间的磨合，但效果还不尽如人意；第四，新中标的企业人员流失频率比较快，导致项目进展不畅。无论哪一种情况发生，都会产生不好的影响。所以为了规避这些不好的结果，就应该采取措施，健全购买机制，让企业以最合适的方式进入公共数字文化服务领域。

二 推动社会力量参与公共数字文化服务的激励机制需要进一步健全

不论是个人还是组织，参与公共数字文化服务都是基于某种动机的，为了激发这种动机就需要建立相应的激励机制。从笔者的调研来看，国家和公共文化机构采取的激励措施都还有较大的提升空间。从国家层面来看，虽然出台了相关规定激励企业捐赠，但缺乏相关实施细则，并且在具体的执行过程中程序也比较烦琐。部分公共文化服务机构制定了鼓励捐赠的相关政策，但不够完善，也有相当大一部分公共文化机构未出台相关政策。此外，对提供志愿服务的志愿者提供的激励措施也还有较大的提升空间。

三 资金投入机制需要进一步多元化

开展各类工作都需要一定的资金支持，引入社会力量参与公共数字文化服务也不例外。不少相关从业者反映，由于没有足够的资金支持，有些工作无法有效地开展，最终影响公共数字文化服务的质量。引入社会力量参与公共数字文化服务的重要原因之一就是要缓解政府财政资金在文化领域投入不足的问题，除了政府投入之外，还需要扩展其他资金来源渠道。公共文化机构的资金来源主要包括政府财政资金投入、社会捐赠等。从目前的情况来看，公共文化机构自身设立基金会获取社会捐赠的情况较少，政府设置相关基金会以支持公共文化服务的情况也很少，公共文化机构的单位级别影响其获得基金会的支持。所以为了更大限度地扩大公共数字文化服务的资金来源，需要采取措施建立与各级公共文化服务相关的基金会。

四 社会力量培育机制需要进一步健全

社会力量的大小关系到引入社会力量参与公共数字文化服务的效率和效益。与经济发展水平和社会发展需要相比，我国社会组织总体发展相对滞后，数量少、规模小，地区发展不平衡，部分社会组织内部管理不健全，存在服务的专业性、规范性、公信度不足等问题。同时，社会组织发展现状也不能适应当前推广政府购买服务的需要，地方特别是中西部地区和基层反映，政府向社会推出一些购买服务事项，往往难以找到合适的社会组织承接，想买买不到[1]。当前我国公共文化领域社会组织发育严重不足，成为制约社会力量参与的关键因素。社会力量是传统公共文化供给"存量"之外的"增量"部分，具有对存量的补足价值和对存量改革的引导作用。促进体制外社会组织成长，逐渐将其培育为成熟的替代性、互补性和竞争性生产主体，形成国有单位与民间文化组织的契约竞争结构，具有重要价值[2]。因此，如何培育社会力量，不断促进我国社会力量的发展壮大，最终推动我国社会力量参与公共数字文化服务的效率和效益则是我国应该考虑的重要问题。

---

[1] 中华人民共和国财政部：《财政部、民政部有关负责人就〈关于通过政府购买服务支持社会组织培育发展的指导意见〉答记者问》，2017年10月9日，http://www.ccgp.gov.cn/gpsr/fgjd/201710/t20171009_8948816.htm，2021年6月11日。

[2] 陈庚、崔宛：《社会力量参与公共文化服务的实践、困境及因应策略》，《学习与实践》2017年第11期。

五 奉献社会的舆论宣传需要进一步加强

虽然国家颁布了一系列政策法规去推动社会力量参与公共数字文化服务,但由于我国捐赠文化、志愿服务文化仍旧不够浓厚,社会整体捐赠意识仍旧不足。从调查结果可以看出,整个社会对公共文化服务的价值认识不到位,这极大地影响了社会力量参与公共数字文化服务的意愿和力度。因此,不论是政府还是公共文化机构都应该采取措施加强舆论宣传,宣传的内容主要包括:公共文化服务的价值、社会捐赠的意义、志愿服务的人生意义、志愿服务或捐赠的途径,尤为重要的是要通过各种途径宣传那些通过志愿服务或者捐赠给公共文化服务做出了贡献的人或组织。

六 需求反馈机制需要有效建立起来

国家鼓励社会力量参与公共数字文化服务的最主要的目的是更好地满足社会公众的需求。2021年6月10日,文化和旅游部印发了《"十四五"公共文化服务体系建设规划》,该规划的基本原则之一就是要"坚持以人民为中心",明确提出:"坚持文化发展为了人民,更好顺应人民群众对美好生活的新期待,推动公共文化服务向高品质和多样化升级。坚持文化发展依靠人民,充分尊重人民群众主体地位和首创精神,着力提高文化参与度和创造力。"[1] 从目前的情况来看,公共文化机构主要还是采取的"自上而下"的服务方式,即公共文化机构主要是根据本机构的情况和社会可能存在的需求提供数字文化服务。这就好比是一个餐厅给客人提供"自助餐",虽然不同级别的餐厅提供的菜品数量和质量存在差别,但相同的是餐厅提供的菜品都是事先已经"烹饪"好了的,无论是什么样的客人来了,都只能在这些菜品里面选择自己要吃的"菜"。当然在大多数的情况下,不会存在客人一个菜都不想吃,总会有那么几个菜是自己喜欢吃的。但在新的时代背景下,国家为了最

---

[1] 中华人民共和国文化和旅游部:《文化和旅游部关于印发〈"十四五"公共文化服务体系建设规划〉的通知》,2021年6月10日,http://zwgk.mct.gov.cn/zfxxgkml/ggfw/202106/t20210623_925879.html,2021年6月23日。

大限度满足社会公众的精神文化需求,就不能仅仅提供已经准备好的公共数字文化服务,还需要建立需求反馈渠道,让社会公众告知自己的需求,国家和公共文化机构根据公众的需求去"烹饪"这道数字文化服务菜肴。根据笔者的调查,这种需求反馈的渠道还没有有效地建立起来,已经存在的一些渠道也不够成熟。

七 监督评估机制需要进一步完善

引入社会力量参与公共数字文化服务的过程中可能会存在权力寻租以及利益输送问题,为了防止这类现象发生需要建立完善的监督评估机制。目前我国有部分引入社会力量参与的公共数字文化项目在项目前、项目中和项目后都有比较严格的监督和评估机制,但大多数项目的监督评估机制还有待完善,比如没有建立起第三方评估机制。2021 年 6 月发布的《"十四五"公共文化服务体系建设规划》明确提出要"健全由购买主体、公共文化服务对象以及第三方共同参与的评价约束机制,提升购买服务质量"[①]。此外,公共文化机构有可能会接收到来自社会捐赠的资金,这些资金该如何监管?社会监督如何实现?公共文化服务对象的满意度如何获取?第三方评估如何实施?这些问题都有待进一步解答。

第五章　社会力量参与公共文化服务的域外借鉴

在我国，虽然国家在二十年之前就提出让社会力量参与到公共文化服务当中来，但把引导和鼓励社会力量参与公共文化服务提高到法律层面而被关注还是最近几年的事情，所以与国外一些国家相比，在引入社会力量参与公共文化服务当中还存在不少差距。本章内容就是通过调查国外在引入个人、社会组织和企业等社会力量参与公共图书馆、博物馆、档案馆等公共文化服务的情况，分析其特点，寻求可供我国借鉴之处。

第一节　国外个人参与公共文化服务的调查与分析

在这部分内容里面，笔者通过网络调查了国外个人参与公共图书馆、博物馆、档案馆服务的情况，其参与形式主要包括捐赠资金、捐赠资源和志愿服务等，而志愿服务是个人参与公共文化服务最主要也是参与面最广的形式，所以为了更为详细地了解国外个人参与公共文化机构的志愿服务情况，笔者也专门调查了个人参与美国公共图书馆的志愿服务情况，以为我国最大限度吸引个人志愿参与公共文化服务提供借鉴。

一　参与公共图书馆服务的情况

为了解国外个人参与图书馆服务的情况，笔者对部分国外图书馆网站进行了调查，调查结果如表5-1所示。从表中内容可以看出，个人参与图书馆服务的形式集中于通过申请成为志愿者以及通过捐赠资金或实物，以支持图书馆的发展。在捐赠的内容方面，部分图书馆仅接受公众的资金捐赠，也有图书馆接受实物捐赠。还有部分图书馆邀请公众参与其项目或活动，通过特定形式丰富馆藏资源。

表5-1　　　　　　　　国外个人参与图书馆服务情况

图书馆名称	国家	个人参与形式	资料来源
圣保罗公共图书馆（Saint Paul Public Library）	美国	通过申请成为志愿者参与图书馆服务	https://sppl.org/volunteer/
纽约公共图书馆（New York Public Library）	美国	通过申请成为志愿者参与图书馆服务；通过资金捐赠图书馆服务	https://www.nypl.org/about/remote-resources/community-resources/volunteer-tutoring-and-more
德舒特公共图书馆（Deschutes Public Library）	美国	通过申请成为志愿者参与图书馆服务；通过资金捐赠支持图书馆服务；在图书馆官网分享个人数字收藏	https://www.deschuteslibrary.org/
惠提尔公共图书馆（Whittier Public Library）	美国	通过资金捐赠支持图书馆服务	https://whittierplf.org/about-us/
柏林国家图书馆（Staatsbibliothek zu Berlin）	德国	通过资金捐赠支持图书馆服务；通过实物捐赠补充馆藏	https://staatsbibliothek-berlin.de/de/die-staatsbibliothek/spenden-schenken-foerdern/#jfmulticontent_c62121-1
丹麦皇家图书馆（Det Kgl. Bibliotek.）	丹麦	通过实物捐赠补充馆藏	https://www.kb.dk/om-os/kontakt/gaver-og-donationer
佛罗伦萨国立中央图书馆（Biblioteca Nazionale Centrale di Firenze）	意大利	图书馆的书籍恢复实验室（Laboratorio di restauro）鼓励已经学习过书籍修复有关的课程的人参与图书馆的志愿活动或实习	https://www.bncf.firenze.sbn.it/biblioteca/laboratorio-di-restauro-conservazione-libri-manoscritti/

续表

图书馆名称	国家	个人参与形式	资料来源
澳大利亚国家图书馆（National Library of Australia）	澳大利亚	通过申请成为志愿者参与图书馆服务；参与图书馆的口述历史和民俗收藏项目以丰富图书馆这方面的馆藏	https://www.nla.gov.au/content/become-a-volunteer

圣保罗公共图书馆位于美国明尼苏达州，其图书馆官网专门列出一个栏目招募志愿者，虽然由于新冠疫情的影响图书馆暂时不招募志愿者，但其还是利用这个板块为"邻居帮助邻居"（Neighbors Helping Neighbors）志愿活动招募志愿者①，以帮助社区更好地应对新冠疫情带来的影响。

美国纽约公共图书馆除了接受公众的资金捐赠，还与许多机构合作开展丰富的志愿活动，利用其官网进行宣传，鼓励公共参与图书馆服务。活动包括：东哈莱姆教育计划②、"思想很重要"活动③、纽约关怀计划④、"再服务"计划⑤、明星学习中心⑥等，目的都是利用图书馆的资源以及志愿者力量，广泛且深入地为不同人群开展补习或指导服务。

美国德舒特公共图书馆同样接受个人资金捐赠且鼓励公众参与其志愿活动，此外图书馆为了丰富其数字馆藏，鼓励所有拥有图书卡的注册

---

① Saint Paul Public Library, "NEIGHBORS HELPING NEIGHBORS", https://www.stpaul.gov/departments/mayors-office/serve-saint-paul/neighbors-helping-neighbors, 2021年5月12日。

② New York Public Library, "East Harlem Tutorial Program", https://app.betterimpact.com/PublicOrganization/d6c331ff-210e-450b-8c0a-c447f8a5bd6d/1, 2021年5月12日。

③ New York Public Library, "Minds Matter New York City", https://mindsmatternyc.org/volunteers/, 2021年5月12日。

④ New York Public Library, "NEW YORK CARES", https://www.newyorkcares.org/volunteering/volunteering-made-easy, 2021年5月12日。

⑤ New York Public Library, "SOCIAL IMPACT AREA: EDUCATION", https://www.reserveinc.org/education, 2021年5月12日。

⑥ New York Public Library, "Get Involved. Create Change", https://goddard.org/volunteer/, 2021年5月12日。

用户在其图书馆官网中围绕特定或自己感兴趣的主题创建外链分享（list）①，内容包含图书、视频、音频、网络链接等，通过读者的力量对图书馆的数字资源进行补充与分享。

德国柏林国家图书馆和丹麦皇家图书馆除了接受个人资金捐赠，也接受实体捐赠。但值得注意的是，丹麦皇家图书馆对个人捐赠有一定的要求，不接受未经图书馆事先同意的捐款②。

佛罗伦萨国立中央图书馆的修复实验室负责预防、保养和恢复馆藏资源，资源包括各种各样的图书、手稿和印刷在羊皮纸上的卷等书籍资源，还有皮革、木材、纺织品、金属、摄影复制品等非书籍资源③。但由于其内部恢复工作人员的流失，图书馆公开邀请志愿者和实习生一同参与修复实验室工作。

澳大利亚国家图书馆除了开展志愿者活动，还通过邀请公众参与其口述历史和民俗收藏等项目，以数字资源的形式丰富图书馆的馆藏。

二 参与档案馆服务的情况

在调查部分国外个人参与档案馆服务的情况后，笔者发现国外公众对档案馆贡献也比较显著，调查具体情况如表5-2所示。对比上文的个人参与图书馆服务情况，可以发现公众除了通过申请志愿者参与以及资金捐赠外，档案馆更加鼓励公众以各种形式对馆内档案数据资源库进行补充。

英国国家档案馆开展志愿活动已超过20年，其一直持续不断地呼吁公众申请志愿者参与其档案馆服务，志愿工作内容包括纸质编目、档案资源保护及在线协作等。

---

① Deschutes Public Library, "DPL Children's Authors – Read Alouds! Draw! Join a Book Club! Live Events on Instagram, YouTube and More", https://dpl.bibliocommons.com/list/share/350640561/1603278909, 2021年5月12日。

② Royal Library of Denmark, "Gifts and donations", https://www.kb.dk/en/about-us/contact/gifts-and-donations, 2021年5月12日。

③ Biblioteca Nazionale Centrale di Firenze, "Laboratorio di Restauro", https://www.bncf.firenze.sbn.it/biblioteca/laboratorio-di-restauro-conservazione-libri-manoscritti/, 2021年5月12日。

表 5-2 国外个人参与档案馆服务情况

档案馆名称	国家	个人参与形式	资料来源
英国国家档案馆（The National Archives）	英国	通过申请成为志愿者参与档案馆服务	https://www.nationalarchives.gov.uk/about/get-involved/volunteering//
东骑档案馆（East Riding Archives）	英国	通过指定应用上传相关的历史图片以补充数字馆藏资源；捐赠与档案馆相关的历史书籍、物品、照片等实物补充实体馆藏	https://www.eastridingarchives.co.uk/archives-online/
黑人文化档案馆（Black Cultural Archives）	英国	通过资金捐赠支持档案馆服务；通过申请成为志愿者参与档案馆服务	https://blackculturalarchives.org/support
伦敦大都会档案馆（London Metropolitan Archives）	英国	参与档案馆开展的丰富活动补充档案馆藏资源	https://staatsbibliothek-berlin.de/de/die-staatsbibliothek/spenden-schenken-foerdern/#jfmulticontent_c62121-1
英国电影学院国家档案馆（BFI National Archive）	英国	通过联系官方信息团队反馈建议以修正档案信息；参与档案馆开展的活动丰富档案馆藏资源	https://www.bfi.org.uk/bfi-national-archive/look-behind-scenes-bfi-national-archive-faq
美国国家档案馆（National Archive）	美国	在《国家档案目录》中为数字对象和档案描述提供标签、转录和注释；通过申请成为志愿者参与档案馆服务；通过向国家档案基金会进行资金捐赠支持档案馆服务	https://www.archives.gov/
"9·11"数字档案馆（September 11 Digital Archive）	美国	通过在线表单为档案馆贡献不同项目和文件类型的馆藏；通过参与档案馆开展的数字媒体项目共享个人收藏	https://911digitalarchive.org/collections/show/
萨福克档案馆（Suffolk Archives）	英国	通过资金捐赠支持档案馆服务；通过申请成为志愿者参与档案馆服务	https://www.suffolkarchives.co.uk/about-suffolk-archives/policies/

续表

档案馆名称	国家	个人参与形式	资料来源
澳大利亚档案工作者协会（The Australian Society of Archivists）	澳大利亚	通过申请成为志愿者参与档案馆服务	https://www.archivists.org.au/about-us/statements/asa-statement-on-volunteers-in-archives
加拿大图书馆和档案馆（LAC）	加拿大	公众通过转录、标记、翻译和描述馆藏的数字化记录，使得数字馆藏就将变得更加易于访问和使用；通过资金捐赠支持档案馆服务；通过申请成为志愿者参与档案馆服务	https://www.bac-lac.gc.ca/eng/about-us/about-collection/make_a_donation/

英国的东骑档案馆除了接受与东骑地区相关的历史书籍、物品、照片等实物以补充实体馆藏外，档案馆还为公众在"这里曾经有什么"（what was here）移动应用程序上添加了"贡献"功能，鼓励公众提出改进档案馆的地图坐标的建议。档案馆现今还面临着馆内没有合适的授权照片而无法绘制档案地图的困境，因此其鼓励公众捐赠如摄影作品集形式的个人资料帮助档案馆解决相关问题。此外，在新冠疫情期间，档案馆在其官网专列一个模块邀请公众分享包括日记、照片、海报、视频日志、口语、书面诗歌、散文或音频等形式的资源，帮助档案馆向子孙后代提供在东骑新冠疫情期间的生活资料。

英国黑人文化档案馆呼吁公众通过资金支持与志愿服务对档案馆进行支持，并对公众的支持情况进行宣传。例如，档案馆在其官网中专门列出一个网页表彰伊德里斯·厄尔巴将新单曲的所有版税捐赠给英国黑人文化档案馆[①]。

英国电影学院国家档案馆邀请公众贡献个人参与对档案馆的资源进

---

① Black Cultural Archives, "Idris Elba Donates 100% of His Royalties From His New Single to BCA", https://blackculturalarchives.org/blog/2020/7/3/idris-elba-donates-100-of-his-royalties-from-his-new-single-to-bca, 2021年5月13日。

行修正与补充。公众可以将其认为有用的信息添加到档案馆数据库中，或在认为数据库中信息有误需要修正时，联系档案馆的信息团队，信息团队会参考英国电影学院的收集政策考虑是否添加数据。此外，在"英国锁定—在线视频档案"项目中，档案馆鼓励英国公众通过填写表单推荐体现英国受到新冠疫情影响的在线视频，以帮助档案馆寻找最具代表性的在线视频示例丰富馆藏①。

美国国家档案馆的个人参与情况较好且形式多样。公众不仅可以通过申请成为志愿者参与档案馆服务，还可以向国家档案基金会进行资金捐赠支持档案馆发展。此外，档案馆推行公民档案管理员，出台了专门的公民贡献政策，鼓励公众在《国家档案目录》中为数字对象和档案描述提供标签、转录和注释②。

美国"9·11"数字档案馆是为了纪念"9·11"事件而建立的，其主要收集"9·11"事件的相关资料。因此，其官网设立了专门栏目，邀请公众通过在线表单为档案馆贡献事件相关的各类型资源或共享个人数字媒体收藏。

加拿大图书馆与档案馆和美国国家档案馆的个人参与情况类似，除了资金捐赠和志愿者参与，其官网都设立专栏呼吁公众捐赠已出版资源③。此外，加拿大图书馆与档案馆还邀请有相关工作经验或知识的公众参与转录、标记、翻译和描述馆内数字化记录，使得档案馆的数字资源更加易于访问和使用。

三 参与博物馆服务的情况

相较于图书馆与档案馆服务的个人参与情况，国外个人参与博物馆服务的形式更具特色，形式也更加多样，具体情况如表5-3所示。值

---

① The BFI National Archive, "Britain on Lockdown – Online Video Archive", https://www.bfi.org.uk/bfi – national – archive/look – behind – scenes/britain – lockdown – online – video – archive, 2021年5月13日。

② National Archive, "Citizen Archivist Dashboard", https://www.archives.gov/citizen – archivist/registerandgetstarted, 2021年5月13日。

③ Library and Archives Canada, "Donate Published Materials", https://www.bac – lac.gc.ca/eng/about – us/about – collection/make_ a_ donation/Pages/published – material.aspx, 2021年5月13日。

得注意的是，不少博物馆开发了与其馆藏资源相关的文创产品，公众可以通过购买博物馆的这些文创产品贡献自己的力量。

表 5-3　　　　　　　　国外个人参与博物馆服务情况

博物馆名称	国家	个人参与形式	资料来源
弗吉尼亚历史文化博物馆（Virginia Museum of History & Culture）	美国	参与博物馆活动补充博物馆藏资源	https://www.virginiahistory.org/node/2852
阿留申群岛博物馆（Museum of the Aleutians）	美国	通过缴纳会费加入博物馆会员以支持博物馆发展；通过在博物馆礼品店购物的方式支持博物馆；通过资金捐赠支持博物馆服务；通过成为理事会成员贡献决策力量	https://www.aleutians.org/support
美国体育艺术博物馆和档案馆（ASAMA）	美国	通过缴纳会费加入博物馆会员以支持博物馆发展；购买星光大道（Walk of Fame）展示位以对博物馆进行支持；通过资金捐赠支持博物馆服务；通过捐赠实物资源补充博物馆实体馆藏	https://www.asama.org/contribute/
卡内基视觉艺术中心（Carnegie Visual Arts Center）	美国	通过缴纳会费加入博物馆会员以支持博物馆发展；通过申请成为志愿者参与博物馆服务；通过资金捐赠支持博物馆服务；通过捐赠实物资源补充博物馆实体馆藏	https://www.carnegie-arts.org/support/membership/
希尔德博物馆（Heard Museum）	美国	通过缴纳会费加入博物馆会员以支持博物馆发展；通过捐赠实物资源补充博物馆实体馆藏；通过申请成为志愿者参与博物馆服务	https://heard.org/support/
国家二战博物馆（The National WWII Museum）	美国	通过申请成为志愿者参与博物馆服务；通过捐赠实物资源补充博物馆实体馆藏；通过资金捐赠以帮助退伍军人免费进入博物馆；购买个性化雕刻的砖块支持博物馆的建设	https://www.nationalww2museum.org/give/

第五章　社会力量参与公共文化服务的域外借鉴　　141

续表

博物馆名称	国家	个人参与形式	资料来源
中途岛号航空母舰博物馆（USS Midway Museum）	美国	通过缴纳会费加入博物馆会员以支持博物馆发展；通过资金捐赠支持博物馆服务；通过捐赠实物资源补充博物馆实体馆藏；通过申请成为志愿者参与博物馆服务；加入理事会贡献个人决策力量	https://www.midway.org/give-join/
芝加哥艺术博物馆（The Art Institute of Chicago）	美国	通过缴纳会费加入博物馆会员以支持博物馆发展；通过多种形式的资金捐赠支持博物馆服务	https://www.artic.edu/support-us/
大都会艺术博物馆（The Metropolitan Museum of Art, The Met）	美国	通过缴纳会费加入博物馆会员以支持博物馆发展；通过资金捐赠支持博物馆服务；通过在社交网站发表带标签（tag）的言论或上网站签署请愿书的方式支持博物馆运动	https://rsecure.metmuseum.org/
现代艺术博物馆（MoMA）	美国	通过多种形式的资金捐赠支持博物馆服务	https://www.moma.org/momaorg/shared/pdfs/docs/about/MoMA_2018-19_Donors.pdf
"9·11"纪念馆和博物馆（"9·11" Memorial & Museum）	美国	贡献口述历史资料以补充馆藏；通过多种形式的资金捐赠支持博物馆服务；通过申请成为志愿者参与博物馆服务；通过捐赠实物资源补充博物馆实体馆藏	https://www.911memorial.org/
美国国家历史博物馆（National Museum of American History）	美国	通过多种形式的资金捐赠支持博物馆服务；通过申请成为志愿者参与博物馆服务；加入理事会贡献个人决策；通过社交媒体平台与博物馆互动，向博物馆反馈意见以促进博物馆的发展；在博物馆创建的社交平台小组中进行相关主题的分享	https://americanhistory.si.edu/getinvolved/

续表

博物馆名称	国家	个人参与形式	资料来源
美国自然历史博物馆（American Museum of Natural History）	美国	通过缴纳会费加入博物馆会员以支持博物馆发展；通过申请成为志愿者参与博物馆服务；通过多种形式的资金捐赠支持博物馆服务；购买博物馆的慈善礼品年金、慈善信托等支持博物馆	https://www.amnh.org/join-support/
巴西国家博物馆（Museu Naciona）	巴西	通过多种形式的资金捐赠支持博物馆服务；可通过填写网站评估问卷，为博物馆网站的改善提供有价值的信息	http://www.museunacional.ufrj.br/destaques/comoajudar.html
阿姆斯特丹国立博物馆（Rijksmuseum）	荷兰	通过多种形式的资金捐赠支持博物馆服务；通过缴纳会费加入博物馆会员以支持博物馆发展；通过购买博物馆相关产品支持博物馆	https://www.rijksmuseum.nl/
梵高博物馆（Van Gogh Museum）	荷兰	通过多种形式的资金捐赠支持博物馆服务	https://www.vangoghmuseum.nl/en/about/
伯明翰艺术博物馆（Birmingham Museum of Art，BMA）	英国	通过多种形式的资金捐赠支持博物馆服务；通过申请成为志愿者参与博物馆服务；通过成为理事会成员贡献决策	https://www.artsbma.org/get-involved/
大英博物馆（The British Museum）	英国	通过缴纳会费加入博物馆会员以支持博物馆发展；通过多种形式的资金捐赠支持博物馆服务；通过捐赠实物资源补充博物馆实体馆藏	https://www.britishmuseum.org/
自然历史博物馆（Natural History Museum）	英国	通过缴纳会费加入博物馆会员以支持博物馆发展；通过多种形式的资金捐赠支持博物馆服务；通过申请成为志愿者参与博物馆服务；通过博物馆开展的项目，贡献收集样本或抄写手写记录的方式助力博物馆研究	https://www.nhm.ac.uk/support-us/

续表

博物馆名称	国家	个人参与形式	资料来源
帝国战争博物馆（Imperial War Museums）	英国	通过填写表单向博物馆提交第一次世界大战相关信息以丰富网站资源；参加其青年计划贡献个人建议；通过缴纳会费加入博物馆会员以支持博物馆发展；通过多种形式的资金捐赠支持博物馆服务；通过申请成为志愿者参与博物馆服务	https://www.iwm.org.uk/
柏林国家博物馆（Staatliche Museen zu Berlin）	德国	通过多种形式的资金捐赠支持博物馆服务	https://www.smb.museum/ueber-uns/unterstuetzen-sie-uns/foerderer/maezene/
澳大利亚国家博物馆（National Museum of Australia）	澳大利亚	通过缴纳会费加入博物馆会员以支持博物馆发展；通过多种形式的资金捐赠支持博物馆服务；通过购买博物馆相关产品支持博物馆；通过申请成为志愿者参与博物馆服务	https://www.nma.gov.au/join-support/give/
维多利亚博物馆（Museums Victoria）	澳大利亚	通过缴纳会费加入博物馆会员以支持博物馆发展；通过多种形式的资金捐赠支持博物馆服务；通过申请成为志愿者参与博物馆服务；参与博物馆的项目分享自身故事以补充馆藏资源	https://museumsvictoria.com.au/join-support/

美国的弗吉尼亚历史文化博物馆出于安全考虑，在新冠疫情暴发后暂停了志愿者项目，但其为了记录本地区受新冠疫情的影响，发起"分享新冠疫情中在弗吉尼亚的故事"（Share Your Story：Documenting COVID-19 in Virginia）在线数字收集项目①，公众可通过相关网站参与分享自己在弗吉尼亚所经历的与新冠疫情有关的故事，经过内容筛选

---

① A Publication of the Public Library Association, "A Covid-19 Digital Archive", http://publiclibrariesonline.org/2020/06/a-covid-19-digital-archive/，2021年5月14日。

后，博物馆将从中选取有代表性的故事存入博物馆以补充馆藏资源。

公众可以通过多种形式参与美国阿留申群岛博物馆服务。公众不仅可以以资金捐赠形式支持博物馆发展，还可以通过缴纳一定的会费成为博物馆的会员，会员可免费进入博物馆和观看展览，并享受在阿留申群岛博物馆商店购物的一定折扣。而除了申请志愿者参与图书馆服务，公众同样可以通过申请成为博物馆理事会成员贡献个人决策力量。

美国体育艺术博物馆和档案馆与阿留申群岛博物馆一样设立会员制邀请公众成为其会员并享受一定的福利。除了成为会员，公众还可以对博物馆进行实物或资金捐赠。公众还可以购买其星光大道（Walk of Fame）上的一块或多块砖块，砖块可根据购买者的要求进行雕刻，成为博物馆美化项目的一部分，展示购买者对博物馆的支持[1]。

美国卡内基视觉艺术中心对其会员制度做出了更加细化的解释，指出其收到的会费将支持艺术中心的教育计划，以帮助中心继续为社区提供教育和文化体验，并且会员福利随着捐赠水平的提高而增加。当然该馆也鼓励公众对其进行个人捐款和实物捐赠，积极开展志愿活动。

美国国家二战博物馆指出志愿服务是其核心价值。自 2000 年开放以来，志愿者队伍已经为博物馆贡献了超过 80 万小时的服务时间。其官方网站还专门列出一个"志愿者名人堂"模块表彰志愿服务时间达到或超过 5000 小时的志愿者[2]。博物馆除了号召公众捐赠文物以补充馆藏资源，还开展了"10 美元运动"的捐赠活动，公众可以捐赠 10 美元，目的是帮助二战英雄可以获取终生免票进入博物馆的权利。博物馆的"胜利之路运动"（Road to Victory）是通过公众力量构建专门留出的"最后一英里"（Final Mile），即公众购买个性化雕刻的砖块支持博物馆的发展，同时也向英雄致敬[3]。

---

[1] The American Sport Art Museum & Archives, "CONTRIBUTE", https：//www.asama.org/contribute/, 2021 年 5 月 14 日。

[2] The National WWII Museum, "Volunteer Hall of Fame", https：//www.nationalww2museum.org/about－us/our－team/volunteer/volunteer－hall－fame, 2021 年 5 月 14 日。

[3] The National WWII Museum, "Road to Victory COMMEMORATIVE BRICKS & PAVERS", https：//www.nationalww2museum.org/give/honor－your－hero/road－victory, 2021 年 5 月 14 日。

美国中途岛号航空母舰博物馆将公众缴纳的会费支持博物馆的教育计划、船舶修复工作和展览开发。博物馆还提到其建设与运营没有获得美国政府或海军的资金支持，因此需要公众的资金和实物捐赠的支持，并大力号召公众参与其志愿服务以解决工作人员的紧缺问题。其理事会也同样邀请公众加入以贡献决策力量①。

公众可以通过一次捐赠、定时捐赠、缴纳会费等形式对美国大都会博物馆进行资金支持。受到新冠疫情影响，博物馆暂时关闭导致其资金出现了巨大的缺口，所以博物馆发起了"国会救助文化"运动（#CongressSaveCulture），以寻求政府的财政支持，公众可以通过在社交网站带此标签发表言论或上网站签署请愿书支持博物馆的这一运动，帮助博物馆获得更大的关注②。

美国"9·11"纪念馆和博物馆邀请事件的幸存者及其他在灾难中深受影响的人参与其口述历史项目，通过该项目为博物馆提供资料③。公众还可以通过鹅卵石赞助，帮助博物馆建设永久纪念广场及通往纪念林的林间道路，在帮助博物馆建设的同时也为事件中的救援者和逝者表达敬意④。而在捐赠方面，博物馆不仅接受遗赠、慈善礼物年金、慈善信托、房地产、人寿保险和其他计划礼品等形式的资金捐赠，还接受与"9·11"事件相关的照片、录像带、语音消息、衣服和其他个人物品等实物捐赠。在志愿服务方面，公众可以通过申请志愿者，参与博物馆的游客服务、零售迎宾以及博物馆讲解等工作⑤。

美国国家历史博物馆开展了极为丰富的志愿活动，公众成为志愿者后可以参与博物馆的引导与讲解、儿童服务、信息管理以及后勤等志愿

---

① USS Midway Museum, "GIVING OPPORTUNITIES Your support makes a difference", https://www.midway.org/give-join/support-us/overview/, 2021 年 5 月 14 日。

② The Met, "Advocacy for Arts Organizations", https://www.metmuseum.org/about-the-met/advocacy-arts-organizations, 2021 年 5 月 14 日。

③ National September 11 Memorial & Museum, "Oral Histories", https://www.911memorial.org/learn/resources/oral-histories, 2021 年 5 月 14 日。

④ National September 11 Memorial & Museum, "Sponsor a Cobblestone", https://www.911memorial.org/support/donate/sponsor-cobblestone, 2021 年 5 月 14 日。

⑤ National September 11 Memorial & Museum, "Volunteer", https://www.911memorial.org/support/volunteer, 2021 年 5 月 14 日。

工作①。博物馆的理事会组成包括著名的历史学家、企业代表、社区领袖以及慈善组织成员等，符合要求的公众可以为博物馆出谋划策。除了通过社交媒体平台与博物馆互动并向博物馆反馈意见以促进博物馆发展外②，公众还可以加入博物馆在 Flickr 照片共享网站创建的小组，在组内进行博物馆相关主题的分享，分享有可能会入选博物馆的相关网上展览③。

巴西国家博物馆除了接受公众的资金捐赠，还在其官网发布了网站评估问卷，邀请公众填写问卷以获得提升博物馆网站质量的有价值信息。

荷兰的阿姆斯特丹国立博物馆邀请公众加入其会员制，即"博物馆之友"，以获得公众的支持。成为博物馆之友的公众可以获得博物馆及其展览的无限免费入场权、大型展览预览、晚间开放、公共活动预登记（包括讲座、课程、讲习班等）、独家数字内容推送、博物馆商店和网上商店 15% 折扣以及博物馆的赫特咖啡厅折扣等特权。目前，受到新冠疫情的影响，博物馆在运营方面受到较大的影响，因此博物馆暂时仅为博物馆之友开放独家数字内容以及网店 15% 的折扣，并呼吁公众在资金方面对博物馆给予一定的帮助。

从对大英博物馆官网的调查中可以看出，个人参与其博物馆服务情况较好。公众积极通过资金捐赠以及实物捐赠提升博物馆服务与建设。对此，大英博物馆在其官网用数据公开的方式对捐赠者进行了表彰。大英博物馆同时设有查询和反馈处理机制，公众可对博物馆提出问题、观点和意见，这些消息会每月进行报告，为博物馆的决策提供依据④。

---

① National Museum of American History, "Volunteer Roles", https://americanhistory.si.edu/getinvolved/volunteer, 2021 年 5 月 14 日。

② National Museum of American History, "Connect", https://americanhistory.si.edu/connect, 2021 年 5 月 14 日。

③ National Museum of American History, "Flickr Share Your Photos", https://americanhistory.si.edu/connect/flickr, 2021 年 5 月 14 日。

④ The British Museum, "The Museum's Aim is to Hold a Collection Representative of World Cultures and to Ensure that the Collection is Housed in Safety, Conserved, Curated, Researched and Exhibited", https://www.britishmuseum.org/about-us/governance, 2021 年 5 月 14 日。

公众可以通过多种形式参与英国伯明翰艺术博物馆服务。通过申请成为志愿者，公众可以在咨询台、博物馆商店、特别活动等处提供帮助。志愿者还可以成为博物馆的导游，在分享其艺术热情的同时，帮助游客与博物馆中的艺术品建立联系。伯明翰艺术博物馆还针对高中生开展了特殊志愿者计划，提供其向博物馆专业人士、艺术家和其他艺术专业人士学习的机会。除了志愿服务，公众还可以通过多种形式的捐赠支持博物馆发展，包括直接捐款、证券转让、雇主等额捐赠、遗嘱捐赠以及实物捐赠等。

英国自然历史博物馆除了接受资金捐赠帮助博物馆可持续发展外，还开展了丰富的志愿活动，目前已有超过500名志愿者持续不断地为图书馆服务做出贡献①。博物馆开展了"公民科学"项目，但由于博物馆研究人员无法单独收集某些气候或自然数据，需要有条件的公众通过贡献对野生生物的观察记录、收集样本或抄写手写记录等方式助力博物馆研究②。而"DUNA项目"需要公众上传分类信息、物种分布图、建立博客或论坛，帮助博物馆制作在线地图集③。

英国帝国战争博物馆开展丰富活动呼吁公众对博物馆贡献个人。博物馆除了招募志愿者参与博物馆服务，还在官网设立专门模块，邀请公众填写表单向博物馆提交第一次世界大战相关信息以丰富网站资源。公众不仅可以通过缴纳会费加入博物馆会员支持博物馆发展，还可以通过多种形式的资金捐赠支持博物馆服务提升。

澳大利亚国家博物馆和维多利亚博物馆都设立了会员制度，澳大利亚公众可以通过缴纳会费加入会员对两个博物馆进行支持。两馆也同时接受个人的资金与实物捐赠，帮助博物馆更好地提升博物馆服务与丰富博物馆馆藏资源。志愿服务活动也在两馆中积极开展，公众通过申请成

---

① National History Museum, "Volunteer", https：//www. nhm. ac. uk/take – part/volunteer. html，2021年5月14日。

② The Trustees of The Natural History Museum, "Citizen science", https：//www. nhm. ac. uk/take – part/citizen – science. html，2021年5月14日。

③ Digitally Unlocking Nature's Archive, "Digitally Unlocking Nature's Archive：Help Us to Transcribe Manuscripts From the Library and Archives of the Natural History Museum, London", https：//www. zooniverse. org/projects/nhmlibraryarchives/duna/，2021年5月14日。

为志愿者后能投身到博物馆服务中贡献个人。除了以上形式，维多利亚博物馆在新冠疫情暴发后，开展了"搜集曲线"项目，邀请公众分享与新冠疫情有关的故事，博物馆将分享的故事添加进博物馆收藏中①。

四 个人志愿参与美国公共图书馆服务的情况

前文说过，由于志愿服务是个人参与公共文化服务最主要也是参与面最广的形式，而美国公共图书馆的志愿服务成熟且具有重要的影响力，所以本书专门调查了个人参与美国公共图书馆的志愿服务情况，以为我国最大限度吸引个人志愿参与公共文化服务提供借鉴。

（一）调查对象及内容

服务的人口数量是美国各个州建立公共图书馆的主要依据，诸多因素包括图书馆馆舍面积、图书馆运行费用、馆员的数量、馆藏量等都和图书馆的服务人口数量密切相关。由此，笔者以美国博物馆与图书馆服务协会（Institute of Museum and Library Service）所做的公共图书馆调查报告②为依据，按照服务人口数量降序排列，从中选取 10 所发展较为完善的美国公共图书馆作为调查对象。这 10 个图书馆分别是马里科帕县图书馆（MARICOPA COUNTY LIBRARY）、洛杉矶公共图书馆（LOS ANGELES PUBLIC LIBRARY）、纽约公共图书馆（NEW YORK PUBLIC LIBRARY）、洛杉矶县图书馆（LA County Library）、芝加哥公共图书馆（CHICAGO PUBLIC LIBRARY）、布鲁克林公共图书馆（BROOKLYN PUBLIC LIBRARY）、皇后区公共图书馆（QUEENS BOROUGH PUBLIC LIBRARY）、迈阿密 – 戴德公共图书馆系统（MIAMI – DADE PUBLIC LIBRARY SYSTEM）、休斯顿公共图书馆（HOUSTON PUBLIC LIBRARY）、哈里斯县公共图书馆（HARRIS COUNTY PUBLIC LIBRARY），如表 5 – 4 所示。调查内容包括志愿者人数、志愿者招募方式、志愿者招募标准、志愿服务内容、志愿者管理情况。

---

① Museums Victoria,"Collecting the Curve", https://museumsvictoria.com.au/collections – research/collecting – the – curve/，2021 年 5 月 14 日。

② IMLS,"Public Libraries in the United States Survey", https://www.imls.gov/research – evaluation/data – collection/public – libraries – survey，2020 年 4 月 26 日。

表 5-4　　　　　　　　　　调查对象统计

图书馆名称	图书馆网站
MARICOPA COUNTY LIBRARY	https://mcldaz.org/
LOS ANGELES PUBLIC LIBRARY	https://www.lapl.org
NEW YORK PUBLIC LIBRARY	https://www.nypl.org/
LA County Library	https://lacountylibrary.org/
CHICAGO PUBLIC LIBRARY	https://www.chipublib.org
BROOKLYN PUBLIC LIBRARY	https://www.bklynlibrary.org
QUEENS BOROUGH PUBLIC LIBRARY	https://www.queenslibrary.org/
MIAMI-DADE PUBLIC LIBRARY SYSTEM	https://www.mdpls.org/
HOUSTON PUBLIC LIBRARY	https://houstonlibrary.org/
HARRIS COUNTY PUBLIC LIBRARY	https://www.hcpl.net/homepage

（二）调查结果与分析

（1）志愿者人数

志愿者作为图书馆志愿服务的主体，具有重要的作用。本书通过查询各图书馆上一财年年报和门户网站，调查了10所美国公共图书馆对上一财年年度志愿者的人数统计情况，如表5-5所示。10所美国公共图书馆中有6所公布了志愿者人数，剩余4所则没有公布志愿者人数情况。6所公布了志愿者数量的图书馆中，有2所公布了详细数据，其余4所则公布了概数。从调查数据来看，服务人口越多的图书馆对志愿者数量进行统计的可能性越高。并且图书馆服务人口数量越多，其志愿者数量也相应越多。

志愿者人数统计方式也有两类：一类是直接统计志愿者人数，另一类则是统计志愿者服务时长。这两种统计方式各有优缺点：直接统计志愿者人数简单方便，但不利于计算出不同志愿者对于图书馆做出的贡献。统计志愿者服务时长有利于区分志愿者活跃度和对志愿者进行科学管理，但操作起来比较费时费力。从调查结果来看，大部分图书馆采用了较为简单方便的直接统计人数方法来统计志愿者数量。但相对而言，统计志愿者服务时长更具优势。虽然在统计过程中较为麻烦，但是长久看来更有利于图书馆了解志愿者情况，根据具体情况对志愿者进行管理和协调。

表 5-5　　调查对象志愿者人数统计表

图书馆名称	数据来源（网址、邮箱）	人数/时长总计	服务人口数量排名（降序）
MARICOPA COUNTY LIBRARY	https://mcldaz.org/assets/documents/annualreport/2019-MCLD-Annual-Report.pdf	28237 小时	1
LOS ANGELES PUBLIC LIBRARY	https://www.lapl.org/get-involved/volunteer	约5000人	2
NEW YORK PUBLIC LIBRARY	https://gethelp.nypl.org/customer/portal/chats/new	4500人	3
LA County Library	https://lacountylibrary.org/aboutus-info/	1666人	4
CHICAGO PUBLIC LIBRARY	https://www.chipublib.org/	未知	5
BROOKLYN PUBLIC LIBRARY	https://www.bklynlibrary.org/support/volunteer	约2000人	6
QUEENS BOROUGH PUBLIC LIBRARY	http://www.queenslibrary.org/contact-us	约1500人	7
MIAMI-DADE PUBLIC LIBRARY SYSTEM	https://www.mdpls.org/	未知	8
HOUSTON PUBLIC LIBRARY	https://houstonlibrary.org/	未知	9
HARRIS COUNTY PUBLIC LIBRARY	https://www.hcpl.net/homepage	未知	10

（2）志愿者申请方式

美国公共图书馆提供的申请志愿者的方式有许多种，包括在线申请、发送邮件、电话申请、现场申请等多种方式。在10所被调查的美国公共图书馆中，有7所提供了在线申请的方式，5所提供了发送邮件的申请方式，3所提供了现场申请的方式，2所提供了电话申请的方式，如表5-6所示。可以看出，美国公共图书馆提供了多种申请成为志愿者的渠道，其中在线申请是规模较大的美国公共图书馆普遍提供的申请志愿者的方式。除此之外，10所图书馆均在图书馆官方网站的志愿者板块标明了申请志愿者的渠道。这说明美国公共图书馆对志愿者管理较为规范和透明，公众对图书馆招募志愿者的信息也能及时准确地通过图书馆进行网站获取。

表5-6　　　　　　　　　志愿者申请方式统计表

图书馆名称	申请方式	申请网页
MARICOPA COUNTY LIBRARY	在线申请	https://apps.mcldaz.org/volunteer/
LOS ANGELES PUBLIC LIBRARY	电话申请、发送邮件、现场申请、在线申请	https://www.lapl.org/get-involved/volunteer
NEW YORK PUBLIC LIBRARY	在线申请、发送邮件	https://www.nypl.org/help/about-nypl/volunteer-nypl
LA County Library	发送邮件（需下载填写申请表）	https://lacountylibrary.org/volunteer/
CHICAGO PUBLIC LIBRARY	发送邮件、现场申请	https://www.chipublib.org/volunteer-at-cpl/
BROOKLYN PUBLIC LIBRARY	在线申请	https://www.bklynlibrary.org/support/volunteer
QUEENS BOROUGH PUBLIC LIBRARY	在线申请	https://www.queenslibrary.org/support/volunteer
MIAMI-DADE PUBLIC LIBRARY SYSTEM	发送邮件、电话申请	http://www.friendsofmdpl.org/volunteer-with-the-friends/
HOUSTON PUBLIC LIBRARY	在线申请	https://app.betterimpact.com/Application?OrganizationGuid=94630cbd-65f6-4017-9922-9fc52496e27c&ApplicationFormNumber=1
HARRIS COUNTY PUBLIC LIBRARY	现场申请（需下载填写申请表）、在线申请	https://www.hcpl.net/about/volunteers https://www.hcfol.org/volunteer-2

(3) 志愿者招募要求

美国公共图书馆在招募志愿者时会对申请者提出一些要求。被调查的10所美国公共图书馆均在网站详细给出了志愿者招募的要求，如表5-7所示。10所图书馆中有8所需要申请时填写图书馆规定的申请信息，包括个人联系方式、年龄、图书馆分馆、志愿者岗位、可服务时间等基本信息。除此之外，一些图书馆会让志愿者自主填写个人兴趣特长，包括是否会多种语言、是否会使用电脑、是否擅长手工艺品制作等。这些个人兴趣特长会帮助图书馆判断志愿者是否与志愿者岗位相匹配。而是否会多种语言则与美国本身国情相关，会多种语言的志愿者能帮助更多的美国公共图书馆使用者。一些图书馆对不同岗位提出了具体的要求，比如芝加哥公共图书馆、皇后区公共图书馆和迈阿密-戴德公共图书馆系统。这3所图书馆在招募志愿者时强调了志愿者的个人能力与岗位需求要有较高的匹配度。

表5-7 志愿者招募要求统计表

图书馆名称	招募要求
MARICOPA COUNTY LIBRARY	1. 不接受法院判决的必须执行社区服务的志愿者。 2. 需填写每周可服务时间、志愿者经验、是否会多种语言
LOS ANGELES PUBLIC LIBRARY	需填写年龄、分馆、志愿者岗位、可服务时间
NEW YORK PUBLIC LIBRARY	需填写首选分馆、志愿者岗位、是否有借书证、为什么从事志愿服务、最常使用哪个数据库、可服务时间
LA County Library	需填写工作经历、是否会多种语言、可服务时间，未成年人需提供监护人联系方式
CHICAGO PUBLIC LIBRARY	初中生或高中生，最低累积平均绩点大于等于4.0；或在校大学生或研究生；或具有相应的工作和生活经验的社会人士
BROOKLYN PUBLIC LIBRARY	1. 不同岗位有不同年龄限制以及技能要求。 2. 需填写工作经历、服务时间、分馆、是否会使用电脑、受教育程度、是否会多种语言、志愿服务经历、紧急联系人、是否未成年人

续表

图书馆名称	招募要求
QUEENS BOROUGH PUBLIC LIBRARY	分为18岁以上的个人、18岁以下的个人、社区组织和学校、公司或企业集团四个申请类别，不同类别要求不同
MIAMI-DADE PUBLIC LIBRARY SYSTEM	社交媒体志愿者岗位需要具备WordPress、Photoshop、Dreamweaver（或类似产品）和HTML的知识。其他岗位无要求
HOUSTON PUBLIC LIBRARY	申请人必须年满14周岁、必须使用准确的信息完成自己的申请、年满18周岁的申请人必须同意接受犯罪背景调查、申请人不能申请法院命令或法院要求的志愿工时、必须参加入职培训并遵循志愿者的职位描述、必须设定并保持一个有计划的工作时间表、志愿者在服务的前30—45天必须至少工作20小时等要求
HARRIS COUNTY PUBLIC LIBRARY	需填写可服务时间、志愿者岗位、特长、紧急联系人、是否是未成年人、是否会多种语言、是否愿意配合背景调查、签署图书馆发布个人照片和姓名的同意书

值得一提的是，被调查的10所公共图书馆中有7所对志愿者是否为未成年人进行了特别区分。这7所图书馆要求未成年人在申请成为志愿者时，需要提供监护人的信息以及监护人的签名。同时，图书馆还表示将对与未成年人一起工作的成年人进行背景调查以及指纹记录。这反映了美国公共图书馆对未成年人的重视和保护，是非常值得其他公共图书馆学习借鉴的地方。除此之外，哈里斯县公共图书馆更是需要志愿者签署图书馆发布个人照片和姓名的同意书，以获取志愿者关于图书馆发布志愿者的姓名、肖像、图像、照片、录像带、电影和声明的授权。

皇后图书馆在志愿者申请板块特别注明：在志愿者申请成为美国公共图书馆志愿者后，图书馆会要求申请人完成与项目主管的个人面试，面试过程中将会和申请人讨论志愿服务要求、时间表以及具体职责和任务。在面试完成后，图书馆将会给通过面试的申请人发送正式录用通知书。申请人必须回复接受或拒绝该职位。一旦申请人接受职位后，图书馆必须在志愿服务开始之前对18岁及以上的申请人进行背景调查，包括犯罪记录和社会保障跟踪。之后，申请人必须强制性参与网络入职培训，入职培训涵盖了与志愿服务有关的重要政策和经验。至此，申请人才能成为一名正式的图书馆志愿者。除皇后区图书馆外，其他被调查图书馆也大多有类似的规定和要求。这些规定说明美国公共图书馆对志愿者招募具有完整且有保障的流程，这些流程可能会耗费图书馆工作人员的时间，但能在较大程度上保证志愿者的可靠性和专业性，也能相应地保证志愿服务对象的安全。

（4）志愿服务内容

美国公共图书馆志愿服务内容往往会根据实际需要进行设置，并且随着图书馆业务的发展而进行调整。被调查的10所公共图书馆中，有8所在图书馆网站注明了志愿者岗位，有9所介绍了志愿服务的具体内容，如表5-8所示。各个图书馆设置的志愿者岗位也不尽相同，包括家庭作业助手、排架志愿者、成人扫盲志愿者、青少年志愿者等常见图书馆志愿者岗位，也包括STAR（故事叙述和阅读）志愿者、社区口述历史志愿者等特殊项目志愿者岗位。值得一提的是，10所被调查图书馆中有6所设置了家庭作业助手岗位，这说明规模较大的美国公共图书馆大部分都开展了针对青少年的家庭作业助手项目，这些公共图书馆在青少年的教育过程中发挥着重要的作用。

根据被调查图书馆公布的志愿服务内容，我们可以看到美国公共图书馆志愿服务内容包括整理书籍、阅读推广、帮助读者使用图书馆资源等基本的图书馆服务，也包括家庭作业辅导、西班牙语家教、成人扫盲等教育服务，还包括选民登记、行政任务等社区服务。据报道，2018年，皇后区公共图书馆、布鲁克林公共图书馆以及纽约公共图书馆曾联合举办选民登记活动①，鼓励公民参与公共事务，行使公共权利。民众可至三大公共图书馆系统的服务台索取选民登记表，登记表有多种语言服务。这表明，美国公共图书馆在参与社会性事务中发挥着较为重要的作用。

---

① 中国侨网：《美选民登记开始 纽约亚太裔投票联盟吁民众注册投票》，2018年9月27日，http://www.chinaqw.com/hqhr/2018/09-27/203428.shtml，2020年6月6日。

表5-8　　　　　　　　　　　志愿服务内容统计表

图书馆名称	岗位设置	服务内容
MARICOPA COUNTY LIBRARY	未说明	整理书籍及其他图书馆工作
LOS ANGELES PUBLIC LIBRARY	成人书籍讨论组长、成人扫盲计划、中央图书馆、馆藏库存助手、图书馆之友、家庭作业助理、图书馆计划助手、媒体技术员特别项目助手、STAR（故事讲述和阅读）志愿者、青少年志愿者	图书馆倡导/信息素养教育文化/社区对话与档案组织和安排青少年活动区成为家庭作业的助手协助图书馆之友投票权和选民登记等工作
NEW YORK PUBLIC LIBRARY	家庭作业助手、国际象棋家、针织家教、钩针老师、活动志愿者、排架志愿者、行政任务志愿者、西班牙语家教、视障人士读者、社区口述历史志愿者	未说明
LA County Library	未说明	帮助清洁和分类图书馆的资料和显示，协助儿童讲故事或进行艺术活动，为图书馆用户提供计算机和印刷支持，作为 Friends Group 的成员筹集资金并提高对图书馆服务的认识。全年的志愿工作可能会有所不同
CHICAGO PUBLIC LIBRARY	家庭作业帮助计划志愿者	帮助孩子专注于家庭作业；定义作业任务的目标；在理解作业方面提供帮助；演示并加强完成作业所需的学习概念（例如，数学事实，语法基础）；进行与作业相关的技能训练等工作

续表

图书馆名称	岗位设置	服务内容
BROOKLYN PUBLIC LIBRARY	成人扫盲导师、课后作业帮手、公民考试教练、排架志愿者、电脑教练、英语会话小组负责人、阅读教练、恢复教练、青年理事会、讲故事大使、欢迎大使等	引导成年学习者进行与他们的学习和生活目标有关的学习活动;指导孩子使用目录,索引和其他参考资料;通过相应地归档材料来组织书籍/视频书架等工作
QUEENS BOROUGH PUBLIC LIBRARY	在线/虚拟服务项目志愿者、成人教育项目志愿者、社区图书馆项目志愿者、皇后区公共图书馆之友、一日活动志愿者	志愿者项目为各个年龄段的人提供服务,志愿者根据个人兴趣、位置和可用性选择机会。可以选择直接与公众互动或留在幕后,以帮助图书馆顺利运作
MIAMI - DADE PUBLIC LIBRARY SYSTEM	图书销售志愿者、社交媒体志愿者、特殊活动志愿者、办公室助手	对捐赠的书籍进行分类,以及在销售日期间安排书籍销售。寻求志愿者来帮助运营图书馆社交媒体账号。帮助处理邮件和其他轻度的办公室工作
HOUSTON PUBLIC LIBRARY	导师、研究助理、手工艺助理、课后区域导师、讲师、技术班、实习生、ESOL教师和书架助理	探索与儿童一起工作,共享图书馆信息,处理材料或协助特殊项目
HARRIS COUNTY PUBLIC LIBRARY	社区志愿者、家教志愿者、书友志愿者	显示屏和布告栏、书架材料、手工艺、图书销售、扫盲、ESL和公民辅导、特殊项目;帮助邻居提高阅读能力,学习说英语或成为美国公民;与所在社区的孩子分享对读书的热爱

(5) 志愿者管理情况

对于公共图书馆而言,是否设置了专门的志愿者管理机构对志愿者进行管理是衡量志愿者管理是否规范的重要参考。被调查的 10 所美国公共图书馆中，有 8 所设置了专门的管理机构，包括"图书馆之友""义工办公室""义工资源"等机构，有 1 所将图书馆志愿者管理归至"儿童服务中心"，还有 1 所未说明是否设置了志愿者管理机构，如表 5-9 所示。"图书馆之友"是被调查图书馆中最多的管理机构，有 6 所公共图书馆将志愿者服务交由"图书馆之友"进行管理。从管理角度来看，由专门的管理机构来运转大规模的图书馆志愿活动更有利于维持志愿活动开展的延续性。调查结果表明，规模较大的美国公共图书馆在对志愿者进行管理时较为严格和规范且重视程度也较高。"图书馆之友"作为由热心图书馆事业的人士组成的非营利性社会组织，在招募和充当图书馆志愿者为图书馆的日常事务和各种活动出力中发挥着重要的作用。除此之外，"图书馆之友"还在为图书馆争取各种基金会、企业和社会团体的赞助、帮助图书馆扩大影响力和获取更多公众支持和关注等方面十分重要。而"图书馆之友"本身也会不定期招募一些志愿者加入。"图书馆之友"作为社会力量参与公共图书馆的日常活动，体现了社会力量对公共图书馆运行的支持。社会力量在公共图书馆开展志愿活动的过程中起着重要的作用。

表 5-9　　　　　　　　　　志愿者管理情况统计表

图书馆名称	管理机构
MARICOPA COUNTY LIBRARY	未说明
LOS ANGELES PUBLIC LIBRARY	图书馆之友
NEW YORK PUBLIC LIBRARY	义工办公室
LA County Library	图书馆之友
CHICAGO PUBLIC LIBRARY	儿童服务中心
BROOKLYN PUBLIC LIBRARY	义工资源
QUEENS BOROUGH PUBLIC LIBRARY	图书馆之友
MIAMI-DADE PUBLIC LIBRARY SYSTEM	图书馆之友
HOUSTON PUBLIC LIBRARY	图书馆之友
HARRIS COUNTY PUBLIC LIBRARY	图书馆之友

(三) 美国公共图书馆志愿服务的特点

(1) 志愿者招募信息与政策信息易获取

被调查的10所美国公共图书馆均在图书馆门户网站或"图书馆之友"网站提供了专门的志愿者板块，用户可以较为容易地通过查询图书馆门户网站获取志愿者招募的岗位和志愿者招募的具体要求以及志愿者申请方式。志愿者招募信息易获取意味着大部分有意成为图书馆志愿者的公众可以不用费时费力查询即可获取及时完整有效且较为准确的图书馆志愿者招募信息。这不仅能帮助有志成为志愿者的公众节约时间，也能帮助图书馆工作人员减少解答公众关于志愿者招募情况咨询的时间和精力，是一项双赢的举措。除此之外，志愿者申请表对于用户而言也是易获取的，用户可以轻松获取并填写提交志愿者申请表。志愿者招募信息易获取能使图书馆招募到更多符合需求的志愿者。

用户在申请成为图书馆志愿者时，需要了解图书馆公布的相关政策文件。被调查的大部分图书馆在门户网站志愿者板块公布了志愿者工作要求和管理方法、背景调查表、承诺协议等政策文件。用户可以较容易地获取图书馆志愿服务的相关政策文件。

(2) 志愿者招募要求准确

被调查的10所美国公共图书馆都在门户网站公布了志愿者招募的具体要求。针对专业性不是特别强的岗位，会要求申请人提供包括个人联系方式、年龄、图书馆分馆、志愿者岗位、可服务时间等基本信息。而针对专业性较强的岗位，图书馆提出了具体的招募要求，比如迈阿密-戴德公共图书馆系统在招募社交媒体岗位志愿者时要求申请人具备 WordPress、Photoshop、Dreamweaver（或类似产品）和 HTML 的知识。图书馆也会针对不同岗位制定不同的年龄要求，比如成人扫盲志愿者需要年满18岁，而青少年志愿者年龄需在12—18岁。

(3) 志愿者申请方式多样

美国公共图书馆在招募志愿者时，通常提供了在线申请、发送邮件、电话申请、现场申请等多种方式。调查显示，10所美国公共图书馆都给出了用户可选择的申请志愿者方式，大部分图书馆都提供了在线申请的申请方式。在线申请需要用户在线填写报名表并提交即可完成申请。对于用户而言，提交申请可以不受图书馆工作时间的限制；对于图书馆工作人员而言，可以收集到申请人完整且规范的个人信息。除了在线申请，大部分图书馆都提供了包括发送电话申请和现场申请等多种申请方式，方便用户选择适宜自身情况的申请方式，这一点体现了图书馆人性化的服务。

（4）志愿者招募和管理规范化

美国公共图书馆都有一套自己的招募流程，被调查图书馆中具有代表性的图书馆是皇后区图书馆。皇后区公共图书馆在图书馆门户网站的志愿板块公开了图书馆招募的完整流程。包括志愿者搜索岗位—提交申请—处理申请—面试—岗位匹配—背景调查—入职培训七个环节。皇后区图书馆特别声明申请人在接到正式录取通知书后必须回复接受或拒绝，并且所有通过审核的志愿者必须强制性参加入职培训。值得关注的是，图书馆会对18岁以上的申请人进行背景调查，当申请人申请的岗位会和儿童接触时，需要申请人提供指纹进行记录。未成年人在申请成为志愿者时也需要提供监护人联系方式和知情同意签名。这体现了图书馆在招募志愿者时的慎重，也体现了对志愿服务对象的负责。除此之外，大部分图书馆都设置了专门的志愿者管理机构对志愿活动进行管理。同时也制定了针对志愿者的招募和管理的规范的文件和标准。志愿者招募和管理规范化有利于图书馆对志愿者进行了解和筛选、提高志愿者招募效率，也有利于让用户认同图书馆的招募过程，更能规避在志愿者招募和管理过程中的风险。

（5）志愿服务内容丰富

美国公共图书馆提供包括图书馆基本服务、教育服务和社区服务在内的三种志愿服务。被调查的大部分美国公共图书馆都针对不同的志愿服务内容设置了专门的志愿者岗位，并且详细介绍了志愿者服务的内容。美国公共图书馆志愿服务内容涉及广泛，被调查的图书馆中达半数设置了10个及以上的志愿者岗位，为各个年龄段的读者提供不同的服务。志愿者可以根据个人兴趣爱好、技能以及地理位置等选择合适的志愿者岗位。志愿者可以选择直接与用户互动或者留在幕后，以帮助图书馆顺利运作。志愿者参与图书馆的各个项目不仅能节约图书馆的开支，还能缓解图书馆工作人员不足的压力。

五 国外个人参与公共文化服务情况分析与总结

从上文的调查情况中能看出，公民的个人参与对公共文化服务的延伸及发展提供推进力，在促进公共文化服务质量提升的过程中起着不可忽视的作用。

在所有个人参与形式中，最普遍的是成为志愿者直接参与到公共文化服务中，志愿者直接为相关机构提供经验、技术、人力等支持。其次是公民通过捐赠各类型的资源助力公共文化服务发展，公民对相关机构的资金捐赠为相关机构购置设备、补充资源、开展活动等提供保障，而实物资源的捐赠进一步加强了馆藏资源建设。值得注意的是，通过相关网络社交平台分享个人资源对公共文化服务的馆藏资源也同样进行了多形式的补充。除了直接捐赠的形式，公民通过缴纳会费加入会员或购买相关产品不仅间接对公共文化服务提供支持，还能享受到相关机构的福利或优待。公民加入相关机构的理事会参与决策，以不同视角为公共文化服务的提升贡献力量，这一形式也是国外个人参与的一大亮点。当然，个人的舆论力量在公共文化服务开展的过程中也是不可忽视的。公民通过对相关机构进行声援不仅能加深大众对公共文化服务的认识，也能加强政府对其的重视，还能使其更易获得各界的关注并获得支持。

第二节 国外社会组织参与公共文化服务的情况

一 参与图书馆服务的情况

为了解国外社会组织参与图书馆服务的情况，笔者对国外部分图书馆官方网站进行调查，调查结果如表 5-10 所示。从表中内容可以看出，国外社会组织参与图书馆服务的形式以资金捐助和合作开展活动为主，相较于个人参与图书馆情况，形式比较局限，且参与情况还有一定的提升空间。

表 5-10　　　　　　　国外社会组织参与图书馆服务情况

图书馆名称	国家	社会组织参与形式	资料来源
格威内特县公共图书馆（Gwinnett County Public Library）	美国	当地公立学校与图书馆合作，增加对图书馆的访问以及资源利用	https://www.gwinnettpl.org/
圣保罗公共图书馆（Saint Paul Public Library）	美国	图书馆的非营利性组织通过募集资金、开展倡议活动、提供服务咨询等形式来支持图书馆的发展	https://thefriends.org/
纽约公共图书馆（New York Public Library）	美国	多个基金会通过资金捐赠助力图书馆发展	https://www.nypl.org/
惠提尔公共图书馆（Whittier Public Library）	美国	图书馆的非营利性组织通过募集资金来支持图书馆的发展；基金会通过资金捐赠助力图书馆发展	https://www.whittierlibrary.org
柏林国家图书馆（Staatsbibliothek zu Berlin）	德国	通过图书赞助计划来支持图书馆馆藏资源建设	https://www.freunde-sbb.de/
德国国家图书馆（Die Zeitschriftendatenbank）	德国	多个组织和图书馆一同开展活动	https://www.dnb.de/
丹麦皇家图书馆（Det Kgl. Bibliotek.）	丹麦	基金会通过资金捐赠助力图书馆发展	https://www.kb.dk/en/about-us/partnerships-and-sponsors
俄罗斯国家图书馆（Russian State Library）	俄罗斯	基金会通过资金支持图书馆开发旅游项目	https://www.archivists.org.au/about-us/statements/asa-statement-on-volunteers-in-archives

美国格威内特县公共图书馆与该地区的公立学校进行合作，促进在校师生对其图书卡的办理。这不仅极大地增加了地区公众使用实体馆藏资源的机会，还使公众对图书馆的电子资源的访问急剧增加。

"圣保罗公共图书馆之友"（The Friends of the Saint Paul Public Library）作为一个非营利性组织，其目的是提升美国圣保罗公共图书馆的服务能力以更好地为社区服务①。圣保罗公共图书馆之友不仅通过开展倡议活动提升公众利用图书馆的意识②，还通过为圣保罗公共图书馆筹款解决图书馆资金问题。除此之外，圣保罗公共图书馆之友与图书馆合作开展多项公开活动促进公民对图书馆的访问，并通过其咨询服务加强圣保罗公共图书馆与各界的合作，提升圣保罗公共图书馆的公共文化服务能力。

美国纽约公共图书馆提到，在纽约市 92.7 万名普通青年图书馆持卡人中，有 16 万人（约 20%）因累积罚款超过 15 美元而被暂停借阅权限。在这些被取消权限的儿童和青少年中，近一半来自对图书馆有着较高需求的社区③。因此，图书馆在 JPB 基金会（The JPB Foundation）的资金支持下，一次性免除全市儿童及青少年在图书馆中的罚款，帮助儿童及青少年无负担进入图书馆。此外，纽约公共图书馆还获得波隆斯基基金会（The Polonsky Foundation）拨款，将 5 万页具有历史意义的美国早期手稿材料进行数字化以便公众使用④。

美国的惠提尔公共图书馆同样设立了非营利性组织——图书馆之友。该组织自 1964 年成立以来，已向惠提尔公共图书馆捐赠了超过 180 万美元，并且每年都会向图书馆提供不受限制的资金，用于对图书馆的规划、设备购置、宣传或其他服务⑤。

柏林国家图书馆之友作为德国柏林国家图书馆的附属组织，通过图书赞助计划进行特殊物品或其他类型收藏的获取，完善了馆内资源建

---

① The Friends of the Saint Paul Public Library, "About The Friends of the Saint Paul Public Library", https://thefriends.org/about/, 2021 年 5 月 15 日。

② The Friends of the Saint Paul Public Library, "Saint Paul, Your Library Needs You", https://thefriends.org/protectthelibrary/, 2021 年 5 月 15 日。

③ New York Public Library, "New York City Public Libraries Announce Citywide Fine Forgiveness for all Youth", https://www.nypl.org/press/press-release/october-19-2017/new-york-city-public-libraries-announce-citywide-fine, 2021 年 5 月 15 日。

④ New York Public Library, "The New York Public Library Receives Grant To Digitize 50000 Pages of Historic Early American Manuscript Material For Public Use", https://www.nypl.org/press/press-release/new-york-public-library-receives-grant-digitize-50000-pages-historic-early, 2021 年 5 月 15 日。

⑤ Whittwood Public Library, "What the Friends Do", https://www.whittierlibrary.org/i-want-to/support-the-library/friends-of-the-library, 2021 年 5 月 15 日。

设。此外，该组织还开展阅读推广活动和讲座，向成员们介绍图书馆的幕后故事，加强图书馆的影响力。

丹麦皇家图书馆在官网指出，受到一系列基金会的帮助后，图书馆获得了大量活动资金。俄罗斯国家图书馆在开展活动时同样获得了较多基金会的支持，纳塔利娅·库兹米纳慈善基金会通过资金支持，助力"将俄罗斯国家图书馆当作可被旅游观光的博物馆"项目，帮助图书馆开发游览项目、提供各种旅游服务①。

二 参与档案馆服务的情况

在对部分国外社会组织参与档案馆服务的情况进行调查后发现，相比个人参与档案馆服务的情况，档案馆获得社会组织的支持情况较少，此情况同样不太理想，具体情况如表 5-11 所示。

表 5-11　　　　　　国外社会组织参与档案馆服务情况

档案馆名称	国家	社会组织参与形式	资料来源
英国国家档案馆（The National Archives）	英国	多个社会组织与档案馆合作提升用户体验	https://www.nationalarchives.gov.uk/
东骑档案馆（East Riding Archives）	英国	基金会通过资金捐赠助力档案馆发展	https://www.eastridingarchives.co.uk/
黑人文化档案馆（Black Cultural Archives）	英国	多个社会组织帮助档案馆开展营销活动	https://blackculturalarchives.org/
美国国家档案馆（National Archive）	美国	基金会通过资金捐赠助力档案馆发展	https://www.archives.gov/
"9·11"数字档案馆（September 11 Digital Archive）	美国	社会组织帮助档案馆满足其流媒体需求	https://911digitalarchive.org/partners

多个组织与英国国家档案馆合作开展活动提升档案馆服务。吉斯克

---

① The National Library of Russia,"МУЗЕЙ КНИГИ", http://leninkatour.ru/muzey-knigi/，2021 年 5 月 15 日。

和档案中心（Jisc and the Archives Hub）于 2017 年 9 月与英国国家档案馆签署了协议，确定了若干合作协议。其中一个合作项目是共同提升该组织和档案馆的联系，探索它们之间的数据互操作性，改善两个系统的用户体验。并在此基础上，尽力提升两个系统之间的互连性。英国国家档案馆还与英格兰艺术理事会（Arts Council England）和英国研究图书馆协会（Research Libraries UK）共同制定了若干倡议。在多方面达成合作。此外，英国国家档案馆积极地与档案和记录协会（Archives and Records Association）发起推进员工队伍发展和提升档案意识的运动，还与地方政府协会（Local Government Association）合作提升档案馆服务质量，以及与数字保存联盟（Digital Preservation Coalition）一同商议发展战略并对若干问题提出解决方案。

英国东骑档案馆接受国家彩票遗产基金（National Lottery Heritage Fund）的资助后，得以顺利开展档案馆许多重要工作。通过这些资助，档案馆购置了摄影设备，用于数字化馆内记录，使馆藏资源更好地保存且更容易被访问。资金还帮助档案馆培训志愿者和在社区举办家庭活动。

英国黑人文化档案馆与全球营销效果的权威机构 WARC 合作，制作了一系列访谈视频，目的是展示英国黑人营销人员和创意人员对营销传播行业的贡献与影响。档案馆与尼奇点播（Niche on Demand）合作制作了视频集《隐藏的数字：英国黑人营销与设计》，该系列视频标志着黑人文化档案馆和 WARC 之间长期合作的确立，WARC 承诺帮助档案馆解决营销的各类问题[①]。

美国国家档案馆在其官网中指出，其国家档案基金会受到了菲利普·格雷厄姆基金会、威廉·麦戈万慈善基金等组织的资助。通过这些组织的资助，国家档案基金会能够更有效地支持国家档案博物馆开展各类项目、开设展览和改善档案馆公共空间建设等。

"流媒体文化"（Streaming Culture）是一个非营利性组织，其组织

---

① Black Cultural Archives, "BCA and WARC Launch Interview Series to Spotlight Pioneering Black British Creatives and Marketers", https://blackculturalarchives.org/blog/2020/10/6/warc-and-bca-launch-interview-series-to-spotlight-pioneering-black-british-creatives-and-marketers，2021 年 5 月 15 日。

的目标是使公共的艺术和文化组织能够更好地对音频、视频等流媒体资源进行制作与保存。近年来,"流媒体文化"正持续对美国"9·11"数字档案馆提供帮助,满足档案馆对相关数据的大容量储存需求。

三 参与博物馆服务的情况

通过对国外部分博物馆的官方网站进行调查,笔者发现相较于参与档案馆服务情况,国外社会组织参与博物馆服务稍微较好,具体情况如表5-12所示。从表中内容可以看出,社会组织参与博物馆服务的形式较为多样。值得注意的是,对比社会组织对图书馆和档案馆的支持,通过实物捐赠补充博物馆馆藏资源的方式是社会组织参与博物馆服务的一大亮点。

表5-12　　　　　国外社会组织参与博物馆服务情况

博物馆名称	国家	社会组织参与形式	资料来源
中途岛号航空母舰博物馆（USS Midway Museum）	美国	基金会通过资金捐赠助力博物馆发展	https://www.midway.org/education/teacher-programs/midway-institute-for-teachers/#RESOURCES
芝加哥艺术博物馆（The Art Institute of Chicago）	美国	基金会通过资金捐赠助力博物馆发展	https://www.artic.edu/thanks-to-our-supporters/
美国自然历史博物馆（American Museum of Natural History）	美国	基金会通过资金捐赠帮助博物馆数字化建设	https://www.amnh.org/apps/explorer
梵高博物馆（Van Gogh Museum）	荷兰	通过实物捐赠补充馆藏；基金会通过资金捐赠助力博物馆发展	https://www.vangoghmuseum.nl/
大英博物馆（The British Museum）	英国	通过实物捐赠补充馆藏；基金会通过资金捐赠助力博物馆发展	https://www.afbm.org/background.htm
帝国战争博物馆（Imperial War Museums）	英国	多个组织与博物馆合作开展活动	https://www.iwm.org.uk/partnerships/

续表

博物馆名称	国家	社会组织参与形式	资料来源
柏林国家博物馆（Staatliche Museen zu Berlin）	德国	社会非营利性组织通过资金捐赠支持博物馆活动的开展	https://www.smb.museum/en/about-us/support-us/sponsors/sparkassen-finanzgruppe/

美国中途岛号航空母舰博物馆在 2015 年与特拉维斯·马尼翁基金会（Travis Manion Foundation）合作，创建了一个船上领导学院，致力于为青年人开展教学活动，以促进青年人的性格发展[1]。自领导学院试点以来，来自圣地亚哥社区的数百名青年参加并完成了学院设立的课程。此外，特拉维斯·马尼翁基金会和中途岛号航空母舰博物馆团队合作提供为社区服务的机会，使学院毕业生有机会对所学知识进行实践。

美国芝加哥艺术博物馆通过紫金花基金会（Redbud Foundation）的特别赞助，开展了博物馆免费入场计划，使免费入场的人群扩大至所有芝加哥 18 岁以下的青少年。大卫·斯通慈善信托基金会（David M. Stone Charitable Trust）、詹姆斯和玛德琳·麦克穆兰家庭基金会（The James and Madeleine McMullan Family Foundation）、埃夫罗伊姆森家庭基金会（Efroymson Family Fund）等众多基金会通过资金捐助帮助博物馆开展教育项目以及提升博物馆服务。

"探索"手机应用（Explorer APP）是美国自然历史博物馆制作的免费移动应用程序，功能包括博物馆地图、对展品的介绍、博物馆内容以及对博物馆的建议入口等[2]。此应用程序的制作受到了彭博慈善基金会（Bloomberg Philanthropies）的大力支持。

荷兰梵高博物馆受到了许多基金会的支持。在学术研究方面，安嫩伯格基金会（Annenberg Foundation）对博物馆提供赞助，培训了一名初级博物馆研究员；AXA 研究基金（AXA Research Fund）对梵高画作色彩变换的博士研究项目提供支持；FIL 基金会（FIL Foundation）支持

---

[1] USS Midway Museum, "LEADERSHIP ACADEMY", https://www.midway.org/education/youth-programs/leadership-academy/, 2021 年 5 月 15 日。

[2] American Museum of Natural History, "Explorer App", https://www.amnh.org/apps/explorer, 2021 年 5 月 15 日。

优化博物馆游客容量的研究。在对弱势群体的关怀方面，巴蒂米乌斯基金会（Bartiméus Fonds）考虑到对盲人和部分有视力障碍的游客的关怀，支持博物馆开展一个名为"感觉梵高"（Feeling Van Gogh）的互动项目；斯卢伊特曼范卢基金会（Fonds Sluyterman van Loo）对博物馆给予支持帮助弱势老年人参与"梵高计划"（Van Gogh programme）。蒙德里亚基金会（Mondriaan Fonds）、伦勃朗协会（Rembrandt Association）以及 VS 基金会（VS Fonds）通过对博物馆进行资金赞助或实物捐赠等方式丰富博物馆馆藏资源。

大英博物馆美国之友（The American Friends of the British Museum）作为一个非营利组织，其使命是提高美国和海外美国人对大英博物馆的认识，目的是提升博物馆的服务、资金、馆藏资源建设等。自 1989 年成立以来，大英博物馆美国之友已对博物馆捐赠了超过 5000 万美元现金以及许多艺术品。

英国帝国战争博物馆在其官网指出，英国艺术理事会（Arts Council England）、艺术基金（Art Fund）、DCMS/沃尔夫森博物馆和画廊改善基金（DCMS/Wolfson Museums and Galleries Improvement Fund）、美利坚合众国大使馆（Embassy of the United States of America）、国家彩票遗产基金信托基金和基金会（The National Lottery Heritage Fund Trusts and Foundations）、班福德慈善基金会（The Bamford Charitable Foundation）等组织对帝国战争博物馆进行了大量的资金支持，以帮助博物馆改造建筑空间、开办展览和开展"公众参与和学习计划"（public engagement & learning programmes）活动等。

Sparkasse Finanzgruppe 作为德国最大的非政府文化赞助组织，自 2011 年以来一直对柏林国家博物馆进行赞助，这些资金为博物馆的展览活动和文化教育项目提供了有力支持。

四 参与公共文化服务情况分析与总结

基金会、协会、公益性团体等社会组织是公共文化服务的重要参与对象。这类组织与公共文化机构进行合作，不仅能更有效地行使其职能，还通过发挥其特有作用，对公共文化机构的资源建设、宣传推广、服务提升等方面提供有力支持。

国外社会组织参与公共文化服务的形式同样极为丰富。不少基金会、协会等组织对公共文化机构进行资金捐赠，这些资金直接用于公共文化服务能力的提升。此外，还有部分组织通过实物捐赠的形式进一步推动相关机构的馆藏资源建设。公共文化机构在开展品牌推广活动时，借助社会组织的平台资源优势进行宣传，能加深相关机构社会影响的广度及深度。将各类组织与社会各界的紧密联系这一优势运用到公共文化服务中，能够推动相关机构的多方合作，为其服务的持续发展提供动力。在开展某些特定活动时，公共文化机构可能不具备某些条件，如指定设备、特殊人才以及技术支持等，这就需要具备相关条件的社会组织对其给予一定的支持。

第三节 国外企业参与公共文化服务的调查情况

一 参与图书馆服务的情况

为了解国外企业参与图书馆服务的情况，笔者对部分图书馆官方网站进行调查，调查结果如表 5-13 所示。从表中内容可以看出，国外企业参与图书馆服务的形式集中于与图书馆合作开展活动、通过资金捐赠支持图书馆服务以及通过竞标参与图书馆服务。

表 5-13　　　　　　　国外企业参与图书馆服务情况

图书馆名称	国家	企业参与形式	资料来源
纽约公共图书馆（New York Public Library）	美国	与图书馆合作开展活动	https://www.nypl.org/
惠提尔公共图书馆（Whittier Public Library）	美国	通过资金捐赠支持图书馆服务	https://whittierplf.org/about-us/
德国国家图书馆（Die Zeitschriftendatenbank）	德国	与图书馆合作开展数字化项目	https://www.dnb.de/DE/Professionell/ProjekteKooperationen/projekteKoop_node.html#sprg311382

第五章　社会力量参与公共文化服务的域外借鉴　169

续表

图书馆名称	国家	企业参与形式	资料来源
丹麦皇家图书馆（Det Kgl. Bibliotek.）	丹麦	与图书馆合作开展活动	https://www.kb.dk/om-os/kontakt/gaver-og-donationer
澳大利亚国家图书馆（National Library of Australia）	澳大利亚	通过竞标参与图书馆服务；与图书馆合作开展活动	https://www.nla.gov.au/

若干企业对美国纽约公共图书馆的宣传、数字化、资源建设等方面进行支持。2020年9月，纽约公共图书馆与摩根士丹利（Morgan Stanley）合作开展阅读推广活动。整个9月，纽约公共图书馆的"阅读带你领略世界"（Reading Takes You Places）活动的宣传内容将在时代广场中心的摩根士丹利的屏幕上进行展出①。亚马逊公司与纽约公共图书馆达成协议，使图书馆书籍可在Kindle设备和其他下载了Kindle阅读软件的设备中免费阅读②。Sprint公司与图书馆共同合作启动"图书馆移动热点"项目（Library HotSpot），为纽约市内未接入互联网的低收入家庭免费借出热点，帮助有需要的人在家获取在线资源③。

德国国家图书馆与德国维基媒体（Wikimedia Germany）合作，目的是将其共同标准文件（GND）与维基百科、维基数据以及其他文化数据库进行联网整合。2020年11月17日，双方合作伙伴签署了《WikiLibrary宣言》，为面向未来、自由访问和开放的语义网的未来发展树立里程碑。

丹麦皇家图书馆各类服务开展的过程中同样受到许多企业的支持。近年来，蒙大拿家具公司（Montana Furniture）持续对图书馆的名为"珍宝展"的特别设计大厅进行安全保障。古驰公司（Gucci）是丹麦皇

---

① New York Public Library, "The Library Shines Bright in Times Square", https://www.nypl.org/blog/2019/09/01/library-shines-bright-times-square, 2021年5月17日。
② New York Public Library, "E-Books for Amazon Kindle", https://www.nypl.org/books-music-movies/ebookcentral/help/kindle, 2021年5月17日。
③ New York Public Library, "Library HotSpot", https://www.nypl.org/hotspot, 2021年5月17日。

家图书馆关于尼克洞穴的主要展览的主要赞助商。多年来，丹麦皇家图书馆一直与丹麦广播公司（DR）合作，持续转播在女王大厅举行的音乐会。

澳大利亚国家图书馆在开展展览活动、教育活动和补充馆藏资源项目等方面得到了企业的大力支持。澳大利亚国家图书馆还在其官网对企业进行招标，指出其需要企业对图书馆的建筑管理系统更换施工服务、图书馆藏品异地搬迁、改造、翻新和升级暖通空调系统、网络存档的IT服务器、石棉清除服务、暖通空调和电动搁板维护、转录服务－转录口述历史访谈等项目提供帮助。

二 参与档案馆服务的情况

在了解部分国外企业参与图书馆服务后，笔者对档案馆的企业参与情况也进行了一定的调查，结果如表5-14所示。与图书馆参与情况类似，档案馆需要企业对其进行活动的合作开展、资金帮助以及技术支持。

表5-14　　　　　　　　国外企业参与档案馆服务情况

档案馆名称	国家	企业参与形式	资料来源
英国国家档案馆（The National Archives）	英国	与档案馆合作出版书籍；建设档案馆网站；有偿向档案馆提供所需产品	https://www.nationalarchives.gov.uk/
黑人文化档案馆（Black Cultural Archives）	英国	通过资金捐赠支持档案馆服务	https://blackculturalarchives.org/support
美国国家档案馆（National Archive）	美国	为档案馆的数据公开项目提供支持；与档案馆合作开展数字化项目	https://www.archives.gov/
"9·11"数字档案馆（September 11 Digital Archive）	美国	与档案馆合作开展活动	https://911digitalarchive.org/
萨福克档案馆（Suffolk Archives）	英国	通过资金捐赠支持档案馆服务	https://www.suffolkarchives.co.uk/

续表

档案馆名称	国家	企业参与形式	资料来源
澳大利亚国家档案馆（National Archives of Australia）	澳大利亚	有偿对档案馆数字化服务进行支持	https://www.naa.gov.au/
法国国家档案馆（Archives Nationales）	法国	与档案馆合作开展数字化项目	http://www.archives-nationales.culture.gouv.fr/

英国国家档案馆与众多出版社合作，为成人和儿童制作并出版历史书籍，这些联合品牌的书将在档案馆书店网站上进行售卖[1]。档案馆还与内容和服务设计公司 Digirati 合作建立了一个英国国家档案馆的新网站，该网站将根据用户需求来建设，遵循服务设计原则并充分利用现代技术[2]。目前，其官网还对档案馆的各类供应商进行招标[3]。

美国国家档案馆在数字化项目方面已有多个合作伙伴，包括 Ancestry.com、Fold3.com 和 Familysearch.org，目前已经将档案馆持有的缩微胶片出版物和原始记录等资源进行数字化，并在其网站上进行展示，以方便公众访问。维基百科（Wikipedia）也与博物馆达成合作，使用美国国家档案馆的数据集并在其网站向公众提供记录。

美国"9·11"数字档案馆积极与企业进行合作，以促成其在服务、馆藏资源、营销推广等方面的提升。"9·11"事件后不久，美国国家公共电台通过和档案馆合作开展"丢失和发现的声音"项目，将电台制作人、艺术家、历史学家、档案管理员和公共广播界从业者聚集在一起，收集和保存世贸中心、其附近地区和"9·11"事件相关的音频资源，以丰富档案馆的馆藏资源。MIXNET 公司与档案馆合作，对"9·11"史密森尼国家历史博物馆的访客记录进行数字化处理和存档。

---

[1] The National Archives, "Publishing", https://www.nationalarchives.gov.uk/about/commercial-opportunities/publishing/，2021 年 5 月 17 日。

[2] The National Archives, "Project Alpha: Building an Archive for Everyone", https://blog.nationalarchives.gov.uk/project-alpha-building-an-archive-for-everyone/，2021 年 5 月 17 日。

[3] The National Archives, "Information for Our Suppliers", https://www.nationalarchives.gov.uk/about/commercial-opportunities/information-for-our-suppliers/，2021 年 5 月 17 日。

希捷（SEAGATE）作为全球最大的磁盘驱动器的制造商，正在帮助档案馆满足其长期对档案数据存储需求。

澳大利亚国家档案馆于 2020 年与行业领导者 Preservica 公司签订了为期三年的专业数字保存系统的合同，Preservica 公司的自动化保存软件将帮助档案馆进行数字记录的安全存储，提供安全的访问权限，并自动将文件更新为适用的格式①。此外，档案馆还与 Fuji Xerox Business-Force Pty Ltd 和 W&F Pascoe Pty Ltd 等公司签署了总价值为 440 万澳元的外包合同，目的是数字化与第二次世界大战相关的记录②。

法国国家档案馆与一系列企业开展"ADAMANT"这一面向未来发展的项目，目的是升级整个档案馆的数字档案管理系统，以处理日渐繁多且复杂的档案数据③。维基公司也与档案馆达成合作，档案馆将一些资源上传到维基资源平台，通过该平台向互联网用户提供档案馆相关资源④。

三 参与博物馆服务的情况

在对国外企业参与博物馆服务的情况进行调查后发现，企业对博物馆的支持相对于对图书馆或档案馆的支持较为有力，参与形式也比较多样化，具体情况如表 5-15 所示。

与个人参与博物馆服务的形式一样，企业也可以通过缴纳会费成为美国阿留申群岛博物馆的会员，企业成员进入博物馆同样能享受到博物

---

① National Archives of Australia, "National Archives and Preservica Partner to Secure Australia's Digital Memory", https://www.naa.gov.au/about-us/media-and-publications/media-releases/national-archives-and-preservica-partner-secure-australias-digital-memory, 2021 年 5 月 17 日。

② National Archives of Australia, "National Archives Signs Contracts Worth $4.4m to Digitise Second World War Service Records", https://www.naa.gov.au/about-us/media-and-publications/media-releases/national-archives-and-preservica-partner-secure-australias-digital-memory, 2021 年 5 月 17 日。

③ Les Archives Nationales, "ADAMANT: A Project for the Future", https://www.archives-nationales.culture.gouv.fr/en/web/guest/archiver-les-donnees-numeriques-adamant, 2021 年 5 月 17 日。

④ Les Archives Nationales, "Les Archives Nationales et Wikimédia", https://www.archives-nationales.culture.gouv.fr/wikimedia, 2021 年 5 月 17 日。

馆提供的优待,收取的会费将为博物馆服务能力的提升提供资金帮助。

表5-15　　　　　　　国外企业参与博物馆服务的情况

博物馆名称	国家	企业参与形式	资料来源
阿留申群岛博物馆(Museum of the Aleutians)	美国	通过缴纳会费加入博物馆会员以支持博物馆发展	https://www.aleutians.org/support
卡内基视觉艺术中心(Carnegie Visual Arts Center)	美国	通过资金捐助成为赞助商助力活动的开展	https://www.carnegiearts.org/support/membership/
希尔德博物馆(Heard Museum)	美国	通过资金捐赠支持博物馆服务	https://heard.org/support/corporate-sponsorship/
中途岛号航空母舰博物馆(USS Midway Museum)	美国	通过资金支持帮助博物馆开展教育计划;赞助博物馆的颁奖典礼	https://www.midway.org/give-join/
芝加哥艺术博物馆(The Art Institute of Chicago)	美国	通过缴纳会费加入博物馆会员以支持博物馆发展;通过多种形式的资金捐赠支持博物馆服务	https://www.artic.edu/support-us/
大都会艺术博物馆(The Metropolitan Museum of Art, The Met)	美国	通过缴纳会费加入博物馆会员以支持博物馆发展;通过资金捐赠支持博物馆服务	https://www.metmuseum.org/join-and-give/corporate-support
现代艺术博物馆(MoMA)	美国	通过多种形式的资金捐赠支持博物馆服务;与博物馆开展多项活动	https://www.moma.org/support/corporate/major-partnerships
"9·11"纪念馆和博物馆(9·11 Memorial & Museum)	美国	通过资金捐助支持博物馆建设;与博物馆合作开展活动	https://www.911memorial.org/
阿姆斯特丹国立博物馆(Rijksmuseum)	荷兰	通过资金捐赠支持博物馆服务;与博物馆开展活动	https://www.rijksmuseum.nl/
梵高博物馆(Van Gogh Museum)	荷兰	通过资金捐赠支持博物馆的建设与服务;与博物馆合作开展丰富活动	https://www.vangoghmuseum.nl/en/about/

续表

博物馆名称	国家	企业参与形式	资料来源
帝国战争博物馆（Imperial War Museums）	英国	通过缴纳会费加入博物馆会员以支持博物馆发展	https://www.iwm.org.uk/support-us/donations
大英博物馆（The British Museum）	英国	通过资金捐赠支持博物馆的建设与服务；与博物馆合作开展丰富活动	https://www.britishmuseum.org/
自然历史博物馆（Natural History Museum）	英国	通过缴纳会费加入博物馆会员以支持博物馆发展；与博物馆合作开展丰富活动	https://www.nhm.ac.uk/support-us/
伯明翰艺术博物馆（Birmingham Museum of Art）	美国	通过为运营预算、教育计划等方式对博物馆提供支持	https://www.artsbma.org/get-involved/sponsorship/
柏林国家博物馆（Staatliche Museen zu Berlin）	德国	对博物馆馆藏进行数字化	https://www.smb.museum/ueber-uns/google-arts-culture/
澳大利亚国家博物馆（National Museum of Australia）	澳大利亚	通过资金捐赠支持博物馆的建设与服务；与博物馆合作开展丰富活动	https://www.nma.gov.au/join-support/give/
维多利亚博物馆（Museums Victoria）	澳大利亚	通过资金捐赠支持博物馆的建设与服务；与博物馆合作开展丰富活动	https://museumsvictoria.com.au/join-support/

美国卡内基视觉艺术中心每年都会举办卡内基嘉年华，企业可以成为赞助商以帮助卡内基视觉艺术中心更好地开展活动。赞助商的捐助达到一定额度后，卡内基视觉艺术中心将通过设计分发赞助商相关的购物袋、在官网对赞助商进行宣传以及在嘉年华投放赞助商的广告等形式回馈赞助商①。

---

① The Carnegie Visual Arts Center, "JOIN US FOR CARNEGIE CARNIVAL", https://www.carnegiecarnival.org/join-in/, 2021年5月17日。

美国希尔德博物馆邀请企业成为合作伙伴，使社区的文化和企业界共同努力，建设一个强大的社区。博物馆需要企业支持，以更好地开展一些国际节目和艺术活动。希尔德博物馆指出其企业合作伙伴享有其博物馆的特殊服务，包括各种公共和私人活动、多渠道识别和广告、促销活动以及针对企业员工开展的活动等。

美国中途岛号航空母舰博物馆与诸多企业达成合作关系。美国高通公司（Qualcomm）通过资金和技术支持帮助开展博物馆的科学、技术、工程和数学（STEM）教育计划，而北岛信用合作社（North Island Credit Union）通过博物馆的 STEM 教育计划向学生提供资助①。还有部分企业通过赞助中途岛号航空母舰博物馆的爱国者奖颁奖典礼，获得在典礼上投放广告的机会②。

美国芝加哥艺术博物馆同样为企业设立会员制，其承诺通过企业缴纳会费筹得的资金将直接用于博物馆的服务，包括开展更加丰富的艺术展、加强与社区的沟通以及为不同背景的公众提供学习机会等③。当然也有许多企业通过直接赞助的方式参与博物馆服务，例如中国银行（Bank of China）直接赞助图书馆开展"反映中国过去：皇帝和他们的青铜器"（Mirroring China's Past：Emperors and Their Bronzes）这一活动④。

美国大都会艺术博物馆提到，过去 150 年来，由于商界的坚定奉献，博物馆已经实现了大部分规划。企业通过资金捐赠支持博物馆的运营预算、教育计划、特别展览和各种博物馆项目，帮助大都会艺术博物馆提升其服务。

---

① USS Midway Museum，"CORPORATE PARTNERSHIP"，https://www. midway. org/give – join/corporate – partnership/partnership – opportunities/#partners，2021 年 5 月 17 日。

② USS Midway Museum，"Sponsorship Opportunities"，https://www. midway. org/give – join/american – patriot – award – gala/sponsorship – opportunities/#Presenting_ Sponsor，2021 年 5 月 17 日。

③ Art Institvte Chicago，"Corporate Partner Program"，https://www. artic. edu/support – us/ways – to – give/corporate – partner – program，2021 年 5 月 17 日。

④ Art Institvte Chicago，"Mirroring China's Past：Emperors and Their Bronzes"，https://www. artic. edu/exhibitions/2681/mirroring – china – s – past – emperors – and – their – bronzes，2021 年 5 月 17 日。

美国现代艺术博物馆与许多企业建立合作关系。美国银行（Bank of America）赞助了现代艺术博物馆灵感空间项目，支持了许多文化瑰宝的保护。韩国现代信用卡公司（Hyundai Card）对博物馆的媒体和表演服务进行了资助，支持 Kravis 工作室、画廊等实验项目。美国大众汽车集团（Volkswagen of America）为现代艺术博物馆的数字学习活动、教育计划、特别活动编程等提供重大支持，让全球的学习者能够接触到该馆资源，且进一步宣传了博物馆丰富的馆藏资源。博物馆还与优衣库（UNIQLO）在"美国现代艺术博物馆定制版"服装和配饰方面进行了合作，服饰灵感来自博物馆的馆藏资源，让消费者通过联名服饰也能感受到博物馆的艺术。

"9·11"纪念馆和博物馆在建设时就获得了一大批企业的资助，例如美国银行捐赠金额超 2000 万美元。在后续的博物馆服务及活动的开展中，也不断有企业与博物馆进行合作，通过资金捐赠支持博物馆的收藏和展品，并为来自本地所有五个行政区的学生开展 STEM 教育项目，还通过博物馆的生物多样性和保护中心开展实践项目。

荷兰阿姆斯特丹国立博物馆一直与许多企业保持紧密联系。自 1998 年以来，阿姆斯特丹国立博物馆受到吉罗银行彩票（BANKGIRO LOTERIJ）持续不断的资助，这些资金为馆内艺术品的购置做出了巨大贡献[1]。ING 是一家助力小型企业的银行，同时也是阿姆斯特丹国立博物馆的坚定赞助商。博物馆和 ING 自 2005 年以来一直进行紧密的合作，吸引公众到博物馆参观[2]。KPN 主要支持博物馆的馆藏数字化项目，为博物馆提供电讯、数据流量和 ICT 领域的所有服务等支持，并为开发阿姆斯特丹国立博物馆移动客户端（Rijksmuseum APP）提供极大的支持，通过这个应用程序，更多人可以在线享受博物馆的收藏[3]。

荷兰梵高博物馆同样也受到了许多企业的支持。博物馆于 2020 年

---

[1] Rijksmuseum, "BANKGIRO LOTERIJ", https://www.rijksmuseum.nl/nl/steun/bedrijven/partnerships/bankgiroloterij, 2021 年 5 月 17 日。

[2] Rijksmuseum, "ING", https://www.rijksmuseum.nl/nl/steun/bedrijven/partnerships/ing, 2021 年 5 月 17 日。

[3] Rijksmuseum, "KPN", https://www.rijksmuseum.nl/nl/steun/bedrijven/partnerships/kpn, 2021 年 5 月 17 日。

7月与DHL快递公司确定了为期三年的合作伙伴关系，DHL快递公司将承担博物馆网上商店商品销售的所有运输费用①。荷兰高科技跨国公司ASML与博物馆合作对优化梵高世界著名画作的保存方法进行研究。此外，其还赞助博物馆开展科学和艺术课程所需的教学材料，使学生能够体验科学技术对艺术和文化的重要性②。吉罗银行彩票（BANKGIRO LOTERIJ）也为博物馆收购藏品做出巨大贡献，且资助了博物馆新的入口大厅的建设。

英国帝国战争博物馆邀请企业缴纳一定会费加入会员以支持其发展。企业成为会员后可以享受博物馆在英国五个分点的访问权，包括丘吉尔战争室、欧洲最大的工作机场和航空博物馆IWM Duxford等。并且在博物馆的网站、电子新闻和社交媒体渠道中，会员企业可以获得品牌协调和企业营销活动的机会。

大英博物馆在其建设与发展的过程中得到过许多企业的帮助。Sketchfab公司与博物馆合作，对馆内受欢迎的藏品实现3D化，帮助公众更便捷地对馆藏资源进行访问与观察③。博物馆的语音导览系统由大韩航空（Korean Air）赞助，通过可选择的语言帮助公众享受博物馆的音频指南摘录服务④。自2009年以来，三星公司与大英博物馆一直合作，通过三星数码探索中心（SDDC）开展了一项数字学习计划，让儿童和年轻人了解博物馆的藏品并与其互动。2019年9月，三星数码探索中心重新开放，其配备了新的大屏显示器和最新的三星平板电脑，室内空间也进行重新设计。自2009年首次开放以来，已有超过150000人

---

① The Van Gogh Museum, "The Van Gogh Museum at Home with DHL", https://www.vangoghmuseum. nl/en/about/news – and – press/news/the – van – gogh – museum – at – home – with – dhl, 2021年5月17日。

② The Van Gogh Museum, "ASML and the Van Gogh Museum Present Lessons Uniting Science and Art", https://www.vangoghmuseum. nl/en/about/news – and – press/press – releases/asml – and – the – van – gogh – museum – present – lessons – uniting – science – and – art, 2021年5月17日。

③ The British Museum, "Sketchfab", https://sketchfab. com/britishmuseum, 2021年5月17日。

④ The British Museum, "Audio Tour: Collection Highlights Show Image Caption", https://www.britishmuseum. org/collection/audio – tour – highlights, 2021年5月17日。

参加了此计划①。

英国自然历史博物馆提到,企业通过对博物馆进行赞助成为合作伙伴后,可以获得许多特殊权益,包括:针对合作伙伴的独家优惠、对博物馆展览的快速通道访问机会、通过后台对博物馆收藏品的参观机会、租用博物馆独特的活动空间进行企业娱乐活动、参与博物馆开创性的科学活动等。目前已经有许多企业与博物馆合作开展活动。思科公司(Cisco)支持博物馆的数字化基础设施购置,并提供企业志愿者,为馆藏数字化做出贡献。戴尔(Dell EMC)是博物馆部分设备的长期供应商,现在支持博物馆的"迪皮之旅:自然历史冒险"(Dippy on Tour:A Natural History Adventure)项目。谷歌艺术与文化公司(Google Arts & Culture)与博物馆合作开设展览《神奇野兽:自然之奇》(Fantastic Beasts:The Wonder of Nature exhibition),让全球用户都能在线感受自然的神奇。乐高集团(LEGO)通过提供其公司与博物馆相关的游戏产品,鼓励孩子们通过游戏了解大自然。

柏林国家博物馆与谷歌艺术和文化公司(Google Arts & Culture)一直保持紧密的合作关系。自 2011 年以来,柏林国家博物馆就和谷歌艺术与文化中心合作开设展览。近年来,双方的合作逐步扩大,扩大内容主要是在数字化方面。目前共有 10 所房屋、5000 多件展品、50 个展览、37 个短篇小说、5 个虚拟现实之旅、6 次探险、8 千兆像素的博物馆相关资源都呈现在了谷歌的网络平台上。

澳大利亚国家博物馆与许多企业在资金、法律、食品供应、住宿等方面达成合作关系。博物馆承诺,与博物馆的合作将帮助企业获得许多权益,包括为企业品牌获得新受众和增加品牌曝光率;提供独特的机会来吸引新客户以及与其建立合作关系;通过独家访问和其他福利提升企业员工的参与度等。

澳大利亚维多利亚博物馆除了通过公开招标的方式邀请企业参与其博物馆服务,还呼吁企业对博物馆进行资金支持,成为博物馆的合作伙

---

① The British Museum,"Sponsorship Case Study Samsung Logo",https://www.britishmuseum.org/support – us/supporter – case – studies/samsung,2021 年 5 月 17 日。

伴。成为维多利亚博物馆的合作伙伴可以享受与博物馆文化品牌进行联名、从展览预览到幕后之旅的 VIP 体验、企业特殊招待权益和专属票务通道、合作投放广告和专属促销折扣等。

四 参与公共文化服务情况分析与总结

企业相比于公共文化机构，在技术、人力或特定资源等方面具备一定的优势，从上文的分析能看出，引入企业参与公共文化服务对推动相关机构的全方面发展有巨大帮助。

国外企业参与公共文化服务的类型分为有偿和无偿两大类。在有偿参与方面，企业参与公共文化服务的形式以业务外包的合作为主。特别是对资源形式转换、数字资源存储、网站或应用程序的建设等工作，公共文化机构需要将这类工作外包给企业，弥补其在人力、物力或技术等方面的不足。在企业无偿参与方面，除了通过捐赠资金、设备等资源直接对公共文化机构进行支持外，企业还可以在技术、人力等方面提供一定帮助，助力公共文化服务多方面能力的提升。此外，还有企业免费为公共文化机构提供使用其自建的线上或线下社交平台的机会，为公共文化服务的宣传及推广做出了巨大贡献。

第四节 国外社会力量参与公共文化服务的特点

从以上调查和分析可以看出，在相关文化和政策的影响下，国外各种社会力量都积极参与到公共文化服务当中来，呈现出参与主体多元、参与形式多样、参与范围广泛的特点。

一 参与主体多元，汇聚多方力量

从上文的分析可以看出，国外社会力量参与公共文化服务的主体分为个人、社会组织和企业三大类，这些参与对象涵盖了社会各界的力量，为公共文化服务建设与质量提升做出巨大贡献。具体而言，参与的企业包括工业企业、商业企业、建筑企业、金融企业、信息企业等营利性组织，社会组织包括基金会、慈善组织、专业学会、行业协会等公益组织以及个人（不同学历、不同职业、不同经历的个人参与的方式有所不同）。不同参与主体凭借其特有力量与优势对公共文化机构的不足进行了一定的弥补，合力推动了公共文化服务的发展。

二 参与形式多样，深入多样服务

目前，参与公共文化服务的社会力量参与形式主要包括志愿活动、资金捐赠、资源提供、管理决策、舆论声援、网络内容共享、技术支持、业务外包等。社会各界以极为丰富的形式对公共文化机构进行支持，这些不受限制的参与方式在使社会力量深入到公共文化服务中的同时，保证了社会力量参与的积极性，也为活动的进一步开展提供了可持续性。

个人主要通过志愿服务、捐赠善款和捐赠资源（实体资源和数字资源）参与到公共文化服务当中，提供志愿服务是个人参与到公共文化服务当中最普遍的方式，志愿者直接为公共文化机构提供经验、技术、人力等支持。例如，欧洲数字图书馆（Europeana）项目就充分利用了志愿者提供的智力资源。Europeana 由设在荷兰国家图书馆的 Europeana 基金会（Europeana Foundation）负责日常运营工作，该基金会只有约 40 个员工。为了弥补员工数目的不足，Europeana 就设立了一个开放的 Europeana 网络（Europeana Network），该网络成员既包括为 Europeana 提供文化资源机构的专家，又有为 Europeana 提供技术、法律和战略咨询的数字文化遗产领域的工作者，截止到 2021 年 6 月 26 日，其网络成员已经达到了 2980 位①。这些 Europeana 网络成员在数字遗产领域相互学习的同时给 Europeana 提供了大量的智力支持。由于 Europeana 网络是一个开放的论坛，成员数在不断增加，这给 Europeana 提供了强大的后备力量。此外，公民通过捐赠各种类型的资源助力公共文化服务发展，公民对相关机构的资金捐赠为相关机构购置设备、补充资源、开

---

① The European Union, "Europeana Professional. Europeana Network Members", https://pro.europeana.eu/network-association/members?&page_persons=1, 2021 年 6 月 26 日。

展活动等提供保障,而实物资源的捐赠进一步加强了馆藏资源建设。在捐赠善款方面,除了直接捐赠之外,公民通过缴纳会费加入会员或购买相关产品不仅间接对公共文化服务提供支持,还能享受到相关机构的福利或优待。当然,个人的舆论力量在公共文化服务开展的过程中也是不可忽视的。公民在不同场合不同途径宣传公共文化服务的价值,不仅能加深大众对公共文化服务的认识,也能增加政府的重视程度,有助于公共文化服务获得各界的关注和支持,推动公共文化服务可持续良性发展。

社会组织参与公共文化服务的形式包括资金捐赠、实物捐赠、舆论宣传以及人才和技术支持。有些组织比如基金会直接捐赠资金推动公共文化服务发展,还有部分组织通过实物捐赠的形式推动相关机构的馆藏资源建设。此外,社会组织还通过自身的平台,宣传公共文化机构品牌推广活动,加深公共文化机构社会影响力的广度及深度。公共文化机构需要开展某些不具备相关条件的活动时,如不具备相关设备、特殊人才以及技术支持等,具备相关条件的社会组织对其给予支持。

企业参与公共文化服务的类型包括有偿和无偿两类。在有偿参与方面,企业参与公共文化服务的形式主要来自公共文化机构的业务外包,比如承担公共文化机构的资源形式转换、数字资源存储、网站或应用程序的建设等工作。在无偿参与方面,除了通过捐赠资金、设备等直接对公共文化机构进行支持外,企业还可以在技术、人力资源和舆论宣传等方面提供一定帮助。世界数字图书馆(World Digital Library)项目的资金主要来源于卡塔尔国家图书馆卡塔尔科学教育与社会发展基金会、纽约卡耐基公司、谷歌公司、微软公司、沙特阿拉伯阿卜杜拉国王科技大学、国会图书馆国家数字图书馆信托基金、国会图书馆第三世纪基金会、杰弗逊基金会、格伦·琼斯、拉贾·西达瓦等组织和个人[①]。

三 参与范围广泛,参与渠道畅通

国外这些社会力量参与公共文化服务的范围非常广泛,参与渠道也

---

① World Digital Library,"Featured Content",https://www.wdl.org/zh/contributors/,2021年6月26日。

很畅通。在参与范围方面，社会力量不仅可以通过捐赠形式（捐赠资源、资金）参与到公共文化服务当中，还可以参与到公共文化机构的内部建设和外部宣传当中。在公共文化服务机构的内部建设当中，社会力量在对公共机构的资源建设、活动开展、设备升级、空间优化、服务提升等方面提供帮助。在公共文化机构的外部宣传方面，社会力量可以通过各种平台对公共文化机构的宣传推广、社会关注度、网络影响力等方面给予一定的支持。在参与渠道方面，各类公共文化机构都在自身的官方网站上设置了专栏吸引广大的社会力量，并在社交平台上面宣传。比如公共图书馆会在自身的官网上面设置"志愿者""捐赠""基金会""图书馆之友"这样的栏目，给那些想成为图书馆志愿者或想给图书馆捐款的个人或组织提供便捷的渠道。社会力量在广泛参与公共文化服务的过程当中，既为公共文化服务的发展做了贡献，又实现了自身的价值，促成了公共文化机构和社会力量的双赢局面。

四 注重利用社交媒体，拉近与公众的距离

在数字时代，各种社交媒体在互联网的沃土上蓬勃发展，爆发出令人炫目的能量，其传播的信息已成为人们浏览互联网的重要内容。在这种情况下，国外众多公共文化机构在多个平台和网站开通了 Facebook、Twitter、Tumblr、Pinterest、Blog、Google +、YouTube 等社交媒体账号。这些项目通过这些社交媒体与互联网用户实时分享数字文化资源、进行的文化项目，并进行互动交流，倾听公众意见，鼓励公众为项目的建设和完善出谋划策。通过在 Facebook、Twitter 等社交媒体上的互动，公众与公众之间、公众与项目工作人员之间可以对公共文化机构已经完成或者正在进行的项目进行充分的交流，这有助于社会公众了解公共文化机构的社会价值，拉近同社会公众的距离，增加社会公众参与公共数字文化服务的可能性。

第六章　社会力量参与公共数字文化服务的宏观环境分析

　　社会力量参与公共数字文化服务是一种社会活动，会受到政治、经济、文化以及技术等宏观环境的影响。分析宏观环境对某种社会活动的影响，采用较多的有三种方法：一是 SWOT 分析法，即态势分析法，由美国旧金山大学的管理学教授海因茨提出，应用于企业的策略分析与战略制定。该方法主要分析内部因素（SW）和外部因素（OT）两个方面，内部因素包括企业的优势（Strengths）与劣势（Weaknesses），外部因素则为机遇（Opportunities）与风险（Threats）[1]。二是 PEST 分析法，这是一种对宏观环境进行分析的国际通用工具，通过对政治（Political）、经济（Economic）、社会（Social）以及技术（Technological）等方面的因素进行组织与分析[2]，能让使用者对整个外部的宏观环境有较为系统的认识。三是 SWOT - PEST 分析法，这种分析方法将 SWOT 分析法和 PEST 分析法进行了创新结合，可以较为全面地将分析对象所处的内外部、宏微观环境进行归纳与整合，从而发现所分析对象在政治、经济、社会和技术层面的优势、劣势与面临的机遇、风险，以便使用者制定出有针对性的策略与方针。笔者采用 SWOT - PEST 分析法，利用 SWOT - PEST 模型，聚焦社会力量参与公共数字文化服务所处的政治、经济、社会与技术等宏观环境，分析其在这些层面上的优势与劣势，探讨其面临的机遇与挑战。

---

[1] 维基百科：《SWOT 分析模型》，https://wiki.mbalib.com/wiki/SWOT，2023 年 7 月 6 日。
[2] 维基百科：《PEST 分析模型》，https://wiki.mbalib.com/wiki/PEST，2023 年 7 月 6 日。

第一节　政治因素（Political Factors）分析

公共数字文化服务具有公共性、政府主导、社会力量参与、公共财政支撑等特点，因此其所处的政治文化环境对社会力量的参与有重要影响。以政府主导的政治文化环境包括一个国家的社会制度，执政党的性质，政府的方针、政策、法令等。不同的国家有着不同的社会性质，不同的社会制度对组织活动有着不同的限制和要求。制度是集体行动控制个人的一系列行为准则或规则，是每个人都必须遵守的，制度的作用体现在对行为加以规范。现代制度理论认为，制度内容是法律、政策、标准规范等子集构成的集合，其中法律处于集合中的最顶层，政策多是对法律文本与法律精神的细化阐释，标准是最细化和最基本的操作指导。即使社会制度不变的同一国家，在不同时期，由于执政党不同，其政府的方针特点、政策倾向对组织活动的态度和影响也是不断变化的，因此需要对社会力量参与公共数字文化服务所处的政治环境进行动态分析，正确把握当前局势和未来发展状态。

目前，我国的中央、地方政府以及有关部门制定实行了一系列与公共文化服务相关政策、法律法规及规范性文件等，这为社会力量参与公共数字文化服务提供了一定的制度保障。不过我们不能忽视，现在我国对于社会力量参与公共数字文化的政治环境，在制度保障强度、政策内容完善以及政府购买支持力度等方面还存在一定的可提升空间，但新时期相关政策的叠加和域外部分政策经验借鉴，为我国社会力量参与公共数字文化服务的发展带来了新机遇。潜在的如"微观政治环境缺失"的风险不能忽视，而不加控制、未规范地引入社会力量，是否会造成现有制度价值偏离和意识形态失守，也是相关政府职能部门需要关注的问题。

一　政治因素的优势分析
（一）持续推进社会力量参与

社会力量参与公共文化服务体系建设是推进国家治理体系和治理能

力现代化的重要问题①，如何通过制度保障其发展是中央政府相关职能部门近年来的工作重心。早在 1999 年，为促进公益事业的发展，第九届全国人大常务委员会第十次会议通过了《中华人民共和国公益事业捐赠法》。该法律鼓励并规范了与教育、科学、文化等公益事业有关的捐赠和受赠行为，保护了参与主体的合法权益，也是社会力量在参与公共文化事业中首次得到了中央法律法规的支持与保障②。在此之后，我国社会力量参与公共文化服务进入探索期，陆续出台了有关社会力量参与公共文化服务的政策，例如 2007 年中共中央办公厅、国务院办公厅发布的《关于加强公共文化服务体系建设的若干意见》③、2011 年文化和旅游部提出的《近几年我国文化投入情况及对策建议》④、2012 年国务院印发的《国家基本公共服务体系"十二五"规划》⑤、2013 年的文化部印发的《文化部"十二五"时期公共文化服务体系建设实施纲要》⑥和次年印发的《2014 年文化系统体制改革工作要点》⑦等。

随着 2015 年《关于做好政府向社会力量购买公共文化服务工作意见的通知》和《关于加快构建现代公共文化服务体系的意见》的颁布，

---

① 中国共产党第十九届中央委员会第四次全体会议：《中共中央关于坚持和完善中国特色社会主义制度 推进国家治理体系和治理能力现代化若干重大问题的决定》，2019 年 11 月 6 日，http://news.cyol.com/app/2019 - 11/06/content_ 18226210. htm，2023 年 7 月 6 日。

② 中华人民共和国民政部：《中华人民共和国公益事业捐赠法》，1999 年 9 月 1 日，https://www.mca.gov.cn/article/gk/fg/shflhcssy/201507/20150715848528.shtml，2023 年 7 月 6 日。

③ 中共中央办公厅、国务院办公厅：《中共中央办公厅、国务院办公厅关于加强公共文化服务体系建设的若干意见》，2007 年 8 月 21 日，http://www.reformdata.org/2007/0821/5097.shtml，2023 年 7 月 6 日。

④ 中华人民共和国文化和旅游部：《近几年我国文化投入情况及对策建议》，2011 年 8 月 23 日，https://www.mct.gov.cn/whzx/bnsj/cws/201111/t20111128_ 827896.htm，2023 年 7 月 6 日。

⑤ 中华人民共和国国务院：《国务院关于印发国家基本公共服务体系"十二五"规划的通知》，2012 年 7 月 11 日，http://www.gov.cn/zwgk/2012 - 07/20/content_ 2187242.htm，2023 年 7 月 6 日。

⑥ 中华人民共和国文化和旅游部：《文化部"十二五"公共文化服务体系建设纲要发布》，2013 年 1 月 23 日，http://www.gov.cn/gzdt/2013 - 01/23/content_ 2318196.htm，2023 年 7 月 6 日。

⑦ 中华人民共和国文化和旅游部：《文化部印发〈2014 年文化系统体制改革工作要点〉》，2014 年 4 月 11 日，http://www.gov.cn/xinwen/2014 - 04/11/content_ 2657472.htm，2023 年 7 月 6 日。

与社会力量参与公共文化服务相关的法律法规和政策文件开始快速涌现，包括《中华人民共和国慈善法》《中华人民共和国公共文化服务保障法》和《文化志愿服务管理办》等。2016年通过并施行的《中华人民共和国慈善法》对其所保障的活动的范围做出说明，其中就包括促进文化等事业发展的公益性活动①。该法同时还指出，国家鼓励并支持自然人、法人和其他组织在开展慈善活动时，需要践行社会主义核心价值观与弘扬中华民族传统美德。此外，其还明确了保障相关活动的各级主管单位与工作职责，即国务院民政部门主管全国的慈善工作，县级以上地方各级人民政府民政部门主管本行政区域内的慈善工作；县级以上人民政府有关部门依照该法和其他有关法律法规，在各自的职责范围内做好相关工作。总的来说，该法明确将社会力量对公共文化服务的参与包含在其适用范围内，并充分发挥了法律的规范和指引作用促进其发展。《中华人民共和国公共文化服务保障法》在其总则部分就已指出公共文化服务的内涵，即是由政府主导、社会力量参与的，满足公民基本文化需求为主要目的而提供的公共文化设施、文化产品、文化活动以及其他相关服务，明确指出了社会力量是公共文化服务中不可分割的重要部分。在"十三五"时期，中央多次在有关文化发展改革的规划中提及社会力量对加快现代公共文化服务体系建设的重要性，应该尽快落实相关文化经济政策②。在这一规划的引领下，《关于在文化领域推广政府和社会资本合作模式的指导意见》《公共数字文化工程融合创新发展实施方案》《公共文化服务领域基层政务公开标准》等政策应运而生。在当今"十四五"时期，虽然我国公共文化服务体系的建设进入了新的阶段，社会力量参与公共文化服务的发展也迈上了新的台阶，但社会力量的作用还未充分发挥。因此，《"十四五"公共文化服务体系建设规划》对社会力量参与提出的新的目标，即"社会力量广泛参与的公

---

① 中华人民共和国第十二届全国人民代表大会第四次会议：《中华人民共和国慈善法》，2016年3月19日，http://www.gov.cn/zhengce/2016-03/19/content_5055467.htm，2023年7月6日。

② 中共中央办公厅、国务院办公厅：《中共中央办公厅国务院办公厅印发〈国家"十三五"时期文化发展改革规划纲要〉》，2017年5月7日，http://www.gov.cn/gongbao/content/2017/content_5194886.htm，2023年7月6日。

第六章　社会力量参与公共数字文化服务的宏观环境分析

共文化服务供给机制需要更加成熟，来自基层群众的文化创造更加活跃，政府、市场、社会共同参与公共文化服务体系建设的格局更加健全"。该规划多次强调了社会力量在"十四五"时期公共文化服务体系建设的地位，指出社会力量对于"创新培育城市公共文化空间""培育一批扎根基层的群众文艺团队和文艺骨干""提高公共文化服务供给能力""创新社会力量参与公共文化服务方式"等主要任务都是不可或缺的[①]，为新时期的社会力量参与公共文化服务做出了宏观指导。

在中央颁布相关法律法规之后，为贯彻执行国家的政策法规精神，近几年部分地方政府出台了一系列相关的政策性文件与规章制度。在省级政府层面，江苏、天津、湖北、贵州、江西等多个省市陆续在公共文化保障服务相关条例中提到社会力量。例如，《江苏省公共文化服务促进条例》对社会力量参与公共文化服务进行鼓励与引导，还呼吁地方各级人民政府搭建社会参与平台，制定本地区社会力量参与公共文化服务的导向目录[②]。此外，随着公共文化服务向高质量发展迈进，地方政府不是简单地对社会力量参与公共文化服务进行鼓励与引导，而是将具体内容如设施运营[③]、资金支持[④]、活动组织[⑤]、税收优惠[⑥]、力量培育[⑦]等写入相关文件中。市级政府的职能部门同样也快速响应，在如

[①]　中华人民共和国文化和旅游部：《文化和旅游部关于印发〈"十四五"公共文化服务体系建设规划〉的通知》，2021 年 6 月 10 日，http：//www.gov.cn/zhengce/zhengceku/2021 - 06/23/content_5620456.htm，2023 年 7 月 6 日。

[②]　江苏省常州市文化广播电视新闻出版局：《江苏省公共文化服务促进条例》，2016 年 4 月 15 日，http：//www.changzhou.gov.cn/gi_news/470146070341707，2023 年 7 月 6 日。

[③]　湖北省文化和旅游厅：《关于推动湖北省公共文化服务 高质量发展的实施意见》，2022 年 1 月 11 日，https：//wlt.hubei.gov.cn/zfxxgk/zc/qtzdgkwj/202201/t20220111_3959151.shtml，2023 年 7 月 6 日。

[④]　江西省文化和旅游厅：《江西省公共文化服务保障条例》，2021 年 8 月 11 日，http：//www.jiangxi.gov.cn/art/2021/8/11/art_16457_3536558.html，2023 年 7 月 6 日。

[⑤]　四川省十三届人大常委会第三十次会议：《四川省公共文化服务保障条例》，2021 年 10 月 31 日，https：//www.sc.gov.cn/10462/10464/10797/2021/10/31/16d708d355134a90a99422ed03d1ed2f.shtml，2023 年 7 月 6 日。

[⑥]　河南省第十三届人民代表大会常务委员会：《河南省公共文化服务保障促进条例》，2022 年 10 月 15 日，http：//www.henan.gov.cn/2022/10 - 15/2624187.html，2023 年 7 月 6 日。

[⑦]　贵州省文化和旅游厅：《贵州省公共文化服务保障条例》，2020 年 6 月 24 日，https：//whhly.guizhou.gov.cn/zwgk/xxgkml/jcxxgk/zcwj/dwwj/202006/t20200624_61219855.html，2023 年 7 月 6 日。

《珠海经济特区社会建设条例》《来宾市公共文化体育设施管理条例》《金秀瑶族自治县自治条例》《苏州市公共文化服务办法》等文件中突出社会力量在基层公共文化服务中的地位。

得益于我国多年来自上而下的引导、支持与规范，目前社会力量参与公共数字文化服务的相关政策已经有了较好的制度基础，管理机制也有了一定的创新，政策的包容性和多样性也在继续完善，这些都对社会力量参与公共文化服务建设提供了持续保障。

（二）加强公共数字文化建设

为推进公共数字文化服务的建设，文化部、财政部在2011年相继发布了《关于推进全国美术馆、公共图书馆、文化馆（站）免费开放工作的意见》与《关于进一步加强公共数字文化建设的指导意见》。前者指出，数字文化信息服务是公共文化机构免费开放的基本内容[1]，而后者首次提出了"公共数字文化"这一概念及其重要性，并明确了公共数字文化建设的指导思想、建设原则、目标任务、机制创新等内容[2]。2013年国务院发布的《关于印发"宽带中国"战略及实施方案的通知》[3]为公共数字文化服务的硬件设施建设提供了制度保障。该文件指出，要加快文化馆（站）、图书馆、博物馆等公益性文化机构和重大文化工程的宽带联网，优化公共文化信息服务体系，大力发展公共数字文化。得益于该文件的颁布，我国的公共数字文化服务建设迅速推动，相关政策文件不断涌现。《全国人大常委会2015年监督工作计划》中将公共数字文化服务的提供情况作为重点报告对象[4]，通过对彼时进展进行审议与分析，保障相关工作顺利开展。次年通过的《中华人民

---

[1] 中华人民共和国文化部、财政部：《文化部、财政部关于推进全国美术馆、公共图书馆、文化馆（站）免费开放工作的意见》，2011年1月26日，https://zwgk.mct.gov.cn/zfxxgkml/ggfw/202012/t20201205_916532.html，2023年7月6日。

[2] 中华人民共和国文化部、财政部：《文化部、财政部关于进一步加强公共数字文化建设的指导意见》，2011年11月15日，https://zwgk.mct.gov.cn/zfxxgkml/zcfg/gfxwj/202012/t20201204_906206.html，2023年7月6日。

[3] 中华人民共和国国务院：《国务院关于印发"宽带中国"战略及实施方案的通知》，2013年8月17日，http://www.gov.cn/zwgk/2013-08/17/content_2468348.htm，2023年7月6日。

[4] 全国人民代表大会常务委员会：《全国人大常委会2015年监督工作计划》，2015年5月29日，http://npc.people.com.cn/n/2015/0529/c14576-27075478.html，2023年7月6日。

共和国公共文化服务保障法》,将公共数字文化服务纳入其保障范围,并指出国家公共数字文化建设进行统筹规划,构建标准统一、互联互通的公共数字文化服务网络,建设公共文化信息资源库,实现基层网络服务共建共享①。

为进一步加强公共数字文化服务建设,保障更多人民群众的基本文化权益,国务院在 2015 年相继颁布的《关于公共文化服务体系建设工作情况的报告》和《国务院办公厅关于推进基层综合性文化服务中心建设的指导意见》中提到,需要推进重大文化惠民工程基层融合发展试点,探索统筹数字文化建设的具体路径,实现互联互通,提高公共数字文化供给和服务能力②。具体而言,即要求地方政府以基层综合性文化服务中心为依托,推动文化信息资源共建共享,提供数字图书馆、数字文化馆和数字博物馆等公共数字文化服务③。为保障公共文化服务均等化顺利推进,国务院在"十三五"时期的各项规划④⑤⑥中多次强调了基层公共数字文化的重要性,提出要推进重大文化惠民工程融合发展,推动全国文化信息资源共享、数字图书馆博物馆建设等公共数字文化工程建设,实现基层公共数字文化一站式服务和移动服务。这些国家层面规定的颁布,对作为公共数字文化服务体系末端的基层公共数字文

---

① 中华人民共和国第十二届全国人民代表大会常务委员会第二十五次会议:《中华人民共和国公共文化服务保障法》,2016 年 12 月 25 日,http://www.gov.cn/xinwen/2016-12/26/content_5152772.htm,2023 年 7 月 6 日。

② 中华人民共和国国务院:《国务院关于公共文化服务体系建设工作情况的报告》,2015 年 4 月 22 日,http://www.npc.gov.cn/zgrdw/npc/cwhhy/12jcwh/2015-04/23/content_1934246.htm,2023 年 7 月 6 日。

③ 中华人民共和国国务院:《国务院办公厅关于推进基层综合性文化服务中心建设的指导意见》,2015 年 10 月 20 日,http://www.gov.cn/zhengce/content/2015-10/20/content_10250.htm,2023 年 7 月 6 日。

④ 中华人民共和国国务院:《国务院关于印发"十三五"脱贫攻坚规划的通知》,2016 年 12 月 2 日,http://www.gov.cn/zhengce/content/2016-12/02/content_5142197.htm,2023 年 7 月 6 日。

⑤ 中华人民共和国国务院:《国务院关于印发"十三五"推进基本公共服务均等化规划的通知》,2017 年 3 月 1 日,http://www.gov.cn/zhengce/content/2017-03/01/content_5172013.htm,2023 年 7 月 6 日。

⑥ 中华人民共和国国务院:《国务院办公厅关于印发兴边富民行动"十三五"规划的通知》,2017 年 6 月 6 日,http://www.gov.cn/zhengce/content/2017-06/06/content_5200277.htm,2023 年 7 月 6 日。

化服务的发展起到了政策导向作用。中央制定颁布的这些文件，对我国网络和文化的发展融合、数字文化产业等新型文化业态的创新、文化传播的提升、公共文化服务效能与文化产业规模、集约化水平的提升等，提供了全方位的顶层支持，我国的公共数字文化建设开始朝向大发展大繁荣。

地方政府为深入贯彻中央发展公共数字文化服务建设的精神，积极响应中央文件的号召，制定了相关规定保障当地公共数字文化服务建设顺利进行。江苏省人大率先行动，于2015年通过了《江苏省公共文化服务促进条例》，要求县级以上地方人民政府将公共数字文化纳入本地区信息化建设规划、加大公共数字文化资源开发利用以及构建标准统一互联互通的公共数字文化服务平台，为公众提供丰富的数字文化服务①。随后几年，浙江②、天津③、湖北④等省市，陆续通过了保障公共数字文化服务的相关条例。除了省级政府部门外，市级层面如宜宾市⑤也发布了相关条例以保障公共数字文化服务设施建设。

在政策的推动下，我国相关的各行业公共数字文化服务建设进行了不断探索与实践，目前已经取得了不错进展。例如，在国家层面有如"全国文化信息资源共享工程""数字图书馆推广工程"等大型文化工程，地方性的"北京记忆""深圳市文化信息资源共享工程"等，具备地方特色的公共数字文化服务也层出不穷。无论是在中央还是地方，公共数字文化服务现有的成就与未来的进一步发展都与相关的政策制度密不可分。公共数字文化服务的高质量发展离不开社会力量的参与，政策推动下公共数字文化服务不断发展，不但对社会力量的引入提供了有力

---

① 江苏省常州市文化广播电视新闻出版局：《江苏省公共文化服务促进条例》，http://www.changzhou.gov.cn/gi_news/470146070341707，2023年7月6日。

② 浙江省文化和旅游厅：《浙江省公共文化服务保障条例》，2020年7月3日，https://ct.zj.gov.cn/art/2020/7/3/art_1229678755_2422116.html，2023年7月6日。

③ 天津市人大常委会办公厅：《天津市公共文化服务保障与促进条例》，2018年9月29日，https://www.tjrd.gov.cn/flfg/system/2018/09/29/030010711.shtml，2023年7月6日。

④ 湖北省第十三届人民代表大会常务委员会第六次会议：《湖北省公共文化服务保障条例》，2019年4月9日，http://www.hppc.gov.cn/p/20521.html，2023年7月6日。

⑤ 四川省第十三届人民代表大会常务委员会第十九次会议：《宜宾市文明行为促进条》，2020年6月12日，http://www.law-lib.com/law/law_view.asp?id=705892，2023年7月6日。

的基础保障,还提升了对其的吸引力。

(三) 保障不同主体参与

为了能更具有针对性地推动社会力量参与公共数字文化服务,中央及地方政府面向公民个人、企业、文化类社会组织的不同参与主体和其对应的不同参与形式,制定并发布了一系列法律法规等纲领性文件。

(1) 保障公民参与

公民作为社会力量的重要组成部分,参与公共数字文化服务的方式一般为捐赠财物、加入志愿队伍以及参与管理决策监督等。针对公民个人捐赠的参与形式,《中华人民共和国慈善法》的第三章至第六章,即慈善募捐、慈善捐赠、慈善信托、慈善财产等部分,将个人捐赠的不同类型形式进行划分,并为参与者的合法权益提供了法律保护[①]。同时,该法第七章的"慈善服务"部分,也对加入志愿队伍这一服务形式提供了保障。为了能够进一步鼓励和引导与文化相关的志愿服务活动广泛深入开展,推动文化志愿服务常态化、规范化、制度化,文化部2016年发布了《文化志愿服务管理办法》,充分发挥文化志愿服务在构建现代公共文化服务体系中的积极作用[②]。在通过管理、决策或监督的形式参与公共文化服务层面,中共中央宣传部、文化部、中央机构编制委员会办公室等七个部门于2017年联合印发了《关于深入推进公共文化机构法人治理结构改革的实施方案》,提出要完善吸引社会力量参与公共文化机构法人治理结构建设的相关政策,鼓励有关方面代表、专业人士、各界群众按章程规定进入理事会,参与决策、管理、运营和监督[③]。而以捐资、捐赠等形式支持公共文化机构建设的企业、社会组织和其他社会力量,符合条件的可以选派代表参加理事会。此外,还应当

---

① 中华人民共和国第十二届全国人民代表大会第四次会议:《中华人民共和国慈善法》,2016年3月19日,http://www.gov.cn/zhengce/2016-03/19/content_5055467.htm,2023年7月6日。

② 中华人民共和国文化部:《文化部关于印发〈文化志愿服务管理办法〉的通知》,2016年7月14日,http://www.gov.cn/gongbao/content/2017/content_5189209.htm,2023年7月6日。

③ 中国共产党中央委员会宣传部等7部门:《中宣部文化部等7部门联合印发〈关于深入推进公共文化机构法人治理结构改革的实施方案〉》,2017年9月9日,http://www.gov.cn/xinwen/2017-09/09/content_5223816.htm,2023年7月6日。

畅通监督渠道，发挥社会公众、媒体等力量的监督作用。从整体上来看，我国现有的政策对公民参与公共文化服务的各环节都给予了支持，对公民参与公共文化服务的各类形式提供了较为完善的制度环境，这也对公民直接参与公共数字文化服务提供了保障。

（2）保障企业参与

为进一步深化文化领域供给侧结构性改革，推动政府职能转变，创新文化供给机制，我国大力推动政府向社会资本购买公共文化服务，既推动了"政府购买"这一企业参与公共文化服务的主要形式，也促进了政府购买公共数字文化服务。首先是明确公共数字文化服务的购买内容，国务院办公厅于 2015 年转发了《关于做好政府向社会力量购买公共文化服务工作意见》，《意见》指出购买内容包括了公共电子阅览室、数字农家书屋等公共数字文化设施的运营管理①。《中华人民共和国公共文化服务保障法》要求各级人民政府制定政府购买公共文化服务的指导性意见和目录②。其还指出政府有关职能部门和地方人民政府应当结合实际情况，从而确定购买的具体项目和内容并及时向社会公布，这为企业承接公共数字文化服务和公共数字资源建设的信息获取提供了便利。文化部在 2017 年发布了《"十三五"公共数字文化建设规划》，鼓励社会力量依托现有的公共数字文化服务平台，开展文化活动，开发和推广数字文化资源和产品，免费或以优惠条件提供公共数字文化服务，即支持相关企业设计生产相关的产品与服务。2018 年，为贯彻落实《国家"十三五"时期文化发展改革规划纲要》《国务院办公厅关于进一步扩大旅游文化体育健康养老教育培训等领域消费的意见》等文件精神，文化和旅游部与财政部发布了《关于在文化领域推广政府和社会资本合作模式的指导意见》，对在文化领域推广政府和社会资本合作模式的基本原则、项目实施规范、政策保障等

---

① 中华人民共和国国务院办公厅：《国务院办公厅转发文化部等部门关于做好政府向社会力量购买公共文化服务工作意见的通知》，2015 年 5 月 11 日，https://www.sport.org.cn/search/system/xgwj/2018/1108/191949.html，2023 年 7 月 6 日。

② 中华人民共和国第十二届全国人民代表大会常务委员会第二十五次会议：《中华人民共和国公共文化服务保障法》，2016 年 12 月 25 日，http://www.gov.cn/xinwen/2016-12/26/content_5152772.htm，2023 年 7 月 6 日。

方面提出针对性建议①。《"十四五"公共文化服务体系建设规划》指出要广泛开展公共文化数字化服务创新案例评选、推广活动，并且对企业参与公共数字文化的重要性进行强调，支持公共文化机构与数字文化企业进行对接合作，以拓宽数字文化服务应用场景②。

（3）保障文化类社会组织参与

社会组织是人类社会的第三部门，它是介于政府部门与营利性组织之间，依靠会员缴纳的会费、民间捐款或政府拨款等非营利性收入，从事前两者无力、无法或无意作为的社会公益事业，从而实现服务社会公众、促进社会稳定与发展为宗旨的社会公共部门。文化类的社会团体、基金会、民办非企业单位等非营利性组织，是参与公共数字文化服务的社会力量的重要组成部分。近十年文化类社会组织在完善现代公共文化服务体系中的作用日益彰显，是我国政府逐渐提升对其重视的成果。2013年11月15日，党的十八届三中全会审议通过了《中共中央关于全面深化改革若干重大问题的决定》，将参与公共文化服务、具备文化属性且专门从事文化服务的社会组织称为"文化非营利组织"，并提出要培育文化非营利组织的任务③。为进一步落实党的十八届三中全会精神，中共中央办公厅、国务院办公厅2015年印发了《关于加快构建现代公共文化服务体系的意见》，进一步将"文化非营利组织"明确为"文化类社会组织"，指出文化类行业协会、基金会、民办非企业单位等社会组织都属于文化类社会组织。该《意见》还指出文化类社会组织是构建现代公共文化服务体系的重要内容，各类公共文化机构可以通过成立行业协会，发挥其在行业自律、行业管理、行业交流等方面的作用④。

---

① 中华人民共和国文化和旅游部、财政部：《文化和旅游部、财政部关于在文化领域推广政府和社会资本合作模式的指导意见》，2018年11月13日，http://www.gov.cn/zhengce/zhengceku/2018-12/31/content_5433075.htm，2023年7月6日。

② 中华人民共和国文化和旅游部：《文化和旅游部关于印发〈"十四五"公共文化服务体系建设规划〉的通知》，2021年6月10日，http://www.gov.cn/zhengce/zhengceku/2021-06/23/content_5620456.htm，2023年7月6日。

③ 中国共产党第十八届中央委员会第三次全体会议：《中共中央关于全面深化改革若干重大问题的决定》，2023年11月15日，https://www.gov.cn/zhengce/2013-11/15/content_5407874.htm，2023年7月6日。

④ 中共中央办公厅、国务院办公厅：《中共中央办公厅、国务院办公厅印发〈关于加快构建现代公共文化服务体系的意见〉》，2015年1月14日，http://www.gov.cn/xinwen/2015-01/14/content_2804250.htm，2023年7月6日。

此外，国家通过颁布法律法规支持文化类社会组织发展，例如《中华人民共和国公共文化服务保障法》第53条规定："国家鼓励和支持公民、法人和其他组织依法成立公共文化服务领域的社会组织，推动公共文化服务社会化、专业化发展。"[①]

通过上文的分析能看出，我国目前发布的法律法规、条例政策等文件，虽然有关社会力量参与公共数字文化服务的具体阐述较少，但这些文件对于社会参与公共文化服务、公共数字文化建设以及不同主体的参与形式进行了有力的支持与保障。公共数字文化服务作为公共文化服务这一大集合的子集，得益于上文分析的国家和地方政府相关政策的颁布，在政治文化环境方面为社会力量参与公共数字文化服务提供了指导与支持。

二 政治因素的劣势分析

从1999年开始鼓励社会力量参与公共事业建设，到现在将"社会力量参与"作为公共文化服务的基本属性，不难看出我国公共文化服务对社会力量的重视。近年来，我国除了在专门法《中华人民共和国公共文化服务保障法》中对社会力量的参与予以支持，还从"十二五"时期到现今的"十四五"时期，不断将鼓励与支持社会力量参与写入公共文化服务建设的相关规划。通过顶层设计，我国已为社会力量参与公共文化服务营造了良好的政治文化氛围，公共数字文化服务作为文化服务的一部分同样受益，这也间接推动了社会力量参与公共数字文化服务。但现今政治环境中存在的有些问题不能忽视，这些问题主要体现在制度保障力度不够、制度内容需要进一步完善等方面。

（一）制度保障仍需加强

《关于加快构建现代公共文化服务体系的意见》将建立健全公共文化服务法律体系作为重要任务，2017年开始施行的《中华人民共和国公共文化服务保障法》就是该体系的重要支柱。自《中华人民共和国

---

① 中华人民共和国第十二届全国人民代表大会常务委员会第二十五次会议：《中华人民共和国公共文化服务保障法》，2016年12月26日，http://www.gov.cn/xinwen/2016-12/26/content_5152772.htm，2023年7月6日。

公共文化服务保障法》施行以来，我国公共文化服务整体上在保障责任的落实、服务质量的提升、人民群众文化需求的满足、供给途径的多元化等方面取得了明显成效①。然而，对于社会力量参与公共数字文化服务的制度保障，在具体领域专门立法和地方性立法等方面仍需加强。

（1）对各公共文化机构

公共文化机构包括图书馆、档案馆、博物馆、美术馆、群众艺术馆、文化馆、非遗中心等，不同公共文化机构提供的数字文化服务内容也不相同，社会力量参与不同公共文化机构的数字文化服务的侧重点也存在一定的差异。因此对于公共数字文化服务的不同提供机构，需要具有针对性的政策以保障社会力量的参与。但目前我国出台的《中华人民共和国公共图书馆法》《中华人民共和国档案法》《博物馆条例》等公共文化单一领域的立法，只是对社会力量的参与进行了鼓励与支持，其作为软法从实施效力上来看同样有一定的局限性，并且也较少直接提及数字文化方面的内容。此外，文化馆、艺术馆、非遗中心等其他类型的公共文化机构，同样也需要有专门法律予以保障，但目前有关立法还存在一定缺失。

（2）对地方公共文化服务

地方公共文化服务的建设同样需要因地制宜的立法加以保障，加快对地方性公共文化立法的制定，完善地方立法机制，是健全公共文化服务法律体系的重要一环，同时也能促进社会力量参与地方公共数字文化服务。目前，随着《中华人民共和国公共文化服务保障法》的施行，广东、上海、江苏、浙江、湖北、天津、陕西、贵州、安徽、湖南、江西、四川、甘肃、云南、宁夏、北京和河南已颁布了公共文化服务的地方性法规，但新疆、西藏、青海、宁夏、河北、福建、广西、海南、台湾、香港、澳门等省区的有关公共文化服务的地方性法规尚未出台。持续推动地方性公共文化服务保障立法出台，是"十四五"时期我国公共文化法制建设的重要任务，也是对社会力量参与地方公共文化服务的

---

① 全国人民代表大会常务委员会：《全国人民代表大会常务委员会执法检查组关于检查〈中华人民共和国公共文化服务保障法〉实施情况的报告》，2020年12月23日，http://www.npc.gov.cn/npc/c30834/202012/7ed12481a99c43d985edd1bca34c2afd.shtml，2023年7月6日。

(3) 对政府购买服务

相较于以往公共文化服务的"行政性供给"模式，政府向社会力量购买公共数字文化服务作为一种全新的文化治理模式，对促进公共数字文化建设、构建多层次多方式的数字文化服务供给体系、提供优质数字文化服务等都有着深远的意义[①]。虽然目前我国政府对购买公共文化服务的政策保障、资金投入在不断提升，但受到治理意识、社会发展水平、财政等因素的制约，许多地方政府部门在对地方公共文化服务的建设与发展进行规划时，未能将购买公共文化服务纳入其中，一些文化行政部门也未能对人民群众日益增加的文化需求进行有效的满足。整体上来说，目前我国政府购买公共文化服务的实践还未充分进行。

在相关立法方面，《中华人民共和国公共文化服务保障法》的出台，为政府购买公共数字文化服务提供了立法保障。但目前相关的政策对于细分领域尚未健全，例如财政保障机制、税收优惠等相关激励和承接政策都有待完善[②]。文化部在 2015 年出台了《政府向社会力量购买公共文化服务指导性目录》，部分地方政府虽然也根据其发布地方性目录、指导性政策，但这些文件主要提及实体文化服务的购买，有关数字文化服务的内容较少。例如，陕西省印发的《省本级政府购买服务指导性目录》中列出的文化公共服务仅为"文化艺术创作、表演及交流服务""群众文化活动服务""文物和文化保护服务"[③]，未对相关内容特别是数字文化服务进行细分。地方性政策和目录对各地的数字文化服务的供给方有重要的指导作用，需要相关职能部门尽快对其进行完善。

政府购买的公共数字文化服务资源仍存在数量不足、种类欠缺和购

---

① 完颜邓邓、卞婧婧：《政府购买公共数字文化服务的实践与思考》，《图书馆学研究》2020 年第 24 期。
② 陈庚、豆慧峰：《公共文化服务的内卷化困境及其破解之道》，《同济大学学报》（社会科学版）2022 年第 5 期。
③ 陕西省财政厅：《陕西省财政厅关于印发省本级政府购买服务指导性目录的通知》，2022 年 8 月 25 日，http://www.ccgp-shaanxi.gov.cn/cms-sx/site/shanxi/gzdt/info/2022/2079701.html，2023 年 7 月 6 日。

买范围狭窄的问题①。目前政府购买公共数字文化服务主要集中于数字设施的管理和运营、数字文化资源建设、决策咨询人员培训和绩效评价等方面。对数字文化内容生产还存在购买数量不足、种类欠缺等问题。例如，对于农村留守老人、农村留守儿童、残障人士等特殊群体的关注度仍需加强，目前面向这些特殊群体的公益性数字文化内容的生产仍旧不足。

（二）政策内容有待进一步完善

从整体上来说，目前我国相关的政策文件，无论是对社会力量参与公共数字文化服务进行直接保障，还是通过鼓励社会力量参与公共文化服务和加强公共数字文化服务建设间接支持，为社会力量参与公共数字文化服务提供了良好的政治环境，但是目前政策内容还存在一定的优化空间。

（1）现有政策内容不够细化

《中华人民共和国公共服务保障法》明确将社会力量参与作为公共文化服务的基本原则之一，建立了引导与鼓励社会力量参与公共文化服务的基本制度。但目前大多相关政策的内容普遍存在针对性不足、社会力量界定不明晰、管理内容不明确、社会化评价规范缺失等问题，这可能会对社会力量参与公共数字文化服务的实施效能产生一定的负面影响。

现有政策大多为整体性政策，针对性政策较少。对提出社会力量具体范畴的政策文本比较集中，专门针对企业、文化类社会组织、公民个人的政策较少②。此外，现有政策对社会力量的界定缺少明确的定义或者相关指南，普遍存在表述过于笼统的问题，忽略了受众群体的复杂性。例如对民营文艺表演团体的相关政策，并未对在市场监管部门登记注册的民营演出企业和在民政部门登记的从事非营利性演出的文艺团队进行区分。对于公共文化服务的社会化管理运营，目前的政策同样存在

---

① 完颜邓邓、卞婧婧：《政府购买公共数字文化服务的实践与思考》，《图书馆学研究》2020年第24期。

② 范丽莉、单瑞芳、张丽：《基于政策工具视角的公共文化服务社会化研究》，《图书馆》2022年第8期。

不够精细的问题。虽然《文化志愿服务管理办法》有相对完整的针对志愿者招募、培训、激励方面的规定，但现有的政策文本对管理方面的内容都过于简单，大多为原则性要求，实际的可操作性不高。对公共文化服务的社会化评价，虽然《中华人民共和国公共文化服务保障法》提出了"需要建立有公众参与的公共文化服务考核评价制度"，但现有政策的不规范、不明确等问题仍旧普遍存在。

(2) 地方政策特色不明显

我国幅员辽阔，各省市的经济、社会、文化、科技发展水平不同，各地方政府对公共数字文化服务的投入也有着明显差异。不结合实际情况考虑，简单地照搬、借鉴其他地区的相关法律法规不利于地方公共数字文化服务的发展。具备地方特色的政策是保障各地公共数字文化服务高质量发展的必然选择，这同时也能够吸引地方社会力量参与当地的公共数字文化服务。然而，目前有关公共文化服务保障的地方性法规在结构和内容上都存在一定的相似之处，如在立法目的、法律责任、保障措施等方面都参照了《中华人民共和国公共文化服务保障法》，而在结构上几乎都为"总则—分则—附则"结构[①]。这些政策中对社会力量参与的相关内容也较为趋同，地方政府联系实际情况推出更具地方特色的制度是未来的工作方向。

三 政治因素的机遇分析

2021年印发的《"十四五"公共文化服务体系建设规划》指出，我国的公共文化服务还存在不少短板和问题。受经济社会发展水平的制约，我国的城乡之间、不同区域之间的公共文化服务发展水平还存在一定的差距，相关产品和服务的品质仍需提升，行业的改革创新力度有待增强[②]。《规划》中还特别强调，我国公共文化服务中社会力量的作用还没有得到充分发挥，并且与其他领域相比，公共文化服务的数字

[①] 完颜邓邓、曲元直：《地方公共文化服务立法进展与内容比较》，《图书馆理论与实践》2021年第2期。

[②] 中华人民共和国文化和旅游部：《文化和旅游部关于印发〈"十四五"公共文化服务体系建设规划〉的通知》，2021年6月10日，http://www.gov.cn/zhengce/zhengceku/2021-06/23/content_5620456.htm，2023年7月6日。

化、网络化、智能化建设仍显滞后②。虽然这些问题和短板的存在，对我国"十四五"时期公共文化服务体系建设提出了新的挑战，但近年相关应对政策的叠加，也意味着新时期通过社会力量推动公共文化服务提升，有了新的发展机遇。此外，部分国外政府对公共数字文化服务建设进行了一定探索，其在健全法律法规体系、鼓励多方参与以及保证资金投入等方面的经验，对我国有一定的参考价值，同样为我国提供机遇。

（一）新时期政策叠加

（1）加快数字中国建设

在当今数字信息时代，建设数字中国是推进国家现代化的重要引擎，是创造国家竞争新优势的切实保障。加快数字中国建设，对全面建设社会主义现代化国家、全面推进中华民族伟大复兴有重要意义。中共中央、国务院于2023年2月27日印发了《数字中国建设整体布局规划》，全方位、分层次阐明了数字中国建设的时间表和路线图，压实了有关主体的责任。该《规划》还进一步强调了对"国家文化数字化战略"的实施，提出要"提升数字文化服务能力，加快发展新型文化企业、文化业态、文化消费模式"①。因此，全方位拥抱公共文化数字化即响应加快数字中国建设，将是各级政府、各行业下一阶段的发展抓手，也是数字信息时代的重大机遇所在。

《数字中国建设整体布局规划》指出要通过建设规范的数字治理生态以优化数字化发展环境，对数字化发展环境和资金投入两方面都提出了保障措施。在发展环境方面，要加强立法统筹协调，对相关法律法规进行完善；加快数字化技术标准体系的构建与编制；健全与提升网络综合治理水平；深入开展网络生态治理工作。而在资金投入方面，要加强资金扶持方式的创新以及对各类资金的统筹引导；引导金融资源促进数字化发展，规范资本参与数字中国建设，构建社会资本有效参与的投融资金融体系。这些措施为数字文化企业提供良好政策环境，同时也能间接提升其为公共数字文化服务的产品供给水平。

---

① 中华人民共和国国务院：《中共中央国务院印发〈数字中国建设整体布局规划〉》，http://www.gov.cn/zhengce/2023-02/27/content_5743484.htm，2023年7月6日。

(2) 推进文化数字化战略

从近年发布的许多文件中能看出，政府对国家文化数字化的重视在不断提升，相关政策也为其建设提供有力支撑。这样的环境不仅为公共数字文化服务的建设与发展带来契机，也间接吸引了社会力量的参与。党的二十大报告对繁荣发展文化事业和文化产业做出了重要部署，指出要深化文化体制改革，完善文化经济政策。该报告还强调了国家文化数字化战略的实施，健全现代公共文化服务体系，创新实施文化惠民工程，实施重大文化产业项目带动战略①。2022年中共中央办公厅、国务院办公厅印发的《关于推进实施国家文化数字化战略的意见》，对未来国家文化数字化战略实施的总体要求、工作原则、重点任务以及组织实施等方面的工作做出部署②。该《意见》特别将"提升公共文化服务数字化水平"作为重点任务，提出要推动公共图书馆、博物馆、美术馆等公共文化机构加强公共数字文化资源建设，统筹推进国家文化大数据体系、全国智慧图书馆体系和公共文化云建设，增强公共文化数字内容的供给能力。公共文化服务数字化对基础设施建设、资源内容整合、管理运营维护等方面提出了更高要求，而社会力量的引入能为这些方面提供新的思路，能为进一步解放和提升文化生产力以及推进公共文化数字化全面可持续发展贡献力量。

(二) 可参考域外相关政策经验

一些发达国家和地区的公共服务起步较早，早在19世纪末德国就已经提出了公共服务的概念。作为公共服务的重要组成部分，大部分发达国家的公共文化服务发展至今，已经形成了各具特色的模式。其中与公共数字文化服务相关的法律法规、政策体系和数字文化战略规划等，为这些国家的公共数字文化建设与发展提供了支撑与保障③。虽然我国

---

① 中国共产党第二十次全国代表大会：《高举中国特色社会主义伟大旗帜 为全面建设社会主义现代化国家而团结奋斗——在中国共产党第二十次全国代表大会上的报告》，2022年10月26日，https://lsrm.hinews.cn/xinwen/show-17283.html，2023年7月6日。

② 中共中央办公厅、国务院办公厅：《中共中央办公厅 国务院办公厅印发〈关于推进实施国家文化数字化战略的意见〉》，2022年5月22日，http://www.gov.cn/xinwen/2022-05/22/content_5691759.htm，2023年7月6日。

③ 韦楠华、吴高：《主要发达国家公共数字文化建设制度特点探讨》，《现代情报》2018年第6期。

还处于社会主义初级阶段，国情与发达国家存在一定的差异，但部分发达国家对公共文化服务的制度，特别是与公共数字文化服务相关的制度，能对我国相关政府与职能部门在进行公共数字文化服务的未来制度制定与规划提供一定的参考与借鉴。

（1）健全相关法律法规体系

大部分发达国家都建立了较为完善的法律法规体系以保障社会力量对公共文化服务的投入。以法国为例，1982年、1985年与1987年的《预算法》就已经明确规定，公民个人和企业赞助艺术相关事业享受缴税优惠，目的是提升社会各界赞助公共文化事业的意愿①。随后法国政府出台的《企业参与文化赞助税收法》《文化赞助税制》《共同赞助法》等系列文化法规（这些法规统称为《梅塞纳斯》体系），加强了社会力量参与公共文化服务的保障力度。2003年，法国政府为进一步完善《梅塞纳斯》体系，颁布了《艾尔贡法》，并且至今还在不断对其进行优化，已经形成了较为成熟的文化资助体系。法国的文化资助模式与我国类似，政府财政投入是两国文化事业的主要资金来源，因此其现今相对健全的文化资助法律法规体系，对我们有关部门在制定与完善相关法律法规方面有一定的参考价值。

（2）协调多方合作参与

国外发达国家比较注重鼓励不同文化机构或组织之间进行协调与合作②，积极通过制定法规政策导向措施，大力鼓励其他机构或社会组织通过资助项目、参与管理、赞助活动、捐赠设备、提供产品或服务等多种方式参与公共文化建设和数字文化服务③。例如，美国国会先后通过若干法案设立了如国家人文基金会（National Endowment for the Humanities）④、国家艺术基金会（National Endowment for the Arts）⑤、美国博物

---

① 黄玉蓉、车达：《法国文化资助制度运作特点及其对中国的启示》，《深圳大学学报》（人文社会科学版）2015年第5期。

② 韦楠华、吴高：《主要发达国家公共数字文化建设制度特点探讨》，《现代情报》2018年第6期。

③ 胡唐明、魏大威、郑建明：《国内外公益数字文化建设路径与模式比较研究》，《图书情报工作》2013年第20期。

④ National Endowment for the Humanities, https://www.neh.gov/, 2021年7月6日。

⑤ National Endowment for the Arts, https://www.arts.gov/, 2021年7月6日。

馆与图书馆服务协会（Institute of Museum and Library Services）[①] 等组织，以间接的方式管理与协调美国的公共数字文化事业[②]。美国在 1996 年成立的博物馆与图书馆服务协会（Institute of Museum and Library Services），为美国的图书馆和博物馆之间的项目合作提供了资金和技术支持。此外，美国专门成立的国家电信和信息管理局（National Telecommunications and Information Administration）以及美国图书馆和信息科学委员会（National Commission on Libraries and Information Science）等专职的信息管理机构，确保数字文化资源开发利用的综合协调与控制。国外多方主体参与公共数字文化服务的模式较为成熟，我国政府应当思考如何结合自身现实情况，营造形成类似模式的良好环境。

（3）立法保证文化资金投入

在政府对公共数字文化服务的财政投入方面，主要发达国家都保持了较高的力度。美国政府为加速推进数字化建设，逐年增加对国家数字平台建设的投入，用以提升图书馆、博物馆、档案馆等文化机构数字服务。在瑞士的公共财政中，每年用于文化的总开支大约为 30 亿瑞士法郎，联邦每年为文化创作活动提供超过 3.2 亿瑞士法郎的资助[③]。为保证政府对公共文化事业的投入力度，法国通过立法的方式对中央和地方财政投入的数额和比例进行了明确规定，即在中央财政预算中，文化事业所占比重不低于 1%，并且地方政府对文化事业财政投入预算不能低于中央预算的 2 倍，因此法国每一年对公共文化服务的财政拨款高达几十亿法郎[④]。是否参考部分发达国家，将对公共文化的资金投入保障写入相关法规或规划，值得探究。

四 政治因素的风险分析

当今我国公共文化服务模式正在经历政府单一主体供给模式向多元

---

① American Memory: Remaining Collections, https://www.imls.gov/, 2021 年 7 月 6 日。
② Burd S., "Most scholars are pleased by new nominee for the National Humanities Council", *Chronicle of Higher Education*, Vol. 38, No. 14, 1991, pp. 24 – 29.
③ Eidgenössisches Departement für auswärtige Angelegenheiten, "Cultural policy", https://www.eda.admin.ch/aboutswitzerland/en/home/gesellschaft/kultur/kulturpolitik.html, 2021 年 7 月 6 日。
④ 黄玉蓉、车达：《法国文化资助制度运作特点及其对中国的启示》，《深圳大学学报》（人文社会科学版）2015 年第 5 期。

社会主体共同参与及治理模式的转型。对多元社会主体治理的公共文化服务模式来说，相关的保障制度既是重要的评判标准之一，也是实现这一治理模式的前提和必要条件[①]。当前政策环境在财政政策支持、政府购买制度规范、信息伦理等方面的微观制度存在一定的缺失，对公共数字文化服务引入社会力量造成一定的不良影响。而随着社会力量的持续加入，若政府和公共文化机构不加防范，也可能会对其现有的制度价值和意识形态等方面造成冲击。

（一）微观政治环境还需要改善

国务院办公厅在《公共文化领域中央与地方财政事权和支出责任划分改革方案》中强调，中央和地方以政府购买等形式鼓励社会力量参与公共文化服务[②]，这意味着以高位阶的法律规范为公共文化服务的社会化运营提供了依据。但有关社会力量参与的财政支持明细、准入条件、考核机制、退出机制等目前都缺乏具体的操作指引。在具体实践中，各项政府补贴政策覆盖的参与主体普遍较为宽泛，可能会使得实施的精准程度大打折扣。

以促进文化类社会组织参与公共文化服务的政策为例，因为没有较为直接的、具备较高针对性的补贴政策，这些在进行公共文化服务供给时受到较多阻碍。在社会组织发展水平较高的上海市已出台若干补贴政策，其中《上海市民营文艺表演团体发展扶持资金补贴办法》还针对文化类团体提供的公益性文化活动和演出进行补贴，但是该补贴办法的申报条件主要倾向于营利性民营院团，对于非营利性的文化类社会组织缺乏明确的指向，并且对社会组织提出营业性演出资质的要求，存在较多的限制[③]。此外，上海市公益招投标项目对于公共文化服务部分，仅面向老年人和残障人士两类人群，公益创投项目类别将范围限制在了老

[①] 蔡晓倩：《新时代推进文化治理现代化的多维路径》，《哈尔滨工业大学学报》（社会科学版）2022年第4期。

[②] 中华人民共和国国务院：《国务院办公厅关于印发公共文化领域中央与地方财政事权和支出责任划分改革方案的通知》，2020年6月23日，http://www.gov.cn/zhengce/content/2020-06/23/content_5521313.htm，2023年7月6日。

[③] 上海市文广影视局：《上海市民营文艺表演团体发展扶持资金管理办法&申请指南》，2020年11月3日，http://www.shwyw.cn/article-12461-1.html，2023年7月6日。

年服务、助残服务、青少年服务、帮困服务四类，缺乏直接的文化类别服务，造成文化类社会组织的参与性极为有限。由此，如何参与公共文化服务既无指导依据也无案例可循，限制了社会力量进入公共文化服务领域的能动性①。

各社会主体在贡献其力量前，必然希望公共文化机构提供的数字服务和文化资源没有版权争议、内容准确并且是尊重和保护用户隐私的。信息伦理政策，包括信息的隐私政策、准确性政策、版权政策以及可获取性政策，对公共数字文化服务的用户识别相关风险有着重要意义。然而我国现有的公共数字文化服务的信息伦理政策，在政策内容的可读性、政策结构的完整性、政策的可获取性、信息准确性的可见度、对信息伦理四要素的重视程度等方面还存在较多的问题②。这不但会增加社会对公共数字文化服务中信息伦理的担忧，还可能会极大降低社会力量公共数字文化服务的参与意愿。

（二）存在冲击制度价值与意识形态的潜在风险

引入社会力量参与公共文化服务，是深化公共文化事业管理体制改革、推动政府职能转变的重要途径，能够较好地提升公共文化服务效能，从而更好地满足人民日益增长的文化需求，蕴含着公共性、效能性、公益性等制度价值③。政府作为公共文化服务的直接管理者，若未对社会力量的参与进行规范与监督，可能会造成制度价值流失。

公共性作为与"私性"相对的价值观念，是公共服务的必要属性，对公共服务的可及性、公平性和均等化进行了强调。公共数字文化服务作为基础的公共服务之一，在进行服务供给的过程中同样需要对其公共性进行强调。然而，从现有的一些例子中就能发现，社会力量在进行公共文化服务供给的过程中，特别是在政府购买服务的制度安排下，公共文化服务的公共性和效能性遭受到了一定的冲击。例如，在福建省厦门

---

① 马菊花：《共同富裕视角下我国公共文化服务的财税政策研究》，《税务与经济》2023年第2期。

② 王英、洪伟达：《公共数字文化服务信息伦理政策比较研究——以英、美、中三国文化机构及项目为例》，《图书馆》2017年第3期。

③ 胡守勇：《政府购买公共文化服务的风险识别、致险成因与防范路径》，《图书馆》2019年第5期。

市政府在购买公共文化服务过程中，因为部分服务承包商存在选择性供给行为，导致厦门市不同行政区的公共文化服务供给出现了数量和质量上的差异，市中心的思明、湖里两区的市民相较于其他区有较多机会获取更高质量的公共文化服务。虽然公共文化服务的公益性强调了免费的原则，但是"免费"不等同于完全不收费。在有限资源条件下，为减轻服务提供者的负担，对特定文化服务的使用者收取一定的费用已成为国际的普遍做法。在社会力量的共同参与下，公共数字文化服务是公益性服务还是悠长的商业服务，如何把握和规范相关付费标准使其不至于影响公共数字文化服务的公益性值得思考。

公共文化服务在传播国家主流意识和核心价值观方面具有很强的政治性，其在多元力量供给过程中，很有可能造成意识形态的淡化或泛化。若对社会承接主体、供给服务内容把关不严，在服务供给的潜移默化中，让非主流社会思潮让位于社会主义意识形态，可能最终导致意识形态阵地沦陷。因此需要防范在公共文化服务数字化转型过程中出现背离国家文化治理逻辑的风险，维护我国既有的政治秩序。

第二节 经济因素（Economic Factors）分析

我国整体经济环境因素直接影响各个社会力量主体的发展情况，进而也影响了其对公共数字文化服务的参与能力与意愿。而政府的收入水平也与整体的经济环境优劣息息相关，公共数字文化服务经费主要来源于政府的财政投入，这些资金对公共数字文化事业的发展和服务质量的提升起着重要作用，同样也间接对社会力量的引入产生一定的影响。

"能力是承担的前提"适用于社会力量承担公共数字文化服务。若社会力量本身没能力或发展不畅，就毋论对公共数字文化服务的参与。企业不仅是市场经济活动的主要参与者，还是公共数字文化服务的重要力量来源，其经营情况对公共数字文化服务的参与能力也有显著的影响。因此作为经济环境的一部分，文化传媒、数字创意、科技等产业的发展水平影响着公共数字文化服务的供给能力与内容质量，对其进行分析也是有必要的。

一 经济因素的优势分析

(一) 经济发展水平稳步提高

(1) 整体经济稳中向好

受到近几年新冠疫情的影响,全世界的经济发展都受到了较大的冲击。在党中央和国务院的决策部署下,我国对国内国际的两个大局、新冠疫情防控和经济社会发展进行统筹,不断坚持稳中求进的工作总基调,贯彻完整、准确、全面的新发展理念,加快构建新发展格局,加大宏观调控力度,积极应对内外部各类因素的冲击。近年来,我国整体经济始终保持增长,发展质量也在不断提升,经济社会大局保持稳定,坚定迈出全面建设社会主义现代化国家新征程的步伐。

《2022年国民经济和社会发展统计公报》[①] 的数据显示,2022年我国国民经济顶住压力再上新台阶,全年国内的生产总值为1210207亿元,若按不变价格计算,相较2021年增长了3.0%。而在2019年至2021年,全国国内生产总值增长速度分别为6.0%、2.2%和8.4%,保持逐年稳定增长。整体产业发展方面,根据国家统计局的分析数据,2022年我国三大产业的复苏明显。其中,第一产业增长显著高于新冠疫情之前,第一产业的增加值为8.3万亿元,相较于2021年增长了7.1%;第二产业更是实现强劲增长,增加值达到45.1万亿元,比2021年增长8.2%。稳定的经济环境是我国公共文化服务发展的基础,现阶段我国的整体国民经济稳中向好,这也为我国公共数字文化服务的发展提供了有利条件。

(2) 居民可支配收入持续增加

居民的工作收入水平与其个体捐款的额度[②]和参与志愿服务的时间[③]呈正相关。居民的可支配收入水平直接影响着其参与公共文化服务

---

① 国家统计局:《2022年国民经济和社会发展统计公报》,2023年2月28日,http://www.stats.gov.cn/sj/zxfb/202302/t20230228_1919011.html,2023年9月11日。
② 刘凤芹、卢玮静:《社会经济地位对慈善捐款行为的影响》,《北京师范大学学报》(社会科学版) 2013年第3期。
③ 曾琪:《影响民间力量参与残疾人救助的社会经济因素分析》,《广西质量监督导报》2019年第9期。

的意愿,我国近年居民可支配收入的持续增加,间接为居民参与公共文化服务打下良好基础。以 2021 年为例,我国居民人均可支配收入达到 35128 元,同比名义增长 9.1%,扣除价格因素后实际同比增长 8.1%;相较 2019 年增长了 14.3%,两年平均下来增长率为 6.9%,扣除价格因素的影响后,两年平均实际增长率为 5.1%。2021 年我国居民人均可支配收入中位数为 29975 元,同比增长 8.8%。其中城镇居民人均可支配收入的中位数为 43504 元,同比增长 7.7%;农村居民人均可支配收入的中位数为 16902 元,同比增长 11.2%。2021 年我国居民人均消费支出为 24100 元,较 2020 年名义增长 13.69%,扣除价格因素的影响后,实际同比增长 12.6%;相较 2019 年增长 11.8%,两年平均增长率为 5.7%,扣除价格因素的影响后,两年平均实际增长率为 4.0%。综上数据能看出,近年来我国居民的可支配收入在各个维度都有所提升,人民的整体生活水平也在不断提高,能更好地助推公共文化服务发展。

(3) 数字经济成效显著

作为经济学概念,数字经济是通过大数据进行"识别—选择—过滤—存储—使用"等流程,引导、实现资源的快速优化配置与再生、实现经济高质量发展的经济形态。公共数字文化事业的主要内容与数字经济涉及的众多领域相互交织,因而数字经济的发展与公共数字文化服务的质量提升同样密不可分。

我国数字经济的发展以 10 年为一个周期,在不断实现演化与迭代:从以门户网站、搜索引擎等形式提供数字信息服务的流量经济萌芽成长;到电子商务与社交网络迅猛发展;再到平台与共享经济下民众生活数字化开始全面普及。随着后疫情时代的到来,我国数字经济也迈入体系构建的新阶段。数字网络是未来数字世界建设的基础,5G、千兆、IPP 等 ICT 基础网络的建设支撑着数字经济发展。因此,全球各方都在积极为实现技术与商业的有效匹配、不同维度网络建设基准的构建以及数字生产力的最大化释放而行动。2022 年新冠疫情的波动使得全球经济都受到不同程度的冲击,但 ICT 技术在对抗击新冠疫情、进行线上复工等方面都起到了较强的正向辅助作用,不断彰显了数字化转型的价值,ICT 市场发展整体较好。2022 年的《政府工作报告》提到,要促进数字经济发展,加强数字中国的整体布局与数字信息基础设施的建设,促进各类产业的数字化转型,大力发展智慧城市、数字乡村等①。2022 年我国 ICT 市场规模达到 7897 亿美元,相较于 2021 年增长了 8.6%;而 2022 年我国数字化转型支出达到 3291 亿美元,相较于 2021 年增长 18.6%。从整体上看,我国新一代数字信息基础设施在不断完善,也将长期保障中国 ICT 市场发展,能为我国数字经济和 ICT 市场具备更高的韧性。

当前,我国数字经济发展成效较为显著,中国已成为全球数字经济发展的领头羊。公共数字文化服务可以充分利用这一巨大优势,借助相关的社会力量顺势发展。

(二) 文化投入稳中有升

公共事业的运行与发展皆离不开财政的投入,政府的财政投入是公共文化服务进行高质量供给的基础与保障,政府财政投入及投入结构对公共文化服务效率的提升具有积极作用②。据此,我国在积极推进公共文化领域的中央与地方财政事权和支出责任划分改革,目的是健全公共文化服务的财政保障机制,从而促进我国基本公共文化服务的标准化与均等化,确保我国公共文化的财政投入水平能与国家经济社会发展步伐相适应。

在"十三五"时期,中央财政落实和完善公共文化领域的财税政策,对支出结构和财政投入机制进行调整与完善,把公共文化服务作为财政支出的保障落实重点,切实地为人民的文化权益进行保障。在"十三五"期间,我国一般公共预算文化旅游体育与传媒支出累计 1.83 万亿元,五年的年均增长率达到 6.75%③。在公共文化服务方面,中央财政在"十三五"期间安排转移支付资金 308.39 亿元,为地方的公共文化体育设施的免费或优惠开放提供支持;为博物馆、纪念馆、美术

---

① 中华人民共和国国务院:《2022 年政府工作报告(全文)》,2022 年 3 月 13 日,http://www.ncha.gov.cn/art/2022/3/13/art_2567_173347.html,2023 年 7 月 6 日。
② 韩军、刘学芝:《基于超效率 DEA 的公共文化服务供给效率及其影响因素研究》,《宏观经济研究》2019 年第 3 期。
③ 中华人民共和国财政部:《"十三五"财政 1.83 万亿元投入公共文化》,2020 年 11 月 10 日,http://www.mof.gov.cn/zhengwuxinxi/caijingshidian/zgcjb/202011/t20201103_3615867.htm,2023 年 7 月 6 日。

馆、公共图书馆、文化馆（站）等安排了免费开放补助资金，不但保障了全国1866个博物馆、纪念馆、爱国主义教育示范基地的免费开放与陈列展览，还为地市级及地市级以下约5万个美术馆、图书馆、文化馆、乡镇文化站等提供支持，使其在免费开放的基础上，还能提供公益性讲座、宣传、文化骨干辅导等基本公共文化服务；此外还通过文旅部等部门的预算，为国家图书馆、国家博物馆等中央级别的公共文化机构的免费开放提供保障。

"十四五"时期是我国在实现第一个百年奋斗目标之后，向开启全面建设社会主义现代化国家新征程迈进的新时期。国家通过完善经费保障措施，为"十四五"时期我国公共文化服务的布局更加均衡、服务水平显著提高、供给方式更加多元、公共文化数字化网络化智能化发展取得新突破等目标提供保障。具体而言，就是通过建立健全权责明晰的公共文化服务财政保障机制，明确各级政府对公共文化服务财政支出的责任划分，依法依规将公共文化服务支出经费纳入本级预算，以保障公共文化服务的体系建设[1]。对于革命老区、民族地区、边疆地区、脱贫地区及农村基层的公共文化服务体系建设，中央和省级财政通过转移支付提供保障。此外，还鼓励社会力量建立公共文化发展的基金，通过多渠道拓展资金来源[2]。2021年和2022年中央支持地方公共文化服务体系建设的预算保持逐年增长，分别为1370239万元[3]和1450939万元[4]，为我国公共文化服务体系的完善以及各区域公共文化服务水平的提升提供坚实保障。

---

[1] 中华人民共和国国务院：《国务院办公厅关于印发公共文化领域中央与地方财政事权和支出责任划分改革方案的通知》，2020年6月23日，http://www.gov.cn/zhengce/content/2020-06/23/content_5521313.htm，2023年7月6日。

[2] 中华人民共和国文化和旅游部：《文化和旅游部关于印发〈"十四五"公共文化服务体系建设规划〉的通知》，2021年6月10日，http://www.gov.cn/zhengce/zhengceku/2021-06/23/content_5620456.htm，2023年7月6日。

[3] 中华人民共和国财政部：《关于下达2021年中央支持地方公共文化服务体系建设补助资金预算的通知》，2021年4月9日，http://jkw.mof.gov.cn/gongzuotongzhi/202105/t20210531_3711867.htm，2023年7月6日。

[4] 中华人民共和国财政部：《财政部关于下达2022年中央支持地方公共文化服务体系建设补助资金预算的通知》，2022年4月8日，http://jkw.mof.gov.cn/gongzuotongzhi/202204/t20220429_3807753.htm，2023年7月6日。

（三）相关产业发展势头强劲

一般公共文化产品具备外部性和准公共性的特征，如果文化产品供给全部交由政府可能会出现发展活力不足的问题，而全部交由市场亦可能会出现供给过度或不足的情况。2021 年编制的《中华人民共和国国民经济和社会发展第十四个五年规划和 2035 年远景目标纲要》指出，要提升我国社会文明的程度以及公共文化服务的水平，健全现代文化产业体系[①]。因此，协调发展公共文化服务和文化产业是文化产品质量提升的基础保障，而高质量文化产品无论是对公共文化服务的内容供给还是刺激群众的文化消费意愿都具有重要意义。公共数字文化服务与文化传媒、数字创意、移动互联网与软件等产业息息相关，这些产业的发展对公共数字文化服务的文化内容创作、服务提升与传播、设施保障等都有较大的影响。

（1）文化传媒产业

文化传媒产业是文化与传媒产业的结合，其是利用现代的传播手段，通过传媒来进行文化的传播以及不同文化之间的交流。公共文化服务与文化传媒产业是国家文化事业发展中互相促进、不可分割的两部分，共同为党的二十大报告中提出的文化建设目标服务，共同为广大人民群众服务[②]。公共文化服务体系在居民文化需求、偏好、消费习惯的培育与引导方面，发挥着关键的基础性作用。文化传媒产业是公共文化服务供给的基础，通过将前沿的管理模式、先进技术、优秀文化产品嵌入公共文化服务中，能为公共文化服务的发展助力，进而提升公共文化服务的效能。促进文化传媒产业与公共文化服务协同发展，是现阶段我国文化事业发展的工作重心，也是破解公共文化服务困境的关键路径[③]。

---

① 中华人民共和国十三届全国人大四次会议：《中华人民共和国国民经济和社会发展第十四个五年规划和 2035 年远景目标纲要》，2021 年 3 月 11 日，http://www.gov.cn/xinwen/2021-03/13/content_5592681.htm，2023 年 7 月 6 日。

② 王彦林、杜献宁：《公共文化服务与文化产业协同发展研究》，新华出版社 2019 年版。

③ 吴怡频、戚德祥：《文化产业助力基层公共文化服务供给侧改革路径探析》，《科技与出版》2023 年第 2 期。

文化传媒产业受到互联网红利的影响,已普遍从起步阶段迈向成长发展阶段。在我国消费转型升级的大背景下,我国文化经济将迎来大发展。2018年8月21日,习近平总书记出席全国宣传思想工作会议并发表重要讲话,指出要推动文化产业高质量发展,以高质量文化供给增强人民群众的文化获得感、幸福感。从总体上看,我国近年文化传媒产业维持繁荣发展。2022年文化企业盈利好转,2022年文化产业的固定资产投资相较于2021年增长了5.1%。而在2021年以后,由于2020年同期基数较低,加上行业景气度的持续恢复,上半年文化产业的固定资产投资额大幅回升,保持双位数增长。国家统计局的调查数据显示,2021年的文化、体育和娱乐业的固定资产相较于前一年增加了1.6%,其中文化艺术业的固定资产投资相较于前一年增长了6.4%。2022年上半年,我国的文化、体育和娱乐业的固定资产投资相较于2021年同期增长了4.5%,其中文化艺术业固定资产投资相较于2021年同期增长了15.9%。最新数据显示,2022年上半年我国6.3万家规模以上的文化企业实现5.44万亿元的营业收入,对比2019年同期增长了22.4%。文化传媒企业在盈利情况好转的背景下,会有更高的意愿进行投资,也能打磨好的作品,这也为公共文化服务产品的高质量供给创造更多可能性。

(2) 数字创意产业

数字创意产业是一种新经济形态,是现代信息技术与文化创意产业融合的结果。和传统文化创意产业将实体作为载体进行文化艺术创作不同,数字创意是以计算机图形(Computer Graphic)等现代数字技术为工具,通过技术、创意和产业化的形式,进行数字内容的设计与开发等。《"十三五"国家战略性新兴产业发展规划》第一次将数字创意产业列入其中[1],随后,国家发展和改革委员会为引导全社会资源投向,多个部门共同对2013年版的《战略性新兴产业重点产品和服务指导目录》予以完善,修订形成了《战略性新兴产业重点产品和服务指导目

---

[1] 中华人民共和国国务院:《国务院关于印发"十三五"国家战略性新兴产业发展规划的通知》,2016年11月29日,https://www.gov.cn/zhengce/content/2016-12/19/content_5150090.htm,2023年7月6日。

录（2016版）》①。在数字创意产业方面，新版《战略性新兴产业重点产品和服务指导目录》明确分为数字文化创意、设计服务、数字创意与相关产业融合应用服务三个重点方向，内容涵盖了数字文化创意的内容制作、技术装备、内容应用服务等八个子方向。

数字创意产业以文化创意为核心，利用数字技术进行文化的生产、创作、服务等活动，同时也通过文化创意和新技术以提高传统文化附加值。数字创意产业整体覆盖的行业门类范围较广，在其外延上，构成数字创意产业的核心内容包括数字化阅读（网络文学）、动漫、影视、游戏、创意设计、虚拟现实/增强现实、线上教育、在线演出旅游、数字音乐等。数字创意产业不但拉动了线下体验经济的发展，还在推动实体经济发展中提升其自身的服务与功能，已逐渐成为许多国家新兴产业发展的重点方向。我国自"十三五"后就高度重视数字创意产业的发展，其作为我国新产业、新业态、新商业模式的发展重点，为社会经济发展赋予了新动力。而在"十四五"规划纲要中，虽然没有重点点明数字创意产业的发展规划，但"建设文化强国、提高国家文化软实力"仍是工作要点之一，而数字文化创意产业中的"虚拟现实和增强现实"也被列为数字经济七大重点产业之一。

作为数字创意产业中与公共数字文化息息相关的一部分，数字阅读产业发展迅猛。以2021年为例，我国数字阅读市场规模在稳步扩张，总体市场规模达415.7亿元，较2020年的增长率达18.23%。在用户规模方面，已由快速增长期转入稳定增长的阶段，2021年我国数字阅读用户规模达5.06亿，相较于2020年增长了2.43%。现阶段我国数字阅读产业的IP（知识产权）衍生的发展势头同样强劲。2021年网络文学IP全版权运营影响了游戏、影视、动漫、音乐、音频等合计约3037亿元的市场。随着"互联网+"的快速发展，数字化阅读已经逐渐成为中国人获取知识、信息的主要方式。《2021年度中国数字阅读报告》的数据显示，我国2021年数字阅读产业总体规模达415.7亿元，同比增

---

① 战略性新兴产业发展部际联席会议办公室：《战略性新兴产业重点产品和服务指导目录（2016版）》，2018年9月21日，http://www.gov.cn/xinwen/2018-09/22/5324533/files/dcf470fe4eac413cabb686a51d080eec.pdf，2023年7月6日。

长达 18.23%①。同时，得益于内容丰富和质量提升，数字阅读作品也在进一步推广普及。综合来看，我国数字阅读行业仍有进一步发展空间，预计未来三年我国数字阅读用户规模还将继续稳步扩张。这也意味着我国公共数字文化服务的受众人群将进一步扩大，也为社会力量的引入提供有利条件。

(3) 移动互联网与软件产业

移动互联网和软件产业与数字文化的呈现和传播息息相关，其不断发展的态势为我国公共数字文化服务的建设与发展提供了有利条件，同时也促进了社会力量的引入。随着"宽带中国"战略的深入实施，我国已经建成了全球规模最大的光纤和移动宽带网络。2022年，我国移动互联网接入流量达 2618 亿 GB，比 2021 年增长了 18.1%。全年移动互联网月户均流量达 15.2GB/户·月，比 2021 年增长了 13.8%。自 2022 年政府有关部门对互联网企业进行规范和整顿以来，我国互联网行业进入调整发展期。而以数字经济为代表的新经济的不断发展，也正在成为新动能，为我国软件产业创造了良好的发展环境。2022 年第一季度软件业整体呈现较好的发展态势，第二季度软件行业景气度进一步回升，软件业务的收入也保持较快增长，我国 2022 年前三季度软件业务收入达 74763 亿元，相较 2021 年同期增长 9.8%。而在软件产品方面，2022 年前三季度的软件产品收入达 18313 亿元，相比 2021 年同期增长了 9.4%，增速较 1—8 月份也有了一定的提升。其中工业软件产品的收入达 1636 亿元，相较 2021 年同期增长了 9.0%。智能化产业生态将逐渐形成：基础软件产品受到国家重视，工业软件行业仍将维持稳定增长；新兴技术的发展加快应用创新，信息技术服务的需求同样将保持稳定的增长；嵌入式技术的广泛应用也将推动智能制造和工业互联网行业收入增加；信息安全领域的新技术的应用为其带来战略机遇期，也将为市场发展提供新动力。

公共数字文化服务建设和文化数字化都离不开互联网和软件产业，综上分析能看出这两个产业发展态势皆较为可观。这使得相关企业无论

---

① 中国音像与数字出版协会：《2021 年度中国数字阅读报告》，2022 年 6 月 8 日，http://www.cadpa.org.cn/3277/202206/41513.html，2023 年 7 月 6 日。

是对公共数字文化服务的内容供给还是技术支持都提供了强力保障。

二 经济因素的劣势分析

（一）经济发展不均衡

党的二十大报告指出"共同富裕是中国特色社会主义的本质要求"，要"着力促进全体人民共同富裕，坚决防止两极分化"，并强调"要坚持以推动高质量发展为主题"，"着力推进城乡融合和区域协调发展"[①]。近年来，我国共同富裕水平在稳步上升，呈现出由东部向中部、东北、西部地区逐渐递减的空间特征[②]。然而，当前中国经济无论是在地区还是城乡层面，发展水平还存在一定差异，这间接导致了公共文化服务供给在不同层面的差距，进而对社会力量参与公共数字文化服务也产生一定的负面影响。

（1）地区差异

当前中国的经济发展水平还存在显著的东、中、西部差异，其中明显的是，东部沿海地区以相对较小的地域面积集聚了大量的人口和创造了巨大的 GDP[③]。国家统计局将我国大陆区域整体上划分为东、中、西三大经济地区。这三个经济地区因其自然条件与资源状况的天然差异有着各自不同的发展特点。根据国家统计局对东、中、西部地区的统计结果，我国 2020 年的三大区域的地域面积、人口和 GDP 的基本情况分别如表 6-1 所示。国家统计局的数据显示，东部地区的 11 个省、市、自治区，仅以 11.20% 的国土面积承载了我国 43.26% 的人口，创造了全国 54.55% 的 GDP；中部和西部地区则以 88.8% 的国土面积承载了我国 56.74% 的人口，创造了全国 45.45% 的 GDP。从国家统计局的统计结果不难看出，东部地区与中西部地区在人口密度与经济密度上都存在着

---

① 中国共产党第二十次全国代表大会：《高举中国特色社会主义伟大旗帜 为全面建设社会主义现代化国家而团结奋斗——在中国共产党第二十次全国代表大会上的报告》，2022 年 10 月 16 日，http://www.qstheory.cn/yaowen/2022-10/25/c_1129079926.htm，2023 年 7 月 6 日。

② 和军、张依、张勇之：《我国共同富裕水平测度与时空演化特征》，《当代经济研究》2023 年第 3 期。

③ 贺雪峰：《东西中国：中国区域差异的经济视角》，《开放时代》2023 年第 2 期。

明显差异。东部地区人口密度与 GDP 密度分别是中西部地区的 8.0 倍和 9.5 倍,东部地区的人均 GDP 约为中西部地区人均 GDP 的 1.6 倍。

表 6-1　　　　2020 年末中国东、中、西部地区基本情况

	人口 (亿人)	GDP (万亿元)	面积 (万平方公里)	包含省级行政区
东部地区	6.10	55.10	106.80	北京、天津、河北、辽宁、上海、江苏、浙江、福建、山东、广东、海南
中部地区	4.20	24.60	281.80	山西、内蒙古、吉林、黑龙江、安徽、江西、河南、湖北、湖南
西部地区	3.80	21.30	565.10	重庆、四川、广西、贵州、云南、西藏、陕西、甘肃、宁夏、青海、新疆

随着区域发展协调机制的统筹推进,各个地区经济总量在不断增加,区域经济发展也呈现出了良好态势,但从整体情况来看,各个地区发展还存在一定的差距。从经济规模看,2021 年,我国东部、中部、西部、东北地区生产总值分别为 59.2 万亿元、25.0 万亿元、24.0 万亿元和 5.6 万亿元[①]。按不变价核算,2013—2021 年,东部、中部、西部、东北地区生产总值分别年均增长 7.0%、7.5%、7.7% 和 4.7%,中西部地区发展速度领先于东部地区。从居民人均可支配收入看,2021 年,东部、中部、西部、东北四个区域的居民人均可支配收入分别为 44980 元、29650 元、27798 元和 30518 元,最高的东部和最低的西部之间的收入比由 2013 年的 1.70∶1 缩小至 1.62∶1,区域良性互动,相对差距逐步缩小。

(2) 城乡差距

我国共同富裕目标实现的最大难点在于城乡区域发展不平衡。基于我国目前仍有近 5 亿农村人口的现实,当前和未来一段时期,全面建设社会主义现代化国家中最艰巨最繁重的任务依然在农村。在共同富裕目标下,引领和推进城乡高质量融合发展是解决新时代我国社会主要矛盾

---

① 国家统计局:《经济结构不断优化 协调发展成效显著》,2022 年 9 月 28 日,http://www.gov.cn/xinwen/2022-09/28/content_ 5713447.htm,2023 年 7 月 6 日。

的重要途径。囿于城乡二元结构以及资源禀赋情况，我国现今农村居民收入水平仍然偏低，城乡收入绝对差距依然较大，城乡相对贫困问题仍旧较为突出①。我国从 1984 年开始以城市为重点进行经济体制改革，城市经济体制改革的全面开展促进了城市居民收入的快速增长。1985—2003 年间，我国城乡居民人均可支配收入的比值由 1.86 上升至 3.23，增幅达 73.66%。这一现象受到了学界的高度重视，有研究提出我国或许已经是世界上城乡收入差距最大的国家之一②。为了解决此问题，中央自 2003 年以来，不断强调要把解决好三农问题作为全党工作的重点工作，同年召开的党的十六届三中全会正式提出统筹城乡发展，并将其置于国家五大统筹发展战略的首位。但是随着近年来我国经济的高速增长，在平均收入水平不断提升的同时，我国的城乡绝对收入差距依然有着较大差距，城乡收入差距拉大的趋势未能得到扭转，2007 年城乡收入的比值进一步提升至 3.33。值得注意的是，针对这一数据，学界有研究指出由于城市居民独享的社会福利和社会保障等"暗收入"未能得到有效统计，现有城乡收入差距水平被不同程度低估③，城乡收入差距可能更为巨大。因此 2007 年党的十七大提出，要建立以工促农、以城带乡长效机制，形成城乡经济社会发展一体化新格局。城乡统筹和城乡发展一体化是递进关系，既表示不同时期的执政理念，又蕴含着理念形成背后城乡关系的变化。在此之后，特别是在党的十八大以来，国家对农业、农村和农民问题的投入力度前所未有，并且已经取得显著成果，城乡关系得到较大改善。尽管近年来城乡收入差距扩大的趋势得以扭转，但城乡居民收入绝对差距依然较大，如图 6-1 所示。

虽然以收入为代表的物质生活水平在共同富裕目标中占据主要地位，但是共同富裕也应当全方位聚焦以人民为中心，促进人民群众全面发展，在生态环境、社会环境、精神生活以及公共服务等方面都应该有相应的体现。城乡差距不仅是收入水平上的差距，也是涵盖上述领域的多方面的差距。在物质生活水平仍有待提升的基础上，农村的精神文化

---

① 孔祥智、谢东东：《缩小差距、城乡融合与共同富裕》，《南京农业大学学报》（社会科学版）2022 年第 1 期。
② 林闽钢：《前瞻研究相对贫困治理问题》，《人民日报》2020 年 12 月 28 日第 12 版。
③ 孔祥智：《新中国成立 70 年来城乡关系的演变》，《教学与研究》2019 年第 8 期。

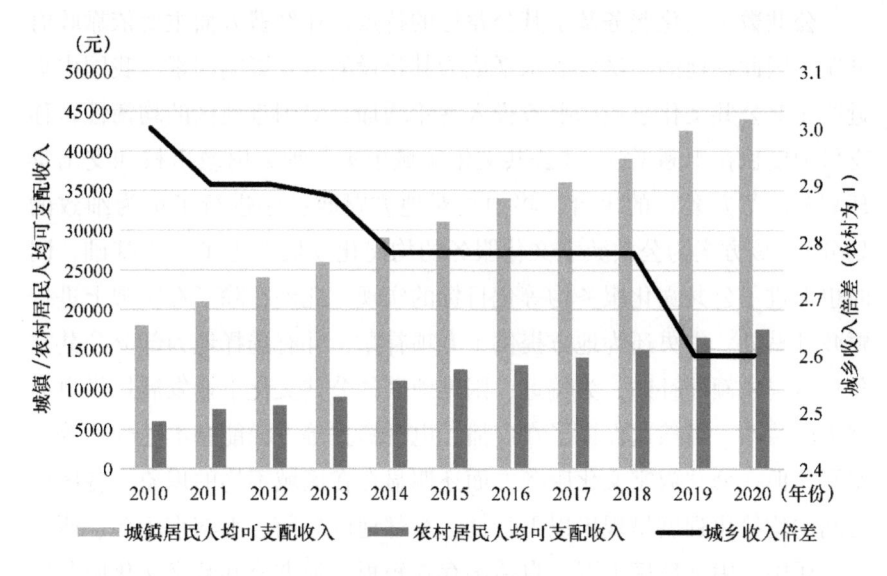

图 6-1 2010—2020 年城乡居民人均可支配收入与城乡收入倍差情况

生活领域同样较为贫瘠，我国公共文化服务的均等化水平依旧严重不足，精神文化领域的城乡二元分割的格局仍然有待打破①。城乡的经济水平差异不但直接影响了公共数字文化服务水平的差距，还进一步影响了社会力量对公共数字文化服务的参与能力与参与意愿。

（二）公共数字文化投入有待进一步提高

为满足人民群众日益增加的文化需求，我国积极进行公共文化服务建设。在 2000 年至 2019 年间，我国文化投入总量由 300.29 亿元增加至 4086.31 亿元，年均增长率达 14.73%。从现有的数据上看，虽然我国对文化投入的增长水平较明显高于产值的增长水平，但其还是略微低于财政收入、财政支出的增长水平；同时其明显低于教育投入的增长水平，也显著低于科技投入的增长水平，亦明显低于卫生投入的增长水平。全国文化投入占财政收入低于消费占居民收入比的情况较为明显，占财政支出比更是明显低于消费占居民支出比，而公共文化投入的增加显著滞后于居民文化消费需求的提升态势。

---

① 孔祥智、谢东东：《缩小差距、城乡融合与共同富裕》，《南京农业大学学报》（社会科学版）2022 年第 1 期。

公共数字文化服务基于其公益性的特点，在经费方面主要依靠政府补贴，因此各地的经济发展水平成为其建设的重要影响因素。我国中央近些年对公共文化事业的财政投入逐年增加，对困难地区的均衡性转移支付力度也在不断增强。《公共文化领域中央与地方财政事权和支出责任划分改革方案》的出台，将中央对地方财政补贴进行了更为细致的划分[1]。该方案为公共数字文化服务的均衡化发展奠定了一定基础，同时也促进了公共文化服务均等化目标的实现。此外，除了在宏观上进行财政补贴外，中央还为地方提供了专项补贴，并有选择地为部分公共文化项目提供额外补贴，为偏远、困难地区的公共文化事业发展提供更为强力的帮助。虽然这保证了在广播、电视覆盖等方面能基本达到均等化水平，但在公共数字文化服务方面还明显存在区域不均的现象，各区域之间的均等化程度呈现出以下特征：东部地区超前、直辖市优势、西部地区居中、中部地区下沉、自治区存在短板。地方公共数字文化服务发展水平与地方经济水平和国家政策、财政偏向都存在密切关系[2]。为解决公共数字文化服务发展不均衡的问题，需要对文化财政的投入进一步加强。只有解决了公共数字文化服务的基本问题，充分发挥其作用，才能使其对社会力量具有吸引力，进而进行高质量发展。

三 经济因素的机遇分析

（一）数字文化经济发展迅速

我国文化产业在近年来发生了巨大的结构变迁，迈入了以数字化为主要特征的崭新时代。自2020年"推动数字文化产业高质量发展"意见的提出，到2021年"文化产业数字化战略"被写入我国"十四五"规划，再到2022年5月国家文化数字化战略的进一步推进，数字文化经济的重要性在不断凸显。受近几年的新冠疫情影响，我国的传统文化产业受到了巨大冲击，处在文化旅游全面停止、夜间经济被取消、线下

---

[1] 中华人民共和国国务院：《国务院办公厅关于印发公共文化领域中央与地方财政事权和支出责任划分改革方案的通知》，2020年6月4日，https://www.gov.cn/zhengce/content/2020-06/23/content_ 5521313.htm，2023年7月9日。

[2] 完颜邓邓、王子健：《我国公共数字文化服务区域均等化实证分析》，《图书馆学研究》2020年第5期。

娱乐活动暂停以及文化投融资进入低谷等困境。但因数字文化的创作与传播都发生在数字空间，无须人与人之间直接接触的优势与特点使其不受疫情的影响与制约，并逆流而上迎来了高速发展的契机。而原有的数字文化产业也因为疫情防控受益，在数字文化消费方面突破了困境，同时也实现了质的飞跃，最显著的变化就是我国网络用户的付费习惯有了巨大的转变，消费者对数字文化产品的依赖性有了较为明显的增强[①]。例如对在线音乐的消费，腾讯音乐集团2020年度第三季度财报数据显示，腾讯音乐集团的营收相较于2019年增长率达到了16.4%，而付费用户的数量已超过5000万。在新冠疫情期间，我国民众在网络音乐、网络文学与网络视频等线上的娱乐习惯得到了进一步强化，不仅为我国数字文化经济的进一步发展创造了有利条件，还间接增加了公共数字文化服务的受众与社会力量的参与者。截至2020年末，我国网络音乐的用户规模达到了7.29亿，同比增长7121万，占所有网络用户的70.7%；网络文学用户规模达到5.02亿，同比增长4145万，占所有网络用户的48.6%；网络视频（含短视频）的用户规模达9.75亿，同比增长4794万，占所有网络用户的94.5%。2021年末，我国网民规模达到10.32亿，相较于2020年新增了4296万；我国的互联网普及率达到了73.0%，相较于2020年提升2.6个百分点。与此同时，我国数字文化的消费者也在不断提升，数字文化经济也得到了较好的发展。国家统计局数据显示，在我国2021年规模以上文化及相关产业中，数字文化新业态的特征较为明显的16个行业小类实现营业收入39628亿元，比2020年增长了18.9%。我国数字经济总规模在2021年达到45万亿元，其中数字文化产业作为数字经济的重要组成部分同样发展迅猛。当前我国的文化产业领域与数字技术相关的行业已迅速崛起，文化数字化转型基本完成，产业发展从规模扩张的增长正转向创新驱动型的增长。

目前在我国政府和人民的不懈努力下，新冠疫情得到了较好的控制，后疫情时代的生产生活状态，则使文化产业的发展更加偏向数字技术的融入，这种融入不仅加快了传统文化产业的转型，也会催生文化产

[①] 肖宇、夏杰长：《我国数字文化产业发展现状、问题与国际比较研究》，《全球化》2018年第8期。

业与其他行业交融，产生发展前景广阔的新业态①。受后疫情时代的影响，数字经济仍在持续快速发展，这同时为社会力量参与公共数字文化带来良好契机。

(二) 新时期相关产业迎新风口

(1) 数字出版产业

传统出版业的发展已经遇到瓶颈，整个行业都希望通过融合发展业务以快速发展，为行业的业绩增长带来新动能，数字出版产业应运而生。前些年开发运行的数字出版平台，部分已经下马，部分生存艰难，真正运作得好的平台并不多，出版社在数字出版方面的收益在总收入中占比较小；而与数字出版相关的海外版权销售收入同样不高，能够真正走进发达国家主流文化渠道的版权不多，产生的影响不大，虽然对周边国家的版权输出数量可观，但在经济上贡献并不大；电影影视剧、娱乐游戏等的改编权投资和销售在影视游戏业的尴尬期还未度过；对数字文化创意业务，大多数出版机构的态度是学习和观望。但可喜的是，我国在"十四五"期间对数字化战略的实施，增强了新一代数字信息技术支撑的引领作用，对我国出版单位的深化认识、系统谋划做出引导，高效整合了各类资源要素，对数字出版业态、传播方式和运营模式进行创新，不断推动出版产业数字化和数字产业化，对行业数字化、数据化、智能化水平进行了提升，系统推进整个出版行业深度融合发展，壮大数字出版发展的新引擎。中共中央、国务院于 2023 年 1 月印发了《数字中国建设整体布局规划》，更加深入、全方位、分层次地阐明了数字中国建设的时间表和路线图，对相关主体的责任进行压实。规划同时明确强调"深入实施国家文化数字化战略"，所以全方位拥抱产业数字化即"数字中国"将是未来各级政府、各行业的发展方向，也是数字出版行业在新时期的重大机遇所在。

(2) 信息技术服务业

我国自进入 21 世纪以来，信息技术产业取得了长足的发展，当前仍处于高速发展的成长期。伴随着云计算、大数据、物联网、移动互联

---

① 肖昕、景一伶：《中国文化产业数字化政策及其策略研究》，《民族艺术研究》2021 年第 3 期。

网、人工智能、虚拟现实等新一代信息技术快速迭代升级,全球信息产业的技术创新进入新一轮迅猛发展时期,我国信息技术服务业也将迎来实现跨越发展的战略机遇时期。此外,"信息服务消费"作为新兴的消费领域,其重要性也在不断凸显。2020年9月11日,国家发展改革委等部门印发了《关于扩大战略性新兴产业投资培育壮大新增长点增长极的指导意见》[①],提出了扩大战略性新兴产业投资培育的二十个重点方向与相关支持政策。该《意见》聚焦新兴产业投资的重点方向、关键环节和未来趋势,指出要加快适应、引领、创造新需求,不断培育新的投资增长点,推进重点产业领域加速形成规模效应,大力培育新增长点与增长极。例如,对我国的信息技术服务业来说,目前以数字信息技术为代表的新一轮科技革命和产业升级变革正在不断兴起,因此该产业在不断加大关键核心技术攻关、加快5G商用发展步伐以及推动教育、旅游、文化等产业数字化智能化转型,信息技术服务业抓住新时期产业数字化、数字产业化赋予的机遇,加速新一代数字信息技术服务的提质增效,从而达到产业结构的转型升级、促进新旧动能转换等目标。作为社会力量一部分的信息技术服务业在新时期将迎来新发展,公共数字文化的服务提升将同样受益。

(3)信息安全行业

伴随着21世纪计算机、网络、通信等技术的迅猛发展,信息安全技术也在不断创新迭代,人工智能(AI)、计算机深度学习等新兴技术顺势与信息安全技术融合发展,网络信息安全产品也在加速创新升级。国家近年来在不断提高对网络安全工作的重视,陆续出台了一系列保障网络信息安全产业发展的法律、法规与产业政策,如《网络安全等级保护制度2.0》对网络进行五个安全等级的划分,适用范围相比于《网络安全等级保护制度1.0》有了显著的扩大。相关政策的支持加上技术的升级创新,我国信息安全行业迎来发展的战略机遇期。此外,移动互联网、物联网、云计算、智慧城市、大数据等新技术及相关新应用模式

---

① 国家发展改革委、科技部、工业和信息化部、财政部:《关于扩大战略性新兴产业投资培育壮大新增长点增长极的指导意见》,2020年9月8日,https://www.ndrc.gov.cn/xxgk/zcfb/tz/202009/t20200925_1239582.html,2023年7月6日。

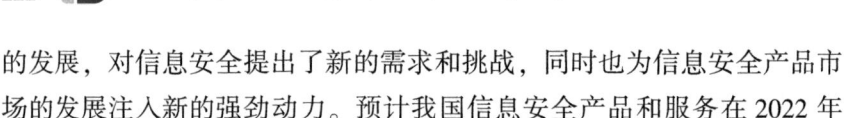

的发展,对信息安全提出了新的需求和挑战,同时也为信息安全产品市场的发展注入新的强劲动力。预计我国信息安全产品和服务在2022年的收入将达到2010亿元,相较于2021年增长10.1%左右。公共数字文化服务离不开信息安全技术的保障,相关行业的发展也将为公共数字文化服务的发展保驾护航。

四 经济因素的风险分析

(一)财政经费危机

即使在近年复杂严峻的国内外形势和多重超预期因素的冲击下,我国还是通过高效统筹疫情防控和经济社会发展,及时出台扎实稳住经济一揽子政策及其接续措施,着力提升财政政策效能,政策效果持续显现,稳住了宏观经济大盘,财政收支总体平稳并持续好转,但政府财政经费仍面临危机,未来对各方面的投入存在一定的风险。以2022年为例,虽然在下半年整体趋于改善,但财政收入水平仍略有下滑。受新冠疫情冲击和大规模组合式税费支持政策影响,2022年前十一个月,我国一般公共预算收入为185518亿元,按照自然口径计算下降了3.0%[①]。从总体走势看,在超预期因素以及留抵退税政策影响下,上半年收入增幅有所下降。1—11月,一般公共预算收入完成88.3%,低于前3年同期平均的94.6%。中央和地方一般公共预算收入分别为85760亿元、99758亿元,同比下降3.0%、3.0%。而我国的税收收入虽然保持增长,但地方财政压力较大。2022年前十一个月,我国税收收入达到152826亿元,按照自然口径计算下降了7.1%。非税收入达到32692亿元,相较于2021年同期增长了22.2%。非税收入增速高于税收收入,主要原因是地方通过多渠道盘活国有资金和资产筹集收入以弥补减税影响的减收。非税收入占一般公共预算收入的比重为17.6%,比2021年同期高3.6个百分点,这表明经济下行态势之下对非税收入的依赖度提升,财政支出面临"三保"(保基本民生、保工资、保运转)、重点项目以及债务还本付息等方面的刚性需求,地方财政库款保

---

① 中华人民共和国财政部:《2022年财政收支情况》,2023年1月31日,https://www.gov.cn/xinwen/2023-01/31/content_5739311.htm,2023年7月6日。

障压力较大。地方对于库款分析预测的投入不足，省级财政部门在推动库款调度科学化上还在努力探索中，短期加强地方财政运行风险监测和提升应急处置能力显得更加紧迫[①]。

（二）政府购买服务保障力度不足

作为公共文化数字服务社会化运营的重要形式之一，政府购买是转变政府职能、创新文化管理形式的重要抓手。该制度的有效实施需要适宜的制度环境，离不开主客观方面提供保障条件。从目前的发展情况看，由于相关制度推行起步时间较晚，各地各行业发展不平衡，全面推行政府购买公共数字文化服务客观上面临保障不力的风险，容易造成保障脱节的问题。一是统筹能力存在一定不足。政府购买公共数字文化服务的内容繁杂，涉及文化、财政、体育、旅游、新闻、出版、广电等多个部门，现有条块分割的体制给各级政府的资源整合、统筹协调带来一定的难度，发布科学有效的指导性文件或购买目录难度较大。二是资金保障不力。县级以上人民政府承担着政府购买公共数字文化服务的主体责任，所需的资金需要列入财政预算，并从相关部门预算经费或经批准的专项资金等预算中做出统筹安排。由于各地财力悬殊，财政资金投入的规模和相关项目资金投放的进度等都可能对承接主体的供给质量造成影响。三是人力资源的短缺。人力资源在政府购买公共数字文化服务的高效运行中发挥着重要支撑作用。文化类社会组织和相关企业的成长、政府合同监管能力的提升、专家团队的打造，以及第三方评估主体的发展都需要相应的人力资源进行支撑，人力资源短缺也会导致政府购买公共数字文化服务保障不力的风险。

第三节　社会因素（Sociocultural Factors）分析

一　社会因素的优势分析

（一）公众志愿服务精神提升

社会共建共享是我国在进行新时代中国特色社会主义建设过程中产

[①] 肖潇、申现杰、陈凯：《2022 年财政收支形势分析与 2023 年展望》，《中国物价》2023 年第 1 期。

生的，反映出中国新时代经济社会发展要求，提出的人民为中心的一种新的价值形态①。文化建设是实现新时代中国特色社会主义的重要部分，社会力量对公共文化服务的参与蕴含着社会共建共享的价值理念。特别是其中的文化志愿服务，其不仅仅是新时代中国特色社会主义道德文化建设的重要载体和坚实力量，也是我国社会共建共享意识与奉献精神的集中体现。随着我国人民物质生活水平的不断提升，当今社会整体的精神文明建设也迈向新的台阶，社会整体的志愿精神也在持续提高，为我国公共数字文化服务引入社会力量带来良好契机。

从我国社会的志愿精神的形成和发展来看，虽然它萌芽和兴起于改革开放后，并且受到了西方志愿服务道德行为模式和道德理念的影响，但究其本质，是对以全心全意为人民服务为核心的雷锋精神的传承和弘扬②。我国的志愿精神在其诞生之初，就以主张利他作为价值旨归，即表现为具有利他倾向的人们在自己生活的区域做出积极奉献，从而促使生活更加美好。早在 1994 年 2 月 4 日，共青团中央就发布了《关于"青年志愿者学雷锋奉献日"活动的安排意见》的通知③，全国立马响应该《意见》，掀起了"志愿者学雷锋做奉献"的热潮。2000 年，共青团中央正式将每年的 3 月 5 日定为"中国青年志愿者服务日"，使学雷锋活动与志愿服务进行了有机融合。从此以后，"学习雷锋精神，参与志愿服务"成为我国开展志愿活动的一个响亮口号，以人民为中心、为人民服务成为我国志愿服务发展的价值基础与精神支柱。

近些年，我国有无数志愿者积极响应党与政府的号召，为打赢脱贫攻坚战贡献着自己的力量。李克强在 2020 年政府工作报告中指出，"我国农村贫困人口减少了 1109 万，贫困率下降至 0.6%，脱贫攻坚取得了决定性成就"④。脱贫攻坚战取得的辉煌战果，是我国无数志愿者不

---

① 彭柏林：《中国特色社会主义志愿服务的共享伦理意蕴》，《道德与文明》2022 年第 3 期。

② 张仲国、聂鑫、刘淑艳编著：《雷锋精神与志愿者行动》，中国财政经济出版社 2013 年版。

③ 中国共产主义青年团中央委员会：《共青团中央印发〈关于"青年志愿者学雷锋奉献日"活动的安排意见〉的通知》，1994 年 2 月 4 日，https://www.leifeng.org.cn/news/1886.html，2023 年 7 月 6 日。

④ 中华人民共和国国务院：《政府工作报告——2020 年 5 月 22 日在第十三届全国人民代表大会第三次会议上》，《光明日报》2020 年 5 月 30 日。

懈努力的结果。例如,自中国扶贫接力计划于 1998 年实施以来,有近二百所高等院校的两万余名大学生,响应党和政府的号召,先后到中西部地区的近四百所中小学校开展支教扶贫的志愿活动;云南省文山州"随手公益文山"志愿者团队充分利用所学知识与专业技能,与当地大学生村官一同在线上对当地的农特产品进行推销,以帮助当地村民脱贫致富①;福建农林大学的志愿服务团队,通过发挥自己专业知识方面的优势,积极参与三明市大田县济阳乡的旅游扶贫活动,帮助挖掘当地旅游潜力并发展旅游相关产业,有效促进了当地旅游业的发展。国务院扶贫开发领导小组办公室于 2019 年 12 月 27 日首次公示了全国志愿者扶贫 50 佳案例,通过这些优秀案例,我们能够看到一群秉持无私奉献精神常年活跃于最贫困地区的志愿者的身影。

新冠疫情期间,我国广大志愿者积极担当、无私奉献,凝聚了巨大的志愿服务力量,为疫情防控取得重大战果奠定了坚实的基础,社会整体的志愿精神也有了较高的提升。习近平总书记对志愿者在疫情防控中的重要作用给予了高度评价:"广大志愿者的真诚奉献、不辞辛劳,为疫情防控做出重大贡献。"② 党的十九大报告明确将"强化社会责任意识、规则意识、奉献意识"③ 作为我国新时代志愿服务的使命定位和发展目标。习近平总书记指出"要充分发挥社区在疫情防控中的阻击作用,防控力量要向社区下沉"④。社区作为疫情防控的最前线,社区共同体的建立旨在打破"近邻而处、冷漠不识"的隔离状态,构建"出入相友,守望相助"的有机共同体。志愿者们在参与疫情防控志愿服务的过程中不断强化责任意识,提升了对社区共同体的强烈认同,他们纷纷表示:"人人都不是旁观者,都不能置身事外","防控疫情,我们义不容辞"。在疫情防控的紧要时期,我国广大城乡工作者下沉社区,

---

① 陶倩等:《新时代中国特色志愿服务发展研究》,社会科学文献出版社 2018 年版。
② 习近平:《在统筹推进新冠肺炎疫情防控和经济社会发展工作部署会议上的讲话》,《人民日报》2020 年 2 月 24 日第 2 版。
③ 习近平:《决胜全面建成小康社会 夺取新时代中国特色社会主义伟大胜利——在中国共产党第十九次全国代表大会上的报告》,人民出版社 2017 年版。
④ 《毫不放松抓紧抓实抓细各项防控工作 坚决打赢湖北保卫战武汉保卫战》,《人民日报》2020 年 3 月 11 日第 1 版。

积极参与物资分发、志愿站岗、人员排查等，建构社区疫情防控的坚实壁垒，不断诠释对社区共同体的认同和担当。特别是在面对新冠疫情反反复复的严峻形势时，更多的群众基于对社区共同体的强烈认同，自发组建志愿者队伍，共同承担社区治理的责任。志愿服务是现代社会文明进步的重要标志。自新冠疫情发生以来，我国广大志愿者肩负使命、勇于奉献，构筑起疫情防控阻击战的坚强防线，不断提升我国社会文明的高度。抗击新冠疫情志愿服务促进了社会文明水平和个体文明素养的逐步提升①。

在公共文化领域，近年来为了推进我国公共文化服务均衡发展，促进公共文化服务标准化与均等化，从中央到地方都对开展文化志愿服务工作形成了共识，基本完成了从顶层设计到规划落地的逐步推进。例如开始于"十二五"期间的"春雨工程"，是文化和旅游部（原文化部）重点实施的文化惠民工程，其通过大舞台、大讲堂、大展台等主要形式，致力于将我国优秀传统文化、革命文化和社会主义先进文化送至基层，尤其是对边疆少数民族聚居地区，促进内地与边疆之间的文化交流，深入贯彻志愿服务精神，充分发挥文化春风化雨、润物无声、潜移默化的作用②。

目前，我国已经进入了国家治理体系和治理能力现代化发展的新阶段。处在世界百年未有之大变局的中国，在中国共产党的领导下进入了一个新的历史阶段。志愿服务作为中国特色社会主义事业的重要组成部分，已经纳入了中国共产党在新时期治国理政的重要范畴③。

（二）社会文化认同增强

公共文化服务建设是传播意识形态的有效载体，其最终目的是为公众提供信仰理念与精神支柱。公众在参与公共文化服务的过程中，将自我的内在价值与公共文化生活的公共价值联系并进行统一。在公共文化

---

① 陶倩、蒲菁斐：《抗击新冠肺炎疫情志愿服务提升社会文明新高度》，《社会主义核心价值观研究》2021年第1期。
② 刘玥彤：《博物馆文化志愿服务的实践与思考——以"春雨工程"文化志愿服务项目为例》，《中国国家博物馆馆刊》2019年第11期。
③ 陆士桢、蔡康鑫：《社会治理现代化视野中的志愿服务运行与管理》，《中国青年社会科学》2021年第6期。

治理的"导向→认知→取向→诉求→激励→实现"的价值渗透过程中，受众完成了社会主义核心价值观的内心植入[①]。文化自信是一个国家文化治理的重要组成部分，也是提升对社会的文化认同的重要推动力。习近平总书记指出："一个国家选择什么样的治理体系，是由这个国家的历史传承、文化传统、经济社会发展水平决定的。"[②] 国家治理现代化不仅是制度层面的现代化，还是技术层面的现代化，更是文化层面的现代化。其中不管是制度还是技术的现代化都离不开文化的现代化，离不开治理文化的现代化，离不开文化自信[③]。文化自信一方面是我国文化治理现代化的重要目标，另一方面也是实现文化治理现代化的坚实保障。而社会力量参与公共文化服务建设，不仅是文化治理现代化中社会共建共享思想的重要体现，也是社会文化认同加强与文化自信提升的外在表现。

虽然中国处在现今新时期转型的时代，但人民依旧生活在情理社会中，许多公众的自我认知依旧需要将外界评价作为参照系。在此背景下，部分民为追求正面自我认知的诉求驱使，加入到公共文化生活中，通过在参与过程中的付出来获得外界肯定，进而实现积极的自我评价。但随着我国公共文化服务的不断发展以及国家文化治理水平的持续提升，我国社会现在的文化自信也在不断提高，对社会文化的认同感以及归属感逐渐成为民众寻获生活意义的重要来源。部分民众出于对发掘生命价值的期盼加入公共文化生活，他们在此过程中实现或加强了自我认可，进一步也获得了人生自信，并且因为对渗透于这种生活中的公共文化及其建设情况的体认而将文化认同植入心中。此外，民众在公共文化生活中的付出能够提升其形象和身份等方面的社会评价，而这又会促使他们更尽力地投入到新时代公共文化生活中获取更多的人生价值，如此循环往复。从根本意义上说，文化自信带来的文化认同是使公共文化

---

① 颜玉凡、叶南客：《新时代城市公共文化治理的宗旨和逻辑》，《江苏行政学院学报》2019年第6期。
② 习近平：《习近平谈治国理政》第1卷，外文出版社2018年版。
③ 李润硕：《文化自信转化为国家治理效能的内在逻辑及路径选择》，《思想理论教育导刊》2022年第10期。

制度实践拥有持久生命力的根本保障①。而公众认同是在他们持续参与公共文化服务的过程中，通过不断提升文化感知与文化认同而建立起来的。在群众个性日渐独立的当代社会，公众文化参与的个体性和特殊性日趋显著。当今公众对文化的参与已不再局限于对物质利益的攫取，公众的参与行为及其行为逻辑中包含着更多的对人生价值的追求。因此，现在的公共文化治理的参与式认同路径，是从利益性的文化认同到归属性的文化认同，再到成就性的文化认同，这也十分契合当下公众参与的实际情况。例如在文化志愿服务中，通过助人的方式，为行动者的自我情感表达提供了行动的精神支撑。在帮助弱势群体的过程中，文化志愿活动为行动者对情感诉求和自我认同的表达提供了渠道。特别是那些深入到公众周围文化生活的志愿活动，通过文化团体或其他服务团体的组织，将志愿者的文化价值观与精神归属联系起来，为文化志愿队伍的发展提供了生存与发展的社会环境，也同时有利于公众文化认同的提升。

公共数字文化服务对社会力量进行引入，不仅能满足公众对数字文化的需要，还能使参与主体在文化认同感和归属感提升的过程中，滋长新时代的文化自信②。公众在参与公共文化服务过程中持续不断地获取自身价值意义，是推动公共文化的参与式认同持续巩固的关键机制。公众在公共文化生活中参与集体文化活动，同时加强了社区居民之间的联系，他们在这个过程中发展友谊、建立信任，提升社区归属感，对公共文化生活的价值认同也逐渐提升，而这种文化认同又会推动公众更加主动地参与公共生活。文化认同感不仅维系着公众参与的主动性，公众自我认同的实现或重建也增强了他们对公共文化治理的认同。每一次有效参与（即能够获得正面意义的参与）都可以建构或重构公众的自我认同和制度认同，而每一次认同都意味着公众会更加主动地持续参与公共文化生活。

公共文化服务为人民群众提供了普惠性的文化服务，吸引其积极

---

① 李润硕：《文化自信转化为国家治理效能的内在逻辑及路径选择》，《思想理论教育导刊》2022年第10期。
② 颜玉凡、叶南客：《城市公共文化治理的新时代品质》，《马克思主义与现实》2020年第3期。

参与其中。人民群众通过不断与周围世界进行文化交流和联系,找到自身的角色和定位而获得认同感。因此,在中国新时期发展阶段的公共数字文化服务建设,更要坚持以人民为中心,突出人民在公共数字文化服务中的主体地位,培养人民的主人翁与中华民族共同体意识,进一步促使他们以更高的主动性参与到中华民族伟大复兴新征程的事业中①。

(三)社会组织作用凸显

我国在以往的公共文化建设中,一定程度上受到了全能型政府思维的制约,不少的文化行政部门存在垄断服务建设话语权、文化资源使用效率较低、文化市场准入壁垒较高、运营资金来源单一等问题,进而造成供给失效和市场失灵的风险②。受到这一双重影响的阻碍,公共价值在公众文化生活领域中存在一定衰落的倾向,进而削弱了国家对公共文化领域的控制能力③。在旧时传统型体制下,我国公共文化服务完全由政府来供给。改革开放以来,随着各种文化类社会组织的不断涌现,公共文化服务的供给主体开始向多元化发展,但政府仍然是公共文化服务供给的主导力量。虽然在特定时期与传统体制下形成的政府对公共文化服务实行垄断供给,存在一定的历史合理性,但随着社会、经济、文化的不断发展与革新,政府作为单一供给主体提供公共文化服务,遇到一连串问题,包括:公共文化服务提供的数量、规模和范围等方面都难以满足人民群众日益增长的需要;公共文化服务的"平均化供给"难以适应人民群众的多样化和个性化的需求;相关职能部门内部存在的管理层次过多、各层次组织之间职能不清等问题,导致供给环节繁杂以致供给效率低下等④。基于此,我国开始对原有的公共文化服务方式和服务手段进行改革,尝试使用将政府的部分文化供给职能转移给文化类社会

---

① 李烨鑫:《公共文化服务与铸牢中华民族共同体意识》,《民族学刊》2022年第10期。

② 王军魁:《文化改革发展中的政府与市场边界》,《重庆社会科学》2011年第12期。

③ 颜玉凡、叶南客:《新时代城市公共文化治理的宗旨和逻辑》,《江苏行政学院学报》2019年第6期。

④ 施国权:《社会组织参与图书馆公共服务的模式与限度》,《图书馆杂志》2012年第8期。

组织的"非政府方式",来为公众进行公共文化服务和产品的供给,进而通过多元主体协同治理的方式对社会的公共文化生活进行有效管理①。在此形势下,文化类社会组织的作用日益凸显,文化类社会组织参与公共文化服务是大势所趋,尤其是对现今日益繁荣的公共数字文化服务更是如此。

文化类社会组织参与公共数字文化服务是对公众日益增长的文化需求的积极回应。在旧时计划经济体制下,政府是我国公共文化服务的供给主体。随着经济社会与数字信息技术的不断发展,公共文化服务的供给主体的单一化格局已不再能适应社会发展的需要,在强调政府在公共文化服务供给中的主导地位的同时,大力推动文化类社会组织参与公共数字服务供给,对于满足公众的公共文化需求、消除民众的数字鸿沟和弥补政府的供给不足等方面具有重大价值。公共数字文化服务需求是经济发展的函数。现今我国人均 GDP 已经达到 3000 美元,根据美国经济学家华尔特·惠特曼·罗斯托在其著作《经济成长的阶段》中所提出的"经济成长阶段论",以及公共产品的需求弹性理论和公共产品的供给结构理论,我国正处于公共数字文化需求快速提升的时期,公众对图书馆、博物馆、文化馆等公共数字文化产品与服务的需求呈现几何级数增长趋势。这种状况使得当下的公共文化数字服务越来越不能满足公众在文化数量与结构方面的需求,文化类社会组织参与公共数字文化服务供给能有效缓解这一突出矛盾。此外,文化类社会组织参与公共数字文化服务供给是消除数字鸿沟的重要途径。在我国中西部地区的公共数字文化服务相比东部落后,农村的公共数字文化服务相比城市的落后这一非均衡发展现状下,消除我国数字鸿沟的过程,其实就是公共资源和社会资源逐步向中西部和农村地区覆盖转移的过程,转移的渠道分为两种:一种是政府通过制定政策使公共资源尤其是公共财政流向中西部和农村地区,进而实现"对全社会价值作权威性分配"②。这种政府主导下的资源分配对实现公共数字文化服务均等具有决定意义。另一种是文

---

① 李少惠:《转型期中国政府公共文化治理研究》,《学术论坛》2013 年第 1 期。
② 陈振明主编:《公共管理学——一种不同于传统行政学的研究途径》,中国人民大学出版社 2003 年版,第 236 页。

化类社会组织吸纳与整合社会资源特别是城市的社会资源以支持中西部与农村地区的发展,增加中西部与农村地区的公共数字文化服务供给,这种文化类社会组织进行的资源分配是对政府主导资源分配的重要补充。通过多年的改革发展,我国已经积累了大量的社会资源,只要进行有力的组织与合理的制度设计,这些资源完全可以转化为文化资源,向中西部和农村地区转移与覆盖,进而提升公共数字文化服务水平,消弭数字鸿沟。

公众以个人方式参与公共数字文化建设的力量可能是微小的,而通过自发结社以民间社团、文化服务机构等文化类社会组织的形式,合法合规地进入公共文化领域,则能汇聚多方力量,不但能够实现非营利组织的文化使命,更能够成为政府在文化职能方面的有效补充。文化类社会组织是多元主体参与公共文化治理的必要条件,是实现公共数字文化服务中政府与公民社会良性互动的重要途径[①]。

二 社会因素的劣势分析

(一)公众参与意愿仍有待加强

文化参与是公民文化权力实现的基本途径[②],也是我国公共文化服务体系蕴含的"以人为本"的价值要求。公共文化服务从本质上来说,是为了保障公民的文化权,满足民众美好生活的需求,为民众提供文化参与的空间与机会[③]。但我国目前的公共文化服务体系建设仍旧存在公共文化产品参与偏差、公共文化服务的民主参与式微等问题,为公共文化服务体系的长效健康发展埋下了一定隐患[④]。

总体上,当前我国公众参与公共文化生活处于较弱态势,主要是以村民委员会、居民委员会为核心来展开的"体制化社区参与",导致不

[①] 滕世华:《非营利组织参与公共文化建设的途径与制度环境——基于上海的调研分析》,《当代世界社会主义问题》2016年第1期。

[②] 傅才武、蔡武进:《文化权利论》,《中国文化产业评论》2015年第1期。

[③] 胡税根、陶铸钧:《中国公共文化服务的发展逻辑研究》,《华中师范大学学报》(人文社会科学版)2018年第5期。

[④] 吴理财、邓佳斌:《公共文化参与的偏好与思考——对城乡四类社区的考察》,《中华文化论坛》2014年第8期。

少民众只将它当作国家文化治理体制上层建筑中的一个环节，而非民众日常生活的一部分，从而对参与产生一定的心理距离①。现实中，我国的公众公共文化参与意愿的代际差异结果显示，伴随着社会分化程度的加深，嵌套在民众意识中的文化隔离，不仅组建了阻碍公众参与的观念结构，又被目前公众参与机制的缺陷固化。此外，身份各异的人民群众在现代社会的变迁中具有更强的想象力和更独立的个体意识，许多民众通过自己的认知逻辑来判断其参与公共文化生活的实际意义，从而在参与公共文化生活的过程中采取展现其丰富的个人生活方式的行为策略。因此，公众参与公共文化生活的过程就体现出越发显著的个性化、多样化、流动性和复杂性特征。此外，社会的全球化、信息化趋势也为公众参与公共文化服务带来一些负面效应。在这一时代背景下的民众一定程度上的自我隔离对人们的互信关系造成破坏，连接在社区中的人际关系的纽带逐渐松弛，民众在原子化社会中更容易陷入普遍性焦虑中，公共生活的相对匮乏和社会集体意识的逐渐式微使社会主义意识形态受到了一定冲击，以强制灌输方式来维护意识形态早已过时。虽然目前公共文化治理开始摒弃旧时的由政府主导的参与场景，尝试介入到民众的生活实践、文化习惯等微观个体的文化生活中，聚焦基层文化生活的运行规律，寻获真正触动人心的民众文化参与的自我动员机制。但在现实生活中仍旧存在一定的偏差。例如，一些民众为与基层部门搞好关系而参与社区活动，但这种非自愿的参与实际上多是表演性的②。该类消极的行动策略必然会对公共文化服务参与者的参与性质及其所参与活动的性质产生负面影响。

社会志愿精神的培育机制深刻影响着公共文化服务对公众的吸引力，现今普遍存在的志愿活动在形式和内容上无法体现新时代的要求，缺乏一定的时代特征③。并且志愿者参与公共文化生活的动机也不断呈

---

① 颜玉凡、叶南客：《新时代城市公共文化治理的宗旨和逻辑》，《江苏行政学院学报》2019年第6期。

② 颜玉凡：《公共文化服务参与主体的行为特征及优化发展》，《中州学刊》2019年第1期。

③ 王雁：《公共服务动机视域下新时代大学生志愿精神培育机制模型建构》，《学校党建与思想教育》2021年第12期。

现多样化,而目前志愿精神的培育途径以灌输为主,对公众缺乏足够的吸引力,一定程度上导致参加文化志愿活动没有办法真正成为公众的内在需求。此外,文化志愿活动的主要作用和文化志愿者的潜在能力并没有得到充分的发挥。当前一些志愿者文化活动的服务内容较为单一,主要集中在普遍的便民服务,对于公共文化服务所需要的相关技能的提升和专业的教育培训缺乏一定的针对性和有效性,以至于没法学以致用,不能在公共文化服务的具体实践中达到知行合一的育人效果。尽管我国第一部志愿服务的行政法规《志愿服务条例》已于 2017 年 12 月正式实施,但是在具体的实施过程中还是存在执行力度不够的问题,特别是在志愿精神培育机制方面还存在不健全的问题,例如在保障、激励、反馈等方面,最终没办法形成相对闭环管理。这些机制上的短板与不足最终导致部分文化服务志愿者的积极性不高。

总的来说,受到我国目前社会文化分化、对文化治理体制的认识误区、志愿服务管理机制等问题的制约,我国公众对公共文化服务的参与意愿还有待加强,对公共数字文化服务的参与意愿同样有负面影响。

(二) 文化类社会组织发展受限

以往的国际经验表明,文化类社会组织在国家文化治理体系中可以发挥"第三部门"的作用,其与政府和市场所承担的公共文化服务职能互为补充,在资源动员、服务供给、活动开展、运营管理等方面具有较为专业的能力与独特的作用,是政府以社会化机制和方式提供公共文化服务依靠的主要力量之一[1]。若没有专业化的文化类社会组织的规范运作,就不会有政府向社会力量购买公共文化服务的持续健康发展。

从总体上来看,我国文化类社会组织数量不足、承接能力弱等问题[2],是文化类社会组织的发展现状与政府购买公共文化服务的需求还不相适应的结果。我国目前在公共文化领域虽然有 8700 多个馆办文艺团队,有超过 40 万个群众业余文艺团队,以及大量的以"文化能人"

---

[1] 李国新:《文化类社会组织是政府购买公共文化服务的主要力量》,《中国社会组织》2015 年第 11 期。

[2] 完颜邓邓、卞婧婧:《政府购买公共数字文化服务的实践与思考》,《图书馆学研究》2020 年第 24 期。

为核心的自发文艺组织，但当中真正符合依法在相关登记管理部门登记、具有较为健全的内部治理结构和管理制度、具备独立承担民事责任能力要求的社会组织，为数还较少。这也就意味着，目前具有一定专业服务能力的文化类社会组织，由于治理结构和经营不规范等缺陷，大多还不能成为承接政府购买公共文化服务的社会组织。文化类社会组织在公共文化生活中对社会各方力量之间的沟通行动，在我国现有的文化环境中非但没有成为积极有效的普遍现象，它们对社会文化生活矛盾的调节往往也比较乏力。我国现有的《社会团体登记管理条例》《基金会条例》《民办非企业单位登记管理暂行条例》等规定，均未对文化类社会组织参与公共文化服务方面的内容进行提及，在具体的参与行动方面仍存在法律真空的现象。我国文化和旅游部 2021 年发展统计公报的数据显示①，截至 2021 年底，文化类民办非企业单位共有 44073 个，群众业余文化团体 45.49 万个，虽然整体上看数量较多，但人均数量仍旧较少，难以满足承接公共数字文化服务的高要求。我国文化类社会组织大多还是由地方行政部门主导建立与管理，长期的行政依赖使其在参与公共数字文化服务的相关项目时，承接能力较弱，并且在公共数字文化资源的整合、内容新颖性的筛选、组织内部事务的管理与运作等方面存在问题，提供公共数字文化服务的能效与质量有待提升。而现今的大部分文化供给组织单纯依靠自身能力，大多难以有效承担上述职能，需要从组织管理的体制机制与资质认定机制等方面改善它们的发展环境，从而提升这些文化类社会组织的发展自信。

然而目前的现实情况是，我国文化类社会组织的发展依旧面临重重困境。在由"法律制度、文化期待、社会规范和观念制度"等共同作用的环境中，文化类社会组织不但需要面对合法性风险、社会认同危机、资源匮乏等问题，还需要有效处理与政府、群众和其他社会组织之间的关系，更需要谋取外部资源进行生存发展②。从我国文化类社会组

---

① 中华人民共和国文化和旅游部：《中华人民共和国文化和旅游部 2021 年文化和旅游发展统计公报》，2022 年 6 月 29 日，https://zwgk.mct.gov.cn/zfxxgkml/tjxx/202206/t20220629_934328.html，2023 年 7 月 6 日。

② 颜玉凡、叶南客：《改善居民文化生活质量的资源依赖与组织认同——公共文化服务组织的行动逻辑研究》，《山东社会科学》2017 年第 2 期。

织的发展现状来看，文化类社会组织对社会各方之间的沟通协调机制还只是处于起步摸索阶段，其脆弱的身份合法性和较为单一的资源获取渠道是阻碍其自身发展的主要问题。具体而言，很多文化类社会组织为补充急需的合法性资源，必须尽力获取来自现有政府体系的正当性，并将使组织嵌入行政体系作为自身运营目标，以期获得政府以及社会的支持，这使它们的行动目标带有显著的"政治嵌入性"。例如，一些文化类社会组织会依赖行政体系来获取组织的合法性，通过利用体制框架或政府资源来扩大其社会影响力。文化类社会组织的运行类行政化，虽然在一定程度上有助于社会组织博得政府相关行政部门的好感与认可，便于获得行政资源的支持，但是也使此类社会组织的运作机制僵化，并丧失了本应具有的灵活性优势，服务也更可能脱离群众，最终无法发挥它们在政府与民众之间的桥梁作用。此外，在文化类社会组织的资质认定机制方面，其还处于只能依靠行政力量获取社会认可的被动局面。目前，民众获取文化类社会组织信息的渠道较为单一，使得一些组织较难获得民众的信任，再加之有些组织本身也存在管理运营问题，它们尚未形成长效且理性的价值理念和行动策略，以至于这些组织难以获得社会各界的广泛认可与支持，只能依赖行政体系的支持来保持运转。在此情势下，多数民众主要依靠政府信息或者是否具有行政许可以及证明，来判断文化类社会组织的资信能力、业务能力和职业操守，这决定了民众和社会各界对这些组织的接纳程度和信任程度。因此，很多文化类社会组织只有在行政部门的协助下，才能深入社区基层开展公共文化服务或供给的有关业务，从而使其业务开拓能力受到较多限制，同时也对公共数字文化服务的供给造成不利影响。

三 社会因素的机遇分析

（一）文化数字化转型持续推进

党的二十大报告指出，要加快网络强国、数字中国建设。建设数字中国是从我国基本国情出发的实现现代化的必经之路，目前我国网民数量已经超过10亿，实现现代化的过程也是全体人民群众共享更高质量数字化发展成果的过程。数字中国建设是推动共同富裕的必然要求，通过提升数字技术在社会生活各领域、场景中的应用,创造出更多工作岗位,提供更多数字化产品与服务,不断满足人民对美好生活的向往。建设数字中国是完成物质和精神文明相协调的重要要求,在借助数字经济发展提升民众物质生活水平的同时,通过数字化手段提升民众的思想道德素质与科学文化素养,实现我国社会物质与精神文明全面发展。在公共数字文化服务领域,公共图书馆、博物馆、美术馆、文化馆等公共文化机构的发展,与社会文化环境密切相关,用户在阅读习惯、思维模式上的变化,都会影响公共文化服务数字化转型进程。近年来社会数字化进程不断推进,我国社会的数字文化需求随之进一步升级。

  互联网的发展是我国推进文化数字化的必要条件。中国互联网络信息中心(CNNIC)在北京发布了《第 50 次〈中国互联网络发展状况统计报告〉》①。在网民规模方面,《中国互联网络发展状况统计报告》显示,截至 2022 年 6 月,我国网民的数量达到 10.51 亿,民众的互联网普及率达到 74.4%。相较于 2021 年末,我国新增网民 1919 万,互联网普及率相较于 2021 年 12 月提升了 1.4 个百分点。互联网建设在农村也同样颇有成效,我国全面推进农村地区的互联网基础设施建设,全国现有的行政村已全面实现了"村村通宽带",农村地区互联网普及率达到了 58.8%,相较于 2021 年末提升 1.2 个百分点。在网络接入方面,我国网民的人均每周上网时长为 29.5 个小时,相较于 2021 年末提升了 1.0 个小时。我国网民使用移动手机上网的比例达 99.6%;使用其他设备上网的比例也皆有所提升,其中利用台式电脑、笔记本电脑、电视和平板电脑(掌上平板)上网的比例分别为 33.3%、32.6%、26.7% 和 27.6%。总的来说,我国的互联网基础建设已经基本实现全面覆盖。在网络基础资源方面,截至 2022 年 6 月,我国的网络域名总数达到 3380 万个,相较于 2021 年末增长了 0.04%。在信息基础设施建设方面,截至 2022 年 6 月,我国超过 4 亿户家庭具备网络接入能力,已经建成开通 5G 基站 185.4 万个,基本实现了"县县通 5G、村村通宽带"。三家基础电信企业(中国移动、中国联通、中国电信)的固定互联网宽带

---

  ① 中国互联网络信息中心:《第 50 次〈中国互联网络发展状况统计报告〉》,2022 年 9 月 28 日,https://www.thepaper.cn/newsDetail_forward_20105580,2023 年 7 月 6 日。

接入用户总数达到 5.63 亿户，比 2021 年末净增 2705 万户；其中 100Mbps 及以上接入速率的固定互联网宽带接入用户达 5.27 亿户，占总用户数的 93.7%。三家基础电信企业发展蜂窝物联网终端用户 16.39 亿户。由此可见，我国网络接入环境更加多元，同时也为数字文化的呈现与传播提供了良好条件。

在数字文化的受众层面，国家新闻出版署第十九次全国国民阅读调查的结果显示，我国成年国民通过各媒介阅读的综合阅读率保持稳定增长，图书阅读率和数字化阅读率呈逐年上升态势，互联网在线阅读、移动手机阅读、电子阅读器阅读等数字化阅读已经成为当今我国国民主要的阅读和生活休闲方式之一[①]。2021 年我国成年国民各媒介综合阅读率持续稳定增长，图书阅读率和数字化阅读率的增幅基本一致。其中，2021 年我国民众的图书阅读率达到 59.7%，相较于上一年增长了 0.2 个百分点；报纸的阅读率达到 24.6%，相较于上一年下降了 0.9 个百分点；期刊的阅读率为 18.4%，相较于上一年下降了 0.3 个百分点；数字化阅读方式（互联网在线、移动手机、电子阅读器、平板电脑等）的接触率达到 79.6%，相较于上一年增长了 0.2 个百分点。我国成年人的数字化阅读倾向越发明显，中青年人群成为我国进行数字化阅读的主体。通过对各类数字化阅读载体的接触情况进行调查发现，2021 年我国有 77.4% 的成年人通过手机进行阅读，相较于上一年的 76.7% 增长了 0.7 个百分点；有 71.6% 的成年人通过网络进行在线阅读，相较于上一年的 71.5% 增长了 0.1 个百分点；有 27.3% 的成年人通过电子阅读器进行阅读，与上一年的 27.2% 基本持平；有 21.7% 的成年人通过 iPad（平板电脑）进行数字化阅读，与上一年的 21.8% 基本持平。通过对数字化阅读方式的人群分布特征进行分析发现，中青年群体成为数字化阅读的主体这一趋势逐渐显著。具体来看，在我国成年的数字化阅读者中，18 周岁到 59 周岁的人群占到 92.8%，60 周岁及以上人群占 7.2%。将近一半的成年人的阅读量较 2020 年也有了一定的变化，通过"视频讲书"的方式读书逐渐成为部分阅读者的新选择。从我国

---

① 国家新闻出版署：《第十九次全国国民阅读调查主要发现》，2022 年 4 月 25 日，https://www.nppa.gov.cn/xxfb/ywdt/202204/t20220425_665265.html，2023 年 7 月 6 日。

成年人的阅读形式倾向来看，在 2021 年有 45.6% 的成年人倾向纸质图书阅读，比上一年的 43.4% 提升了 2.2 个百分点；我国有 30.5% 的成年人倾向手机掌上阅读；我国有 8.4% 的成年人倾向电子阅读器阅读；有 6.6% 的成年人倾向互联网在线阅读；有 7.4% 的成年人倾向听书；有 1.5% 的成年人倾向看视频讲书。通过对我国成年人的听书习惯进行调查发现，我国在 2021 年有超过三成的成年人有听书习惯，相较于上一年提升了 1.1 个百分点。通过以上分析能看出，我国民众的阅读习惯已然发生改变，公共文化服务数字化转型要不断根据用户需求的变化及时调整，提高公共数字文化的服务质量，抓住这一趋势不断发展。

在新冠疫情期间，文化数字化转型不仅推动了我国公共数字文化服务创新，还为保障社会运行起到了关键作用。新冠疫情发生以来，我国各级人民政府、有关部门以及公共文化机构主动适应民众获取信息渠道的变化，充分利用各类公共数字文化资源，在社会加强宣传教育和舆论引导，为打赢新冠疫情防控阻击战提供了坚实的精神力量，同时也为满足新冠疫情期间人民精神文化需求提供保障。国家广电总局对全国 6182 个乡镇、10.5 万个行政村的 127.2 万只农村应急广播等终端设备进行协调组织，对有关政策进行解读宣传，普及疫情相关的科学知识，织密农村疫情防控的"安全网"。国家文化和旅游部在国家政务服务平台推出"在线公共文化服务"专栏，提供全国博物馆线上展览等多项服务并举办全国舞台艺术优秀剧目网络展演等，平台的线上点击量超 8.7 亿次。一些公共文化机构虽闭门但并不谢客，持续提供相关文化服务，例如有的图书馆上线了网络公益课堂，有的博物馆开展了线上文化遗产展览，有的文化馆和群众艺术馆向群众提供线上精彩演出。湖北省图书馆、武汉市图书馆建设了"方舱数字文化之窗"，通过互联网提供 8 万多册电子图书和 40 多万个音视频节目，对武汉所有的方舱医院和隔离酒店进行了全面覆盖，为当地民众提供了宝贵精神食粮。

公共数字文化服务能够打通公共文化服务"最后一公里"，在文化数字化持续推进的趋势下，对提升民众的文化获得感具有积极作用。

《数字中国发展报告（2022年）》调查结果显示[①]，在2022年我国各类数字文化场馆进一步普及，线上文化活动也在广泛开展。在关注公共数字文化服务的受访者中，在知晓度层面，近九成的受访者表示当地相关机构有提供在线文化活动，超过八成的受访者指出当地相关机构有提供线上数字图书馆、数字博物馆等服务，特别是浙江、上海、广东、北京、江苏等地区的受访者对公共数字文化服务的知晓度位于全国前列；在体验参与度层面，近一半的受访者表示参加过线上文化活动，超过三成的受访者体验过线上数字图书馆、数字博物馆、数字美术馆等，浙江省的公共数字文化服务的体验参与度显著高于其他地区，上海、北京、江苏等地区的公共数字文化服务的体验参与度也位列全国头部。我国的社会信息环境在不断向互联网时代、数字时代转变，公共文化服务与社会信息环境发展相适应是必然趋势。社会力量能为推动公共文化服务数字化转型提供动力，还能为消除发展过程中信息载体形式、信息呈现方式等方面存在的不确定因素提供有利条件。引入社会力量参与公共数字文化服务是顺应文化数字化必然趋势的表现。

（二）数字文化专业队伍继续壮大

相较于传统的公共文化服务，公共数字文化服务体系的建设与推进实施，需要更强大、更专业的人才队伍作为基础保障，包括精通计算机的硬件、网络、系统、软件开发等领域的专业技术人才，具备数字信息挖掘、数字资源整合、深层检索能力的信息技术人才，具备更高行政管理能力和更丰富社会经验的组织管理人才等[②]，专业的人才队伍是公共数字文化服务体系建设与发展的动力源泉。数字文化专业人才队伍的自身发展就迫切需要社会力量的帮助。

公共文化的从业者中数字文化人才队伍不断壮大。以图书馆为例，根据《文化和旅游部2021年文化发展统计公报》的数据，截至2021年底，我国共有公共图书馆3215个；从业人员59301人，相较于上一年

[①] 国家互联网信息办公室：《国家互联网信息办公室发布〈数字中国发展报告（2022年）〉》，2023年5月23日，http://www.cac.gov.cn/2023-05/22/c_1686402318492248.htm，2023年7月6日。

[②] 洪伟达、王政：《完善我国公共数字文化服务体系的对策研究》，《图书馆研究工作》2017年第11期。

增加1321人；其中具有高级职称人员7413人，占全部从业者的12.5%；具有中级职称人员18979人，占全部从业者的32.0%①。有学者以数字图书馆推广工程为平台，面向全国33家省级图书馆进行调研②，共回收有效问卷33份，33家省级图书馆中参与数字图书馆建设的相关业务的工作人员共1088人，而若算上全国地市级公共图书馆，参与数字图书馆建设的相关业务的工作人员共4325人，占全国公共图书馆从业人员总数的7.5%。从职称结构上看，我国地市级及以上公共图书馆的数字图书馆从业人员中，具有高级职称的有775人、具有中级职称的有1800人、具有初级职称的有1221人，分别占总量的17.9%、41.6%、28.2%。其中有超过10%的从业人员为外聘的劳务派遣人员或者没有获得相应职称；从从业人员的学历结构上看，具备硕士及以上学历的有488人、具备本科学历的有3052人、本科以下学历的有785人，分别占从业人员的11.3%、70.6%、18.1%。专业人才是公共数字文化建设的关键，随着我国三大公共数字文化工程的深入实施，我国公共数字文化人才队伍在持续发展壮大。各地也通过充分利用公共数字文化发展资金开展人才培训工作，探索出了各具地方特色的人才培养模式，积累了丰富的数字文化人才队伍培训经验。各省的文化主管部门和相关机构也在不断出台人才培训的相关政策文件与指导意见。各地图书馆积极利用现代信息技术条件，通过线上线下相结合的方式，为各级各类的数字文化人才提供培训资源，充分满足不同层级人员的需求，提升培训实际效果。公共数字文化的建设人才培养，历来受到我国各级财政和文化主管部门的重视和支持，自"十二五"时期开始实施公共数字文化工程起，每年中央财政都会划拨专项资金到各级财政，通过重组的经费对各地公共数字文化人才培养工作进行有力保障。

面向社会的数字文化专业培训也在不断开展，为针对公共数字文化服务志愿队伍的补充与吸纳高素质社会人才参与提供了有利条件。全国

---

① 中华人民共和国文化和旅游部：《中华人民共和国文化和旅游部2021年文化和旅游发展统计公报》，2022年6月29日，https://zwgk.mct.gov.cn/zfxxgkml/tjxx/202206/t20220629_934328.html，2023年7月6日。

② 郑云霞：《我国公共数字文化建设人才培训现状分析及对策研究》，《图书馆学研究》2019年第9期。

数字文化人才培训以线下为主、线上为辅,少数通过继续教育、定向培训等多种方式来进行。线下培训主要包括数字文化专题培训、各省开展地方培训。线上培训主要依托三大数字文化工程的互联网平台,即通过"网络书香讲坛""数字学习港"和"空中文化大课堂"开展线上培训。此外,部分省份还特地建设了专门供专业技术人员进行继续教育的网络学习平台,如四川省的超星数字学习平台、天津市图书资料专业人员培训平台、贵州省人事人才网、广东省图书情报继续教育网络学习中心等,通过线上进行培训,能够有效对线下培训不足进行补充,进一步扩大培训的广度与深度。还有部分省份的公共文化服务机构通过与高校、科研院所等签订合作培养协议以保障数字文化人才建设[①],通过与高校合作重点培养,为社会输送数字文化的拔尖人才。天津、湖北等地以专题知识竞赛的形式以赛代培,推动学员专业技能提升。综上能看出,我国数字文化专业队伍在持续壮大,为社会参与公共数字文化服务提供了有利契机。

四 社会因素的风险分析

（一）多方协调失衡

作为具备中国特色的文化发展战略,我国公共数字文化服务体系建设,相较于以往传统的文化事业发展模式,在政府和社会力量互动关系中有着较为显著的差异,其中流程分散的风险,一定程度上无法保证社会力量的参与力度。在我国传统的文化事业体系中,主要遵循政府全能主义,进而形成了以"政府—文化单位"为中心的内向型管理系统。而随着文化体制改革,当今的公共数字文化服务体系建设,则突破了资源体制内循环的制度局限,鼓励社会力量参与公共数字文化服务体系建设,其中成立的关键在于明确了政府主导地位基础上扩大了社会参与,从而达到了政府与社会力量良性互动的局面。

因此,实现政府与社会力量良性互动,已经成为推动我国公共数字文化服务体系建设的重要战略选择。然而,在实际实施中诸多挑战仍旧存在,例如互动结构的失衡、行政主管权力的过度渗透、运营机制的僵

---

① 赵星宇:《我国博物馆专业人才培养现状与问题》,《中国博物馆》2016年第2期。

化等。同时，社会力量多元主体互动的"碎片化"、多方协调合作的缺乏、社会资源的投入分散等现象普遍存在，加上我国社会力量发育尚不完全成熟的现实因素，我国公共数字文化服务有效供给受限。而在公共文化服务自带的精神引领以及社会文化认同等因素的正外部性效应下，政府与社会力量之间的主导与规范、培育与监管等方面的张力越发显著，对公共数字文化服务效能的提升造成不利影响[1]。而在公共文化服务供给中，政府与社会力量的互动关系的特征呈现出阶段性，即在初始阶段主要通过政府动员、以政策引导的实现机制；互动运营阶段主要以互补强化为基础、以项目制运营为模式、以规范监督为支撑；深化发展阶段的主要通过社会化协同共治，激发民众以及各界力量积极参与，政府与社会力量的良性互动走向成熟壮大。例如，有学者以Z市的"乡村舞台"建设为例，通过调研与分析发现，我国公共文化服务供给中，政府主导下的多元主体互动格局已初步形成。然而，在政府主导之外，其他公共文化服务的参与主体仍旧没有较好地嵌入服务供给中，诸如较为完善的沟通、信任与协商等机制尚未建构，以至于政府与社会力量之间的互动存在"脆弱性"[2]。而我国文化类社会组织还普遍存在发育不成熟、分类不合理、资源难汲取等问题，与政府、其他社会主体比较仍有一定差距，这在一定程度上同样造成了当前公共数字文化服务体系依靠社会力量进行发展的过程中存在结构性失衡的风险。

我国公共数字文化服务体系建设是制度转型的过程，同时也是持续创造多元主体的过程。在坚持政府主导和社会力量参与相结合的发展模式下，政府与社会力量之间的互动虽然具备协同合作的要素，但是当前政府与社会力量之间的良性互动并未真正形成。如何规避政府与社会力量之间协调失衡的风险，实现多方社会力量与政府之间的良性互动，进而在"政府主导有效"和"社会力量参与有效"基础上实现"治理有效"，达到公共数字文化服务体系建设的共建、共治和共享的目标值得

---

[1] 瞿如春：《群众主体性建构：基层公共文化服务供给模式探讨——基于广场舞"热"的启示》，《云南行政学院学报》2017年第1期。

[2] 李少惠、崔吉磊：《政府与社会力量在公共文化服务供给中的互动机理研究——以Z市"乡村舞台"建设为例》，《图书与情报》2021年第2期。

关注。

（二）第三方评估欠缺

公共文化服务的效果需要得到全面客观评估[①]。目前公共文化机构中，仅有公共图书馆有社会力量参与相关表述的评估指标，如表 6-2 所示。从表中的各项指标可以看出，在图书馆具体的评估实施过程中是依据各馆情况的不同进行有针对性的量化打分，通过量化打分的形式作为公共图书馆工作绩效评价的依据。其中，公共图书馆接受社会捐赠的部分被细化为几个具体的二级指标，对应着一些较为具体的指标解释与分项说明。这种量化评分虽然在上级主管政府部门、图书馆内部和同行以及读者三个层面进行了评价，然而针对公共图书馆接受社会资源的具体工作流程以及利用效率等方面的评价存在灵活性缺乏的问题，只能较为机械地依照统一的评价方法进行。并且值得注意的是，对于数字文化相关的表述几乎没有。

而在评估的流程方面，地方政府与主管部门不仅是文化服务的间接提供者，同时也是文化服务的生产者，而某种程度上甚至还是评价者。这种既是裁判员又是运动员，角色高度混合的模式必然会对公共数字文化服务的可持续性发展造成负面影响，并且也无法调动文化服务受众的参与积极性。以西部地区某县文化行政部门为例，在每年进行年度公共文化服务总结时，其都是以自身评估方式，偶尔加上服务效果的调查，然后这类做法实际上形式大于内容。从表面上看，该地每年公共文化服务效果满意度能达到 95%。但实际上，有调查者经过走访后发现，许多居民并未真正参与评估，并且对当地彼时公共文化服务的满意度并不高[②]。这些都在一定程度上反映了当前某些地区对公共文化服务的评估模式并不科学，缺乏独立的第三方专业评估机构，这也是部分地方公共服务评估的隐忧。

[①] 王余生：《地方政府公共文化服务的策略选择——基于 SWOT-PEST 模型分析视角》，《湖南工业大学学报》（社会科学版）2018 年第 2 期。

[②] 张策：《公共图书馆接受社会捐赠的运行机制研究》，硕士学位论文，云南大学，2019 年，第 59 页。

表6-2　　全国县级以上公共图书馆评估定级指标①

标号	一级指标	二级指标	性质	基本分支	加分值	指标说明	填报材料要求	指标索引号
2.6	社会力量参与			40	10			A2053
2.6.1		法人治理结构改革	定性	10		1. 建立法人治理结构。(5分) 2. 制度建设及运行情况。(5分)	章程、会议记录、年度总结等	A2054
2.6.2		社会合作	定性/定量	15	10	指在图书馆建设和运营过程中吸纳社会力量参与。1. 评估周期内社会合作项目数（个）。(8分) 2. 评估周期内社会合作项目的资金额度（含社会捐赠）（万元）。(7分) 3. 加分项说明：探索出一套成熟的社会力量参与机制，形成典型经验，发挥示范作用。(10分)	1. 社会合作项目一览表，包括序号、时间、项目名称、合作机构名称、资金额度等。2. 符合加分项要求的证明材料	A2055
2.6.3		志愿服务	定性/定量	15		1. 志愿者招募、注册、培训、管理等制度建设情况。(4分) 2. 登记注册的志愿者人数（人，2021年底数据）。(4分) 3. 志愿服务活动开展情况。(4分) 4. 志愿服务工作获得的表彰奖励。(3分)	1. 志愿服务制度文本。2. 志愿者数量的系统截图。3. 志愿服务活动开展情况总结。4. 表彰奖励一览表	A2056

① 中华人民共和国文化和旅游部：《文化和旅游部办公厅关于开展第七次全国县级以上公共图书馆评估定级工作的通知》，2022年5月26日，https://zwgk.mct.gov.cn/zfxxgkml/ggfw/202206/t20220602_933319.html，2023年7月6日。

第三方评估制度因其独立、客观、专业、公正等特点,正日益成为政府机关和企事业单位进行绩效评估工作的重要选择之一[①]。虽然目前我国政府机关有关第三方绩效评估的理论与实践已较为成熟,但有关公共文化服务,特别是公共数字文化服务的第三方评估实践起步较晚。虽然发挥第三方机构的独立性和专业性优势,开展相关评估工作逐渐成为发展趋势,但当今对于社会力量参与公共数字文化服务的第三方评估机构几乎没有,给公共数字文化服务效益的发挥带来极大的风险。对公共数字文化服务引入社会力量的第三方评估十分重要,特别是在政府购买公共数字文化服务的工作中,相关工作流程中涉及了财务预算、服务定价、购买计划、过程管理、招标投标、绩效评估、业务监管、制度反馈等各个环节,这些环节关系到公共文化资源的分配问题。对公共数字文化服务的监管评估体系的构建不仅关系到社会效益的发挥,而且涉及社会公平公正价值的实现[②]。然而现实情况是,一方面,一些文化行政部门存在"买了就行"的心理,未对购买前后的绩效进行评估,更未充分重视评估结果的运用,未能对承接主体形成约束作用,公共数字文化服务的质量无法保证;另一方面,社会性的第三方专业评估机构的整体水平与能力不足,高质量的第三方专业评估机构缺乏,有资质对公共文化数字服务购买进行有效评估的更是少之又少。第三方评估的缺乏给社会力量参与公共数字文化服务带来较多隐患,相关问题亟待解决。

第四节 技术因素(Technological Factors)分析

一 技术因素的优势分析

(一)技术赋能公共数字文化

数字信息技术在文化行业的广泛运用,不仅推进了传统文化产业内

---

① 李志军主编:《第三方评估理论与方法》,中国发展出版社2016年版。
② 周宇:《基于SWOT-PEST分析的政府购买公共文化服务的策略选择》,《艺术百家》2021年第2期。

容与服务的"活化"与结构优化,还进一步推动了社会文化的生产方式、传播方式、流通方式和消费模式等方面的变革,引领了文化消费市场结构与文化产业结构的链式反应[1]。公共数字文化服务作为数字信息技术最适宜、最深入的应用领域之一,数字信息技术的引入与应用不仅为公共数字文化服务的共创共享模式提供便利和支撑[2],还对当代公共文化服务的数字生态圈进行了重新构建。

随着全球的数字化、信息化时代的到来,5G(第五代移动通信技术)、虚拟现实、增强现实、物联网、北斗导航、大数据、云计算、人工智能、区块链等各类创新型技术,从多个角度与层面,对其内、外部的能力与组织进行重构、提升与整合,进而创造、传递并获取新的价值。公共数字文化服务与数字信息技术可以相互融合及创新,而公共数字文化依托数字信息技术平台使其产品与服务更加精准化。当前已经形成了以新兴数字信息技术的创新及运用为发展驱动力,公共文化与数字信息技术相互融合、协同创新、融合发展的新局面。数字信息技术为公共数字文化服务,提供了迄今为止最强大的摄取、生成、存储和处理各种文化元素的能力,使其文化产品具备了更加丰富的表现力。数字信息技术不仅是文化的"载体"和"手段",同时也对文化产品的创意形式、内容、模式、方式及创意活动本身等多个方面产生重要影响,为存量数字文化资源的创造性转化提供了支持,为社会带来创新型数字文化产品和服务。在文化产业方面,各数字平台以电视剧、电影、综艺、动画动漫等类型的产品为基础,借由数字信息技术不断尝试向游戏、音乐等新兴类型拓展,也间接促进了国内公共数字文化发展模式核心竞争力不断提升。

我国公共文化服务借由数字信息技术发展这一思想可以追溯到20世纪80年代末,当时敦煌莫高窟就提出数字化"永久保存、永续利用"的发展理念,为我国公共文化数字化开启先河。在经过三十余年的数字化实践后,现在敦煌莫高窟产出多样创新成果,数字信息技术的

---

[1] 傅才武、明琰:《数字信息技术赋能当代文化产业新型生态圈》,《华中师范大学学报》(人文社会科学版)2023年第1期。

[2] 王涛、郑建明:《公共数字文化治理能力现代化评价体系的探究与构建》,《图书馆理论与实践》2022年第6期。

应用场景也在不断丰富，不但满足了其自身文物保护、考古、美术等专业研究的需要，还充分满足了民众的文化需求。现在莫高窟已经藏有海量的高品质数字资源，让不可移动的石窟文物不受空间限制走进千家万户。数字信息技术的应用，对文物保护与开放展览间的关系进行了更好的平衡。此外，敦煌研究院通过长期的科学调研与分析，建立了莫高窟数字展示中心，在该展示中心为前来的观众提供《千年莫高》等沉浸式数字体验节目①，构建了"总量控制、线上预约、数字展示、洞窟参观"的新模式。创造性地将数字信息技术应用到文化遗产中，还能够分众化地满足不同人群的多样化精神文化需求。当然，敦煌研究院的成功离不开数字信息及技术领域的专业社会力量协助。比如，敦煌研究院与科技公司合作，借助 AR（增强现实技术）推出"飞天专线游"项目，让观众在实体和虚拟洞窟中自由穿梭游览；还借助互联网音频分享平台，制作了《"画"中有话 敦煌石窟百讲》等线上文化产品，到场游客能够在游览的同时收听与壁画相关的故事，加深参观体验。

在积极推进实施国家文化数字化战略的今天，运用数字技术整合文化资源，为人民群众提供多样化、精准化公共文化服务，已成为我国公共文化服务高质量发展的重要途径。由文化和旅游部全国公共文化发展中心建设的国家公共文化云平台在 2017 年正式投入使用。该平台运用云计算、大数据等数字信息技术，依托覆盖了全国的六级公共数字文化服务的网络体系，实现了我国文化艺术资源的内容生产、资源存储、数据传输和服务共享。我国国家公共文化云的建设和发展，通过应用数字信息技术推动了艺术普及和文化传播。其中线上直播、云存储和多点分发等数字信息技术的应用，使得公共数字文化资源可以更快速地汇聚和共享，并提升了各地文化馆的数字服务能力。国家公共文化云提供了 6 项主要服务，包括观看直播、参与活动、学习才艺、预订场馆、参加大集市、阅读好书。近 20 万条以视频为主的数字资源面向公众免费开放，已经有超过 8 亿人次进行访问②。此外，中央民族乐团、中国煤矿文工

---

① 敦煌研究院：《敦煌莫高窟数字资源》，http://www.dha.ac.cn/whzy/szzy1.htm，2023 年 7 月 6 日。

② 国家公共文化云官方网站：https://www.culturedc.cn/web3.0/index.html，2023 年 7 月 6 日。

团、中国儿童艺术剧院、苏州民族管弦乐团等专业文艺院团的入驻，也将优秀的文艺作品向民众进行了精彩的呈现。在国家公共文化云这个数字文化共享平台上，各地的公共文化机构，尤其是文化馆的发展，得到了巨大的助力。通过数字信息技术扩大服务范围，其不但提升了公共数字文化服务能力，激活了基层文化馆的创造潜力，还增强了基层文化馆在线上和线下的覆盖面和影响力。

在社会力量参与公共数字文化服务的层面，广大人民群众在受益于数字文化普惠的同时，也借由数字信息技术的推广应用，反哺于公共文化服务，成为公共文化服务内容的生产者与提供者。例如，国家公共文化云推出的"乡村网红"培育计划已经培育了100多位美丽乡村代言人，吸引了文化名人担任志愿推介员，粉丝量累计超过1亿人[①]。乡村父老乡亲们踊跃展示自己的才艺，在国家公共文化云上进行自编自导自演的"村晚"，展现出时代的蓬勃向上。此外，一系列品牌活动如"云上广场舞"和"云上大家唱"在丰富云上公共文化资源库的同时，也为民众提供便捷的数字文化服务。为了进一步推动公共数字文化服务的发展，全国公共文化发展中心依托公共文化服务大数据应用文化和旅游部重点实验室，聚焦公共文化大数据的知识图谱、集成应用、应用场景、用户画像等关键问题，与社会组织以及企业共同开展相关研究和基层试点。随着公共数字文化服务建设的不断推进和人工智能等数字信息技术的发展，实现公共文化服务的智能化需要更多有识之士的积极参与和共同努力，为基层民众提供更便捷、个性化和高质量的文化服务，为新时代的发展凝聚力量和智慧。

（二）相关配套技术持续进步

公共数字文化服务需要相关数字信息技术的支撑。目前我国在5G实现了技术、产业、网络、应用等方面的全面领先，而6G的研发也正在加快推进。在集成电路、人工智能、高性能计算、电子设计自动化（EDA）、数据库、操作系统等方面同样取得了重要进展，人工智能芯

---

① 中华人民共和国文化和旅游部全国公共文化发展中心：《国家公共文化云"乡村网红"培育计划》，2021年12月3日，https://www.culturedc.cn/thematic/netRed/notification.html，2023年7月6日。

片和开发框架也在加速发展，基本形成了 AI 基础软硬件支撑能力。这些数字信息技术的发展不但为公共数字文化服务的资源建设与传播提供了基本条件，还为公共数字文化服务的高质量发展开辟了新的路径。

数字信息技术协同创新生态的优化和数字信息技术企业创新主体地位的持续强化，促进了数字信息技术产学研用生态的蓬勃发展。2022 年，各地纷纷推进数字信息技术创新联合体的建设，湖北成立新一代网络和数字化产业技术创新联合体①，南京成立未来网络创新联合体②，加强了数字信息技术创新成果的转移转化。数字开源社区的健全完善，涌现出大量具有核心技术的开源平台与项目，为公共数字文化服务的建设与发展提供了优越环境。同时，数字信息技术企业的创新主体地位的持续强化也意味着社会力量供给能力的提升，这将进一步推动公共数字文化服务的高质量发展，为民众提供更丰富、便捷以及个性化的文化体验。

(1) 通信设备与技术

公共数字文化服务在呈现和传播过程中，离不开基础通信设备和技术的支持。目前，我国已经实现了"市市通千兆、县县通 5G、村村通宽带"的目标，为公共数字文化的资源建设和传输提供了强有力的条件，也促进了社会力量更好地发挥作用。截至 2022 年底，我国 5G 基站数量达到了 231.2 万个，较上一年新增 88.7 万个，总量超过全球的 60%。我国 5G 网络已经对所有地级市、县城城区以及 96% 的乡镇镇区进行了覆盖，5G 用户达到了 5.61 亿户。网络宽带接入端口数达到了 10.71 亿个，较上一年增加 5320 万个，具备千兆网络服务能力的 10GPON 端口数达到 1523 万个，较上一年增加 737.1 万个。千兆建设城市增至 110 个，千兆宽带用户突破 9000 万户。我国互联网带宽达 38T，总体性能已迈入世界前列。我国移动物联网终端用户数达 18.45 亿户，较上一年净增 4.47 亿户，成为世界主要经济体中首个实现"物

---

① 湖北省人民政府：《湖北网络和数字化创新联合体成立》，2022 年 5 月 16 日，https://www.hubei.gov.cn/hbfb/bmdt/202205/t20220516_4128455.shtml，2023 年 7 月 6 日。

② 南京市科学技术局：《关于公布 2022 年度南京市创新联合体备案名单的通知》，2022 年 7 月 20 日，http://www.njkj.gov.cn/njskxjswyh/202207/t20220720_3649962.html，2023 年 7 月 6 日。

超人"的国家。IPv6 规模部署与应用深入推进，IPv6 活跃用户数达7.28 亿，其中移动网络的流量占比近50%，我国互联网建设正加快向IPv6 演进升级。根据《2023 年中国新一代信息技术行业发展报告》的数据①，可以看出我国在通信技术方面的发展进程："中国1G 空白，2G 跟随、3G 突破、4G 同步、5G 超越。"目前，我国的5G 建设已处于全球领先水平，5G 技术本身也相对成熟。5G 市场正处于快速成长期，商用方面也取得了一定的成果。在应用方面，首先，5G 应用覆盖一半以上国民经济大类。5G 已在多个领域发挥赋能效应，形成多方面具备商业价值的应用场景。截至2022 年底，5G 已经覆盖了我国国民经济97个大类中的一半以上，累计超过5 万个5G 应用案例。在全国范围内，智慧矿山超过200 家，智慧工厂超过1000 家，智慧电网超过180 个，港口达到89 个，还在超过600 个三甲医院项目中广泛应用。同时，各地方政府加大5G 应用政策的供给，通过建设创新平台、增加资金支持、推广典型案例等方式，共同推动5G 应用步入快车道。

我国在通信设备和技术方面取得了显著的进展，为公共数字文化服务的资源建设和传输提供了坚实的基础，促进了公共数字文化的发展与普及，并间接吸引了社会力量的引入。

（2）物联网

我国移动物联网连接数占全球70%，应用场景仍在不断丰富，其中对公共数字文化的呈现值得关注。近年来，工信部、国务院等多部门持续发布支持物联网发展相关政策，物联网技术已成为目前确定发展方向。自《物联网发展专项行动计划》在2013 年发布以来②，国家推动物联网技术在生产生活和社会管理中的应用，以实现智能化、精细化和网络化的转变。这对提高国民经济和社会生活的信息化水平，改善社会管理和公共服务水平，推动相关学科的发展和技术创新，促进产业结构

---

① 深圳市图书馆：《2023 年中国新一代信息技术行业发展报告（预测篇）》，https://er.szlib.org.cn/rwt/ZJWHYBG/http/GEZC6MBPGEZDALSSGEZUVPJV/bfq/887113_731.html，2023 年7 月6 日。

② 国家发展改革委、工业和信息化部等14 个部门：《关于印发10 个物联网发展专项行动计划的通知》，2013 年9 月17 日，https://www.ndrc.gov.cn/xxgk/zcfb/ghwb/201309/t20130917_962141.html，2023 年7 月6 日。

调整和发展方式转变具有重要意义。随着经济社会数字化和智能化转型的加快,在各个领域,物联网正在发挥着显著的行业赋能作用。2021年9月,我国工信部、网信办等部门联合印发《物联网新型基础设施建设三年行动计划(2021—2023年)》[1],规划未来三年的物联网新型基础设施建设,并明确提出到2023年底,要在国内主要城市建成新型物联网配套设施。同年11月,我国工业和信息化部发布了《"十四五"信息通信行业发展规划》,明确推动移动物联网发展相关部署工程[2]。在相关政策推动下,我国物联网产业进入了新的发展高潮。5G网络的快速部署、行业巨头对物联网生态的拓展、物联网与新技术的融合初步显现出成效,物联网具备了强大的产业能量和市场前景。

目前我国物联网应用场景在持续丰富,产业链也在不断迭代,移动物联网产业链已经在芯片、模组、终端、软件、平台和服务等环节日趋完善。移动物联网终端广泛应用于公共服务领域,用户规模达到4.96亿户,行业应用正不断向智能制造、数字文化和消费者物联网等领域拓展。

(3)大数据技术

大数据是以数据生成、采集、存储、加工、分析、服务为主的战略性新兴技术,是激活数据要素潜能的关键支撑,也是加快经济社会发展质量变革、效率变革、动力变革的重要引擎[3]。

大数据技术在公共数字文化领域有着广泛的应用和重要作用。大数据技术可以帮助公共文化机构更好地了解用户需求和行为特征,通过数据分析和挖掘,提供精准的数字文化服务。大数据可以帮助公共文化机构实现数字文化资源优化配置和效率提升。此外,大数据还可以帮助公共文化机构进行运营管理和决策支持。通过对数据进行深入分析和挖

---

[1] 工业和信息化部、中央网络安全和信息化委员会办公室等8个部门:《关于印发〈物联网新型基础设施建设三年行动计划(2021—2023年)〉的通知》,2021年9月10日,https://www.gov.cn/zhengce/zhengceku/2021-09/29/content_5640204.htm,2023年7月6日。

[2] 工业和信息化部:《工业和信息化部关于印发"十四五"信息通信行业发展规划的通知》,2021年11月1日,https://www.gov.cn/zhengce/zhengceku/2021-11/16/content_5651262.htm,2023年7月6日。

[3] 中国信息协会大数据分会:《数据的力量〈2021—2022中国大数据产业发展报告〉发布》,2021年12月27日,https://www.ciiabd.org.cn/articles/Dk4epg.html,2023年7月6日。

掘，可以了解文化服务的市场需求、用户反馈和机构绩效等信息，为机构管理者提供决策依据和参考。近年来，我国在政策、人才、资金等方面持续加码，为大数据技术与相关产业后续发展注入强劲动力，大数据技术的提升与运用同样助力公共数字文化的发展。在技术人才方面，超过半数的"双一流"建设高校设立了大数据相关专业，多个省份积极开展大数据人才培育专项行动，人才供给能力显著增强。在资金支持方面，多个省份通过设立专项资金或采取税收优惠政策等方式，对大数据企业、应用进行定向扶持和培育。例如，宁夏回族自治区对于区内符合标准的优质大数据企业给予资金支持，最高可达300万元；山东、黑龙江等省份出台政策要求省内县级以上人民政府安排资金专项扶持大数据企业；江苏省每年在省级财政安排12亿元专项资金支持工业企业"智改数转"。

在多方面政策的支持下，国内大数据技术与相关产业都持续取得重要突破，并呈现出良好的发展态势。政府鼓励各类所有制企业积极参与公共数字文化建设，推进大数据与公共文化服务深度融合，充分发挥大数据的乘数效应和倍增作用，进而推动公共数字文化发展。

二 技术因素的劣势分析

（一）技术赋能社会发展程度不均衡

近年来，我国的数字技术和相关设施得到了持续发展，但是也要承认当前乡村技术基础设施相对薄弱，特别是乡村数字技术、网络技术和信息技术等基础设施的不完备①。这给公共数字文化服务向农村和偏远地区的传输带来了一定的困难，同时也对引入社会力量造成了不利的影响。

《第51次〈中国互联网络发展状况统计报告〉》的数据显示②，截至2022年底，我国城镇地区互联网普及率达到83.1%，但农村地区的

---

① 杨嵘均、操远芃：《论乡村数字赋能与数字鸿沟间的张力及其消解》，《南京农业大学学报》（社会科学版）2021年第5期。
② 中国互联网络信息中心：《第51次〈中国互联网络发展状况统计报告〉》，2023年3月2日，https://www.cnnic.net.cn/n4/2023/0303/c88-10757.html，2023年7月6日。

互联网普及率仅为61.9%;在网民群体中,农村网民数量仅占整体的28.9%,而城镇网民数量占整体网民的71.1%。我国当前仍存在近四成的农村地区没有完全普及互联网,只有不到1/3的农民能够上网。虽然在国家政策的推动下,互联网和5G移动通信等已经成功覆盖了大部分村庄,但相应的技术基础设施建设仍旧滞后。乡村基础设施的薄弱导致公共服务供给长期不足,乡村难以吸引人才,限制了乡村社会的发展。这种人力资本缺乏与乡村数字技术赋能和基础设施薄弱之间的内生困境更为严重。乡村公共服务和基础建设的薄弱将导致人们对乡村生活的兴趣降低,资本在乡村的投资意愿不足,这进一步加剧了乡村数字赋能与基础设施薄弱之间的紧张关系。因此,无论在物理连接还是数字连接方面,乡村数字技术基础设施建设与数字赋能的要求存在很大差距。这必然导致乡村数字鸿沟长期存在,并且长期制约乡村数字赋能的有效推进[①]。

自从"十三五"以来,我国的文化数字化转型一直在取得进步,但也不可避免地存在一些问题。数字文化技术的发展在不同方面存在着不均衡现象,包括东西部地区的发展不平衡以及城乡之间的差距。首先,东西部地区的发展不均衡主要是由于经济水平的不平衡所致。一些经济发达的城市如北京、上海等在文化数字化方面起步较早,而西部地区相对来说则进展较慢。根据"十四五"规划,上海计划在浦东打造一个价值数千亿的文化贸易产业平台,而北京也在石景山启动了一个涵盖完整产业链的国家级文化创意产业示范园区项目。其次,中西部地区的数字文化技术发展普遍相对较慢,这主要是由于资金和人才的匮乏。另外,城乡之间的差距在很大程度上是由于城乡文化消费的总量和层次不同所导致的。无论在经济发达地区还是非发达地区,农村的文化娱乐消费都要比城市低。

虽然互联网和大数据等数字信息技术提高了公共文化服务的效率,但是技术赋能对于不同人群影响的不均衡性也越来越明显[②]。针对数字

[①] 肖昕、景一伶:《中国文化产业数字化政策及其策略研究》,《民族艺术研究》2021年第3期。

[②] 杨宏山:《"互联网+基层治理"效能提升的行动路径》,《人民论坛》2021年第34期。

信息技术治理存在的不均衡问题，如何有效利用社会力量，实现公共数字文化服务的地区、城乡充分发展有待进一步探究。

（二）数字鸿沟有待消弭

科技革命在人类文明的发展中扮演着重要角色。当前，信息技术的迅猛发展促进了公共服务、政府监督和管理的数字化和智能化。城市在城乡二元结构下率先受益于信息技术的溢出效应和赋能效应。例如，数字文化、互联网＋文化服务和智慧图书馆等"互联网＋"模式的兴起不仅推动了公共文化机构职能的转变，也提高了公共文化服务的效率和透明度。因此，城市公共文化服务在技术赋能的推动下取得了显著进展[1]。在最近几年，为了推动乡村治理数字化、支持乡村振兴，党和政府采取了一系列措施。其中包括发布了《中共中央 国务院关于实施乡村振兴战略的意见》《数字乡村发展战略纲要》等重要文件。这些文件从宏观层面提出了数字乡村发展战略，并在中、微观层面提供了阶段性发展目标和指导意见。乡村数字文化治理的环境逐渐完善。然而，需要注意的是，对于那些阅读能力有限的弱势群体以及不熟悉线上服务的老年人来说，新技术应用存在着技术障碍。这些特殊人群在接受公共数字文化服务时可能会遇到困难。

推动公共数字文化服务建设的一个重要目标之一是弥合乡村和不同人群在信息化、数字化方面的差距。然而，目前实际情况显示，乡村现代化发展面临着一条深远而巨大的"数字鸿沟"，其跨越难度较大。所谓"数字鸿沟"通常指不同社会群体在数字或信息技术的获取和应用方面存在的差异，诸如城乡、地区和代际之间在数字技术使用方面的不平衡。互联网普及率通常被视为衡量不同地区和群体之间信息技术拥有与使用差异的主要指标之一。从这一指标的变化来看，中国城镇和乡村互联网普及率的差距虽在逐步缩小，但"数字鸿沟"仍然显著存在，城镇地区的互联网普及率明显高于农村地区[2]。数字乡村建设所需弥合

---

[1] 王冠群、杜永康：《技术赋能下"三治融合"乡村治理体系构建——基于苏北F县的个案研究》，《社会科学研究》2021年第5期。

[2] 陆益龙：《"数字下乡"：数字乡村建设的经验、困境及方向》，《社会科学研究》2022年第3期。

的"数字鸿沟"不仅仅使城乡和地区之间数字化发展差距更大,更为严重的问题是乡村内部的内在性、结构性和变动性问题。一方面,在以信息化和数字化技术为主导的现代化进程中,乡村要想与时俱进,亟须推进数字化建设;另一方面,在国内以老年人为主体的乡村社会中,要弥合"数字鸿沟",就必须关注解决数字化建设对老年人的适应问题和老年群体的数字化滞后问题。相对于基础设施等物质性的"数字鸿沟"来说,受到乡村老年化和教育水平等因素影响的社会性"数字鸿沟"可能更难跨越。与年轻人相比,老年人在信息获取、接收和运用方面明显不足,当前的数字化应用和界面设计也主要以年轻人为主导原则,这样老年人不仅无法享受平等的信息福利,还可能面临出行和消费等方面的困境。国家统计局数据显示,截至2020年底,我国65岁以上人口数量约为1.91亿,占全国人口总数的13.5%[1]。因此,如何让日益增长的农村老年人口共享数字乡村发展成果,进而缩小代际之间的数字信息鸿沟,是建设普惠、和谐、友好型数字乡村的重要任务[2]。

三 技术因素的机遇分析

(一)数字文化技术创新提升

虽然目前政策在对公共数字文化服务的财政投入和信息技术方面的支持力度还存在一定的可提升空间,但随着科技的不断进步和社会各界的积极参与,这两个领域的资源不断增加,有着巨大的发展潜能,还需要进一步发掘[3]。近几年虚拟现实、元宇宙等技术的发展,为公共数字文化的呈现方式、交互传播、质量提升等都带来新的机遇。

虚拟现实(包括增强现实和混合现实)是新兴的信息技术领域,对文化行业有重要影响,将深刻改变文化生产方式,行业发展战略窗口

---

[1] 国家统计局编:《中国统计年鉴2021》,中国统计出版社2021年版,第33页。
[2] 徐琴:《数字乡村建设的分类实践:理由证成、经验探索与可能困境》,《电子政务》2023年第5期。
[3] 朱益平、金悦、樊丽珍:《我国公共数字文化服务政策主题变迁与文本量化研究》,《图书馆建设》2024年第1期。

期已然形成①。近年来,虚拟现实技术在工业、文化旅游、媒体、教育培训等领域取得了重要突破,并且在公共文化领域也颇有成效。一些地方在文化旅游、演艺娱乐等方面已经有了一定的探索。一些地方已经开始在文化旅游和演艺娱乐方面尝试虚拟现实技术应用。例如推广"VR/AR"沉浸式旅游体验工程,支持景区、度假区、街区等开发交互式沉浸式数字化体验产品,并推动沉浸式互动体验、虚拟展示、智慧导览等新型旅游服务。同样地,在演艺娱乐方面,一些地方借助虚拟现实技术建立虚拟线上演播环境,支持舞台艺术、综艺节目和非物质文化遗产等资源的网络展演,并探索观众与表演者之间的新型互动方式,打造虚实融合的沉浸式线上演出体验。推动虚拟现实在公共文化事业中的应用,丰富虚拟娱乐体验内容,提升线下娱乐的数字化水平和体验感。

公共数字文化元宇宙体系建设是完善公共文化服务体系和国家文化数字化的重要目标之一。目前,我国正在积极打造以元宇宙为核心的数字文化产业链,包括元宇宙体验层的应用与内容开发行业、元宇宙平台层的虚拟世界开发工具及平台行业、元宇宙设备层的交互硬件及设备行业,以推动国家文化数字化进程。②

在公共文化服务方面,我国已经开始探索将元宇宙与图书馆、博物馆等结合。例如,在元宇宙环境中,图书馆借助数字孪生技术创造了以虚实共生为特点的智慧图书馆。通过增强读者用户感知体验的智能交互设备,图书馆营造了全息图书馆孪生空间,提供沉浸式的具身阅读体验③。智慧图书馆利用数字孪生技术将实体图书馆转化为虚拟映射,通过多元数据和算法模型实现线上、线下数据流通的智慧孪生图书馆空间,为用户提供全面的虚拟服务,例如虚拟漫游、沉浸阅读和 VR 导航。用户可以以数字人身份在虚拟图书馆空间中进行远程漫游,自由浏

---

① 工业和信息化部、教育部等 5 个部门:《虚拟现实与行业应用融合发展行动计划(2022—2026 年)》,2022 年 10 月 28 日,http://www.gov.cn/zhengce/zhengceku/2022 – 11/01/5723273/files/23f1b69dcf8b4923a20bd6743022a56f.pdf,2023 年 7 月 6 日。

② 臧志彭、解学芳:《中国特色元宇宙体系建设:理论构建与路径选择》,《南京社会科学》2022 年第 10 期。

③ 田丽梅、廖莎:《元宇宙视域下智慧图书馆的创新发展研究》,《图书馆》2022 年第 5 期。

览馆藏资源,并借助虚拟现实装备获得真实体验。此外,数字人之间还可以互动交流,参与线上活动,从而实现社群效应和图书馆服务推广的裂变效应,提升智慧图书馆空间的服务能力。类似地,博物馆也积极顺应元宇宙发展趋势,让自身和藏品在元宇宙中焕发活力。来自全国 50 家博物馆和高校的 60 位馆长、学者联名发布了《关于博物馆积极参与建构元宇宙的倡议》,呼吁博物馆顺应时代发展,积极参与元宇宙建设[①]。该倡议强调数字资源开放共享已成为全球博物馆的共识,作为公共文化服务机构,博物馆应增强藏品资源特别是数字资源开放共享的意识,树立合作共赢的理念,借助元宇宙创造无限可能。倡议还呼吁博物馆根据元宇宙建设的标准规范,积极参与国际对话,为中国在相关主题上发声。该倡议强调融入元宇宙只是博物馆顺应社会发展浪潮的最新一步。博物馆在元宇宙中仍需遵循现实世界博物馆公认的伦理和原则,保持非营利性质和公共属性,在继承中发展,在守正中创新。

元宇宙是对现实世界进行虚拟化和数字化的过程,需要大量来自实体世界的物质标本和精神文化元素,形成与真实社会体系融合的数字生活空间。公共文化机构连接着人类的过去、现在和未来,是同时拥有丰富物质标本和文化元素的最佳场所,这也为社会力量参与公共数字文化服务带来契机。

(二) 数字技术领域凝聚国际共识

国际合作是推动高水平对外开放的关键。2022 年,我国积极参与国际组织和多边机制下数字议题的磋商和研讨,为数字领域的重要议题提供了中国方案,并不断深化数字领域的国际交流与合作。国际共识和技术共识的形成,为我国公共数字文化服务引入社会力量创造了有利的外部条件。为推动公共数字文化服务发展,国际合作发挥了积极的作用。

数字信息技术的发展在持续赋能我国公共文化创新发展的同时,也凝聚了国际数字信息技术共识。2022 年,习近平主席在多个场合详细

---

① 韩丹:《"元宇宙"赋能博物馆转型升级 60 位馆长学者呼吁积极参与建构》,2022 年 4 月 6 日,https://yangbo.cctv.com/2022/04/06/ARTIGExPUjG12HAuZ2EZwj8H220406.shtml,2020 年 7 月 6 日。

阐述了中国在数字领域国际合作方面的主张和方案。在全球发展高层对话会上，他提出我国将与国际合作伙伴特别是发展中国家在包括数字经济在内的 8 个重点领域进行务实合作。此外，《携手构建网络空间命运共同体》白皮书发布，介绍了我国在新时代互联网发展和治理方面的理念与实践，分享了推动构建网络空间命运共同体的积极成果。2022 年世界互联网大会的国际组织正式成立，为全球互联网共商共建共享提供了平台，会员已覆盖 6 大洲 20 余个国家，包括 100 余家机构、组织、企业及个人。世界互联网大会乌镇峰会成功举办，围绕"共建网络世界 共创数字未来——携手构建网络空间命运共同体"的主题展开了对话与交流，引发了全球各方的高度关注。

四 技术因素的风险分析

（一）加剧"信息茧房"现象

近年来，人工智能和其他数字信息技术的迅速发展对人们的生活产生了深远的影响。其中人工智能技术的基本路线是通过大数据和相应的算法来收集人的生物特征、生活习惯和思维特征等数据，并对人的行为进行预测和干预。虽然一些基于人工智能技术的推荐阅读提供者声称，他们的算法只是根据用户的检索经历自动生成和更新的，但他们对每一条碎片化知识做出商业性标记的行为是明显的。经过商业化识别和标记后，碎片化知识形成了许多利益化的信息点，这些信息点基于商业逻辑被重新聚类，脱离了原有的知识体系，纳入了新的构建体系中[1]。

自主学习和获取知识既是人类的天性，也是人类全面发展的重要手段，是拥有自由心灵的重要维度。可以说，读者的自主性是公共文化服务精神的重要组成部分，或者是通过公共文化机构获取知识模式的重要特征。然而，我们注意到，人工智能技术正在对人们的自主获取知识设置障碍，无论在理念上还是技术上，都对自由获取知识构成了严重威胁。人工智能技术对人类获取知识提供的主要模式是通过分析用户的先前行为（检索以及类似检索的输入或点击行为），自动推荐相应的知识（如视频、音频或音视频结合文件）。尽管在最初推荐给读者时，这种

---

[1] 李毅成：《算法对受众信息阅读的影响研究》，《视听》2020 年第 8 期。

典型的辅助模式可能会给人以新鲜感，甚至使人觉得符合自己的意愿，但久而久之，人们发现传统阅读注重信息收集、整理和吸收，而算法推荐直接省略了前两个步骤，将我们所需要的信息精准地推送到面前。这提高了阅读效率，满足了人们多样化的阅读需求，但同时也使我们被动地陷入了阅读的陷阱。

同时，我们也应该思考，社会力量（尤其是一些高科技企业）加入公共数字文化服务是否会通过技术手段破坏知识的系统性，甚至对知识进行商业逻辑的重组。这些形式可能会对用户的知识获取产生重要影响，特别是对知识获取的自主性造成巨大威胁。具体体现在以下方面：人工智能技术与阅读设备的结合对知识获取产生了影响。即使在个人计算机作为主要阅读设备的时代，商业模式的应用也没有破坏人们的阅读习惯和知识获取的基本逻辑。基于 Web 的网页阅读模式仍然尊重人们获取知识的基本规律。然而，遗憾的是，一旦商业利益得到技术支持并有了获取利益的渠道，伦理和道德往往会被抛诸脑后，甚至在追逐利益的道路上越走越远。

人工智能技术可以对人的行为进行辅助，如果运用得当，可以对人的生产和生活产生积极的影响。但任何技术都有其两面性，如果人工智能等数字信息技术被滥用或不能在设定的价值和技术轨道上运行，可能会对人类的生产、生活和学习产生不当甚至严重的负面影响。特别是在公共数字文化服务领域，知识供给作为公共文化机构的重要职能，在社会力量引入人工智能等数字信息技术的支持下，可能会对用户的知识获取产生一定的负面影响，因此应引起高度警惕和关注[1]。

（二）冲击知识产权保护

2015 年 1 月，中共中央办公厅、国务院办公厅发布了《关于加快构建现代公共文化服务体系的意见》。文件明确提出要加快推进公共文化服务的数字化建设和科技融合发展[2]，数字信息技术对公共文化服务

---

[1] 焦艳鹏、刘葳：《知识获取、人工智能与图书馆精神》，《中国图书馆学报》2021 年第 5 期。

[2] 中共中央办公厅、国务院办公厅：《中共中央办公厅、国务院办公厅印发〈关于加快构建现代公共文化服务体系的意见〉（全文）》，2015 年 1 月 14 日，https://www.gov.cn/xinwen/2015-01/14/content_2804250.htm，2023 年 7 月 10 日。

的发展起到了强有力的支撑作用，公共数字文化服务是利用现代数字网络技术提升公共文化服务效能的必然选择。然而，数字资源的知识产权保护也面临着巨大挑战。在进行公共文化数字化和资源整合过程中，涉及的知识产权问题很可能会打破或重组原有的各种著作权主体和客体的利益格局，对社会力量的参与意愿和形式造成一定影响。

2013年1月，文化部发布了《全国文化信息资源共享工程"十二五"规划纲要》。该《纲要》强调保护知识产权，妥善解决资源建设与服务中的版权问题[1]。因此，在建设公共数字文化资源时，必须审慎评估可能存在的知识产权风险，并提出解决这些问题的对策。不同公共文化机构藏品的复杂属性决定了其资源数字化的复杂性，这些机构在对自身拥有所有权的藏品进行数字化时，必须获得版权所有人的授权。虽然图书馆等公共文化机构在资源复制方面拥有一定程度的"豁免权"，但仅限于为陈列或保存版本的需要。公共文化机构藏品和数字化后的资源复杂的著作权归属关系使资源整合涉及复杂的版权问题。未能及时授权、合约协议不明确等问题都会带来新的著作权风险[2]。在数字化过程中，如果没有明确规定数字化后的资源是否可在机构之外使用，公共文化机构在数字资源整合时会涉及侵犯著作权人合法权益的风险。尽管《著作权法》第二十二条和《信息网络传播权保护条例》第七条对合理使用问题做了特别规定，但其中也强调了"向本馆馆舍内服务对象提供"。而数字资源整合后的传播范围远远超出了"本馆馆舍内"的范围。因此，对于数字化资源的整合和利用，需要与相关权利主体进行授权和协商，明确使用范围，并合理规划数字资源的传播方式，以确保各方利益的平衡与合法使用。

而在公共数字文化服务的多媒体数据库的开发中，版权问题同样较为复杂。一个多媒体数据库涉及各种不同类型的作品，例如文学、美术、摄影、音乐、录音录像等，还可能包含没有版权的事实报道和未进

---

[1] 中华人民共和国文化和旅游部：《文化部关于印发〈全国文化信息资源共享工程"十二五"规划纲要〉的通知》，2013年1月30日，https://zwgk.mct.gov.cn/zfxxgkml/ghjh/202012/t20201204_906368.html，2023年7月10日。

[2] 陈一、肖希明：《公共数字文化资源整合中的知识产权风险与管理对策》，《图书与情报》2015年第4期。

入公有领域的作品。这些素材的版权人可能分布在不同国家和地区，有些甚至无法确定权利人。因此，逐一获得著作权人的授权工作量巨大且困难重重。建设少数民族特色文化和非物质文化遗产数据库时也面临着类似问题。由于语言差异，为了使少数民族文化资源符合汉语习惯，在译制过程中可能需要对原作进行多处小范围修改，并取得著作权人的同意。还有部分民族音乐、地方戏曲、民间艺术等难以确定著作权权利主体，数据库制作者可能因无法逐一取得著作权人的许可而面临侵权风险。此外，一些民族音乐、地方戏曲、民间艺术等难以确定著作权权利主体，数据库制作者可能无法逐一取得著作权人的许可，从而面临侵权风险。尽管我国《非物质文化遗产法》规定公共文化机构应根据各自业务范围开展相关工作，但该法并未提供更加灵活的法定许可制度，因此在进行数字资源建设过程中常常陷入两难境地。

如何既通过文化遗产资源数字化惠及更广泛的人群，又做好数字资源知识产权保护，这是整个公共文化服务领域需要共同面对的挑战。文化数字化不仅带来了新的信息组织形式、传播手段和技术手段，在实行过程中也可能会出现许多意想不到的情况。新的权利内容仍在涌现，包括著作者权利中的信息网络传播权、复制权、发行权，以及传播者权利中的出版者权等。这些变化都可能会影响到合理使用和法定许可的范围，不仅给著作权带来新的挑战，也有可能在社会力量的引入过程中产生一定的风险。

第七章 推动社会力量参与公共数字文化服务的机制创新

第四章在问卷调查、深度访谈和案例分析的基础上，阐述了我国社会力量参与公共数字文化服务的状况，提出了需要进一步解决的问题。这一章就是在借鉴国外社会力量参与公共文化服务经验，立足我国国情的基础上，完善社会力量参与公共数字文化服务的参与机制。

第一节 采取多种购买机制，完善市场竞争机制

一 公开招标的项目实行异地评标制度

我国很长一段时间都采取的是最低价中标模式，这种模式虽然在历史上具有一定的适用性，但随着我国经济社会的发展，这种最低价中标的方式越来越多地表现为恶性竞争，负面影响越来越突出，其负面影响主要表现在三个方面：第一，"最低价中标"助长以次充好，导致产品质量或服务质量下降，优汰劣胜；第二，极易引发偷工减料，甚至埋下安全隐患；第三，影响企业创新研发的积极性①。最低价中标还存在的一个很大隐患是有可能浪费国家财政资金，浪费纳税人的钱，因为中标者一旦无法按照合同约定的资金额完成规定的任务，那么就需要国家投入更多的资金（或者成为烂尾项目），最终投入的资金额度很可能会超

---

① 产业投融与战略：《最低价中标将彻底被取消！》，2019年3月2日，https://mp.weixin.qq.com/s/9EGVQMvNA1vdTw_WoldIOw，2021年6月11日。

过之前投标者的最高报价。为了解决低价恶性竞争等问题，进一步完善政府采购制度设计，2018年中国政府采购网就发布了《财政部酝酿遏制低价恶性竞争新举措》一文，提出将调整低价优先的交易规则研究取消最低价中标的规定，取消综合评分法中价格权重规定，按照高质量发展的工作要求，着力推进优质优价采购①。在现行的政府采购制度中，已经取消了最低价中标的规定，取而代之的是根据综合条件评选出中标候选人。根据最新的《中华人民共和国招标投标法实施条例（2019年修订）》第五十五条规定"国有资金占控股或者主导地位的依法必须进行招标的项目，招标人应当确定排名第一的中标候选人为中标人"②。也就是说，采用公开招标方式进行的政府采购的中标者是经过各个因素综合评价而得出的结果，不同的采购领域考评投标人的因素有所区别。

笔者通过访谈得知，现行诸多公共文化服务机构在公开招标活动中评价投标企业的维度主要有三个：商务（如商誉）、价格（有些地方规定了价格分在总分中的比例）、技术（完成合同约定服务的能力）等方面，最后根据这些因素综合考评得分进行排序。相比于之前价低者中标的方式，这种决定中标候选人的方式更有可能导致权力寻租现象出现。因此，需要在我国已有的防止权力寻租的法律法规的基础上，建立一种机制来最大限度地遏止这种现象发生。

笔者认为，建立异地评标制度能更大限度遏止权力寻租、更大限度为公共文化服务机构找到最佳中标者的方式。根据《中华人民共和国招标投标法实施条例（2019年修订）》第四十五条规定："国家实行统一的评标专家专业分类标准和管理办法。具体标准和办法由国务院发展改革部门会同国务院有关部门制定。省级人民政府和国务院有关部门应当组建综合评标专家库。"③ 也就是说，根据国家规定各个省级政府甚

---

① 中华人民共和国财政部：《财政部酝酿遏制低价恶性竞争新举措》，2018年8月29日，http://www.ccgp.gov.cn/zcdt/201808/t20180829_10574691.htm，2021年6月11日。
② 中华人民共和国国务院：《中华人民共和国招标投标法实施条例（2019年修订）》，2012年2月1日，http://zwgk.cangzhou.gov.cn/cangzhou/haixiang/article5_new.jsp?infoId=770156，2021年6月11日。
③ 中华人民共和国国务院：《中华人民共和国招标投标法实施条例（2019年修订）》，2012年2月1日，http://zwgk.cangzhou.gov.cn/cangzhou/haixiang/article5_new.jsp?infoId=770156，2021年6月11日。

至市县级政府都已经建立了本行政区域内的综合评标专家库,那么相关企业就有可能通过各种途径去与专家库里面的专家取得联系,久而久之,企业和专家或许就会建立起一种默契。地域范围越小,企业和专家建立起默契的可能性就越大,因为特定范围内某个行业的专家的数量是一定的,如一个县能够参与博物馆某个数字化项目评标的专家就那么几个或者十几个,一个市会增加到几十个上百个,一个省可能是几百个甚至更多。根据目前普遍实行的招投标规则,企业用较少的成本就可能与本区域内很多甚至全部评标专家建立联系,虽然国家规定"评标委员会的专家成员应当从评标专家库内相关专业的专家名单中以随机抽取方式确定。任何单位和个人不得以明示、暗示等任何方式指定或者变相指定参加评标委员会的专家成员","评标委员会成员不得私下接触投标人,不得收受投标人给予的财物或者其他好处,不得向招标人征询确定中标人的意向,不得接受任何单位或者个人明示或者暗示提出的倾向或者排斥特定投标人的要求,不得有其他不客观、不公正履行职务的行为"[①],但到了真正评标的时候,之前已经建立起来的这种联系很可能就会影响到招投标的公平公正,导致中标企业不是公共文化机构最理想的合作企业,最终导致项目难产或浪费财政资金的情况。但如果是采用异地招投标的方式,这种情况就可能避免,因为一个企业与其他行政区域的专家都取得联系的成本要大很多,甚至是不可能的,企业考虑到经济成本就会放弃这种做法。当所有的评标专家对投标人都不熟悉的情况下就会严格按照相关的评标标准进行评标,最终的中标企业也很可能是投标企业里面综合条件最适合的。

异地评标方式"异地"的程度可以根据本行政区域的情况来定,具体来说有以下几种"程度"由低到高分为三个级别:第一,县级项目在本市范围内的其他县评标;第二,县级项目在本省其他市评标;第三,县级项目在本省之外的其他省评标。市级项目的异地"程度"也分为本省其他市、外省,省级项目要是异地评标的话就只能是外省。异地评标操作起来也不复杂,在开标当天,招投标的主场(招投标项目所在地)在相关主管部门的监督下,抽签随机确定副场(评标所在地),再由副场抽取异地评标专家进行评标,这既优化了专家资源供给,又最大限度地减少了人为因素的干扰,最大限度地确保了评标质量。异地评标需要得到"异地"相关政府部门的配合,异地"程度"越高,评标实施起来就越难,评标的公平公正就越有保证。在全国一盘棋和数字政府建设背景下,异地评标方式越来越具有现实的可能性。

二 要为不适合公开招标的项目切实建立起多样化的购买机制

在现代社会环境下,公开招标固然有其不可比拟的优点,并且已经成为了政府购买服务或者产品的主流方式。但包括公共文化服务领域在内的很多领域都有一些不适合采用公开招标的项目,这种情况就需要建立起其他购买机制。

笔者在访谈中得知,由于专业化的信息技术公司不够多或标的价值不够大,利润空间有限,导致投标人少于3个或者通过资格预审的申请人少于3个,这两种情况按照《中华人民共和国招标投标法实施条例(2019年修订)》的规定,招标人都需要重新招标①。这不仅浪费了一定的人力物力财力,而且还会影响公共数字文化服务项目的实施,最终影响社会公众的文化权益。而且由于之前通过公开招标而参与公共数字文化服务的企业与公共文化机构已经建立起良好的合作机制并且双方都愿意继续合作,很可能因为重新招标而无法中标,这就会导致本书第四章阐述的那些问题。因此,相关部门就应该具体问题具体分析,允许公共文化机构根据实际情况采取不同的购买策略。

国家层面已经出台了相关的政策法规,2013年颁布的《关于做好政府向社会力量购买公共文化服务工作的意见》明确提出了"采用公开招标、邀请招标、竞争性谈判、竞争性磋商、单一来源、询价等方式确定承接主体"购买机制确定承接主体②,这也就是说除了公开招标,购买主体还可以采取邀请招标、竞争性谈判、竞争性磋商、单一来源、询价等方式确定承接主体。2013年底,为了规范政府采购行为,加强

---

① 中华人民共和国国务院:《中华人民共和国招标投标法实施条例(2019年修订)》,2012年2月1日,http://zwgk.cangzhou.gov.cn/cangzhou/haixiang/article5_new.jsp?infoId=770156,2021年6月11日。

② 中华人民共和国国务院:《国务院办公厅转发文化部等部门关于做好政府向社会力量购买公共文化服务工作意见的通知》,2015年5月11日,http://www.gov.cn/zhengce/content/2015-05/11/content_9723.htm,2021年6月11日。

对采用非招标采购方式采购活动的监督管理，维护国家利益、社会公共利益和政府采购当事人的合法权益，依据《中华人民共和国政府采购法》和其他法律、行政法规的有关规定，财政部制定了《政府采购非招标采购方式管理办法》（2014年2月1日开始实施）①，该管理办法明确规定了竞争性谈判、单一来源采购和询价采购方式等非招标采购方式的管理办法，从制度上保证了非招标采购方式合理合法性。

既然国家层面有了相关的政策法规，并且国家财政部明确表示各省、自治区、直辖市人民政府财政部门可以根据《政府采购非招标采购方式管理办法》制定具体实施办法①，那么各个层级的政府就可以本级政府的实际情况制定具体的实施办法。具体到公共文化服务领域来说，应该制定政策允许公共文化机构根据实际情况采取最合适的非招标购买机制，并建立相应的评估机制和监督机制，确保在这个过程中不会出现权力寻租现象。公共文化机构自身要建立起完善的考核机制对企业的服务进行考核，严格按照合同约定的内容履行义务和行使权利，并建立相应的惩罚机制和退出机制。

第二节　多措并举，健全激励机制

一　出台更加明确的税收优惠政策，简化税收减免办理流程

不论是个人还是组织，给公共文化机构捐赠部分动机固然是出自内心的奉献精神，但也有可能还夹杂着其他的动机，比如获得税收优惠。不少国家通过税收优惠政策获得了来自社会的大量资金。美国、澳大利亚、英国、法国等西方国家通过税收优惠政策支持公共文化发展。通过税收减免的激励政策，激发企业、社会组织和个人参与捐赠和艺术创新与发展的热情②。以美国为例，在美国的文化发展预算中，各文化机构

---

① 中华人民共和国财政部：《中华人民共和国财政部令第74号〈政府采购非招标采购方式管理办法〉》，2014年1月3日，http://www.ccgp.gov.cn/zcfg/mofgz/201401/t20140103_4650784.htm，2021年6月11日。

② 陈庚、崔宛：《社会力量参与公共文化服务的实践、困境及因应策略》，《学习与实践》2017年第11期。

自有收入占据50%，7%来自政府补贴，其余43%则全部来自社会。美国政府除了对非营利文化艺术团体进行直接财政拨款外，并不对其他公共文化服务所要投入的领域直接拨款，而是通过免税政策等方式吸引社会力量对公共文化事业进行资助，即使是政府直接拨款的艺术团体，政府资助的总额也不会超过艺术团体所需经费的50%，美国的博物馆、图书馆等机构的经费绝大部分来自社会力量的捐赠，政府为其营造了较为宽松的市场条件、规范的市场竞争秩序以及完善的法律体系。美国不但联邦政府制定了相关的税收优惠政策，各个州政府也制定了相关政策。比如厄巴纳公共图书馆所在的伊利诺伊州为了鼓励企业和个人积极参与公益事业，设置了大量的税收优惠。根据《伊利诺伊州税法》规定，企业在参与慈善活动时，可享受到免税、所得税豁免、税收抵扣、税额延递等税收优惠[1]。美国施行的是高额遗产税，因此美国富豪在面临高额的遗产税时，往往选择将自己的财富投入到公益文化事业中。当然，美国有一整套复杂详尽的税收法律体系，配备了严格的监管机制确保税收优惠政策确实导致了公益性行为的发生。如果将美国政府每年为鼓励民间资金捐助文化而减少的财政收入也列入对其文化领域的投入，有200亿—280亿美元[2]。

我国文化单位、企业与非政府组织受到与美国截然不同的制度影响。政府的意愿和能力在很大程度上决定了公共文化机构基金会等非政府组织发展潜力的上限。因此，要推动社会力量广泛参与公共文化服务建设，政府的参与不可或缺。这需要政府进一步完善税收优惠制度，从而达到鼓励企业、基金会、个人等社会力量加大对公共文化事业发展投入的效果。我国已经制定了相关的法律法规来推动社会力量的捐赠。《中华人民共和国公益事业捐赠法》（1999年颁布）第二十六条规定境外向公益性社会团体和公益性非营利的事业单位捐赠的用于公益事业的物资，依照法律、行政法规的规定减征或者免征进口关税和进口环节的增值税。财政部、中宣部制定的《关于进一步支持文化事业发展的若

---

[1] 陈映璟、吴卓熙、李敏仪：《美国企业慈善捐赠税收优惠制度》，《中国市场》2015年第46期。

[2] 赵苑苑：《引导和鼓励社会力量参与公共文化服务的对策研究》，硕士学位论文，宁波大学，2015年，第25页。

干经济政策》（2006 年颁布）中提出对公益性图书馆的捐赠，经税务机关审核后，纳税人缴纳企业所得税时，在年度应纳税所得额 10% 以内的部分，可在计算应纳税所得额时予以扣除；纳税人缴纳个人所得税时，捐赠额未超过纳税人申报的应纳税所得额 30% 的部分，可从其应纳税所得额中扣除。《公共图书馆法》（2017 年颁布）第六条规定："国家鼓励公民、法人和其他组织依法向公共图书馆捐赠，并依法给予税收优惠；境外自然人、法人和其他组织可以依照有关法律、行政法规的规定，通过捐赠方式参与境内公共图书馆建设。"这些政策法规的颁布有利于从经济层面对支持公共文化服务的个人、企业和社会组织给予鼓励，有利于撬动社会资本推动公共文化事业全面发展[1]。

从 1999 年颁布《中华人民共和国公益事业捐赠法》算起，到 2006 年颁布的《关于进一步支持文化事业发展的若干经济政策》，再到 2017 年颁布、2018 年开始实施的《公共图书馆法》，我国着力推动社会力量捐赠公共文化事业的政策法规已经颁发了二十多年，但从现实情况来看，社会力量捐赠公共文化事业的力度还不够理想，这其中的部分原因在于我国经济发展水平还没有达到西方发达国家那个程度，但也有一部分原因是我国相关税收优惠政策还不够明确，存在着办理手续程序繁杂的问题，这给社会力量参与公共文化服务造成了阻碍。所以我国政府应进一步加强慈善相关法律体系建设，应在增加税收优惠力度的基础上，研究制定科学合理的税收优惠比例，结合税前抵扣、减税、免税等多种优惠形式，出台具体领域的税收优惠政策规定[2]，以直接激励的形式鼓励社会力量捐赠公共文化事业，并进一步简化税收减免办理流程。

在数字中国和数字政府建设背景下，通过网络可以直接获取很多数据，举证和核实捐赠行为就很容易了。比如，为了推动个人捐助公共文化服务事业，就可以进一步完善个人所得税税前扣除相关细则。目前我国个人所得税有 6 项开支是可以税前扣除的：子女教育、继续教育、大病医疗、住房贷款利息、住房租金、赡养老人，这确实减轻了个人的纳

---

[1] 刘晓东：《社会力量参与公共图书馆建设的法律依据》，《图书馆》2018 年第 2 期。
[2] 陈庚、崔宛：《社会力量参与公共文化服务的实践、困境及因应策略》，《学习与实践》2017 年第 11 期。

税负担。为了推动个人捐赠公共文化事业,就可以在里面加一个项目:公益捐赠。这操作起来也比较简单,要求个人将银行卡的支付记录、捐赠证书和事业单位开具的发票提交到"个人所得税"APP 即可,至于减免的额度则在相关细则进行明确说明。

二 完善冠名制度,冠名设施多样化

冠名是指一方当事人以自己的姓名、名称或商标、产品名称等对于另一方当事人所有或管理的对象化事物进行的命名,冠名者可以是自然人,也可以是法人或其他组织①。冠名常见于商业领域,为了加强企业和品牌的宣传,企业会赞助一些商业活动,活动的组织方会将某种实物或活动冠以该单位的名称以回报该单位的赞助,从而达到一个双赢的结果。公共文化服务领域也有冠名现象,由于公共文化机构的活动影响力相对来说比较小,所以冠名活动的现象比较少,比较常见的是在公共文化机构的实体空间进行冠名,冠名的地方会根据捐赠资金的多少而有所不同。比如某个企业家在某个图书馆的修建过程中,捐赠了几乎所需要的全部资金,所以就冠名为该企业家的名字+图书馆,例如 2017 年著名慈善家、福耀玻璃集团创始人、董事长曹德旺捐赠 4 亿元兴建了福州市图书馆新馆,所以就在该建筑物外墙上冠名"德旺图书馆"②。也有的人给图书馆捐赠了很多的书,就把某个阅览室命名为这个人的姓名+阅览室类似的名称,比如湖南图书馆的"张舜徽先生专室"、无锡市图书馆的"荣氏文库"等。更多的图书馆是建立了一个名人赠书馆,书架上放了谁的书就在书架标记谁的名字,比如厦门市图书馆就在该馆的 5 楼建立了一个名人赠书馆,里面收藏了很多名人捐赠的图书,这些人包括海外华文文学研究专家刘登翰(1937—),担任过中华人民共和国国务院副总理、国务委员的方毅(1916—1997),担任过厦门市委书记、市长的洪永世(1942—),担任过厦门大学人类学与民族学系教授、博士生导师的郭志超(1949—2019),等等。从目前来看,公共文

---

① 朱体正:《冠名权的法理界定》,《社会科学家》2006 年第 4 期。
② 东南网:《福州市图书馆新馆今天开馆了!3000 个座位等你来!》,2017 年 12 月 5 日,http://fjnews.fjsen.com/2017-12/05/content_20462495.htm,2021 年 6 月 11 日。

化机构的冠名主要在这两个地方。但有些捐赠达不到目前的这种冠名条件，不能激励更多的捐赠，所以公共文化机构就需要制定相关的冠名制度，在更多的设施上面冠名，以激励更多的捐赠。

捐赠者在公共文化服务领域的冠名制度已经上升到了国家法律层面。《公共图书馆法》第二十条规定："公共图书馆可以以捐赠者姓名、名称命名文献信息专藏或者专题活动。公民、法人和其他组织设立的公共图书馆可以以捐赠者的姓名、名称命名公共图书馆、公共图书馆馆舍或者其他设施。以捐赠者姓名、名称命名应当遵守有关法律、行政法规的规定，符合国家利益和社会公共利益，遵循公序良俗。"将捐赠者冠名制度上升到法律层面，充分肯定了个人和企业参与公共文化服务中的贡献，通过给予法律认可的社会荣誉充分调动了个人或组织捐款捐物参与公共文化服务的积极性。

笔者在美国访学期间了解到，美国诸多的公共图书馆都充分利用馆舍空间给捐赠者冠名，根据捐赠资金额度和捐赠资源的数量，冠名的场所有所不同，比如，一个基金会捐赠了很多资金，那么就可以把这个基金会的名字刻在墙壁上，并且字体很大，如个人捐款，就会根据捐款额度把这些人的名字刻在墙壁上或刻在书架上。比如美国厄巴纳公共图书馆（Urbana Free Library）和香槟公共图书馆（Champaign Public Library）会根据捐赠者的捐赠额度在馆舍墙壁上或者书架上刻上捐赠者的名字，门槛很低，只要捐赠超过100美元（额度可能会变动）就可以把捐赠者的名字刻在书架上，每一个捐赠者的姓名占据书架的一格，以"The shift is dedicated to（in honor of）+ 姓名"。此外，厄巴纳公共图书馆还推出了樱桃巷摊铺机服务（Cherry Alley Paver），只需向图书馆捐赠150美元（额度可能会变动），便可以在图书馆南边的樱桃巷铭刻上自己要求的信息（最多不超过3行，每行不超过13个字符），比如节日祝福、庆祝婚礼、毕业典礼或婴儿的出生，纪念逝去的亲人，感谢邻居、雇员或军人，宣告你的爱，或者纪念一只宠物，等等①。这是为家人、朋友和亲人打造持久礼物的完美方式。厄巴纳公共图书馆还以甘

---

① Ebana Public Library, "Cherry Alley Paver", https://app.etapestry.com/onlineforms/UrbanaFreeLibraryFoundation/donation-1.html, 2021年5月13日。

做铺路石子为寓意,将捐赠者的名字雕刻在通向图书馆的通道红砖上,以此纪念为建设该图书馆做出贡献的捐赠者。美国有许多以卡内基命名的图书馆,以表彰卡内基基金会对图书馆事业做出的贡献①。

我国公共文化机构可以借鉴美国公共图书馆的做法,根据《公共图书馆法》制定本馆的冠名实施细则,细则里面明确捐赠额度达到多少就可以在什么样的设施上冠名。公共文化机构可以考虑的冠名地方包括但不限于外墙、内墙、(电子)阅览室、书架、桌子、凳子、电脑等。比如公共图书馆可以规定捐赠1000元人民币就可以把捐赠者的名字刻在书架上(一格),博物馆规定捐赠1000元就可以把捐赠者的名字刻在荣誉墙上。公共图书馆、博物馆等公共文化机构通过这样的冠名制度极大地满足了社会力量捐赠公共文化服务的动机,会最大限度地激起社会力量的捐赠热情。

三 线上线下表彰捐赠或志愿服务行为,提升精神收益

从第三章社会力量参与公共文化服务的动机分析得知,不论是个体还是组织,捐赠财物或志愿服务都基于一种内心的奉献精神,也希望得到社会的精神激励。所以在政府提供税收优惠等物质激励政策的同时,公共文化机构也需要提供足够多的精神鼓励,强化社会公众参与公共文化服务的愉悦感、满足感和成就感。从现实情况来看,公共文化机构可以通过线上线下两个途径对社会力量的捐赠和志愿服务行为进行精神表彰和激励。

在线下激励方面,公共文化机构可以对进行捐赠或者提供志愿服务的社会力量颁发相关证书(这也是目前几乎所有的公共文化机构都采取的激励措施)、在一楼大厅的大屏上面轮流播放一段时间捐赠者的姓名。对于一些重要的捐赠者要举办捐赠仪式,扩大影响。当然,上文提到的捐赠者冠名制度也是线下激励的重要方式。在对志愿服务的激励方面,公共文化机构可以在志愿服务台后面的墙上刻上他们的姓名,当然这不是说每一个志愿者的姓名都要刻上去,而是刻上那些对公共文化机

---

① 姬秀丽:《安德鲁·卡内基及其图书馆捐助活动对中国近代图书馆事业的影响》,《山东图书馆学刊》2014年第4期。

构做出了重要贡献的志愿者。对志愿者也要给予适当的劳务补贴，并提供机会让他们学习锻炼、社会交往和业务培训，让他们在志愿服务中得到成长，对于表现特别突出的志愿者给予特别的表彰，助其成为升学、就业的加分项。对于做出突出贡献的社会力量，可以邀请其担任理事会理事，参与本机构重大事务的决策，从而提高社会力量参与的积极性。此外，还可以举办行业内的表彰大会，比如中国图书馆学会举办"感动中国的十大图书馆年度捐赠人物""感动中国的十大图书馆年度志愿服务者"，中国博物馆协会举办"感动中国的十大博物馆年度捐赠人物""感动中国的十大博物馆年度志愿服务者"，等等。

在线上激励方面，公共文化机构可以将捐赠者的姓名和捐赠行为呈现在官方网站上面。美国国家二战博物馆认为志愿服务是其核心价值，自2000年开放以来，志愿者队伍已经为博物馆贡献了超过80万小时的服务时间，其官方网站专门列出一个"志愿者名人堂"模块表彰志愿服务时间达到或超过5000小时的志愿者[1]。我国也已经有少部分公共文化机构采取了这样的措施，比如故宫博物馆在官网通过"景仁榜"缅怀那些故宫先贤（23位），也铭记各位捐赠贵宾（既有个人也有单位，共313个个人或组织）[2]，并且该官网还记录了志愿服务的人数和时间，也有一些目前重要志愿者的个人信息[3]。此外，公共文化机构可以通过微博、微信公众号、头条号、强国号等媒体平台对为本机构做出贡献的社会力量进行宣传报道。

线上和线下这两种途径的激励，是公共文化机构对参与公共文化服务的公众、企业、社会组织给予的积极反馈，使其产生"被人需要""受人尊重""我很重要""我很有价值"的成就感。这也是公共文化机构与社会保持友好良性互动的举措，这不但可以树立公共文化机构的良好形象，提升公众对公共文化机构的好感，而且可以争取更多的社会

---

[1] The National WWII Museum, "Volunteer Hall of Fame", https://www.nationalww2museum.org/about-us/our-team/volunteer/volunteer-hall-fame，2021年5月14日。

[2] 故宫博物院：《景仁榜》，https://www.dpm.org.cn/about/patrons+benefactors.html，2021年6月13日。

[3] 故宫博物院：《故宫志愿者》，https://www.dpm.org.cn/Events.html#hd1-7，2021年6月13日。

力量参与到公共文化机构的建设中来，从而推动公共文化机构更好地发展。

第三节 多管齐下，建立健全资金多元投入机制

在我国传统的文化管理体制下，文化领域的资金投入几乎全部来自政府的财政投入。近年来，随着《关于做好政府向社会力量购买公共文化服务工作的意见》等推动社会力量参与公共文化服务政策法规的实施，企业作为重要的社会力量参与到了公共文化服务领域。但从本质上说，政府购买服务的资金还是来源于国家财政，只是把之前直接投入到公共文化机构的资金间接投入到了公共文化机构。为了改变政府财政单一来源资金投入模式，扩展公共文化服务资金来源，可以采取发行文化彩票、成立中国公共文化服务基金会以及公共文化服务机构自身成立基金会等措施。

一 发行中国文化彩票

为了推动我国福利事业和体育事业的发展，我国公开发行了福利彩票和体育彩票。这些彩票为我国相关事业的发展募集了大量资金，财政部官网显示，2020 年 1—12 月，全国累计销售彩票 3339.51 亿元，同比减少 881.03 亿元，下降 20.9%。其中，福利彩票机构销售 1444.88 亿元，同比减少 467.50 亿元，下降 24.4%；体育彩票机构销售 1894.63 亿元，同比减少 413.52 亿元，下降 17.9%[1]。2021 年 1—4 月，全国共销售彩票 1136.25 亿元。其中，福利彩票机构销售 451.60 亿元，体育彩票机构销售 684.65 亿元[2]。通过发行福利彩票和体育彩票募集到的大量资金可以缓解中央财政的负担。

---

[1] 中华人民共和国财政部：《2020 年 12 月份全国彩票销售情况》，2021 年 1 月 25 日，http://zhs.mof.gov.cn/zonghexinxi/202101/t20210122_ 3647877.htm，2021 年 6 月 16 日。

[2] 中华人民共和国财政部：《2021 年 4 月份全国彩票销售情况》，2021 年 6 月 1 日，http://zhs.mof.gov.cn/zonghexinxi/202105/t20210531_ 3711721.htm，2021 年 6 月 16 日。

由于受到各个因素的影响，我国对文化事业的投入是比较少的。财政部官网显示，2020 年文化旅游体育与传媒支出 4233 亿元，占全国一般公共预算支出 245588 亿元的 1.72%，增长比率在主要支出科目排名倒数第二（排名倒数第一的是交通运输支出 12195 亿元）①。并且这些投入里面还有很大一部分是属于旅游、体育和传媒领域的，真正投入到文化领域的资金更少。根据文旅部官网，2016—2018 年文化事业投入经费分别为 770.69（亿元）、855.80（亿元）、928.33（亿元），占据财政总支出的比重分别为 0.41%、0.42%、0.42%②③④，这个数据还低于 20 世纪 80 年代和 90 年代的数据。我国文化事业费占财政总支出的比重在 20 世纪 80 年代中期到 90 年代中期在 0.5% 左右，进入新千年之后在 0.4% 左右波动⑤。国家要花钱的地方很多，短时期要增加较大比重的财政资金投入文化领域也不太现实，所以就可以借鉴国内发行福利彩票和体育彩票、国外发行文化彩票的经验，发行中国文化彩票，从而募集资金，缓解公共文化机构面临的压力，推动文化事业发展。从英国等国家的经验来看，设立文化彩票可以募集大量的资金，有利于推动公共文化事业的发展。在 1994—1999 年五年间，英国通过发行国家彩票，为公益文化事业筹资 63.8 亿英镑，共资助了新千年大厦、泰特现代艺术博物馆等三万多个公益文化项目⑥。

---

① 中华人民共和国财政部：《2020 年财政收支情况》，2021 年 1 月 28 日，http://gks.mof.gov.cn/tongjishuju/202101/t20210128_3650522.htm，2021 年 6 月 16 日。

② 中华人民共和国文化和旅游部：《中华人民共和国文化和旅游部 2018 年文化和旅游发展统计公报》，2019 年 5 月 30 日，http://zwgk.mct.gov.cn/zfxxgkml/tjxx/202012/t20201204_906482.html，2021 年 6 月 16 日。

③ 中华人民共和国文化和旅游部：《中华人民共和国文化和旅游部 2017 年文化和旅游发展统计公报》，2018 年 5 月 31 日，http://zwgk.mct.gov.cn/zfxxgkml/tjxx/202012/W020180531619385990505.pdf，2021 年 6 月 16 日。

④ 中华人民共和国文化和旅游部：《中华人民共和国文化和旅游部 2016 年文化和旅游发展统计公报》，2018 年 2 月 9 日，http://zwgk.mct.gov.cn/zfxxgkml/tjxx/202012/W020180209449903490942.pdf，2021 年 6 月 16 日。

⑤ 中华人民共和国文化和旅游部：《中华人民共和国文化和旅游部 2018 年文化和旅游发展统计公报》，2019 年 5 月 30 日，http://zwgk.mct.gov.cn/zfxxgkml/tjxx/202012/t20201204_906482.html，2021 年 6 月 16 日。

⑥ 李景源、陈威主编：《中国公共文化服务发展报告（2009）》，社会科学文献出版社 2009 年版。

我国的福利彩票和体育彩票的主管部门分别属于民政部和国家体育总局，它们分别设置了福利彩票发行管理中心和体育彩票管理中心管理彩票的发行事宜。发行中国文化彩票则可以由文旅部复制，设置国家文化彩票发行管理中心负责彩票的发行事宜。通过文化彩票筹措民间资本，并用于公共文化设施建设、公共数字文化服务、文化活动组织和文化遗产保护等方面，不但可以推动我国文化事业发展，也可以让社会公众共享文化发展成果，这可谓是取之于民用之于民，利国利民，实现政府和社会双赢的良好举措。

二 设立中国公共文化服务基金会

我国十大慈善机构是中华慈善总会（1994 年 4 月在民政部的倡导下成立）、中国青少年基金会（1989 年在北京成立）、中国扶贫基金会、中国妇女发展基金会、中国残疾人联合会（1988 年成立）、中国红十字会（1904 年成立）、中华环保基金会（1993 年成立）、宋庆龄基金会（1982 年成立，宗旨集中体现为"和平、统一、未来"六个字）、见义勇为基金会（1993 年 6 月由公安部、中宣部、中央综治委、民政部、团中央等部委联合发起成立）、中国光彩事业促进会（1994 年在中共中央统战部、中华全国工商业联合会（中国民间商会）发起下成立），这些慈善组织既有由政府组织发起，也有由民间发起，其经费的来源包括会费、社会捐赠、政府资助、利息、核准业务范围内开展活动或服务的收入及其他合法收入等①。在相关经费的支持下，给中国弱势群体、残疾人群体、青少年、妇女群体、贫困人群、见义勇为群体、环保事业等的生存与发展做出了很多的贡献。但这些慈善机构都没有专门资助公共文化服务的项目，我国目前也还没有专门的公共文化服务基金会。为了推动我国公共文化服务发展，扩展公共文化服务的资源来源，除了发行文化彩票之外，还可以设立公共文化服务基金会。

根据《基金会管理条例》（2004 年实施），基金会是指利用自然人、法人或者其他组织捐赠的财产，以从事公益事业为目的，按照

---

① 人民网：《盘点中国十大慈善机构（图）》，2014 年 7 月 23 日，http://gongyi.people.com.cn/n/2014/0723/c152509-25328868.html，2021 年 6 月 16 日。

《基金会管理条例》的规定成立的非营利性法人；基金会分为面向公众募捐的基金会（以下简称"公募基金会"）和不得面向公众募捐的基金会（以下简称"非公募基金会"）；公募基金会按照募捐的地域范围，分为全国性公募基金会和地方性公募基金会；国务院民政部门和省、自治区、直辖市人民政府民政部门是基金会的登记管理机关；全国性公募基金会的原始基金不低于 800 万元人民币，地方性公募基金会的原始基金不低于 400 万元人民币，非公募基金会的原始基金不低于 200 万元人民币，原始基金必须为到账货币资金①。要设立中国公共文化服务基金会需要达到如下一些基本条件：第一，基金会的原始基金不低于 800 万元人民币，因为该基金会必须是全国性的公募基金会；第二，需要国务院民政部门登记，否则就是非法的社会组织；第三，有固定的办公场所及专职工作人员；等等。

基于我国的实际情况，中国公共文化服务基金会可以由文化和旅游部发起，并设立中心管理该基金会，各省文旅厅设立该基金会的分支机构，其管理方法可以借鉴 2013 年 8 月设立的国家艺术基金管理中心，该中心为文化和旅游部直属公益事业单位，主要承担国家艺术基金的管理和组织实施职责②。为了管理好中国公共文化基金会，文化和旅游部可以成立中国公共文化基金会管理中心，在该中心的组织下，设立基金会的理事会和专家委员会。募集到的资金主要用于推动公共文化服务发展。

当然，除了成立全国性的公共文化服务基金会之外，各个地方政府也可以根据实际情况设立本地区的公共文化服务基金会，我国已经有部分地区设置了这样的基金会，广泛吸纳来自公共财政、文化产业经营收益和各种社会力量捐赠的资金。比如，北京和上海等地就成立了半官方的文化发展基金会来吸引和统筹安排使用社会资金。上海文化发展基金会于 1986 年 11 月成立，它主要是为文化发展筹集经费，立足于兴盛上

---

① 中华人民共和国中央人民政府：《基金会管理条例》，2005 年 5 月 23 日，http://www.gov.cn/zwgk/2005－05/23/content_201.htm，2021 年 6 月 16 日。
② 中华人民共和国文化和旅游部：《国家艺术基金管理中心》，2022 年 11 月 3 日，https://www.mct.gov.cn/gywhb/jgsz/zsdw_jgsz/201903/t20190315_837772.htm，2023 年 6 月 16 日。

海的文化事业，培植人才、鞭策文化创新，为文化交流提供更宽广平台。该基金会通过各种开创性的工作，多渠道募集社会资金，为促进和繁荣上海地区的文化建设事业做出了积极的贡献。该基金会树立了公平、公开、公正、规范的帮助准则，采取直接资助、推广资助、配套资助、延伸资助等多种资助服务形式。北京文化发展基金会于1996年12月成立，该基金会是在市民政局登记注册，具有公开募捐资格的慈善组织，业务主管单位是中共北京市委宣传部，在20余年的发展历程中，该基金会作为首都宣传思想文化战线的公益力量，秉持多方募集资金，资助、扶持、推动文化事业、文化产业发展的宗旨，恪守文化为社会服务，大业赖各界共兴的理念，调动社会资源，汇聚公益力量，通过良好的内部治理、项目运作与管理得到了公众的广泛认同，社会影响力不断提高[1]。此外，广东省江门五邑侨乡文化基金会、促进文化艺术发展繁荣基金会（广州）等也极大地推动了当地文化事业的发展。

三 公共文化服务机构自身成立基金会

除了设置全国性的公共文化服务基金会之外，公共图书馆、博物馆、档案馆、美术馆等公共文化机构自身也需要成立基金会，广泛吸收来自企业、社会组织和个人的捐赠。西方国家的图书馆、博物馆等机构普遍设有基金会，而且运营得非常成熟，其主要目的是通过各种途径募集资金，缓解资金压力，为提供资金保障，使本机构与社会形成良好的互动关系。美国有9万家以上的基金会组织，在公共文化服务方面，美国早在1911年就成立了卡耐基基金会，并资助了2000余家公共图书馆[2]。美国很小的一个公共图书馆都有自己的基金会，比如厄巴纳公共图书馆就设置了厄巴纳公共图书馆基金会。厄巴纳公共图书馆基金会成立于1997年，致力于为厄巴纳公共图书馆基础设施建设筹措资金，从而推动厄巴纳公共图书馆为社区提供更好的文化服务。基金会拥有成熟的法人治理结构，其理事会采取自愿参与原则，成员由社区民众、图书

---

[1] 北京文化发展基金会：《基金会简介》，http://www.bcdf.org.cn/index.php?s=/t/jianjie.html，2021年6月16日。

[2] 刘兹恒、朱荀：《美国图书馆基金会资助图书馆发展的经验及对我国的借鉴》，《中国图书馆学报》2010年第5期。

馆之友代表、厄巴纳市政代表、图书馆管理委员会代表构成，设置有理事会主席、副主席、秘书长、财务主任、理事代表等职位。厄巴纳公共图书馆基金会理事会规定每月举行会议，每年举行次数不少于六次，人数至少有 10 名成员，但不得超过 15 名成员，任期三年，最多可连任两届。1997 年也就是厄巴纳公共图书馆基金会成立的这一年，厄巴纳公共图书馆决定在 2005 年对该图书馆进行扩建，但这需要一大笔资金，为了推动该项目的实现，该基金理事会就决定发起（capital campaign）活动，试图募集 200 万美元的私人捐款，在 100 多个社区志愿者成员的协助下，2001 年 4 月该基金会募集的私人捐款超过了 100 万美元，2002 年 10 月，筹集了超过 250 万美元的私人捐款，完成了之前设定的目标，厄巴纳公共图书馆扩建计划在没有增加税收和负债的情况下顺利完成，有超过 1200 名社区成员、企业和组织支持该图书馆的扩建计划[①]。2020 年，厄巴纳公共图书馆基金会收到了 312 位捐赠者捐赠的 74861 美元[②]。

　　虽然我国设置的基金会的公共文化机构很少，但也有部分公共文化机构设置了基金会，比如 2003 年，杭州市图书馆事业基金会成立，这是中国第一家专门服务于图书馆发展的公募基金会。该基金会属于地区性公募基金会，由浙江西子奥的斯集团和杭州一市六县（市）九家公共图书馆共同发起成立，基金会接受的捐赠几乎都来源于省内企业和个人，受助对象当前主要包括当地财政无法到达的公共图书馆、基层工作人员及弱势群体。基金会争取到了市财政局的支持，将基金会的本金存入了杭州市财税局的国库专门账户，参与国库资金的安全性理财，每年会获得基金会本金总额的 8% 款项作为活动费用，且可跨年使用。这就在确保本金安全稳健的前提下达到了效益的最大化，从根本上解决了基金会资金管理的难题。该基金会支持了 "改革开放 40 周年阅读领航者" 拍摄项目（2018 年，资助额度 57000 元）、公共图书馆优秀工作者

---

① The Urbana Free Library Foundation, "Thank You to Our FY2020 Donors!", https://urbanafreelibrary.org/support-us/community-support, 2021 年 6 月 16 日。
② The Urbana Free Library, "The Urbana Free Library Foundation. Thank You to Our FY2020 Donors!", https://urbanafreelibrary.org/sites/default/files/page/attachments/2020/12/Donors%20list19_20sm_F.pdf, 2021 年 6 月 16 日。

表彰 2018（2018 年，资助额度 76000 元）等项目①。

杭州市图书馆事业基金会具有资金来源的广泛性、资金的安全保值性、资金分配使用的灵活性与跨地域性、日常运作的低成本性等特点，为全国公共文化领域的图书馆、博物馆、档案馆、美术馆等公共文化机构建立自己的基金会提供了很好的借鉴。各类型的公共文化机构根据自身的特点，积极争取各级各类型主管部门的支持，设立本机构的基金会。基金募集、管理、使用是非常专业的活动，所以这需要各个公共文化机构招聘专门的人才负责基金会的运行，并设立理事会进行决策，也可以向理事会成员募捐。主动与国内外同类型基金会进行合作和交流，借鉴其成功经验，吸取其失败的教训，促进基金会可持续健康发展。

第四节　更加重视社会力量的培育，完善社会力量培育机制

推动社会力量参与公共数字文化服务的前提条件之一是社会力量足够强大，能够保质保量地完成甚至超额完成约定的工作任务，否则不但无法达到提升公共文化服务效率与效益的目的，还很可能浪费财政资金，影响政府和公共文化机构在社会公众中的形象。因此，采取各种措施培育社会力量极其重要。

一　扶持文化类信息技术企业的创办与发展

第四章已经指出，虽然我国信息技术类企业比较多，但专门开展文化类活动的信息技术比较少，导致市面上能够选择的合作企业有限，影响政府采购的效率和效益。因此，需要采取措施扶持文化类信息技术企业的创建与发展。

为了推动文化类信息技术企业创建与发展，可以从以下几个方面采

---

① 杭州市图书馆事业基金会：《资助项目》，杭州市图书馆事业基金会官方网站，https://www.tsgjjh.org.cn/project/projectList，2021 年 6 月 16 日。

取措施：一是完善税收优惠政策，比如对于新注册的文化类信息技术企业给予前 5 年不缴纳企业所得税的优惠政策，对于之前注册的文化类信息技术企业给予企业所得税优惠政策；二是实施优惠的办公场所政策，根据实际情况给企业减免一定的办公场所租金或以优惠的价格卖给企业，在水电费上面也可以给予一定的优惠；三是解决民营企业融资难问题，提供信贷政策的优惠措施，这一点尤其重要，因为不论是新成立还是发展了一段时间的文化类信息技术公司，大多都是规模比较小的民营企业，这种企业融资比较困难，实行优惠的信贷利率可以解决它们的资金问题，减轻它们的负担。对于民营企业面临的融资困境，金融机构可以不断地探索担保创新类贷款业务，除了资金贷款之外，发展项目收益或资产抵押方式获取融资①。

二 扶持文化类社会组织的创办与发展

文化类社会组织是政府购买公共文化服务的主要力量②，在公共数字文化服务发展过程中将会扮演越来越重要的作用，文化类社会组织健康有序发展是推广政府购买服务的重要条件。所以要采取措施培育文化类社会组织的创办和发展。

为了推动社会组织发展，国家财政部和民政部于 2016 年联合出台了《关于通过政府购买服务支持社会组织培育发展的指导意见》，提出了支持社会组织承接政府购买服务的具体措施，并对有关条件、程序等做出规范要求，这必将有利于促进社会组织健康有序发展，提升社会组织能力和专业化水平③。但仅仅这一项措施是不够的，为了推动文化类社会组织发展，还可以实行以下几项措施：

第一，探索改革文化类社会组织管理体制，降低准入门槛。党的十

---

① 陈华、王晓：《中国 PPP 融资模式存在问题及路径优化研究》，《宏观经济研究》2018 年第 3 期。
② 李国新：《文化类社会组织是政府购买公共文化服务的主要力量》，《中国社会组织》2015 年第 11 期。
③ 中华人民共和国财政部：《关于通过政府购买服务支持社会组织培育发展的指导意见》，2017 年 10 月 9 日，http://www.ccgp.gov.cn/gpsr/zcfg/201710/t20171009_8948710.htm，2021 年 6 月 11 日。

八届三中全会通过的《中共中央关于全面深化改革若干重大问题的决定》明确提出实行直接登记的"四类社会组织"① 可以涵盖大多数文化类社会组织，各个地方政府应该在此基础上制定实施细则，推动此项政策落地。当然已有一些地方在积极探索，例如，2015年《广东省社会组织条例（草案）》明确规定对社会组织实行双重管理与直接登记并存的登记管理体制，降低对社会组织登记住所和资产的要求等。2012年广西《行业协会商会管理办法》在一定情况下允许"一业多会"和组建跨行政区域的行业协会②。其他未出台类似政策的地方政府应该按照国家的相关要求，借鉴其他省份已出台相关政策制定类似的政策。推动公民个人、企事业单位、社会团体等组建基金会、文化协会、艺术团体等文化类社会组织。

第二，多举措为文化类社会组织发展提供良好的发展环境。建立文化类社会组织孵化培育中心，通过鼓励各级政府在财政预算中设立促进文化类社会组织发展的专项基金、提供信用贷款、税收优惠等举措，为文化类社会组织发展提供充足的资金保障，培育和扶持文化类社会组织。参照2016年《中华人民共和国慈善法》的有关规定③，在明确不以营利为目的的同时允许其从事一定的投资活动。

第三，进行管理制度方面的指导。当文化类社会组织还不够成熟壮大时，为了帮助社会组织完善财务、人事、资产等各项事务，各级地方政府为本级文化类社会组织提供健全法人治理、民主协商、民主管理等方面的指导。此外，如有必要也需要进行人力资源培训，提升文化类社会组织的参与能力和专业化水平。

---

① 2013年党的十八届三中全会《决定》提出："重点培育和优先发展行业协会商会类、科技类、公益慈善类、城乡社区服务类社会组织，成立时直接依法申请登记。"

② 李敏：《社会力量参与公共文化服务的律法规制》，《行政与法》2016年第12期。

③ 2016年3月16日通过的《中华人民共和国慈善法》第9条规定，慈善组织应当符合的条件之一是"不以营利为目的"。第54条规定，慈善组织为实现财产保值、增值进行投资的，应当遵循合法、安全、有效的原则，投资取得的收益应当全部用于慈善目的。重大投资方案应当经决策机构组成人员三分之二以上同意。政府资助的财产和捐赠协议约定不得投资的财产，不得用于投资。慈善组织的负责人和工作人员不得在慈善组织投资的企业兼职或者领取报酬。

三 设立中国公共文化志愿者协会，搭建统一的文化志愿服务交流平台

2017年，为了保障志愿者、志愿服务组织、志愿服务对象的合法权益，鼓励和规范志愿服务，发展志愿服务事业，培育和践行社会主义核心价值观，促进社会文明进步，我国制定了《志愿服务条例》，该条例对志愿者和志愿服务组织、志愿服务活动、促进措施、法律责任进行了明确规定①。也有地方政府在该条例的基础上出台了本地的相关条例，比如福建省就出台了《福建省志愿服务条例》，该条例于2021年7月1日起施行，该条例健全了志愿服务的激励保障机制、建立志愿服务权益保障机制、健全志愿服务激励回馈机制②。这些条例从法律法规上保障了志愿者的合法权益，有力地推动了志愿服务在我国的普及与发展。

为了进一步推动志愿服务发展，我国成立了中国志愿服务联合会，该组织是经民政部批准，由志愿服务组织、志愿者以及相关单位、组织和个人自愿结成的全国性、联合性、非营利性社会组织，由中共中央宣传部主管，在中央文明办的具体指导下开展日常工作，其会员包括单位会员（如中国志愿者协会、中国青年志愿者协会、中国文艺志愿者协会、上海市志愿者协会、中华志愿者协会）和个人会员③。该联合会举行了各种各样的培训班来推动志愿者之间的交流，如2019年10月30日至11月1日，在福建省三明市举办了全国优秀志愿服务项目负责人培训班暨中国志愿服务联合会三明培训基地揭牌仪式，并召开志愿服务工作座谈会④。2021年5月20日至21日，民政部通过在线视频方式举办了志愿服务工作培训班。其培训的主要内容是，深入学习领会党的十九届五中全会精神和习近平总书记关于志愿服务的重要指示精神，解读

---

① 中华人民共和国国务院：《志愿服务条例》，2017年9月6日，http://www.gov.cn/zhengce/content/2017-09/06/content_5223028.htm，2021年6月16日。
② 中国志愿服务联合会：《〈福建省志愿服务条例〉将于今年7月1日起施行》，2021年6月8日，https://www.cvf.org.cn/cvf/contents/12082/18857.shtml，2021年6月16日。
③ 中国志愿服务联合会：《介绍》，https://www.cvf.org.cn/cvf/channels/12105.shtml，2021年6月16日。
④ 中国志愿服务联合会：《团结汇聚更多社会力量 推动志愿服务事业持续健康发展》，2020年7月15日，https://www.cvf.org.cn/cvf/contents/12160/15441.shtml，2021年6月16日。

《志愿服务条例》和《志愿服务记录与证明出具办法（试行）》，讲解全国志愿服务信息新系统功能，交流各地志愿服务好经验、好做法。各省（区、市）民政厅（局）、各计划单列市民政局和新疆生产建设兵团民政局志愿服务工作相关处室负责同志以及部分市、县级民政部门工作人员参加了培训。培训班上，辽宁、上海、江苏、山东、河南、广东等地介绍了推动志愿服务工作的做法和经验，相关专家就《新时代志愿服务发展趋势与路径》作了专题讲座，有关志愿服务组织交流了工作情况[1]。这种交流活动无疑推动了各个志愿者或志愿者团体对相关文件精神的理解，彼此借鉴推动志愿服务的做法，共同推动中国志愿服务工作发展。

但这些平台搭建的交流活动是针对全社会的志愿服务领域的，为了进一步推动文化领域的志愿服务，需要搭建统一的文化领域的志愿服务交流平台。从我国目前的情况来看，图书馆领域、博物馆领域以及文化馆领域都搭建了各自的志愿服务交流平台。

中国图书馆学会从2006年开始就开展了"志愿者行动"[2]，在其间也举行了各种各样的志愿者交流活动，比如2011年举办了全国图书馆志愿者行动广西公共图书馆科学管理与服务创新高级研修班[3]，2019年3月，在宁波召开了《阅读推广志愿者服务规范》研讨会暨公共图书馆标准化工作会议[4]，同一年在全国图书馆开展了"文化暖心 阅读惠民"主题阅读志愿服务活动[5]。图书馆领域的"志愿者行动"志愿服务项目的最大特点在于这些志愿者不是普通人，都是在图书馆学界或业界做出

---

[1] 中国志愿服务网：《民政部：举办志愿服务工作培训班》，2021年5月20日，https://chinavolunteer.mca.gov.cn/NVSI/LEAP/site/index.html#newsinfo/1/e930064aae65420d9967f2ff9cdfe866，2021年6月16日。

[2] 中国图书馆学会：《基层图书馆培训志愿者行动招募公告》，http://www.lsc.org.cn/contents/1215/8730.html，2021年6月16日。

[3] 中国图书馆学会：《2011年全国图书馆志愿者行动广西公共图书馆科学管理与服务创新高级研修班综述》，http://www.lsc.org.cn/contents/1215/8106.html，2021年6月16日。

[4] 中国图书馆学会：《〈阅读推广志愿者服务规范〉研讨会暨公共图书馆标准化工作会议在宁波召开》，http://www.lsc.org.cn/contents/1351/13320.html，2021年6月16日。

[5] 中国图书馆学会：《中国图书馆学会关于在全国图书馆开展"文化暖心 阅读惠民"主题阅读志愿服务活动的通知》，2019年9月25日，http://lib.cnu.edu.cn/upload/201910/23/20191023092741415l.pdf，2021年6月16日。

了一定贡献且具有一定影响力的人，要求具有副高职称，其主要志愿服务内容是给基层和中西部图书馆馆长提供培训服务或者指导基层图书馆的发展①。

在博物馆领域，2009 年成立了中国博物馆协会志愿者工作委员会，该委员会已经成为中国博物馆界有影响力、有特色、有活力的专业博物馆志愿者组织，有效地推动了中国博物馆志愿者事业健康、快速发展。2015 年 6 月，中国博协志愿者工作委员会第二届常务委员第一次会议暨开幕式在湖北省博物馆举行，本次会议不仅为日后全国博物馆的志愿工作搭建了创新思想、交流成果的良好平台，也为《博物馆条例》颁布后中国博物馆志愿者事业的繁荣发展提供了新的思路。为进一步提高博物馆志愿者的服务能力和服务水平，推进志愿服务常态化、长效化发展，深化中国博物馆志愿服务品牌内涵，促进志愿者之间相互交流学习，中国博协志愿者工作委员会也组织了多次博物馆领域的志愿服务交流，比如 2020 年 11 月举办了全国博物馆志愿者培训班②，紧接着举行了"牵手历史——第十一届中国博物馆十佳志愿者之星"推介活动，在全球新冠疫情的大背景下，此次推介活动除了"十佳志愿者之星"，还设置了"抗击新冠肺炎"特殊贡献奖，向社会推介在疫情期间做出卓越贡献的博物馆人，共产生"十佳志愿者之星"（个人）4 名，"十佳志愿者之星"（团队）6 个，"抗击新冠肺炎"个人特殊贡献奖 3 个，"抗击新冠肺炎"团队特殊贡献奖 7 个③。

在文化馆领域，2016 年 11 月，成立了中国文化馆文化志愿服务委员会，该委员会是在中国文化馆协会的指导下，从文化志愿服务工作领域探索文化馆职能的突破、向社会化扩展的发展路径，强化理论研究，推动文化志愿服务长效发展，搭建交流平台，打造文化志愿服务资源共

---

① 中国图书馆学会：《基层图书馆培训志愿者行动招募公告》，http://www.lsc.org.cn/contents/1215/8730.html，2021 年 6 月 16 日。
② 中国博物馆协会：《关于举办全国博物馆志愿者培训班的通知》，2020 年 10 月 16 日，https://www.chinamuseum.org.cn/detail.html?id=11&contentId=9007，2021 年 6 月 16 日。
③ 中国博物馆协会：《"牵手历史——第十一届中国博物馆十佳志愿者之星"推介活动在合肥举行》，2021 年 1 月 13 日，https://www.chinamuseum.org.cn/detail.html?id=12&contentId=8613，2021 年 6 月 16 日。

建共享机制①。2021年5月,中国文化馆文化志愿服务委员会召开了第二届成立大会,并召开了第一次全体委员会议,会议讨论审议通过了《中国文化馆协会文化志愿服务委员会业务发展规划(2021—2025)》和《中国文化馆协会文化志愿服务委员会2021年工作计划》。与此同时,由中国文化馆协会、广东省文化和旅游厅主办,广东省文化馆、深圳市罗湖区文化广电旅游体育局承办的2021年全国文化志愿服务数字化建设业务骨干培训也在罗湖开班,活动内容包括政策分析、理论研讨、案例分享、现场参观等多种培训形式,以及各类交流展演活动,充分展示了全国各地文化志愿服务风采②。

不论是图书馆领域的还是博物馆领域的抑或是文化馆领域的志愿服务,管理组织都通过各种志愿服务活动和交流活动推动了各自领域的志愿活动的发展,各自都具有各自的特色,都有很多可以值得相互借鉴的地方。但从总体上来看,图书馆领域、博物馆领域和文化馆领域的志愿服务组织之间交流较少。为了打破文化领域之间志愿服务交流的壁垒,建立统一的交流平台,需要设立中国公共文化志愿者协会。设立中国公共文化志愿者协会也是实行理事会制度,各个文化领域的轮流做主任委员,下面每一个领域分设一个副主任委员,每5年一届。主要开展志愿服务活动、志愿服务活动交流、志愿者招募、志愿者培训、志愿者权益保护等方面的工作。通过设置中国公共文化志愿者协会,不但有利于深入公共文化领域的志愿服务交流,而且有利于扩大该领域的志愿服务团体在全国志愿服务团体中的影响,从而增强会员的吸引能力,最终推动公共文化领域志愿服务良性可持续发展。

第五节 大力宣扬奉献社会的意义,完善舆论宣传机制

俗话说,好酒也怕巷子深。虽然公共文化服务在满足社会公众精神

---

① 中国文化馆协会:《文化志愿服务委员会在广东成立》,2016年12月4日,https://www.cpcca.org.cn/info?id=193772cc-a3bf-464d-9d88-e9528716709d,2021年6月16日。

② 新华网:《中国文化馆协会文化志愿服务委员会在深圳罗湖成立》,2021年5月11日,http://www.gd.xinhuanet.com/newscenter/2021-05/10/c_1127428419.htm,2021年5月16日。

文化需求、推动人类精神文明发展方面有着举足轻重的作用,但要让更多的企业、社会组织、个人等社会力量投入到公共文化服务当中,还需要加大捐赠文化以及公共文化服务的舆论宣传,扩大公共文化服务影响力的同时,在全社会形成盛行捐赠文化的氛围。

一 宣扬公共数字文化服务的价值

虽然公共文化服务机构在人类社会发展中有着极其重要的作用,但总体上看来,社会对公共数字文化服务价值的认识还不到位,这其中有一部分原因在于公共文化机构对自身价值的舆论宣传还不够。因此,为了让社会更多地了解、认识、体验到公共文化服务的价值,公共文化机构需要采取多种途径加强舆论宣传。首先,公共文化机构利用官方网站、微信公众号、微信小程序、微博、抖音短视频、强国号、LED电子屏、宣传公告栏、服务窗口等,发布服务内容及活动信息,以及已经举办的一些重要活动信息,让社会公众知道公共文化机构不仅仅是提供一个场地,还举办了很多增进人类知识传承、知识交流、知识创新、社会交流、青少年成长等活动。其次,借助新闻媒体的力量,增加在新闻媒体上的曝光度。在这个海量信息时代,为了让别人看见,就必须要通过多种途径宣传自己。公共文化机构可以和当地以及全国性的媒体合作,策划相关服务活动和宣传方式。比如郑州图书馆以小记者为纽带,与郑州晚报、大河报、河南商报等媒体建立了长期合作关系,组织小记者定期到图书馆参观采访,并共同开展少儿阅读推广活动。此外,该馆还与一些新闻网站及视频平台合作,通过拍摄视频短片和微电影的方式全方位、立体地展示图书馆[①]。故宫博物馆拍摄的《我在故宫修文物》以及故宫博物院等博物馆与中央电视台合作制作大型文博探索节目《国家宝藏》在全社会引起了巨大反响,极大地宣传了文物以及博物馆的重要性。在现代社会,公共文化机构一定要高度重视舆论宣传的重要性,突破传统文化宣传思维和宣传模式的限制,积极通过各种途径、寻求各种方式宣传自己,尤其是要重视互联网传播的重要性,借助互联网

---

① 张幸格:《社会力量参与公共图书馆阅读服务探析——以郑州图书馆为例》,《图书馆学刊》2018年第8期。

扩大宣传效果。

二　宣扬奉献社会的意义，让捐赠文化蔚然成风

欧美等一些西方发达国家的公共文化机构能够获得大量的社会捐赠，重要的原因是这些国家已经形成了根植于全社会的捐赠文化，这种捐赠文化的盛行固然与当地经济发展水平有着密切的联系，但也与当地的相关政策以及舆论宣传有着莫大的关系。我国现在处于并将长期处于社会主义初级阶段，对物质的追求仍然是这个社会大多数人的主要目标，而通过捐赠让生命变得更有意义的理念还存在于萌芽状态。在这种情况下，国家、新闻媒体和公共文化机构就要采取各种方式通过各种渠道宣传奉献精神。尤其是对那些典型事迹和典型人物要不遗余力地宣传。比如某位企业家给一个博物馆捐赠了一千万，那么这个博物馆就不能仅仅是在博物馆内部举行一个捐赠仪式，还得通过官网、抖音账号、微信公众平台、强国号、主管政府部门网站、当地新闻媒体等进行全方位宣传报道，让社会公众知道捐赠行为，奉献社会是非常有意义的事情，从而唤起整个社会的捐赠思想。

三　建立社会捐赠文献阅览室，宣扬捐赠行为

从目前的情况来看，直接捐赠数字文化资源的情况比较少，但只要唤起了社会公众的捐赠意识，捐赠了较多的实体文献资源，公共文化机构在有需要的时候就可以把社会捐赠的有价值的实体资源数字化，建设数据库，从而增加数字服务能力。建设名人捐赠文献阅览室就是唤起这种捐赠意识的重要手段。已有部分公共图书馆设置了名人捐赠文献阅览室，如宁波市图书馆成立了名人手稿及文献阅览室，上海图书馆成立了文化名人手稿馆，该馆通过公开征集活动，获得文化名人捐赠，6万余件文化名人手稿、信函和日记等原始文献珍藏于馆舍中，并进行展示和数字化加工保存[①]。浙江慈溪图书馆的"裘沛然赠书室"，收录了国医大师裘沛然先生捐献的6千余册书籍，内容以其诊籍为主，又有经济、

---

① 周德明：《关于上海市公共图书馆服务体系建设与完善的思考》，《图书馆杂志》2007年第5期。

文化、历史等个人藏书①，长春图书馆依据吉林省十大藏书家之一上官缨先生所赠文献建立了上官缨文库，入藏文献近8000册。但从总体情况来看，这种情况还不多见。设置社会捐赠文献阅览室不但让这些捐献资源的公众感觉到自己捐赠的资源得到了充分的重视和妥善保存，而且让其他读者知道可以给图书馆捐赠图书，而且给图书馆捐赠图书是一件非常有意义的事情。若全社会形成捐赠意识，公共文化机构的受赠资源就会源源不断。

四 设置捐赠和志愿者栏目，宣传奉献精神

在官网上设置捐赠和志愿者栏目，既是一种宣传捐赠文化和志愿服务精神的方式，也便利了捐赠和志愿服务行为的发生。我国公共文化机构较少在官方网站上设置"捐赠"（和）或"志愿者"这样的栏目，这在一定程度上减少了获得社会捐赠或志愿服务的机会。在这个方面，美国公共文化服务机构的做法值得借鉴。

美国大部分公共图书馆都会在图书馆门户网站和"图书馆之友"网站设置专门的志愿者板块，并且对志愿服务进行详细的介绍，这体现了美国公共图书馆对志愿活动宣传的重视。此外，也会在官网上面设置捐赠的链接，社会公众如果想捐赠直接点击"捐赠"就可以通过银行卡支付完成。我国公共文化机构可以借鉴美国公共文化机构的做法，在官网上设置捐赠和志愿者这样的栏目，社会公众只要一打开官网就可以看到，让奉献精神深入人心。

第六节 提供"新菜"需求反馈途径，完善需求反馈机制

目前已有一些企业与公共文化机构合作搭建了在线服务平台，很多地方建立了本地的公共文化服务云，比如文化上海云、"韵动株洲"文

---

① 梁立新：《公共文化服务社会力量参与：价值体现与机制创新——基于浙江实践的思考》，《浙江工贸职业技术学院学报》2014年第1期。

第七章　推动社会力量参与公共数字文化服务的机制创新

旅体云。影响最大的当数文化和旅游部全国公共文化发展中心与企业合作打造的全国公共文化云，该平台是公共数字文化服务总平台、主阵地，旨在面向基层提高供给效率，打通公共数字文化服务"最后一公里"，实现公共文化服务"政府端菜"与"群众点菜"相结合，突出移动互联网应用，面向基层群众提供菜单式、点单式、预约式的一站式服务，提高公共数字文化服务在基层的丰富性、便利性和可选择性，提升公共文化服务效能[1]。虽然里面的"菜品"非常丰富，但无论是"政府端菜"还是"群众点菜"，这个"菜单"都已经制作好了，前者是人民群众刚刚到"店里"，政府就把"菜"端上来给群众享用，后者是群众根据政府做好的"菜单"按需点菜，如果菜单上没有的菜，那群众就无法吃到，所以严格来说，这两种方式都不算是根据人民群众的需求"烹饪"的"新菜"。不过全国公共文化云在网上设置了群众满意度问卷调查，除了调查用户对各个栏目的满意度之外，还设置了一个开放性问题"国家公共文化云还有哪些方面需要改善"[2]，通过这个问题社会公众可以反馈自己的需求。

故宫博物院也在官网上面对社会公众进行了服务满意度调查，调查的内容主要包括使用故宫博物馆线上产品的类型、使用的满意度、需要提升的地方、获得故宫博物馆社交媒体账号的途径、期望获得故宫博物院信息的途径以及风格[3]。当然这些线上产品也不都是故宫博物院依靠自身力量开发的，笔者访谈得知，故宫博物馆也借助了企业的力量才完成了如此巨大的资源数字化和线上产品的开发工作。这项调查为社会公众提供了一个需求反馈的渠道，社会公众可以在问卷里面反馈自己觉得故宫博物院的线上产品还需要提升的地方，反馈希望通过获得故宫博物馆信息的渠道或方式，反馈希望故宫博物馆在短视频平台上的风格，当然这项调查没有给社会公众提供一个新产品需求反馈的机会，无法告知

---

[1] 国家公共服务云：《基本介绍》，https://www.culturedc.cn/new1/guide.html，2021年6月18日。

[2] 国家公共服务云：《国家公共文化云服务满意度调查》，https://www.culturedc.cn/questionnaire-update.html? resId=1，2021年6月12日。

[3] 故宫博物院：《故宫博物院线上产品服务调研问卷》，https://www.dpm.org.cn/questionnaire/detail/1.html，2021年6月12日。

希望故宫博物院开发什么样的新产品，提供什么样的新服务。

从总体上看，政府和公共文化机构已经做了足够多的"菜肴"供人民群众享用，但这些"菜肴"味道如何，是否需要增加"新菜"，如果需要的话，需要增加哪些"新菜"等问题都很难得到有效的反馈。而最难解决的是政府和公共文化机构如何有效地建立起需求反馈机制，让人民群众根据自己的需求制作出"新菜"菜单，然后政府和公共文化机构根据这些"新菜"需求烹饪出美味的"菜肴"。为了最大限度地完善人民群众的需求反馈机制，可以采取以下几点举措：第一，理事会成员尽量找机会出去走访，了解社会公众的数字文化需求；第二，在各级主管文化的政府网站设置问卷，收集社会公众的需求，在文旅部、文旅厅、文旅局各级主管公共文化服务部门的网站上设置数字文化需求反馈专栏；第三，在公共文化机构官网、公共数字文化服务平台以及各种社交媒体上设置相关调查问卷，收集社会公众的需求；第四，采用大数据技术，从社会公众的检索和阅历日志里面分析社会公众的需求。

在当今各种应用泛滥、社会公众的时间被众多 APP "瓜分"的时代，为了让社会公众更多地停留在公共数字文化服务平台上，公共文化机构就不能仅仅让社会公众吃早已烹饪好的"自助餐"，而且还得收集社会公众的需求，并按照需求烹饪佳肴，从而让公共数字文化服务更为精准、更为有效，不断提升社会公众的使用体验。

第七节　开展第三方评估，健全监督评估机制

为了保证国家财政资金的利用效率，防止贪污、权力寻租以及利益输送问题，需要在引入社会力量参与公共数字文化服务的全过程采取相应的监督措施，项目进行过程中和之后需要邀请第三方进行评估，并据此进行奖惩。

一　依规公开相关信息，实行全方位监督机制

在监督方面，主要包括两个方面：一是对各个层级的公共文化服务基金会进行监督；二是对采取各种购买机制购买服务的监督。在对各个

层级的公共文化服务基金会进行监督方面可以成立相应的监管委员会，完善基金会内部和社会监督机制，内部监督主要是监督资金的募集、管理、使用情况，及时公开相关信息，负责根据捐赠人的意向使用基金，解释基金的去向和监督情况，积极配合审计部门的审计。在社会监督方面，成立由捐赠者、社会名人、审计专家、新闻媒体等组成的义务监督队伍，对基金会在资金的募集、管理、使用、信息公开等方面进行全面监督，防止贪污和利益输送问题发生，增强基金会的社会信任度。

在对采取各种购买机制购买服务的监督方面，国家2017年颁布的《关于通过政府购买服务支持社会组织培育发展的指导意见》就应该建立了完善的监督管理举措。该《指导意见》为切实防范政府购买服务过程中可能发生的各种低效和腐败问题，在现行监管框架及措施基础上，进一步明确了财政、民政以及向社会组织购买服务的政府部门的各自职责，强化了政府向社会组织购买服务的监督管理举措。一是明确政府向社会组织购买服务相关信息公开要求，加强社会监督。二是对通过单一来源采购方式实施的政府购买服务项目，要严格履行审批程序，该公示的要做好事前公示，加强项目成本核查和收益评估工作。三是加强政府向社会组织购买服务的全过程监督，防止暗箱操作、层层转包等问题。四是加大政府向社会组织购买服务项目审计力度，及时处理涉及政府向社会组织购买服务的投诉举报，严肃查处借政府购买服务之名进行利益输送的各种违法违规行为。[①] 购买方要在该《指导意见》的基础上出台相关细则，在购买服务过程中要严格按照相关规定找到承接主体，及时公开相关信息，接受社会的全过程监督和政府的审计。一旦发现有任何违规行为，就要及时进行惩处。

二 依据项目完成质量，实行弹性支付机制

无论采取的是何种购买机制，政府都不会一次性支付给承接方全部报酬。从现行情况来看，政府主要采取的支付方式是按照合同约定简单

---

① 中华人民共和国财政部、民政部：《财政部、民政部有关负责人就〈关于通过政府购买服务支持社会组织培育发展的指导意见〉答记者问》，2017年10月9日，http://www.ccgp.gov.cn/gpsr/fgjd/201710/t20171009_8948816.htm，2021年6月11日。

地分批次支付。这种支付方式政府执行起来倒是比较简单,但这并不是最好的选择,因为承接方一旦能够比较容易地获得合同约定的资金额度,那么很容易就在参与公共数字文化服务中消极懈怠。政府可以利用承接主体追求利润的动机,根据项目完成质量弹性支付报酬,从而激发承接方的积极性,进而保障项目的质量。弹性支付方式可以采取以下措施:由政府和公共文化服务机构制定月度考核标准(该标准应该在签合同之前就让承接方知晓,并附在合同里),对承接方的项目质量进行量化考核,每季度取三个月的平均值作为考核结果,并把考核结果分为优秀(如90分以上)、合格(70—90分)和不合格(低于70分)三类,针对不同的考核结果采取不同的支付措施和奖惩措施。考核优秀全额支付本季度的报酬,并预先支付一定比例的下季度报酬;考核合格全额支付本季度的报酬;考核不合格扣减一部分本季度的报酬,并酌情扣减履约保证金;如果连续两个季度都考核不合格,购买方则有权提前解除合同,并全额扣除履约保证金,同时在五年内不受理该单位的任何投标申请。当然,即使按照之前的考核标准考核结果都是合格或优秀,也不代表承接方就做得很完美,很可能项目在进行过程中才发现之前的合同存在一些未尽事项,这些事项影响还比较大,那这种情况就需要在合同到期之后进行完善,续签的时候经双方同意写进条款里。弹性支付制度的建立,能够最大限度地督促项目承接方积极发挥主观能动性,创造符合新时代社会公众需求的数字文化产品,提升社会公众的获得感。

三 建立健全第三方评估机制,并据此进行奖惩

从目前的实践情况来看,并不是每一个政府采购项目都建立了第三方评估机制。有些项目是按照合同约定由购买方进行评估,有些项目是政府进行评估,也有部分项目是邀请了第三方进行评估。为了进一步提高购买的公共数字文化服务项目服务质量,有必要建立第三方评估机制。2014年8月27日,时任总理李克强在国务院常务会议上强调要用第三方评估促进政府管理方式改革创新,进一步加强对政策落实的监督、推动[①]。

---

① 黄杰、朱正威:《国家治理视野下的社会稳定风险评估:意义、实践和走向》,《中国行政管理》2015年第4期。

第三方评估机构自身具备的专业性和客观性有利于确保评估工作公平公正，使评估结果能够更加真实地反映实际情况。为了进一步提高政府购买质量，规范政府购买服务行为，2018年，财政部颁布了《财政部关于推进政府购买服务第三方绩效评价工作的指导意见》，该《意见》对绩效评价范围进行了规定，明确提出："受益对象为社会公众的政府购买公共服务项目，应当积极引入第三方机构开展绩效评价工作，就购买服务行为的经济性、规范性、效率性、公平性开展评价。各地区、各部门可以结合自身实际，具体确定重点领域、重点项目，并逐步扩大范围。"并对相关主体责任、评价机构的选择、评价指标体系的建立、评价结果的应用、评价经费管理、信息公开和监督管理等方面做了规定①。

各级政府和公共文化机构要按照该指导意见的规定，出台具体的政策推进第三方绩效评价工作，尤其要明确评估指标体系和相应的权重。该政策主要包括以下几个方面的内容：第一，指标体系的构建问题。构建的指标体系要能够客观评价服务提供状况和服务对象、相关群体以及购买主体等方面满意情况，特别是对服务对象满意度指标应当赋予较大权重。因此，评价指标除了包括服务的范围、方式、服务质量和价格、资金使用情况之外，更为重要的是要设置社会公众的满意度指标，并给予较大权重。第二，第三方组成问题。按照《财政部关于推进政府购买服务第三方绩效评价工作的指导意见》的规定，应该择优选择具备条件的研究机构、高校、中介机构等第三方机构开展评价工作，为了更好地反映用户的满意度问题，可以规定参加评估工作的第三方邀请领域内的专家和社会公众参与评估。第三，社会公众满意度的获取方式问题。社会公众数量众多且较为分散，人员素质也参差不齐，如何获取他们的满意不是一件容易的事情，这就要求在政策里面进行相关规定。

在获得了第三方评估结果之后，就要按照规定进行奖惩。对于做得

---

① 中华人民共和国财政部：《财政部关于推进政府购买服务第三方绩效评价工作的指导意见》，2018年8月14日，http://www.ccgp.gov.cn/gpsr/zcfg/201808/t20180814_10470710.htm，2021年6月11日。

好的承接方给予奖励，比如，在财政允许范围内进行一定的物质奖励，按照相关要求延长合同期限以及作为政府采购项目中的优先承接方。对于做得不好的承接方要给予惩罚，比如，按照合同的约定扣减部分报酬，要求限期整改，整改之后仍然达不到考核标准的可以按照合同约定或相关规定提前结束合同，予以清退。

第八章 结语

第一节 主要研究结论

近年来，国家颁布了一系列政策法规推动社会力量参与公共文化服务。引入社会力量参与公共文化服务，既是深入推进依法行政、转变政府职能、建设服务型政府的重要环节，也是规范和引导社会组织健康发展、推动公共文化服务社会化发展的重要途径，对于进一步深化文化体制改革，丰富公共文化服务供给，提高公共文化服务效能，满足人民群众精神文化和体育健身需求具有重要意义。公共数字文化服务是公共文化服务的重要组成部分，在数字中国建设背景下，研究社会力量参与公共数字文化服务具有重要的现实意义。本书以社会力量参与公共数字文化服务的参与机制为研究对象，主要采用问卷调查法、深度访谈法、网络调查法和案例分析法开展研究，得出以下结论：

（1）国家非常重视推动社会力量参与公共文化服务

为了推动社会力量参与公共数字文化服务，我国颁布了一系列推动社会力量参与公共文化服务的政策法规，且出台的密度越来越大。2015年之前，只有少量的相关政策文件提及了让社会力量参与公共文化服务。在2015年之后，相关的政策文件不断地涌现出来，这主要得益于《关于加快构建现代公共文化服务体系的意见》和《关于做好政府向社会力量购买公共文化服务工作意见的通知》的颁布。2017年3月开始实施的《中华人民共和国公共文化服务保障法》和2018年开始实施的《中华人民共和国公共图书馆法》则将引入社会力量参与公共文化服务提升到了法律层次，通过法律明确社会力量参与公共文化服务的合法性。2021年3月12日发布的《中华人民共和国国民经济和社会发展第十四个五年规划和2035年远景目标纲要》明确提出要创新公共文化服务运行机制，鼓励社会力量参与公共文化服务供给和设施建设运营。2021年6月中共中央办公厅、国务院办公厅印发的《"十四五"全国档案事业发展规划》提出要鼓励社会力量参与和支持档案事业发展，引导社会资金投入档案科研创新领域。同月，文化和旅游部发布《"十四五"公共文化服务体系建设规划》，该《规划》提出要推动公共文化服务社会化发展，要深入推进政府购买公共文化服务、创新社会力量参与公共文化服务方式、提升文化志愿服务水平。这一系列政策法规的颁布表明我国非常重视引入社会力量参与公共文化服务。

（2）我国已有一定规模的社会力量参与公共数字文化服务，但存在一些问题

在国家相关政策的推动下，已经具有一定规模的企业、社会组织以及公民个人通过参与数字资源建设、数字服务、资金捐赠、志愿服务等形式参与到了公共数字文化服务当中。企业主要是通过公开招投标的形式参与公共文化机构的资源数字化或者网络平台搭建，这一方面解决了仅仅依靠公共文化机构自身无法解决的问题，提高了公共文化机构的服务效率，但另外一方面也存在沟通不畅、中标企业不是最合适的企业等问题，也有访谈对象提到时不时地存在流标情况。社会组织主要通过资金捐赠和数字文化服务提供等方式参与到公共数字文化服务当中，但参与的力度有限，这与相关社会组织不发达有关。公民个人主要是通过志愿服务的形式参与到公共数字文化服务当中，志愿服务的内容主要包括在公共文化机构的微信、微博或（和）官方网站发文，也偶尔参与到提供信息检索的咨询工作中，但由于担心志愿者无法准确把握内容的适宜性，相当部分的公共文化机构表示不会把在相关平台的发文工作交给志愿者，所以也需要提高志愿者的素质才能更好地参与到公共数字文化服务当中。

（3）我国社会捐赠氛围还远未形成

社会捐赠主要包括捐赠资源和捐赠善款两个方面。在资源捐赠方面，本书发现，社会力量给公共文化机构捐赠的主要是实体资源，比如图书、报纸、家谱、文物等，较少捐赠数字文化资源（但公共文化机

构可以根据需要将捐赠的资源数字化)。在资金捐赠方面,有少部分名人或企业家捐赠了资金,但总体来说,各个公共文化机构接受到的资金捐赠频率是很低的。从根本上看,这固然与我国还远未形成捐赠文化有莫大的关系,直接原因可能是以下几点:第一,公共文化机构自身没有做好舆论宣传,整个社会对公共文化服务的价值认识不足;第二,获得捐款的途径不够完善,比如我国公共文化机构的网站上几乎都没有"捐赠"专栏(国外几乎都有),公共文化机构自身也很少设置基金会;第三,激励措施比较欠缺;等等。

(4) 国外文化志愿服务管理举措值得我国借鉴

国外在志愿服务宣传、志愿者招募、申请方式、志愿者管理等方面都存在值得我国借鉴的地方。在志愿服务宣传方面,我国绝大多数公共图书馆都没有在官网上设置志愿者板块,这在一定程度上阻碍了公共图书馆志愿服务的发展。美国大部分公共图书馆都会在图书馆门户网站和"图书馆之友"网站设置专门的志愿者板块,并且对志愿服务进行详细的介绍,这体现了美国公共图书馆对志愿活动宣传的重视。在志愿者招募方面,国外在介绍志愿者岗位及工作内容时,总是采用热情的语气表达招募志愿者的意愿,准确描述志愿者招募的要求,明确招募对象应具备的可服务时间、招募对象应具备岗位所需的专业技能,及时更新志愿者招募岗位的情况。在提供志愿服务申请方式方面,国外在建立并完善线上申请方式的同时,综合采用了邮件申请、电话申请、现场申请等多种方式,这能够方便不同的人群参与图书馆志愿服务,帮助图书馆招募到更多的志愿者。在志愿者管理方面,国外规定了完整可行的流程和操作方案,建立了相应的规章制度,确定了专门的志愿服务管理机构或职位。为了规避招募过程中可能出现的风险,美国公共图书馆对志愿者申请人进行背景调查和指纹记录。背景调查可以帮助图书馆评估该申请人的可靠性,指纹记录可以在一定程度上帮助保护被服务对象以及共事者。在招募青少年志愿者时,需要留存监护人的个人信息及联系方式,还需获取监护人的知情同意。当出现特殊情况时,可以及时联系监护人。必要时,提前与志愿者签署文件,包括同意图书馆发布志愿者姓名、照片的同意书,以及若志愿者损坏图书馆物品应提供赔偿的责任书。

(5) 国外公共文化机构获得的资金捐赠较多，个人小额捐赠的频率很高

由于捐赠文化盛行，再加上相关政策推动，国外的企业、企业家、基金会以及普通公民都给图书馆、博物馆、档案馆等公共文化机构捐款。企业、企业家和基金会单次捐赠的额度比较大，普通公民虽然单次捐赠的额度比较小，但捐赠的频率高，累积的金额也非常可观。德舒特公共图书馆、惠提尔公共图书馆、黑人文化档案馆、加拿大图书馆和档案馆、"9·11"数字档案馆、阿留申群岛博物馆、美国国家二战博物馆、中途岛号航空母舰博物馆、梵高博物馆、伯明翰艺术博物馆、柏林国家博物馆、澳大利亚国家博物馆、维多利亚博物馆、巴西国家博物馆、厄巴纳公共图书馆、香槟公共图书馆等公共文化机构都获得了高频率的个人捐赠。有不少公共文化机构都会采取比较特别的方式号召社会公众捐赠，比如美国国家二战博物馆开展了"10美元运动"的捐赠活动，公众可以捐赠10美元，目的是帮助二战英雄可以获取终生免票进入博物馆的权利。

(6) 国外个人捐赠数字文化资源的频率较高

国外个人除了捐赠大量实体资源之外，还捐赠了不少数字资源。公众德舒特公共图书馆的用户在图书馆官网分享个人数字收藏，英国的东骑档案馆除了接受与东骑地区相关的历史书籍、物品、照片等实物以补充实体馆藏外，档案馆还为公众在"这里曾经有什么"移动应用程序上添加了"贡献"功能，让公众上传相关的历史图片以补充数字馆藏资源。此外，在新冠疫情期间，档案馆在其官网专列一个模块邀请公众分享包括日记、照片、海报、视频日志、口语、书面诗歌、散文或音频等形式的资源。美国"9·11"数字档案馆是为了纪念"9·11"事件而建立的，其主要收集"9·11"事件的相关资料。因此，其官网设立了专门栏目，邀请公众通过在线表单为档案馆贡献事件相关的各类型资源或共享个人数字媒体收藏。美国的弗吉尼亚历史文化博物馆发起"分享新冠肺炎疫情中在弗吉尼亚的故事"（Share Your Story：Documenting COVID-19 in Virginia）在线数字收集项目，公众可通过相关网站参与分享自己在弗吉尼亚所经历的与新冠疫情有关的故事，经过内容筛选后，博物馆将从中选取有代表性的故事存入博物馆以补充馆藏资源。除

了通过社交媒体平台与博物馆互动并向美国国家历史博物馆反馈意见以促进博物馆发展外，公众还可以加入博物馆在 Flickr 照片共享网站创建的小组，在组内进行博物馆相关主题的分享，分享有可能会入选博物馆的相关网上展览。

（7）推动我国社会力量参与公共数字文化服务的机制需要进一步完善

社会力量参与公共数字文化服务的机制主要包括市场机制、激励机制、资金多元投入机制、社会力量培育机制、舆论宣传机制、需求反馈机制以及监督评价机制，而这些参与机制在具体的实践过程中都存在着这样或者那样的问题，笔者从理论上提出了完善这些机制的措施，但这些机制能否真正实现还有待于相关政策的制定和实施，而这必将是一个长期的过程。

第二节　研究不足与展望

社会力量参与公共数字文化服务是近些年才被高度重视起来的，可以说实践领域和研究领域都是在摸着石头过河，虽然笔者综合采用了多种研究方法，最大限度获取了相关数据，得出了一些有价值的结论，也提出了完善社会力量参与机制的措施，但限于个人能力和精力，本书存在一些不足，而这也是笔者进一步研究的方向。研究不足主要体现在以下两个方面：

（1）对国外社会力量参与公共文化服务情况的调研不够全面。虽然笔者调研了国外近百个公共图书馆、博物馆、档案馆等公共文化机构的社会力量参与情况，但由于国外公共文化机构数量很多，调查一百个总体感觉不够。

（2）调研的国内公共文化机构样本量有待于进一步扩大。由于受到专业领域、时间、精力、人脉等多种因素的影响，虽然笔者努力通过各种方式，有效获取了二百六十多个各级各类公共图书馆、博物馆、档案馆、美术馆等公共文化机构引入社会力量的参与数字文化服务的情况，但与我国总的公共文化机构数量相比还是存在不小的差距。

基于以上不足，笔者明确了进一步的研究内容：

（1）更加全面深入地调查国外社会力量参与公共文化服务的情况。以欧美地区公共图书馆、博物馆和档案馆引入社会力量参与情况为调查重点，深入调查每一类公共文化机构在引入社会力量参与方面的具体情况，深入分析不同类别的公共文化机构引入社会力量参与方式的异同点。

（2）进一步扩大国内公共文化机构引入社会力量参与情况的样本量。在以后的工作中多多参加图书馆、博物馆和档案馆等相关领域的学术会议，多多结交学界和业界的朋友，进而获得更多更有效的调查和访谈数据。

附录一　社会力量参与公共数字文化服务情况调查问卷

尊敬的先生/女生：

　　您好！我们是国家社科基金青年项目《社会力量参与公共数字文化服务的机制研究》课题组。社会力量在推动公共文化服务体系和服务能力现代化进程中起着重要作用，国家颁布了一系列政策法规来推动社会力量参与公共文化服务。公共数字文化服务是公共文化服务的重要组成部分。为了全面了解社会力量参与公共数字文化服务（企业、基金会等社会组织以及个人通过捐款捐物或者以合理的价格提供平台搭建、数字资源建设等服务）状况，我们制定了本调查问卷。本问卷针对公共文化服务机构（公共图书馆、博物馆、美术馆、档案馆、群众艺术馆、文化馆、非遗中心等）相关从业者。

　　请您在百忙之中抽出一点时间给予我们支持。您的答案对本研究具有非常重要的价值，所有答案均无好坏对错之分，请您按照实际情况或真实想法回答即可。本次调查属于匿名调查，我们承诺，问卷所涉及的所有基本信息及问题答案均仅限于学术研究的统计分析，我们会妥善保管相关数据，所有信息绝对不会对外公开或泄露。

　　非常感谢您的大力支持，祝您及家人幸福安康！

　　　　　　　　　　《社会力量参与公共数字文化服务的机制研究》课题组

一、基本信息

1. 贵单位属于_____
   公共图书馆
   博物馆

档案馆

美术馆

群众艺术馆

文化馆（站）

非物质文化遗产保护中心

其他（请补充）：_____

2. 贵单位对应的行政区划级别是_____

国家级

省级

市级

区（县）级

乡镇（街道）级

村（社区）级

3. 贵单位所在的省份是：_____（在问卷星提供我国所有省份的选项，包括港澳台）

二、社会捐赠情况

4. 近五年来，个人给贵单位捐款总额_____

0

1—10000 元

10001—100000 元

100001—500000 元

500001—1000000 元

1000001 元及以上

不清楚

5. 近五年来，基金会给贵单位捐款_____

0

1—10000 元

10001—100000 元

100001—500000 元

500001—1000000 元

1000001 元及以上

不清楚

6. 近五年来，企业给贵单位捐款_____

    0

    1—10000 元

    10001—100000 元

    100001—500000 元

    500001—1000000 元

    1000001 元及以上

    不清楚

7. 近五年来，其他组织给贵单位捐款（请注明机构名称及数额，若无，则填写 0；若不清楚则填写不清楚）_____

8. 社会力量对贵单位的捐款属于（不定项选择题）_____

    个人主动捐款

    企业主动捐款

    基金会主动捐款

    其他组织主动捐款

    本单位主动联系个人捐款

    本单位主动联系企业捐款

    本单位主动联系基金会捐款

    本单位主动联系其他机构捐款

    本单位未获得任何捐款

    不清楚

9. 贵单位对捐款个人或组织表示感谢的方式包括（不定项选择题）_____

    给予口头感谢

    会颁发捐赠证书

    会在官方网站进行宣传

    会在新闻媒体上进行宣传

    达到一定数额会在整体建筑物或楼宇局部（如某个报告厅）进行冠名

其他（请补充）：_____

10. 贵单位是否设置有基金会_____
    是
    否

11. 是否有个人或组织给贵单位捐赠数字资源_____
    有
    无（跳转到第 14 题）

12. 个人或组织给贵单位捐赠的数字资源包括_____
    数字图书
    数字报刊
    数字化的零散文字资料
    数字化的手稿
    数字图片
    数字音频
    数字视频
    数字家谱
    数字档案
    数字文物
    数字美术作品
    其他（请补充）：_____

13. 贵单位对捐赠数字资源的个人或组织表示感谢的方式_____
    给予口头感谢
    会颁发捐赠证书
    会在官方网站进行宣传
    会在新闻媒体上进行宣传
    达到一定数量会在整体建筑物或楼宇局部（如某个电子阅览室）进行冠名
    其他（请补充）：_____

14. 贵单位是否制定了个人和（或）组织捐赠相关的政策_____
    是
    否

三、志愿服务情况

15. 是否有志愿者在贵单位从事数字文化资源建设或服务的工作_____

    有

    无（但是感觉需要志愿者参与）（跳转到第 25 题）

    无（感觉不需要志愿者参与）（跳转到第 25 题）

16. 贵单位招募志愿者的信息发布途径包括（不定项选择题）_____

    微博、微信、客户端

    本单位官方网站

    行政主管部门官方网站

    纸质报纸、期刊、杂志

    电子报纸、期刊、杂志

    电视

    印发相关纸质材料置于本机构固定位置

    其他（请补充）：_____

17. 贵单位志愿者的申请方式是_____

    本单位只提供纸质版的志愿者申请登记表

    本单位只提供电子版的志愿者申请登记表

    本单位同时提供纸质和电子版的志愿者申请登记表

    本单位开发了志愿者服务管理系统，志愿者通过该系统申请

    本单位无权招募志愿者，志愿者去相关政府部门申请之后可安排到本单位

    其他（请补充）：_____

18. 贵单位对志愿服务的记录方式是（不定项选择题）_____

    没有记录志愿者服务时间及内容

    志愿者本人自行在志愿服务记录簿上登记本人的志愿服务时间及内容

    本单位专人负责在志愿服务记录簿上登记志愿者的服务时间及内容

    本单位专人通过电子表格的形式记录志愿者的服务时间及内容，并保存在电脑里面

本单位开发了志愿者服务管理系统，通过该系统记录志愿者服务时间及内容等信息

其他（请补充）：_____

19. 目前在贵单位的志愿者人数是_____

   1—5 人

   6—10 人

   11—20 人

   21—30 人

   31—50 人

   51 人及以上

   不清楚

20. 志愿者在贵单位从事数字文化资源建设和（或）服务的工作包括（不定项选择题）_____

   在官方微博上发文

   在官方微信上发文

   在官方客户端上发文

   在官方网站上发文

   在短视频平台上面发布视频

   对本机构网络服务平台进行技术上的改进建议

   对本机构网络服务平台发文内容的建议

   资源数字化

   给弱势群体提供信息检索服务

   给弱势群体提供计算机等电子设备使用帮助

   其他（请补充）：_____

21. 贵单位对公共数字文化服务志愿者组织开展的培训包括的内容有（不定项选择题）_____

   包括岗位细则、工作任务、业务流程等在内的岗位培训

   与志愿服务相关的业务知识和专项技术等专业技能培训

   志愿服务理念

   沟通交流艺术

   管理艺术

相关法律法规

其他（请补充）：_____

22. 本机构为志愿者提供的激励措施有（不定项选择题）_____

    提供交通补助或餐补等补贴

    提供相关的志愿服务证明

    进行公开表扬

    进行私下表扬

    购买志愿服务期间的人身保险

    邀请新闻媒体宣传

    提供适量奖金或物品奖励

    在同等条件下优先录用在本机构做过志愿者的人员

    其他（请补充）：_____

23. 本单位志愿者参与的数字文化资源建设或服务工作有助于本单位工作的顺利完成_____

    非常不同意　不同意　不确定　同意　非常同意

24. 本单位制定了志愿者服务相关政策_____

    是

    否

四、企业参与状况

25. 近五年来，贵单位是否引入了企业的力量参与数字文化资源建设与服务_____

    是

    否（感觉有必要，只是由于各种原因没有引入）（跳转到第 39 题）

    否（感觉没有必要，本单位可以自己解决工作中遇到的问题）（跳转到第 39 题）

26. 近五年来，参与贵单位数字文化资源建设与服务的企业来自（不定项选择题）_____

    本单位根据需要在市场上寻找合适的企业

    之前合作过的企业

    按照合同一直在进行合作的企业

公开招标

熟人或者朋友介绍

其他（请补充）：_____

27. 企业参与贵单位数字信息资源建设的类型包括（不定项选择题）_____

馆藏资源数字化

根据本单位需要制作视频资源

根据本单位需要制作音频资源

根据本单位需要制作动画资源

其他（请补充）：_____

28. 贵单位在资源数字化过程中保护自身馆藏资源知识产权采取的做法有（不定项选择题）_____

和合作企业签订知识产权保护相关协议

本单位提供设备，只利用合作企业的人员

利用了企业提供的数字化设备，但严禁企业通过任何途径带走数字化的资源

禁止任何企业人员在数字化场所拍照

禁止任何企业人员从数字化场所拷贝任何数字化的资源

本单位安排工作人员和企业工作人员一同开展资源数字化工作

其他（请补充）：_____

29. 虽然采取了各种措施，但还是担心本单位的数字化资源被盗走_____

非常不同意　不同意　不确定　同意　非常同意

30. 虽然采取了各种措施，但还是担心本单位的珍贵的实体馆藏在数字化过程中被盗走_____

非常不同意　不同意　不确定　同意　非常同意

31. 贵单位借助企业的力量搭建的平台类型有（不定项选择题）_____

门户网站

APP

微信公众平台

特色资源数据库

其他（请补充）：_____

32. 贵单位借助企业的力量维护的平台类型有（不定项选择题）_____

    门户网站

    APP

    微博

    微信公众平台

    本馆特色资源数据库

    短视频平台（如抖音、快手）

    其他（请补充）：_____

33. 贵单位借助企业的力量开展的直播或者录播服务有（不定项选择题）_____

    讲座

    培训

    演出

    其他（请补充）：_____

34. 贵单位借助企业的力量进行数字信息资源建设和服务的好处是（不定项选择题）_____

    利用了企业的技术优势，完成了本单位无法完成的技术工作

    利用了企业的人员优势，完成了本单位需要短时间内完成的工作

    利用了企业的智力资源，给本单位提供了一些提升服务质量的建议

    企业完成的资源建设与服务工作更有效果

    其他（请补充）：_____

35. 贵单位在借助企业的力量进行数字信息资源建设和服务遇到的问题有（不定项选择题）_____

    新中标的企业需要长时间的磨合，交流不顺畅

    中标企业人员流动性比较大，工作交接没有做好，之前合作很好的项目出现沟通不畅的现象

    中标企业对业务不熟，达不到预期效果

    更合适的投标企业没有中标

之前一直合作愉快的企业没有中标

低价中标企业服务能力不足，服务质量受到较大影响

低价中标企业后期加价

企业为了赶进度，损坏了一些原本可以不损坏的实体馆藏资源

企业缺乏馆藏保护意识和情怀，没有特别小心地保护被数字化的实体馆藏，损坏了一些原本可以不损坏的馆藏资源

其他（请补充）：_____

36. 对企业参与的数字文化资源建设与服务工作进行评估的方式为（不定项选择题）_____

    本单位按照既定的合同进行评估

    本单位邀请第三方进行评估

    本单位根据上级管理部门的要求进行评估

    提供社会公众监督渠道

    其他（请补充）：_____

37. 目前的招标制度为本单位找到了满意的合作企业_____

    非常不同意　同意　不确定　同意　非常同意

五、总体情况

38. 您对本单位目前引入社会力量参与本单位数字文化资源建设与服务的总体评价是_____

    非常不满意　不满意　不确定　满意　非常满意

39. 您认为阻碍社会力量参与公共数字文化服务的因素有（不定项选择题）_____

    志愿服务文化不够浓厚

    捐赠文化不够浓厚

    整个社会对公共文化服务的价值认识不到位

    公共文化机构没有主动寻求社会力量的帮助

    公共文化机构提供的激励措施不够

    引入企业参与的招投标程序烦琐

    国家对公共文化机构财政投入不足

    本单位领导不重视引入社会力量

其他（请补充）：_____

40. 您觉得为了更好地引入社会力量参与公共数字文化资源建设与服务可以采取的措施有（不定项选择题）_____

    多途径全方位宣传公共文化服务的价值

    给捐赠的企业给予更加明确的税收减免额度

    给捐赠的企业给予更大的税收减免额度

    主动联系基金会和企业进行捐赠

    给予捐赠的个人和组织更多的精神激励

    给予志愿者更多物质激励

    给予志愿者更多精神激励

    在全社会宣扬志愿服务精神

    给予公共文化机构选择合作企业的更多自主权

    国家制定更多推动社会力量参与的政策

    其他（请补充）：_____

41. 您在推动社会力量参与公共数字文化服务方面还有什么意见或者建议

_____

_____

_____。

问卷到此结束，感谢您的支持！

附录二 公共文化机构半结构化访谈问卷

1. 请问是否有一些社会力量参与贵馆的（数字）资源建设或者服务？如果有的话，能否大致说明一下参与机构的类型和参与的内容。
2. 请问是否有个人参与到贵馆的（数字）资源建设或者服务？
3. 贵馆是否有自己的网站、APP 或者微信公众号？
4. 贵馆的网站、APP 或者微信公众号是自己开发维护的吗？如果不是，那么是由哪（几）个单位或人完成的？
5. 这些社会力量是通过何种途径与贵馆取得联系并持续合作的？
6. 如果贵馆有招标需求，需要提前多久做预算？
7. 下级馆有招标需求的时候是否需要通过上级馆向政府申请？
8. 贵馆在引入社会里面参与资源建设或服务的过程中是否遇到了问题？
9. 如果要解决这些问题，您觉得政府、博物馆和社会力量需要分别采取哪些措施？
10. 对于社会力量参与公共（数字）文化服务，您是否还有其他的意见或者建议。

附录三　信息技术企业访谈问卷

1. 请问贵公司是否参与过图书馆、博物馆和档案馆等公共文化机构的（数字）资源建设或者服务？如果有的话，能否大致说明一下参与了这些单位的哪些项目或者服务。

2. 请问贵公司是通过何种途径与这些公共文化机构取得联系并持续合作的？

3. 请问贵公司在与这些公共文化机构合作过程中是否遇到了问题？遇到了哪些问题？

4. 如果要解决这些问题，您觉得政府、公共文化机构和企业需要分别采取哪些措施？

5. 对于推动企业参与公共（数字）文化服务，您是否还有其他的意见或者建议。

参考文献

中文文献

一 经典文献

《习近平谈治国理政》第 1 卷，外文出版社 2018 年版。

二 中文专著

陈威主编：《公共文化服务体系研究》，深圳报业集团出版社 2006 年版。

陈振明主编：《公共管理学——一种不同于传统行政学的研究途径》第二版，中国人民大学出版社 2003 年版。

党秀云：《公民社会与公共治理》，国家行政学院出版社 2014 年版。

国家统计局编：《中国统计年鉴 2021》，中国统计出版社 2021 年版。

国家统计局、中宣部编：《中国文化及相关产业统计年鉴 2020》，中国统计出版社 2020 年版。

贺向东、蔡宝田主编：《中国社会力量办学概论》，首都师范大学出版社 2000 年版。

李景源、陈威主编：《中国公共文化服务发展报告（2009）》，社会科学文献出版社 2009 年版。

李毅：《社会学概论》，暨南大学出版社 2011 年版。

李志军主编：《第三方评估理论与方法》，中国发展出版社 2016 年版。

马国泉、张品兴、高聚成主编：《新时期新名词大辞典》，中国广播电视出版社 1992 年版。

司莉、曾粤亮、陈辰编：《信息组织原理与方法》第二版，武汉大学出版社 2020 年版。

孙柏瑛、杜英歌：《地方治理中的有序公民参与》，中国人民大学出版社 2013 年版。

陶倩等：《新时代中国特色志愿服务发展研究》，社会科学文献出版社 2018 年版。

王春雷：《基于有效管理模型的重大活动公众参与研究——以 2010 年上海世博为例》，同济大学出版社 2010 年版。

王浦劬、[英] 郝秋笛等：《政府向社会力量购买公共服务发展研究——基于中英经验的分析》，北京大学出版社 2016 年版。

王彦林、杜献宁：《公共文化服务与文化产业协同发展研究》，新华出版社 2019 年版。

王子舟：《民间力量建设图书馆的政策与模式》，国家图书馆出版社 2011 年版。

习近平：《决胜全面建成小康社会 夺取新时代中国特色社会主义伟大胜利——在中国共产党第十九次全国代表大会上的报告》，人民出版社 2017 年版。

张琪钰编著：《情报语言学词典》，北京图书馆出版社 2000 年版。

张仲国、聂鑫、刘淑艳编著：《雷锋精神与志愿者行动》，中国财政经济出版社 2013 年版。

大众法律图书中心编：《新编常用法律词典（案例应用版）》（精装增订版），中国法制出版社 2016 年版。

三 中文译著

[美] 戴维·L. 韦默主编：《制度设计》，费方域、朱宝钦译，上海财经大学出版社 2004 年版。

[美] 康芒斯：《制度经济学》上，于树生译，商务印书馆 2009 年版。

四 中文期刊

蔡晓倩：《新时代推进文化治理现代化的多维路径》，《哈尔滨工业大学学报》（社会科学版）2022 年第 4 期。

蔡兴建：《文化志愿者队伍的建设与完善》，《大众文艺》2013年第17期。

蔡秀云、张晓丽：《社会组织供给公共文化服务财政激励研究——基于因子方法的实证分析》，《财政研究》2015年第3期。

陈庚、崔宛：《社会力量参与公共文化服务的实践、困境及因应策略》，《学习与实践》2017年第11期。

陈庚、豆慧峰：《公共文化服务的内卷化困境及其破解之道》，《同济大学学报》（社会科学版）2022年第5期。

陈华、王晓：《中国PPP融资模式存在问题及路径优化研究》，《宏观经济研究》2018年第3期。

陈建：《基于公众参与有效决策模型的综合档案馆公众参与度研究》，《档案学通讯》2016年第6期。

陈婉玲、曹书：《政府与社会资本合作（PPP）模式利益协调机制研究》，《上海财经大学学报》2017年第2期。

陈一、肖希明：《公共数字文化资源整合中的知识产权风险与管理对策》，《图书与情报》2015年第4期。

陈映璟、吴卓熙、李敏仪：《美国企业慈善捐赠税收优惠制度》，《中国市场》2015年第46期。

达彩霞：《浅谈社会力量参与公共图书馆建设》，《发展》2020年第Z1期。

邓卿：《社会力量参与基层图书馆建设的影响因素探析——基于调查问卷的实证分析》，《河南图书馆学刊》2021年第6期。

邓银花：《社会力量参与图书馆建设的缘由、模式和激励》，《图书馆杂志》2014年第2期。

范丽莉、单瑞芳、张丽：《基于政策工具视角的公共文化服务社会化研究》，《图书馆》2022年第8期。

范睿琦、张婷：《后疫情时期图书馆社会力量参与模式探析》，《黑龙江档案》2022年第3期。

范周：《〈关于加快构建现代公共文化服务体系的意见〉的解读》，《人文天下》2015年第1期。

冯雨晴：《关于社会组织提供公共文化服务职能的研究》，《法制与经济》2014 年第 4 期。

傅才武、蔡武进：《文化权利论》，《中国文化产业评论》2015 年第 1 期。

傅才武：《当代公共文化服务体系建设与传统文化事业体系的转型》，《江汉论坛》2012 年第 1 期。

傅才武、明琰：《数字信息技术赋能当代文化产业新型生态圈》，《华中师范大学学报》（人文社会科学版）2023 年第 1 期。

傅文奇、林赛敏：《我国政府购买图书馆服务政策：演进、问题和建议》，《图书馆理论与实践》2023 年第 2 期。

葛梦凡：《社会力量参与现代公共文化服务研究——以秦皇岛市公益图书馆建设为例》，《中国集体经济》2017 年第 32 期。

郭英：《中美公共图书馆志愿者服务现状之比较研究》，《图书馆理论与实践》2012 年第 8 期。

国家图书馆研究院：《欧罗巴那数字图书馆、奥地利国家图书馆与谷歌公司合作推进欧洲文化遗产向公众开放》，《国家图书馆学刊》2014 年第 6 期。

韩军、刘学芝：《基于超效率 DEA 的公共文化服务供给效率及其影响因素研究》，《宏观经济研究》2019 年第 3 期。

韩军、吕雁琴、徐勇：《政府和社会资本合作模式研究》，《上海经济研究》2017 年第 2 期。

和军、张依、张勇之：《我国共同富裕水平测度与时空演化特征》，《当代经济研究》2023 年第 3 期。

贺雪峰：《东西中国：中国区域差异的经济视角》，《开放时代》2023 年第 2 期。

洪伟达、王政：《完善我国公共数字文化服务体系的对策研究》，《图书馆研究工作》2017 年第 11 期。

胡安琪：《公共图书馆服务政社合作供给三维法权互动风险及配置路径》，《图书馆建设》2021 年第 6 期。

胡守勇：《政府购买公共文化服务的风险识别、致险成因与防范路径》，《图书馆》2019 年第 5 期。

胡税根、陶铸钧：《中国公共文化服务的发展逻辑研究》，《华中师范大学学报》（人文社会科学版）2018年第5期。

胡唐明、魏大威、郑建明：《国内外公益数字文化建设路径与模式比较研究》，《图书情报工作》2013年第20期。

胡唐明、郑建明：《公益性数字文化建设内涵、现状与体系研究》，《图书情报知识》2012年第6期。

胡莹、侯国柱：《社会力量参与公共图书馆建设现状分析——以吉林省为例》，《图书馆学刊》2014年第5期。

黄杰、朱正威：《国家治理视野下的社会稳定风险评估：意义、实践和走向》，《中国行政管理》2015年第4期。

黄玉蓉、车达：《法国文化资助制度运作特点及其对中国的启示》，《深圳大学学报》（人文社会科学版）2015年第5期。

姬秀丽：《安德鲁·卡内基及其图书馆捐助活动对中国近代图书馆事业的影响》，《山东图书馆学刊》2014年第4期。

焦艳鹏、刘葳：《知识获取、人工智能与图书馆精神》，《中国图书馆学报》2021年第5期。

瞿奴春：《群众主体性建构：基层公共文化服务供给模式探讨——基于广场舞"热"的启示》，《云南行政学院学报》2017年第1期。

柯平：《建立社会组织参与公共文化服务的有效机制》，《图书馆杂志》2015年第11期。

孔祥智、谢东东：《缩小差距、城乡融合与共同富裕》，《南京农业大学学报》（社会科学版）2022年第1期。

孔祥智：《新中国成立70年来城乡关系的演变》，《教学与研究》2019年第8期。

莱斯特·M.萨拉蒙、李婧、孙迎春：《新政府治理与公共行为的工具：对中国的启示》，《中国行政管理》2009年第11期。

李锋：《社会力量参与公共文化服务研究》，《湖南行政学院学报》2018年第5期。

李国新：《文化类社会组织是政府购买公共文化服务的主要力量》，《中国社会组织》2015年第11期。

李国新：《现代公共文化服务体系建设与公共图书馆发展——〈关于加快构建现代公共文化服务体系的意见〉解析》，《中国图书馆学报》

2015 年第 3 期。

李敏：《社会力量参与公共文化服务的律法规制》，《行政与法》2016 年第 12 期。

李润硕：《文化自信转化为国家治理效能的内在逻辑及路径选择》，《思想理论教育导刊》2022 年第 10 期。

李少惠、崔吉磊：《政府与社会力量在公共文化服务供给中的互动机理研究——以 Z 市"乡村舞台"建设为例》，《图书与情报》2021 年第 2 期。

李少惠：《转型期中国政府公共文化治理研究》，《学术论坛》2013 年第 1 期。

李婷婷：《公共图书馆建设中引导社会力量参与的创新路径》，《文化产业》2022 年第 27 期。

李晓秋：《全国文化信息资源共享工程谱写社会和谐曲》，《图书馆建设》2008 年第 2 期。

李烨鑫：《公共文化服务与铸牢中华民族共同体意识》，《民族学刊》2022 年第 10 期。

李毅成：《算法对受众信息阅读的影响研究》，《视听》2020 年第 8 期。

梁立新：《公共文化服务社会力量参与：价值体现与机制创新——基于浙江实践的思考》，《浙江工贸职业技术学院学报》2014 年第 1 期。

梁立新：《公共文化服务社会力量参与：价值体现与机制创新》，《浙江工贸职业技术学院学报》2014 年第 3 期。

刘凤芹、卢玮静：《社会经济地位对慈善捐款行为的影响》，《北京师范大学学报》（社会科学版）2013 年第 3 期。

刘晓东：《社会力量参与公共图书馆建设的法律依据》，《图书馆》2018 年第 2 期。

刘玥彤：《博物馆文化志愿服务的实践与思考——以"春雨工程"文化志愿服务项目为例》，《中国国家博物馆馆刊》2019 年第 11 期。

刘兹恒、朱荀：《美国图书馆基金会资助图书馆发展的经验及对我国的借鉴》，《中国图书馆学报》2010 年第 5 期。

陆和建、崔冉：《我国社会力量参与公共文化服务建设的风险控制研究》，《图书馆建设》2022 年第 3 期。

陆士桢、蔡康鑫:《社会治理现代化视野中的志愿服务运行与管理》,《中国青年社会科学》2021年第6期。

陆益龙:《"数字下乡":数字乡村建设的经验、困境及方向》,《社会科学研究》2022年第3期。

罗洁:《公共图书馆利用社会力量提升供给的实践探索与思考》,《图书馆界》2017年第4期。

马菊花:《共同富裕视角下我国公共文化服务的财税政策研究》,《税务与经济》2023年第2期。

马祥涛、王威:《关于"社会力量参与公共图书馆建设"的思考》,《新世纪图书馆》2016年第3期。

马艳霞:《公共文化服务体系构建中民间参与的主体、方式和内容》,《图书情报工作》2015年第12期。

孟令国、高飞:《公共文化发展的社会推动力研究——以浙东南地区为例》,《山西农业大学学报》(社会科学版)2012年第9期。

倪菁、郑建明、孙红蕾:《公共数字文化治理能力的现代化》,《图书馆论坛》2020年第1期。

彭柏林:《中国特色社会主义志愿服务的共享伦理意蕴》,《道德与文明》2022年第3期。

彭汪洋:《社会力量参与图书馆建设研究》,《当代图书馆》2008年第3期。

乔杨:《公共图书馆事业社会力量参与动力机制研究》,《图书馆》2016年第1期。

任竞、王祝康:《公共图书馆新常态与可持续发展——吸引社会力量参与公共图书馆建设的思考》,《图书馆理论与实践》2016年第4期。

阮可:《公共文化服务的社会力量参与研究》,《文化艺术研究》2013年第3期。

尚亿琴:《文化志愿者建设之我见——以安吉县文化志愿者队伍建设为例》,《大众文艺》2016年第17期。

施国权:《社会组织参与图书馆公共服务的模式与限度》,《图书馆杂志》2012年第8期。

唐义:《我国公共数字文化资源整合需求的调查分析》,《图书情报工作》2015 年第 11 期。

唐义、徐静：《推动社会力量参与公共文化服务的政策法规体系研究》，《图书馆理论与实践》2020 年第 2 期。

唐义、徐薇：《公共数字文化服务平台 PPP 模式应用研究——以"韵动株洲"云平台为例》，《国家图书馆学刊》2020 年第 2 期。

陶国根：《社会资本理论视域下的现代公共文化服务体系建设》，《江西行政学院学报》2015 年第 4 期。

陶倩、蒲菁斐：《抗击新冠肺炎疫情志愿服务提升社会文明新高度》，《社会主义核心价值观研究》2021 年第 1 期。

滕世华：《非营利组织参与公共文化建设的途径与制度环境——基于上海的调研分析》，《当代世界社会主义问题》2016 年第 1 期。

田丽梅、廖莎：《元宇宙视域下智慧图书馆的创新发展研究》，《图书馆》2022 年第 5 期。

完颜邓邓、卞婧婧：《政府购买公共数字文化服务的实践与思考》，《图书馆学研究》2020 年第 24 期。

完颜邓邓：《公共数字文化服务中的社会合作研究》，《图书与情报》2016 年第 3 期。

完颜邓邓、曲元直：《地方公共文化服务立法进展与内容比较》，《图书馆理论与实践》2021 年第 2 期。

完颜邓邓、王子健：《我国公共数字文化服务区域均等化实证分析》，《图书馆学研究》2020 年第 5 期。

王冠群、杜永康：《技术赋能下"三治融合"乡村治理体系构建——基于苏北 F 县的个案研究》，《社会科学研究》2021 年第 5 期。

王建萍：《社会力量参与国学讲堂之探析——以山东省"图书馆 + 书院"为例》，《图书馆》2017 年第 8 期。

王军魁：《文化改革发展中的政府与市场边界》，《重庆社会科学》2011 年第 12 期。

王锰、陈雅、郑建明：《公共数字文化服务治理的信息资源管理基础》，《图书馆》2018 年第 5 期。

王涛、郑建明：《公共数字文化治理能力现代化评价体系的探究与构建》，《图书馆理论与实践》2022 年第 6 期。

王艳翠:《资源共享在澳大利亚之 Trove 范围扩展——澳大利亚图书馆界的电子资源共享》,《图书馆杂志》2013 年第 7 期。

王雁:《公共服务动机视域下新时代大学生志愿精神培育机制模型建构》,《学校党建与思想教育》2021 年第 12 期。

王英、洪伟达:《公共数字文化服务信息伦理政策比较研究——以英、美、中三国文化机构及项目为例》,《图书馆》2017 年第 3 期。

王余生:《地方政府公共文化服务的策略选择——基于 SWOT - PEST 模型分析视角》,《湖南工业大学学报》(社会科学版) 2018 年第 2 期。

王玥:《社会力量参与全民阅读的实践与启示——以西宁市图书馆为例》,《中国报业》2020 年第 8 期。

王兆辉、王宁远、王祝康:《社会力量参与公共文化服务建设的模式研究》,《图书馆研究与工作》2016 年第 1 期。

韦楠华、吴高:《主要发达国家公共数字文化建设制度特点探讨》,《现代情报》2018 年第 6 期。

巫志南:《公共文化产品和服务精准供给研究》,《图书与情报》2019 年第 1 期。

吴理财、邓佳斌:《公共文化参与的偏好与思考——对城乡四类社区的考察》,《中华文化论坛》2014 年第 8 期。

吴理财、贾晓芬、刘磊:《以文化治理理念引导社会力量参与公共文化服务》,《江西师范大学学报》(哲学社会科学版) 2015 年第 6 期。

吴怡频、戚德祥:《文化产业助力基层公共文化服务供给侧改革路径探析》,《科技与出版》2023 年第 2 期。

武咸云、王为群、夏礼斌:《浅述博弈论——囚徒困境模型破解政府公共危机管理》,《发展》2006 年第 6 期。

鲜阳红、张尊帅:《略论〈资本论〉中商品货币理论的价值——基于中国特色社会主义市场经济的审视》,《经济问题》2015 年第 1 期。

向娟:《大学生文化志愿者服务现状研究——基于东华大学"时尚东华"文化志愿服务的实践与分析》,《科技创业月刊》2013 年第 4 期。

肖希明、唐义:《公共数字文化资源整合动力机制研究》,《图书馆建设》2014 年第 7 期。

肖希明、完颜邓邓：《国外公共数字文化服务中的社会参与模式及其启示》，《图书馆》2016 年第 7 期。

肖希明、完颜邓邓：《治理理论与公共数字文化服务的社会参与》，《图书馆论坛》2016 年第 7 期。

肖希明、杨蕾：《国外公共数字文化资源整合宏观管理及其启示》，《图书与情报》2015 年第 1 期。

肖希明、曾粤亮：《公共数字文化资源整合与服务中的信息交流机制创新》，《图书馆论坛》2015 年第 6 期。

肖希明、曾粤亮：《新公共服务理论与公共数字文化服务资源整合》，《图书馆建设》2015 年第 8 期。

肖希明、张芳源：《国外公共数字文化资源合作保存模式研究》，《信息资源管理学报》2014 年第 2 期。

肖潇、申现杰、陈凯：《2022 年财政收支形势分析与 2023 年展望》，《中国物价》2023 年第 1 期。

肖昕、景一伶：《中国文化产业数字化政策及其策略研究》，《民族艺术研究》2021 年第 3 期。

肖宇、夏杰长：《我国数字文化产业发展现状、问题与国际比较研究》，《全球化》2018 年第 8 期。

辛俊岱：《借助社会力量强化档案馆的基础工作》，《北京档案》1989 年第 6 期。

徐昌义、李洁：《公共文化服务的社会力量参与研究——以成都市创新实践为例》，《成都行政学院学报》2015 年第 6 期。

徐琴：《数字乡村建设的分类实践：理由证成、经验探索与可能困境》，《电子政务》2023 年第 5 期。

许志云：《公共图书馆地方文献建设的现状与变革》，《图书馆》2016 年第 4 期。

闫静：《档案事业公众参与特点及新趋势探析——基于英国"档案志愿者"和美国"公民档案工作者"的思考》，《档案学研究》2014 年第 3 期。

闫平：《服务型政府的公共性特征与公共文化服务体系建设》，《理论学刊》2008 年第 12 期。

颜玉凡：《公共文化服务参与主体的行为特征及优化发展》，《中州学刊》2019年第1期。

颜玉凡、叶南客：《城市公共文化治理的新时代品质》，《马克思主义与现实》2020年第3期。

颜玉凡、叶南客：《改善居民文化生活质量的资源依赖与组织认同——公共文化服务组织的行动逻辑研究》，《山东社会科学》2017年第2期。

颜玉凡、叶南客：《新时代城市公共文化治理的宗旨和逻辑》，《江苏行政学院学报》2019年第6期。

杨宏山：《"互联网+基层治理"效能提升的行动路径》，《人民论坛》2021年第34期。

杨嵘均、操远芃：《论乡村数字赋能与数字鸿沟间的张力及其消解》，《南京农业大学学报》（社会科学版）2021年第5期。

杨松：《公共文化服务领域应用PPP模式面临的主要问题和应用范围研究》，《全国商情》2016年第30期。

杨松：《积极探索和不断完善公共文化服务领域政府与社会资本合作模式（PPP模式）——关于社会力量参与公共文化（图书馆）服务专题访谈》，《图书馆杂志》2015年第11期。

杨玉麟：《关于"社会力量参与图书馆建设"若干问题的思考》，《图书与情报》2008年第1期。

杨玉麟、闫毅：《多元化的公共图书馆办馆主体更符合中国国情——学习〈中华人民共和国公共图书馆法〉的体会》，《图书馆建设》2018年第1期。

叶晓甦、徐春梅：《我国公共项目公私合作（PPP）模式研究述评》，《软科学》2013年第6期。

佚名：《美国国家档案馆的"公民档案工作者倡议"荣获2012年度政府最佳创新实践奖》，《四川档案》2013年第1期。

俞蒙：《社会力量参与青少年阅读推广的实践探索——以上海市嘉定区图书馆为例》，《图书馆学刊》2018年第1期。

臧志彭、解学芳：《中国特色元宇宙体系建设：理论构建与路径选择》，《南京社会科学》2022年第10期。

曾琪:《影响民间力量参与残疾人救助的社会经济因素分析》,《广西质量监督导报》2019年第9期。

曾琴、蒋文昕:《社会记忆视角下的数字档案馆建设:以乔治梅森大学历史和新媒体中心为例》,《浙江档案》2016年第8期。

张江珊:《社交媒体背景下档案领域公众参与模式研究》,《浙江档案》2018年第6期。

张金岭:《社会治理视域下的法国公共文化服务》,《学术论坛》2016年第11期。

张金桥、王健:《论体育产业与文化产业的融合发展》,《上海体育学院学报》2012年第5期。

张金秋:《高校大学生文化志愿者服务模式研究》,《法制与社会》2017年第19期。

张庆伟:《政府向社会力量购买公共图书馆服务现状调查分析》,《图书馆理论与实践》2017年第9期。

张若冰、申晓娟、李丹:《社会力量参与公共图书馆服务体系建设现状简析》,《国家图书馆学刊》2015年第4期。

张思梦、傅文奇:《美国公共图书馆运营管理外包的实践与反思》,《图书馆建设》2023年第2期。

张思梦、傅文奇:《英国社会组织承接政府购买图书馆服务的实践与启示》,《国家图书馆学刊》2023年第3期。

张幸格:《社会力量参与公共图书馆阅读服务探析——以郑州图书馆为例》,《图书馆学刊》2018年第8期。

张学斌:《美国的档案志愿服务》,《中国档案》2015年第8期。

张学斌:《英国档案志愿服务发展初探》,《档案》2014年第10期。

赵晋芝:《社会力量参与广州地区街镇一级公共图书馆建设研究》,《晋图学刊》2018年第6期。

赵星宇:《我国博物馆专业人才培养现状与问题》,《中国博物馆》2016年第2期。

郑妮娜:《公共图书馆引入社会力量建设地方文献的实践研究——以台州市路桥区图书馆为例》,《图书馆研究与工作》2019年第7期。

郑燃、石庆功、唐义:《社会力量参与公共数字文化资源整合制度研究》,《图书馆论坛》2021年第8期。

郑云霞:《我国公共数字文化建设人才培训现状分析及对策研究》,《图书馆学研究》2019年第9期。

中共中央办公厅、国务院办公厅:《国家"十三五"时期文化发展改革规划纲要》,《中华人民共和国国务院公报》2017年第14期。

钟飞亚:《社会力量参与公共图书馆建设的实践与探索——以临安市图书馆为例》,《图书馆研究与工作》2018年第5期。

周德明:《关于上海市公共图书馆服务体系建设与完善的思考》,《图书馆杂志》2007年第5期。

周晓丽、毛寿龙:《论我国公共文化服务及其模式选择》,《江苏社会科学》2008年第1期。

周宜开:《动员社会力量参与公共文化服务体系建设》,《前进论坛》2011年第10期。

周余姣:《保障与方向——对〈公共文化服务保障法〉社会力量参与公共文化服务条款的解读》,《图书馆论坛》2017年第6期。

周宇:《基于SWOT-PEST分析的政府购买公共文化服务的策略选择》,《艺术百家》2021年第2期。

朱芳辉:《〈公共图书馆法〉框架下社会力量参与公共图书馆建设研究》,《河北科技图苑》2019年第4期。

朱佳莉:《社会力量参与公共图书馆建设问题探讨——以上海近代文献馆・杨浦馆为例》,《图书馆研究》2015年第4期。

朱体正:《冠名权的法理界定》,《社会科学家》2006年第4期。

朱益平、金悦、樊丽珍:《我国公共数字文化服务政策主题变迁与文本量化研究》,《图书馆建设》2024年第1期。

五 中文报纸

林闽钢:《前瞻研究相对贫困治理问题》,《人民日报》2020年12月28日第12版。

吴丽云:《优化供给 满足群众精神文化需求》,《中国旅游报》2020年5月29日第3版。

中国文化报评论员:《推动公共文化服务社会化发展——四论贯彻落实

〈关于加快构建现代公共文化服务体系的意见〉精神》,《中国文化报》2015年1月20日第1版。

中华人民共和国国务院:《政府工作报告——2020年5月22日在第十三届全国人民代表大会第三次会议上》,《光明日报》2020年5月30日。

外文文献

一 外文专著

Peter Hernon ed., *Public Section/Private Sector Interaction in Providing Information Services*, Washington, D.C.: ERIC Clearinghouse, 1982.

二 外文期刊

Broady-Preston J., "Measuring and Assessing the Impact of Using Volunteers in UK Libraries: Issues and Methods", *Performance Measurement & Metrics*, Vol.15, No.3, November 2014, pp.112-121.

Burd S., "Most scholars are Pleased by New Nominee for the National Humanities Council", *Chronicle of Higher Education*, Vol.38, No.14, 1991, pp.24-29.

Chen X., Liu C. and Legget J., "Motivations of Museum Volunteers in New Zealand's Cultural Tourism Industry", *Anatolia*, Vol.30, No.1, November 2018, pp.127-139.

Khanom N.A., "Conceptual Issues in Defining Public Private Partnerships (PPPs)", *International Review of Business Research Papers*, Vol.6, No.2, July 2010, pp.150-163.

Rose Richard, "Common Goals but Different Roles: The State's Contribution to the Welfare Mix", *The Welfare State East and West*, December 1986, pp.13-39.

Solberg J., Short-Term Staff and Long-Term Benefits: Making the Most of Interns, Volunteers, Student Workers, and Temporary Staff in Libraries, *Library Journal*, Vol. 143, No. 21, 2018, p. 86.

Sultana L. A. and John C., "Temporal Motivations of Volunteers to Participate in Cultural Crowdsourcing Work", *Information Systems Research*, Vol. 28, No. 4, December 2017, pp. 744 – 759.

Turner R., "Training Library Staff and Volunteers to Provide Extraordinary Customer Service", *Library Review*, Vol. 56, No. 5, Apri 2006, pp. 346 – 347.

Wilkinson A., "Employment Relations in SMEs", *Employee Relations*, Vol. 21, No. 3, June 1999, pp. 206 – 217.

后　　记

本书是在我的国家社科基金青年项目结题成果的基础上完成的，项目成果被专家鉴定为"良好"。回首项目的研究历程，仍然历历在目。

2006年9月，我从湖北西南边陲的一个当时不觉得美现在觉得很美的小乡村考入武汉大学，在信息管理学院学习图书馆学专业。本科毕业以后，我成功考上了本校的硕士研究生，后来又顺利转博，成为了硕博连读生，导师是肖希明教授（我本科毕业论文指导老师也是肖老师，该论文获得了湖北省优秀本科毕业论文）。在硕博连读期间，我的研究方向是信息资源建设与服务，在导师的悉心指导下发表了一些论文，取得了一定的科研成绩，获得过两次研究生国家奖学金。在读博期间，我就关注到了社会力量参与公共文化服务的问题。

2015年6月，在武汉大学博士毕业之后，我进入了武汉大学管理科学与工程博士后科研流动站，合作导师是马费成教授。在做博士后期间，我仍然延续着我博士期间的科研方向——信息资源建设与服务，也持续关注着社会力量参与公共文化服务的问题，了解到党和政府在颁布的一系列政策文件中均强调支持和鼓励社会力量参与公共文化服务的问题，如《"十四五"公共文化服务体系建设规划》《中华人民共和国国民经济和社会发展第十四个五年规划和2035年远景目标纲要》《关于加快构建现代公共文化服务体系的意见》等。2015年5月，国务院办公厅转发了文化部等部门发布的《关于做好政府向社会力量购买公共文化服务工作的意见》，进一步明确了社会力量参与公共文化服务的重要地位和价值。

2016年，在肖老师和马老师的指导下，我以"社会力量参与公共数字文化服务的机制研究"为题申请了当年的国家社科基金青年课题，而且得到了评审专家的认可，成功获批。获批之后我就按照研究计划开展课题研究。而在研究之初就得界定清楚"社会力量""公共数字文化服务"等核心概念。"公共数字文化服务"这个概念在业界和学术界的认识较为统一，没有明显的分歧，本书在已有研究的基础上把"公共数字文化服务"界定为"是政府主导、社会力量参与，公共图书馆、博物馆、档案馆、美术馆、文化馆等公共文化机构，以满足社会公众的精神文化需求为目的，以公共财政为支撑，以数字化资源为依托，通过网络向全体社会公众提供的公共文化产品和服务"。比较难的是界定"社会力量"这个概念，因为学术界并没有统一的认识。从已有研究来看，目前学术界对"社会力量"的认识主要存在以下三种观点：第一种观点认为，社会力量是除了某类具体的公共服务机构本身之外所有的组织和个人；第二种观点认为，社会力量是除了国家行政权力机关之外的组织和个人；第三种观点认为，社会力量是指除了国家财政供养之外的所有组织或个人。不同学者对"社会力量"的认识最大的区别就在于是否应该包括由国家财政供养的政府及组织，第一种观点和第二种观点认为社会力量包括政府部门及其由国家财政供养的事业单位，虽然第一种观点包括的政府范围更加广泛，这二者并无本质差别；第三种观点认为社会力量不包括政府部门及由国家财政供养的事业单位。我根据已有观点和国家相关政策法规的表述，将"社会力量"界定为"除了政府机关及由国家财政供养的事业单位之外的所有组织和个人，包括营利性组织（主要是各类企业）、非营利性组织（包括民办非企业、社会团体、慈善机构、基金会、文化类社会组织）及个人"。

把相关概念界定清楚之后，我就开始了大规模的调研和访谈工作。我根据研究需要，选择访谈企业和公共文化机构这两类组织的负责人。从2017年到2021年，通过线上线下相结合的方式，先后访谈了二十多个单位的负责人，这些单位包括国家图书馆、故宫博物院、上海图书馆、湖北省图书馆、福建省图书馆、福建省档案馆、中山纪念图书馆、廊坊市图书馆、张家口市图书馆、武安市图书馆、江苏省连云港市档案局、利川市图书馆、广州国家档案馆、广东出版发行集团、广东省立中山图书馆、广东省人民出版社、超星集团、晋江少儿图书馆、厦门少儿图书馆、厦门图书馆和福州市图书馆，了解社会力量参与的方式和内容、存在的问题等。2018年11月到2019年11月，国家留学基金委资助我以访问学者的身份到美国伊利诺伊大学香槟分校访学。利用在伊利诺伊大学香槟分校访学的机会访谈了该校图书馆主馆编目部、资源数字化部负责人，该地区的厄巴纳公共图书馆（Urbana Free Library）以及香槟公共图书馆（Champaign Public Library）的员工。2020年下半年，为了进一步了解业界专家对我国目前关于社会力量参与公共数字文化服务相关政策的看法，笔者通过线上访谈了十位业界专家。

除了访谈相关专家和机构负责人之外，笔者还需要通过调查获取企业、社会组织和个人等社会力量参与公共图书馆、博物馆、档案馆、美术馆、群众艺术馆、文化馆、非遗中心等公共文化机构数字文化服务的实践状况。这通过两种方式来实现：一是通过问卷调查法了解我国社会力量参与公共数字文化服务的情况，二是通过网络调查法来获取国外的实践情况。在此基础上，本书立足我国国情，提出了社会力量参与公共数字文化服务的创新机制。

在本课题还未结题的时候，也就是2020年9月，我博士后出站了，出站之后来到了福建师范大学工作。又经过了大半年的研究，2021年6月我提交了结题申请并以"良好"的成绩顺利结项。

社会力量参与公共文化服务还有很多研究内容有待进一步探索，在本书的撰写过程中，该实践领域也在不断变化着。随着政府职能的进一步转变，文化体制改革的进一步深化，社会力量参与公共文化服务也会伴随着中国式现代化的进程而进一步完善。

这本书能够出版得益于很多人和机构的帮助。首先，要特别感谢我在武汉大学求学时的恩师肖希明教授以及我的博士后合作导师马费成教授，肖老师和马老师严谨的学术风范和悉心指导，让我受益匪浅。其次，要感谢武汉大学信息管理学院的陈传夫教授、方卿教授、陆伟教授、黄如花教授、司莉教授、吴丹教授、冉从敬教授、李明杰教授、周力虹教授、杨思洛教授、王玉珏教授、陆颖隽副教授、彭敏惠副教授、吴钢副教授、石庆功博士后在我学习、科研和生活中给予的诸多关心与支持。最后，感谢福建师范大学的叶青教授、孙建党教授、黄建兴教授、孟雪梅教授、傅文奇教授、许春漫教授、洪秋兰副教授、钟文荣副教授、郑士璟副教授在科研和生活中给予我的诸多关心和支持。感谢我的家人对我一如既往的支持。感谢所有接受我访谈的专家和机构负责人，没有你们的大力支持，该课题根本就无法完成，本书也就无法面世。感谢我的硕士生陈文园、李隆婕、潘少丽、林妹所做的资料查找、参考文献格式化和校对工作。感谢中国社会科学出版社刘艳编辑及其同事为本书所做的大量编辑校对工作。在本书的写作过程中，我参考了大量的相关研究成果，感谢这些作者的辛勤付出。由于笔者水平有限，书中难免存在各种疏漏甚至错误，敬请同仁们批评指正。

从珞珈山到长安山，从东湖水到闽江水，变化的是时间和空间，不变的是对信息资源建设与服务研究领域的探索热情！

唐　义

2024年5月于福州溪源江畔